메소포타미아의 역사 1

LA MESOPOTAMIE
Essai d' histoire politique, économique et culturelle
by Georges ROUX

서양편 · 715

메소포타미아의 역사 I

조르주 루(Georges Roux) 지음
김유기 옮김

한국문화사

한국연구재단 학술명저번역총서 서양편·715
메소포타미아의 역사 I

1판 1쇄 발행 2013년 12월 20일
1판 2쇄 발행 2022년 11월 21일

원 제 La Mésopotamie
지 은 이 조르주 루(Georges Roux)
옮 긴 이 김 유 기
펴 낸 이 김 진 수
펴 낸 곳 **한국문화사**
등 록 제1994-9호
주 소 서울시 성동구 아차산로49, 404호
(성수동1가, 서울숲코오롱디지털타워3차)
전 화 02-464-7708
팩 스 02-499-0846
이 메 일 hkm7708@daum.net
홈페이지 http://hph.co.kr

ISBN 978-89-6817-084-3 94910
ISBN 978-89-6817-083-6 (세트)

'한국연구재단 학술명저번역총서'는 우리 시대 기초학문의 부흥을 위해 한국연구재단과 한국문화사가 공동으로 펼치는 서양고전 번역간행사업입니다.

역자 서문

메소포타미아 역사 공부를 시작하면서 읽었던 입문서 중에 *Ancient Iraq*이라는 제목의 영어 책이 있었다. 의사라는 저자의 직업도 흥미로웠지만 명료한 설명과 다채로운 내용도 인상적이었다. 저자는 이 저서를 바탕으로 모국어인 프랑스어로 *La Mésopotamie*라는 책을 썼다. 독자가 읽게 될 『메소포타미아의 역사』는 이 프랑스어 저서의 번역본이다.

많은 사람에게 "메소포타미아 문명"이란 표현이 그다지 낯설지 않지만 이 문명에 관해 소개하는 한국어 자료는 비교적 많지 않다. 인류 역사 최초의 문명에 관심 있는 독자에게 친절한 길잡이가 되기를 바라는 마음으로 이 번역서를 내놓는다.

저자는 방대한 역사를 서술하면서도 단순히 사실을 기술하는 데 만족하지 않는다. 고고학 자료를 바탕으로 당시 사회와 경제 상황에 관심을 기울이면서 메소포타미아 문명에 관해 우리가 아는 바와 모르는 바가 무엇인지 알려 준다. 또한 문학 작품과 신화에도 관심을 기울여 세밀하게 분석하면서 고대인의 삶에 깔려 있는 가치와 신념의 세계를 탐구한다. 더 나아가 메소포타미아 문명에서 발전한 수학, 과학, 의학을 설명하면서 현대 문명이 메소포타미아 문명에 어느 정도 빚지고 있음을 기꺼이 인정한다. 이 책은 빠른 속도로 변하는 세상에 사는 독자에게 인간이 어떤 존재인지, 우리의 삶이 과거 머나먼 지역에 살던 사람들과 어떻게 연결되는지를 보여줌으로써 인간과 공동체를 새롭게 이해하도록 도와준다.

정보가 비교적 많은 편이지만 평이한 언어로 서술하고 있어서 메소포타미아 문명을 잘 알지 못하는 독자도 큰 어려움 없이 읽을 수 있을 것이다. 독자는 메소포타미아의 역사, 고고학, 사회, 종교, 문학에 관한 저자의 방대한 지식과 수학, 천문학, 의학에 관한 그의 명쾌한 설명에 감탄할 것이다. 또한 이 문명을 더 깊이 공부하고 싶은 분들에게는 미주尾註에 실려 있는 정보가 좋은 길잡이가 될 수 있을 것이다.

번역하면서 설렘도 있었지만 걱정도 있었다. 원문과 대화하면서 얻은 정보와 느낌을 우리말로 옮김으로써 독자와 그 경험을 나눌 기대감으로 설레기도 했지만, 원문을 오해하거나 원래 쉬웠던 표현을 우리말로 옮기면서 어렵게 만들어 독자의 책 읽는 기쁨을 반감시키면 어쩌나 하는 걱정도 있었던 것이다. 바라기는 이 번역서가 메소포타미아 문명에 대한 호기심을 불러일으키면서 우리말로 된 메소포타미아 역사 관련 연구의 작은 씨앗이 되었으면 한다.

번역본 『메소포타미아의 역사』는 진공 상태에서 나오지 않았다. 먼저, 한국연구재단에서 원서의 가치를 인정하고 기초 학문의 발전을 위해 번역을 지원해 주었다. 서울여자대학교 기독교학과 학생들을 비롯해 여러 분들이 번역 원고를 읽고 역자가 미처 깨닫지 못했던 오류와 번역투 표현을 일깨워 주었다. 한국문화사 명저번역팀에서는 전문가다운 교정과 편집 솜씨를 발휘하면서 다루기 힘든 연표와 고유명사 색인 작업을 세심하게 해 주었다. 모든 분들께 감사드린다. 이분들의 수고와 기대를 충분히 반영하지 못한 역자의 부족과 실수에 대해서는 독자 여러분의 너그러운 이해를 바란다. 꽤나 오래 걸린 번역의 과정을 옆에서 지켜보며 격려하고 지지해 준 아내에게 고마운 마음을 전한다.

▌소개의 글▐

나는 1964년에 이 책의 영어판이 발간되자마자 바로 입수하여 몇 시간 동안 읽었는데, 무척 재미있으면서도 많은 도움이 되었다.

아직 저자와 만난 적은 없지만 책을 읽으며 저자를 엿볼 수 있었다. 그는 분명 근동近東 지방, 특히 이라크에 오랜 기간 거주한 사람이다. 이런 사실은 여러 특징을 보면 분명히 드러난다. 실제로 경험하지 않고는 그렇게 사실적으로 표현하는 것이 불가능하다. 그는 분명 이 나라를 사랑하고 있었다. 이 나라의 먼 과거에 매료되어, 우리 언어와는 아무 관련 없는 고대어인 아카드어와 수메르어, 그리고 이 언어들을 기록하는 데 사용된 난해한 쐐기문자를 배우기 시작했다. 그는 유적지를 방문하고 또 방문했다. 값진 유물이 묻혀 있는 땅 밑에서 고고학자들이 건져 낸 최고 만 이천 년 전 유물들을 보고 또 보았다. 그리고 거기서 발견된 수많은 문서를 헤아릴 수 없을 만큼 읽고 또 읽었다. 선사시대의 자료, 그리고 기원후 몇 년까지 이어지는 오랜 역사시대의 거대한 문서 자료 때문에 제기되는 여러 까다로운 문제에 대해서는 최고 전문가들의 의견을 들었다. 그가 쓴 책에는 이와 같은 개인적 접촉과 장기간의 열정적 연구만 드러나는 것이 아니다. 이 책은 흥미롭게 쓰여서 읽기 쉽고 생생하며 열정적이다. 내 생각엔, 지나치게 전문적이고 현학적이며 딱딱하기 쉬운 학술 출판물의 틈바구니에서 이 책이야말로 고대 메소포타미아 문명에 관한 초상화를 그리는 작업에 최초로, 그리고 유일하게 성공했다고 생각한다. 이 초상화는 충분히 자세하고 명료하고 매력적이면서 누구든 이해할 수 있다. 게다가 종합적 정리가 잘 되어 사실적이어서 전문가들에게도 유용하다.

영어권 대중과 권위자들, 즉 최고 수준을 자랑하는 고고학자들과 아시리아학 학자들 역시 이 작품에 대해 나처럼 생각했다고 믿어야 할 것이다. 그것은 이 책의 초판이 1966년에 유명한 펭귄 총서로 출판되고, 4쇄까지 소진된 1980년에는 개정된 2판이 바로 이어서 출간된 것을 보면 알 수 있다.

그래서 나는 쇠유 출판사Editions du Seuil가 마침내 이 책을 프랑스어권 대중에게 제공하기로 했다는 소식을 듣고 무척 기뻤다. 프랑스어판은 완전히 개정되었고 새로 쓰였기 때문에 사실상 새로운 책일 뿐만 아니라, 오히려 더 나은 책이다. 이 분야에서 지금까지 프랑스어로 된 책은 너무 짧고 재미없는 짜깁기이거나, 거의 전문적이고 아주 특수한 분야를 다루는 논문들뿐이었다.

오랫동안 아시리아학은 세상을 피해 숨어 사는 몇몇 백발의 학자만의 전유물이었다. 그들은 서로 특정한 은어隱語로 대화했는데, 그 수는 많지 않았다. 그들이 공부하는 내용은 무척 어려웠고 엄청난 양의 문서를 해독하고 번역하고 이용해야 했다. 따라서 이 학문은 소규모 집단의 작업에 지나지 않았다. 정확한 명칭은 아니지만, 아시리아학이라 불리는 이 역사 분야의 학문은 고대 메소포타미아 문명을 연구 대상으로 하고 있는데, 이제 그 은둔처 바깥으로 조심스레 퍼져나가기 시작하고 있다.

"대중에게 금지된 사유 재산"을 우리 문화 공동의 자산으로 만드는 과정에서, 먼저 중요한 고고학적 발굴 사건들이 있었다. 우르Ur에서는 화려하지만 음산한 기원전■ 2600년경 왕들의 무덤이 발굴되었다. 그 안

■ [역주] 원문에서는 흔히 "기원전"이란 표현을 생략하고 있다. 그러나 이 번역서에

에는 금을 비롯해 화려한 유물이 가득 차 있었고 사후 세계에 왕과 함께 있게 할 목적으로 순장된 관리들의 시신도 있었다. 마리Mari 에서는 미로와 같은 궁궐과 더불어 거의 1500점에 달하는 기원전 제2천년기■ 최상급의 엄청난 고문서들이 발견되었다. 기원전 2400년경의 에블라Ebla 유적에서도 유사한 양의 기록문서가 발견되었다. 이 문서는 역사의 중요한 면모와 더불어, 수천 년을 이어 온 추억에서 완전히 벗어난 생생한 현장을 우리 눈앞에 보여 준다. 대중은 유명한 전람회 등을 보며 이 오래된 지역의 예술과 문자를 발견하게 되었다. 과거로 거슬러 올라갈 때 우리는 흔히 그리스 세계와 성서의 세계에서 멈춰 서곤 했다. 이 두 강이 흘러내려 현재 우리 문명의 하구에 이르러 서로 섞였던 것이다. 그러나 우리는 역사의 연속성에 대해 더 나은 지식을 갖게 됨으로써 여기에서 멈추지 않고 좀 더 이른 시기로 역사적 인식의 한계까지 올라가, 기원전 3000년경 메소포타미아에서 이루어진 가장 오래된 문서 기록까지 탐구해야 함을 깨닫게 되었다.

그때 바로 그곳에서 가장 오래된 고등 문명이 탄생했던 것이다. 도자기 제작 기술과 구리와 청동 제련 기술에 이어 수많은 기술이 발견되고 완성되었다. 농업용 관개 기술부터 시작하여 작업의 조직화, 우주에 대한 최초의 분석과 그 구성 요소들에 대한 개념적 정리가 이루어졌다. 사람들이 제기한 질문에 대한 응답으로 가장 오래된 신화들이 생겨났다. 이 신화들은 세계의 기원과 존재 이유, 인간의 기원과 삶의 의미 및 운명

서는 혼동을 피하기 위해 서력기원 이전의 연대를 가리킬 경우 "기원전"이란 표현을 사용한다.

■ [역주] "천년기"라는 표현은 서력기원에서 시작하여 천 년 단위의 기간을 가리키기 위해 사용되는 표현이다. 따라서 기원전 제2천년기는 기원전 2000년부터 1001년 사이의 기간을 가리킨다.

에 대해 오늘날 못지않게 진지하게 다루고 있다. 최초의 수학과 최초의 대수학, 그리고 나중에는 최초의 천문학이 발생했다. 최초의 문자와 최초의 문학이 생겨났으며 최초의 문서 전승이 시작되었고 이로써 사고방식에 근본적인 변화를 가져왔다. 또한 최초의 진정한 과학적 인식에 대해, 법칙의 초안까지는 아니더라도, 실행의 초안은 그릴 수 있게 해 주었다. 우리는 바로 여기서 가장 오래된 족보와 직계 조상들을 찾아야 한다는 사실을 알고 있다.

우리는 이 새로운 탐구의 밭에서 겨우 몇몇 구덩이를 파기 시작했을 뿐이다. 이 밭은 아마 우리에게 충격적인 발견을 약속하지 않을 수도 있다. 사실 심오한 진리는, 아무리 중요하더라도, 결코 충격을 주지 않는다. 그러나 인류의 현재와 미래에만 관심을 한정하지 않는 사람들은 이런 진리를 무척 흥미로워할 것이다. 이런 사람들은, 아이들을 더 잘 알기 위해 부모를 알아야 한다는 확신이 있는 사람들이다. 다시 말해, 우리가 어디에서 왔는지 알기 위해, 그리고 우리가 태어날 때부터 주변에 있으면서 우리를 우리 자신으로 만들어 주는 이 풍요로운 유산이 여러 세기에 걸쳐 어떻게 형성되었는지 알기 위해 노력하는 사람들이다.

나는 아시리아학의 발전과 지적인 보급에 진정으로 열려 있는 나의 동료들과 더불어 우리 모두에게 이처럼 훌륭하고 명료하며 상세하고 읽기 좋은 안내서가 주어진 것을 기쁘게 생각한다. 이 책을 읽는 전문가들은 우리 유산에 포함된 이 모범적인 고대 문명의 전반적인 궤적을 다시 돌아보게 될 것이고, 양식 있는 일반 대중은 이를 새롭게 발견하게 될 것이다.

장 보테로

1983년 8월 30일

서문

기원전에 발생한 위대한 문명 네다섯 가운데 메소포타미아 문명은 최고最古와 최장最長의 문명이란 특징을 갖고 있다. 또한 근동 지방 전체와 그리스 세계에 끼친 영향이나 인류의 물질적, 정신적 발전에 대한 공헌으로 볼 때 가장 중요한 문명이라 할 수 있을 것이다. 그럼에도 메소포타미아 문명은 프랑스나 다른 나라에서 양식 있는 일반 대중에게 가장 덜 알려진 문명이다. 언뜻 보기에 놀라운 이런 현상은 아마 여러 요인과 관련되어 있는 듯하다. 전문가들 외에 메소포타미아에 관심이 있는 대학은 거의 없다. 애석한 일이지만, 사실 이 단어는 서적, 잡지, "교양" 라디오나 텔레비전 방송에서 전혀 언급되지 않으며 우리 수강 편람에도 이제는 나타나지 않는다. 전문가들은 스스로 인정하듯 그동안 이 문제에 대해 너무 오랫동안 상아탑 안에 갇혀 있었고, 이 때문에 본의 아니게 일반 대중에게 그들의 학문이 접근 불가능하다는 잘못된 인상을 심어 주었다. 게다가 여러 이유 때문에 이집트, 크레타, 그리스, 심지어 터키와 비교해 볼 때 지금까지 이라크를 방문한 관광객은 극소수에 머물고 있다. 물론 프랑스에는 수메르, 바빌론, 아시리아의 주요 작품들에 관한 설명과 논평이 들어 있는 아름다운 도록이 있다. 루브르 박물관에서는 이런 작품 중 표본을 모두 모아 아주 잘 드러내어 전시하고 있다. 또한 최근 두 번의 전람회("바그다드 박물관의 걸작"Chefs-d'oeuvre du musée de Baghdad과 "문자의 탄생"Naissance de l'écriture)은 매우 성공적이었다. 게다가 수메르와 아카드의 뛰어난 문학작품들이 훌륭하게 번역되어 출판됨으로써 큰 부담 없이 살 수 있게 되었다. 그러나 연구자들에게는 이 예술 작품과 신화와 전설은 주요한 장애를 안고 있다. 즉, 이것들은 떨어져 나온 퍼즐의 조각 혹은 큰 판자에서 부서진 파편에 불과하다. 어느 시대에 속하는지 밝혀지지 않았고, 무엇보다 원래의 자연적 환경과 역사적 배경에 놓이지 못했기 때문에 충분히 이해하거나 감상할 수 없는 것이다.

저자는 1950년대에 이런 어려움을 알게 되었다. 근동 지방에서 젊은 날 많은 시간을 보내고 그에 대해 향수를 품어 왔던 저자는 당시 근동 지방의 이라크 바스라에 살았다. 좀 더 제대로 말하자면, 이 메소포타미아에 대해 15년 전쯤부터 점점 더 심취해 가고 있었다. 저자는 이라크 석유 회사에 의사로 근무하고 있었다. 이 회사의 사보社報에 저자가 방문한 유적지들에 관한 기사를 몇 편 실었는데, 그 이후 사람들의 질문에 어떻게 응답해야 할지 알 수 없었다. 그들은 저자의 글에 매료되었고 임시로 거주하고 있는 이 나라의 고대 역사에 관해 좀 더 알고 싶어 했던 것이다. 당시에는 그들이 읽을 수 있는 종합적인 저서가 없었기 때문에 저자는 그들을 위해 메소포타미아의 역사를 쓰기 시작했다. 기사 형식으로 초기 역사부터 기원후 몇 년까지 써 내려갔다. 1960년대 초에 다시 쓰이고 개정된 이 기사들은, 1964년에 앨런 앤드 언윈 출판사가 런던에서 출판하고 1966년부터는 펭귄 출판사가 출판한 『고대 이라크』*Ancient Iraq*의 바탕이 되었다. 저자는 이 책이 계속해서 성공하고 이 책에 대해 선배 학자들이 찬사를 보내는 것을 보면서 어느 정도 지적 공백을 메우는 데 기여했다는 확신을 하게 되었다.

영국에서 오랫동안 머무른 후 1974년 파리로 돌아왔을 때 파리에서 활동하던 저자의 동료 아시리아학 학자들은 『고대 이라크』의 프랑스어판이 있으면 좋겠다고 저자에게 제안했다. 1981년에 쇠유 출판사는 영광스럽게도 자기네 역사 총서 중 한 자리를 저자에게 내 주었다. 당시에는 단순한 번역판을 낼 생각이었다. 이 작업은 자니 카를리에 부인에게 맡겨졌다. 어려운 주제였는데도 놀라울 정도로 일을 잘 마쳐 준 그분께 이 자리를 빌려 감사를 표하고 싶다. 1980년에는 부분적인 개정만을 목표로 했었는데 책을 자세히 읽어 보니 지난 20년 동안 기초 자료들이 늘어났고, 여러 의견이 새롭게 개진되었기 때문에 전부 새로 써야겠다는 생각이 들었다. 마침 기회가 주어져서 저자 자신이 모든 것을 다시 보고, 모든 것을 확인하고, 모든 것을 다시 쓸 수 있었다. 이 작업은 예상했던 것보다 훨씬 많은 시간이 걸리긴 했지만, 영어권에서 오래전부터 알려진 『고대 이라크』의 프랑스어판을 마침내 여기에 이렇게 내놓게 되었다. 영어판과는 제목도 달라졌고 완전히 개정되었다. 그러고 보면 이 책 역시 언젠가는 저자가 다시 개정해야 할 것이다.

『메소포타미아의 역사』*La Mésopotamie* 는 기본적으로 비전문가를 위해 쓰였다. 다양한 이유로 근동 역사나 고대사 전반에 관심이 있는 모든 사람을 대상으로 하고 있다. 따라서, 이 책은 본질적으로 복잡하긴 하지만 가능한 한 명료하고 단순하고 생생하게 저술하려고 최선을 다했다. 그렇다고 해서 역사를 기술하는 사람이 반드시 지켜야 하는 명확성, 정확성, 조심성의 규범은 어기지 않았다. 이렇게 하는 것은 마치 외줄 타기를 하는 것 같았다. 저자가 늘 균형을 유지하는 데에 성공했는가에 관해서는 독자들이 판단하길 바란다. 또한 영국, 미국, 캐나다의 교수들이 학생들에게 입문서로 『고대 이라크』를 주저 없이 추천하고 있음을 알고 있던 터라 프랑스어판도 그와 비슷하게 될 것을 염두에 두었다. 책의 끝 부분에 모아둔 주석과 서지 사항은 대부분 아시리아학 혹은 메소포타미아와 다소간 관련된 분야를 전공하는 학생들을 위해 마련된 것이다.

메소포타미아와 그 문화적 궤도를 맴도는 근동 지방에 관련된 서적과 논문의 수는 해를 더할수록 지속해서 증가하고 있다. 오늘날에는 그 규모가 방대하여 점점 더 다루기 어려워지고 있다. 이 정보의 광산을 캐내면서 저자는 어려운 선택을 해야 했다. 때로 그 선택에 엄청난 고통이 뒤따랐다. 저자가 다루는 주제가 지극히 방대한 분야를 다루고 있기 때문에 그 선택은 더 어렵고 고통스러웠다. 혹시 저자가 인용하지 않아서 마음이 상한 저자들이 있다면 용서를 구한다. 저자는 어쩔 수 없이 줄여야 했다. 그러나 중요한 것을 하나도 빠뜨리지 않으려고 노력하는 만큼 지나치게 단순화하지 않으려고 주의를 기울였다. 모든 나라의 역사에는 문제가 많다. 특히 고대사는 더욱 그렇다. 그중 많은 문제는 절대 해결되지 않을 것이다. 한편, 오늘 역사적 "진리"라고 믿었던 것이 내일 실수로 판명 날 수도 있다. 그래서 저자는 몇몇 장을 어렵게 만들 각오를 하고서 이 중 여러 문제를 다루고, 이런저런 점에 관해 현재 우리 지식이 잠정적임을 여러 차례 강조하기도 하고, 단순히 우리의 무지를 인정하기도 했다. 대체로 가설이라는 점을 숨기지 않으면서 특정 사건들을 그 전에 일어났던 사건과의 관련성이나 지리적, 생태학적, 경제적 맥락으로 설명하려고 시도했다. 이런 "설명"은 몇 년 후에 거짓으로 판명 날 수도 있다. 그렇긴 하지만 이런 "설명"이 없다면 역사는 이름과 날짜와 어느 정도 확립된 사실을 지루하고 무미건조하게 나열하는 것에 지나지 않을 것이다. 마지막으로, 저자는 예술, 고고학, 문학, 종교, 사회 경제 체제에 일반적인 경우보다 더 많은 지면을 할애했으며 지면이 허락하는 한 많은 문서 자료를 인용했다. 오늘날 개화된 대중은 예전에 역사의 필수 구성 요소였던 전쟁과 조약으로 만족하지 않는다. 그들은 고대인이 어떻게 살았으며 무슨 생각을 했는지 알고 싶어 하는 정당한 욕구가 있다. 과거를 다시 살아 움직이게 하는 가장 좋은 방법은 가능하면 자주 고대인에게 말할 기회를 주는 것이다.

저자의 동료 수메르학 학자들, 아시리아학 학자들, 고고학자들의 격려와 도움과 조언이 없었더라면 이 책을 집필할 용기가 없었을 것이다. 먼저 장 보테로 교수에게 감사를 표하고 싶다. 그는 이 작업을 지원해 주었을 뿐만 아니라 즐거운 마음으로 저자의 원고를 세심하게 읽어 주었고 이 책 서두에 소개의 글을 써 주었다. 또한 프랑스국립학술연구원(CNRS)의 장-피에르 그레구아르 씨에게 감사를 표한다. 그는 저자가 사용할 수 있도록 자신의 방대한 도서 목록을 친절하게 제공해 주었으며 자신이 구석구석 잘 알고 있는 분야, 즉 기원전 제3천년기 수메르의 사회 경제 조직에 관해 길잡이가 되어 주었다. 또한 우정의 표시로 자신의 저서나 논문을 빌려 주거나 증여해 준 프랑스인과 외국인에게 깊은 감사의 마음을 전하고 싶다. 특히 파리의 플로랑스 말브랑-라바 부인, 엘레나 카생 부인, 실비 라켄바허 양, 올리비에 루오 씨, 자비에 텍시도르 씨, 영국의 도널드 J. 와이즈먼 교수, 윌프릿 G. 램버트 교수(버밍엄), 제임스 V. 키니어 윌슨 교수(케임브리지), 독일의 요하네스 렝어 교수(베를린)와 빌헬름 아일러스 교수(뷔르츠부르크), 리에주의 작고한 조르주 도생 교수와 마르셀 뒤셰느-기이민 부인, 토론토의 앨버트 K. 그레이슨 교수, 필라델피아의 새뮤얼 N. 크레이머 교수와 제임스 B. 프리처드 교수께 감사한다. 마지막으로, 저자에게 이해와 관용을 베풀어 준 미셸 비녹과, 어지간히 두꺼운 원고를 타자기로 작성하는 지루하고 보상도 없는 작업을 맡음으로써 막대한 도움을 준 아내 크리스티안에게 특별한 감사를 표한다.

차례

• 일러두기 •

1. 책으로 묶인 문헌, 또는 토판 등에 기록된 고대 문학 작품은 『 』로 표기했다.
2. 미주에서 외국어 논문은 " "으로, 외국어(학술지 포함) 책은 이탤릭체로 표기했다.
3. 고유명사는 외래어 표기법에 따랐다. 단, 고대 이스라엘 사람들의 이름은 구약성서 개역개정판을 따랐다.
4. 원문의 각주는 각주로, 원문의 미주는 미주로 옮겼다.
5. 옮긴이 주는 [역주]로 표기했다.
6. (안에 괄호가 와야 할 경우 [를 사용했다. 때로 원문에 없는 설명을 덧붙이기 위해 [를 사용하기도 했다.
7. 지도에서 유적지의 고대 지명이 분명하지 않은 경우, 추정되는 지명을 적고 물음표를 붙였다. 예) 에칼라툼 ?
8. 지도에서 고대 지명과 현대 지명을 병기할 때는, 현대 지명을 괄호 안에 넣었다. 예) 안샨(테페 말리안)

2권 차례

01 지리적 배경

파미르 고원에서 보스포루스 해협까지, 인더스 강에서 홍해까지 아랍-페르시아 만■의 푸른 물결이 감히 범접하지 못하는 황갈색 땅덩이가 뻗어 있다. 높은 고원, 광대한 평야와 사막, 넓고 좁은 골짜기, 여기저기 눈으로 덮인 채 나란히 주름 잡혀 있는 산맥이 이어지는 이곳을 사람들은 근동近東■이라 부른다. 그곳 가운데쯤에 고대 메소포타미아의 대부분을 차지하는 이라크가 놓여 있다. 세상에서 이곳만큼 역사가 풍부한 곳은 보기 드물 것이다. 환경이 역사에 미치는 영향이 이토록 분명하고 뿌리 깊고 지속적이었던 곳은 찾아보기 어렵다. 다른 어느 곳보다 이곳에서 인간과 자연환경의 균형이 특히 조화를 잘 이뤘다는 말이다. 사람들은 대부분 건조한 이 대지 위에서 생존할 수 있었을 뿐만 아니라 번영할 수 있었다. 그러나 사람들의 활동을 결정한 것은 대개 땅의 높낮이와

■ [역주] 이곳은 페르시아 시대 이후 "페르시아 만"으로 불렸으나 아랍 민족주의의 대두로 "아랍 만"으로 부르려는 시도가 있었다. 현재는 "페르시아 만"이 통용되는 명칭이지만 원문(le golfe Arabo-Persique)을 살려서 "아랍-페르시아 만"으로 번역한다.

■ [역주] "근동(Proche-Orient)"이라는 표현은 유럽을 중심으로 놓고 볼 때 가까운 동쪽이라는 의미를 담고 있으므로 "서남아시아" 등으로 바꾸어 부르는 것이 적합하지만 "근동"이 여전히 통용되는 명칭이므로 이 역서에서는 원어의 표현을 그대로 옮긴다.

토질, 강수량의 다소, 자연 자원과 우물의 분포, 강과 하천의 흐름과 유량流量, 기후의 냉혹함과 온화함이었다. 아주 최근까지 이 요인들은 이 지역의 운명에 강한 흔적을 남겼다. 사람들은 농민의 삶이나 험난한 떠돌이 유목민의 단조로운 삶을 살아야 했다. 이 요인들로 교역로와 전쟁의 경로가 결정되었고 사람들의 신체적, 도덕적 특성이 형성되었다. 뿐만 아니라 이런 요인들은 그들의 사고와 신념에도 상당 부분 영향을 미쳤다. 따라서 근동 지역의 역사를 연구하려면 필연적으로 지도를 보면서 시작해야 한다. 메소포타미아 역사 역시 예외는 아니다.

고대인들이 지리학 연구서를 남겨놓지 않았기 때문에 여기에 나오는 설명은 오늘날 이라크의 지형에 근거할 수밖에 없다.[1] 약간 차이는 있겠지만 이 설명은 분명 고대 메소포타미아에도 해당할 것이다. 이 지역 중 어떤 곳에서는 강이 예전과 똑같은 경로로 흐르지 않는다. 예전에 비옥했던 지역이 지금은 황무지가 되었고 그 반대인 경우도 있다. 그러나 산맥과 평야와 골짜기의 형세는 분명 동일하다. 고대와 현대의 동식물 비교 연구[2]와 지질학적 연구 결과[3]를 보면 약 육천 년 전부터 지금까지의 기후 변화는 무시할 수 있을 정도로 미미하다. 게다가 이런 과학적 증거들은 거의 필요하지 않다. 누구든 고대 메소포타미아 역사를 조금이라도 아는 사람이라면 이 지역을 방문했을 때 단번에 익숙한 환경에 와 있음을 알 수 있기 때문이다. 나무가 거의 없는 산지, 돌이나 진흙으로 이루어진 황무지, 아름다운 종려나무 숲, 드넓은 사탕수수밭이 있는 늪지는 고대 문서나 기념비가 그리고 있는 풍경을 보여주고 있다. 뿐만 아니라 대도시를 벗어나면 생활환경이 거의 변하지 않은 것 같다. 대체로 초목이 없는 언덕 위로 성경에서 막 나온 듯한 목동들이 검은 염소 떼와 꼬리가 도톰한 양떼를 먹이고 있다. 황무지에서는 베두인 부족들이 (사실 몇 해 전보다 수가 줄어들었지만) 이 우물에서 저 우물로 끊임없이 옮겨 다니고 있다. 평지에서는 농부들이 신석기시대에 살았던 먼 조상들과 똑같은 흙벽 집에 살고 있으며 비슷한 도구를 사용하는 일도 흔히 볼 수 있다. 늪지의 어부들은 아직도 최초의 수메르인이 살던 갈대 오두막에 살면서, 앞부분이 뾰족하게 들려 올라간 똑같은 카누를 긴 막대로 젓고 있다. 달과 해와 바람과 강을 더는 신으로 숭배하지는 않지만 그 힘을 여전히 두려워하거나 받고 싶어 한다. 또한 오늘날의 생활 조건은 오래전에 사라진 여러 풍습과 신념이 어떠했을지 엿보게 해 준다. 사실 이토록 과거가 생생하게 살아있는 지역은 찾아보기 어렵다. 역사학자들이 해독한 점토 위에 새겨진 글의 내용을 이보다 잘 보여주는 나라도 무척 드물다.

우리가 공부할 영역은 알레포와 우르미아 호수와 샤트 엘-아랍 강의 하구를 연결하는 가상의 선으로 둘러싸인 약 24만 제곱킬로미터의 삼각형 모양 땅이다. 현대의 정치적 국경에 따르면 시리아와 이라크가 이 삼각형 땅의 대부분을 나눠 갖고 있으며 터키와 이란이 여기저기에 들어와 있다. 그러나 이런 경계는 근래에 생겨났을 뿐이며, 실제로 이 지역은 티그리스 강과 유프라테스 강이라는 양대 강 유역이 축을 이루는 하나의 방대한 지리학적 단위를 형성하고 있다. 고대 그리스 역사가들이 이름 지은 "메소포타미아"라는 표현은 "두 강 사이(의 지역)"[4]를 의미하므로 다소간 제한적이긴 하지만 위와 같은 이유 때문에 이 지역을 "메소포타미아"라 부를 수 있다. 우리에게는 좀 충격적이지만 고대 메소포타미아 주민들은 자기들이 차지하고 있는 영토 전체를 지칭할 수 있는 단어가 없었다. 그들이 사용한 이름들은 때로 너무 모호했고(수메르어로 **칼람**, 아카드어로 **마투**: "땅"을 의미함) 때로 너무 제한적이었다("수메르", "아카드", "아수르", "바빌론"). 아마 "도시국가" 혹은 "왕국"이라는 개념이 그들의 사고 속에 너무 깊이 뿌리내리고 있어서 우리에게는 분명하게 보이는 지리적 통일성을 정작 자기네들은 인지할 수 없었던 것 같다.

서력기원 이전에 메소포타미아에는 이러한 지리적 통일성뿐만 아니라 그에 못지않게 뛰어난 문화적 통일성도 있었다. 완성도와 중요성으로 볼 때 당시 이집트 문명 외에는 필적할 수 없었던 문명이 피어난 곳이 바로 이 삼각형 땅 안에 있기 때문이다. 시대와 양상에 따라 이 문명은 "칼데아", "아시리아-바빌로니아", "수메르-아카드", 혹은 "메소포타미아" 문명이라 불렸지만 이런 용어는 모두 동일한 현상을 가리키고 있다. 선사시대에 깊은 뿌리를 내리고 있는 이 문명은 역사의 여명기부터 꽃피었고 수많은 정치적 격동과 반복적인 혼혈 과정을 겪으면서도 거의 삼천 년 동안 놀라우리만치 안정적인 상태를 유지했다. 이 문명을 창출하여 근동 세계 전역에서 빛나게 한 중심지는 우르, 우루크, 키시, 니푸르, 아가데, 바빌론, 아수르, 니네베■와 같은 도시다. 이들은 모두 유프라테스 강이나 그 지류 또는 티그리스 강과 인접해 있으며 현재 모두 이라크 국경 안에 놓여 있다. 기원전 제1천년기 중반에 이르러 이 문명은 쇠퇴의 길을 걷기 시작했으며, 그 후 점차 사라졌는데 그 이유에 관해서는 이 책 마지막 부분에 언급하겠다.

메소포타미아 문명의 문화적, 과학적 성취 중 일부는 그리스인이 보존했고 나중에 우리 문화유산 안으로 들어오기도 했지만, 나머지는 사라지거나 마치 고고학자의 곡괭이를 기다리는 양 거의 이천 년 동안 땅속에 묻혀 있었고, 영광스러운 과거는 오랫동안 잊혀 있었다. 인간의 짧은 기억 속에 이 화려한 도시들, 강력한 군주들, 위대한 신들에 관해서는 몇몇 이름만 남아 있었다. 그것마저 대부분 왜곡된 형태로 보존되었다.

■ [역주] 구약성서 개역개정판에서는 니네베(프랑스어로는 Ninive, 영어로는 Nineveh)를 "니느웨"로 옮기고 있다.

물질적 흔적의 경우에도 태양이 유적에 틈을 만들고 비가 그것을 무너뜨리고 바람이 모래와 먼지로 그것을 뒤덮으면서 그 모든 흔적을 지워 버리고 있었다. 크고 작은, 유명한 혹은 이름 없는 수많은 메소포타미아 도시들이 오랜 기간 묻혀 있었던, 혹은 지금도 묻혀 있는 황량한 언덕 아래, 바로 그곳에, 역사가 우리에게 줄 수 있는 겸손에 관한 가장 위대한 교훈이 묻혀 있다.

쌍둥이강

헤로도토스가 "이집트는 나일 강의 선물"[5]이라고 했던 것과 마찬가지로 메소포타미아 역시 쌍둥이강의 선물이라고 주장할 수도 있다. 사실 태곳적부터 티그리스와 유프라테스는 아라비아 고원과 자그로스 산맥 사이에 있는 충적 암반 위에 충적토를 쌓아 올림으로써 사막 한가운데 평야를 만들어 냈다. 이 평야는 나일 강과 인더스 강 사이, 3700킬로미터나 되는 대체로 건조한 땅에 있는 다른 어떤 평야보다 광활하고 비옥하다. 이 평야 역시 바다를 침범하여 생겨난 것일까? 다시 말해, 아랍-페르시아 만의 북서단이 구석기시대에 바그다드나 그 근처까지 이르렀는데 수천 년이 흐르면서 점점 후퇴한 것일까? 이 이론은 오랫동안 정설로 여겨졌다.[6] 그러나 1952년 영국의 지질학자 리스와 팰컨은, 티그리스, 유프라테스, 그리고 이란의 카룬 강이 분지에 퇴적물을 쌓고 있으며 이 분지는 오래전부터 남서부 이란의 거대한 산맥이 상승함에 따라 서서히 가라앉고 있음을 증명했다. 그들이 발표한 바로는 해안선은 시대가 지나도 그다지 많이 변하지 않았을 것이다.[7] 그러나 1970년대에 이루어진 해안 단구段丘와 해저 침전물에 관한 연구 결과 이 이론은 복잡한 과정의 한 면밖에 설명하지 못한다는 사실이 밝혀졌다. 홍적세와 충적세에 있었던 지구 기후 변화는 페르시아 만의 수위 변동을 가져왔다. 수위 변동으로 만의 해안선과 만으로 유입될 수 있는 모든 강의 경사도(따라서 유량)가 변경되었다. 기원전 14000년 전쯤 마지막 빙하기 말에 페르시아 만은 거대한 골짜기였으며 이 골짜기를 흐르는 강 하나가 인도양에 합류되고 있었다는 것이 정설이다. 만년설이 녹자 이 계곡은 서서히 바닷물로 채워졌다. 기원전 3000년경에는 만의 수위가 현재보다 2미터 더 높아졌다. 이리하여 해안선은 우르나 라가시 근처까지 올라왔다. 그 후 주로 퇴적 작용으로 해안선이 점차 후퇴하여 현재 위치에 이르게 되었다.[8] 우르와 바스라 중간 지점에 있는 카슈 시대의 작은 유적지를 발굴함으로써 기원전 1500년경에는 페르시아 만의 "머리"가 우르 남동쪽 약 60킬로미터 지점에 있었음을 추측할 수 있다. 그러나 이외에도 수많은 요소가 개입될 수 있기 때문에 현재 이 문제가 해결되었다고 단정 짓는 것은 불가능하다.

티그리스 강과 유프라테스 강은 모두 아르메니아에서 시작된다. 티그리스는 반Van 호수 남쪽에서, 유프라테스는 아라라트 산 근처에서 발원한다. 2780킬로미터 길이의 유프라테스 강은 먼저 터키를 통과하며 휘어져 흐르는 데에 반해 그보다 현저하게 짧은(1950킬로미터) 티그리스 강은 남쪽으로 급하게 내리닫는다. 타우루스 산맥을 빠져나갈 때 이 두 강 사이에는 약 400미터의 평야가 가로놓여 있다. 제라블루스에 이르러 지중해에서 150킬로미터까지 접근하는 유프라테스는 그다음부터 남동쪽으로 기울면서 점점 티그리스에 접근한다. 두 강은 바그다드에 해당하는 위도 근처에서 다시 가까워져 불과 30킬로미터의 거리를 두게 되지만 곧 다시 멀어진다. 이 강들은 바스라 북쪽으로 거의 100킬로미터 떨어져 있는 쿠르나라는 큰 마을에 이르러서야 서로 물을 섞으며 샤트 엘-아랍 강을 형성하게 된다. 그러나 고대에는 이 크고 웅장한 하천이 존재하지 않았다. 그 대신 티그리스와 유프라테스는 각각 다른 길을 따라 페르시아 만으로 바로 유입되었다. 위와 같은 종합적인 묘사에는 약간의 조정이 필요하다. 히트에서 사마라를 연결하는 가상의 선 북쪽에서 두 강은 각자 고유의 유역을 형성한다. 두 강은 석회암과 편암의 단단한 암반 고원을 가로질러 길을 내며 절벽을 접하고 있기 때문에 이들의 하상河床은 시간이 흘러도 거의 변화가 없다. 그래서 카르케미시, 마리, 니네베, 님루드, 아수르와 같은 고대의 도시가 수천 년 전과 마찬가지로 오늘날에도 이 강들의 유역이나 그 부근에서 발견된다. 이와 대조적으로 이 선 아래에서는 두 유역이 서로 뒤섞여 이따금 "메소포타미아 삼각주"라 불리는 거대한 충적 평야를 형성한다. 이곳에서는 경사가 너무 완만하여 강들이 수많은 굴곡을 그리면서 여러 지류로 퍼져나간다. 굴곡을 이루는 하천이 모두 그러하듯 이 강들 역시 퇴적 활동으로 하상을 조금씩 높이기 때문에 흔히 하상이 평야보다 더 높아진다. 이리하여 강의 범람은 호수나 영구적인 늪을 만드는 경향이 있으며 강의 물줄기는 점진적으로, 혹은 어떤 경우에는 격하게 변경된다. 이 때문에 과거에는 유프라테스 강 유역에 있었던 메소포타미아 남부의 도시들이 지금에 와서는 현재 물의 흐름과 동떨어진 건조한 충적토 사막 안에 있는 폐허 덩어리에 지나지 않게 된 것이다.

하상의 변화를 시간이 지난 후에 연구하는 일은 무척 어렵다. 무엇보다 변화 연대를 정확히 정하기가 어렵다. 그러나 고대 메소포타미아인은 제방 공사와 치수治水 공사를 하면서 대하大河의 흐름을 꽤 잘 조절했다는 점을 강조해야겠다. 유프라테스의 양대 지류는 시파르, 바빌론, 니푸르, 슈루파크, 우루크, 라르사, 우르를 지나며 약 삼천 년 동안 거의 같은 경로, 즉 현재 경로에서 동쪽으로 25킬로미터에서 80킬로미터 정도 떨어진 경로로 흘렀기 때문이다.[10] 우리는 여전히 티그리스 강의 하류, 특히 쿠트 엘-이마라Kut el-Imara 남쪽의 경로에 대해 아는 것이 거의 없다. 그러나 이 강은 메소포타미아 역사의 초기에 이 지역에서 아주 미미한 역할을 했을 것으로 보인다. 너무 유량이 많고 속도가 빠르다 보니 충적 평야 지역에서 하상이 너무 깊이 파여 단순히 수로를 파서 물을 대는 것이 불가능했을 것이다. 아니면 당시 엄청난 규모의 범람 때문에 이 강 주변에 오늘날보다 더 큰 규모의 늪지대가 있었을 것이다. 따라서 태동기의 수메르 문명은 근본적으로 유프라테스의 문명이다.

이라크 중부와 남부 지방의 기후는 "아열대 건조" 기후로서 여름에 그늘 온도가 섭씨 50도에 이르며 한 해 겨울 강우량이 25센티미터에 미치지 못한다. 따라서 농사는 거의 전적으로 관개에 의존한다. 이집트에서는 나일 강이 정해진 시기에 유역을 범람한 후 물러남으로써 계절성 관개■가 일어나지만, 이곳에서는 평야의 규모와 형태로 보나 강의 습성으로 보나 계절성 관개가 불가능하다. 티그리스와 유프라테스는 4월과 6월 사이에 이르러 유량이 갑자기 동시에 증가한다. 여름 수확을 위해서는 너무 이르고 겨울 수확을 위해서는 너무 늦다. 그래서 땅이 필요로 하는 물을 사람이 공급해 주어야 한다. 이리하여 일 년 내내 마음대로 관개를 가능하게 하려고 수로, 제방, 저수지, 조절 수문 등을 갖춘 복잡한 기제가 생겨난 것이다.[11] 이 넓은 땅에 효과적인 수로망을 건설하고 유지할 뿐만 아니라 갑작스럽게 진흙이 쌓이지 않도록 막는 일은 끝도 없는 엄청난 일이었다. 수많은 노동력과 여러 집단의 협력이 반드시 있어야 했다. 이런 필요는 경제적, 정치적 연합의 요인이 되기도 했지만 경쟁과 전쟁의 요인이 되기도 했다. 이것이 전부가 아니다. 해마다 메소

■ [역주] 매년 특정한 시기에 강물이 범람함으로써 주변 농경지에 자연적으로 물이 공급되는 현상을 가리킨다.

포타미아 농부들은 두 가지 위협에 직면한다. 첫째는 눈에 잘 띄지 않는 위협인데, 그것은 소금이 관개수에 용해되어 지표면에서 1미터도 안 되는 지하수층에 쌓였다가 안정된 저지대에 축적되는 현상이다. 배수 시설이 없는 상황에서 (고대인들은 그런 배수에 관해 몰랐던 것 같다) 비옥한 농경지는 비교적 짧은 시간에 불모지가 될 수 있다. 이리하여 역사시대에 계속해서 점점 더 넓은 면적의 땅이 버려져 사막화되어야 했던 것이다.[12] 두 번째 위협은 두 강의 변덕스러운 유량이다. 이 현상은 아주 최근까지도 메소포타미아 평야를 위협했으며 현대식 대형 댐들을 건설한 이후에야 비로소 막아낼 수 있었다. 나일 강의 경우에는 조절 기능을 하는 동부 아프리카 대호수에서 물을 공급받기 때문에 매년 거의 일정하게 유량이 증가한다. 그러나 티그리스와 유프라테스의 유량은 아르메니아와 쿠르디스탄의 산악지방에 내리는 비나 눈의 양에 의존하는데, 강우량이나 강설량은 늘 변하기 때문에 유량의 예측이 불가능하다.[13] 수년 동안 연속하여 흐르는 물이 적으면 가뭄과 기근을 겪게 되지만 한 번의 지나친 유량 증가는 엄청난 재앙을 가져올 수 있다. 강은 급격히 범람하고, 평지는 물에 잠겨 보이지 않게 되고, 흙벽으로 만든 초라한 집과 갈대로 지은 오두막집은 물결에 휩쓸려간다. 거대한 흙탕물 호수에 잠겨 수확물이 유실되고 그와 더불어 가축과 재산, 때로는 주민 대부분의 생명이 사라지기도 한다. 지난 1954년 봄에 이라크를 강타한 대규모 범람을 목격한 사람들은 그 무시무시한 장면을 결코 잊지 못할 것이다. 이처럼 메소포타미아는 사막의 상태와 늪의 상태 사이에서 끊임없이 오락가락하고 있었다. 메소포타미아에 존재하는 이러한 이중적 위협과 불확실성 때문에 아마 고대 메소포타미아인은 자기들이 전적으로 신들의 손안에 있다는 강한 느낌을 갖게 되었을 것이다.

이런 불리한 조건에도 티그리스와 유프라테스 덕택에 비옥해진 메소포타미아 평야는 풍요로운 땅이다. 경작이 가능했던 광대한 지표면에 토양 염화鹽化가 진행되기 전 고대에는 더욱더 그러했다. 이 땅 덕분에 고대 메소포타미아 인구 전체가 어렵지 않게 먹고살았다. 뿐만 아니라 남은 곡물을 수출하여 꼭 필요한 목재, 금속, 석재 등을 수입할 수 있었다. 사람들은 이 넓은 평야에 여러 종류의 밀, 조, 아마, 보리를 재배했다. 특히 보리는 오늘날과 마찬가지로 주요 곡물이었다. 보리는 웬만한 염도를 지닌 토양에서도 잘 자라기 때문이다. 원시적인 도구를 이용했지만 농업 기술은 기원전 제3천년기부터 놀랍도록 완벽했다. 우리는 어느 장문의 수메르어 문서 덕분에 여기에 관한 세부사항을 알고 있다. 이 문서는 기원전 약 1700년경에 쓰인 것으로 보이지만 분명 더 오래된 관행에 대해 묘사하고 있으며 "농민의 달력"이라 불린다.[14] 이 문서는 한 농부가 엔릴■의 아들이며 "농부"인 니누르타의 명령에 따라 자기 아들에게 준 교훈 모음집의 형식을 띠고 있다. 여기에 실린 바로는 농경지에 먼저 적절히 물을 대고 잡초를 제거한 다음, 축축한 땅을 경작하기 위해 소로 밟아 주고, 쟁기로 갈아엎고 평평하게 만든 다음 갈퀴로 긁고 세게 내리쳤다고 한다. 그러고 나서 쟁기 겸 파종기를 이용해 밭갈이와 씨뿌리기가 동시에 이루어졌는데, 6미터 너비의 길쭉한 땅마다 "손가락 두 개 정도 깊이의" 밭고랑을 여덟 개씩 팠다. 첫 새싹이 돋아나면 사람들은 해로운 동물을 쫓아 주는 닌킬림 여신에게 기도를 올리고 새를 쫓은 다음 물을 준다. 물주기는 네 번 반복된다. 줄기가 토양을 뚫고 나올 때, "작은 배 한가운데 있는 엮은 밀집처럼"■ 키가 컸을 때, 최대 크기에

■ [역주] 엔릴은 수메르 신화의 여러 신 중 아누(Anu)와 에아(Ea)와 더불어 가장 중요한 신으로 등장한다.

■ [역주] 아카드어 원문을 그대로 번역한 듯한 이 표현의 정확한 의미는 알기 어렵지만 농작물이 어느 정도 자란 상태를 가리키는 것은 분명하다.

도달했을 때 물을 주었고, 마지막으로, (열매에 사마나*samana* 병이 들지 않았다면) 수확량을 10퍼센트 증가시키기 위해 물을 주었다. 세 사람이 추수에 참여했다. 한 사람이 줄기를 낫으로 자르면 다른 사람이 그것을 묶고 세 번째 사람이 단으로 만든다. 구약성서 룻기처럼 땅이 "젊은이들"과 "이삭 줍는 사람"의 생존을 보장해 주도록 이삭을 좀 남겨놓을 것을 권한다. 마지막으로, 보리는 닷새 동안 수레로 짓이기고 날카로운 날이 있는 썰매로 "깐" 후 갈퀴로 키질했다.

농경지의 침수와 밭갈이는 가을에 행해졌고 수확기는 보통 이듬해 4월이나 5월이었지만 겨울비가 내린 후에는 종종 중간 수확이 가능했다. 농경지는 두 해 경작하고 한 해 휴경했다. 메소포타미아 대평야의 충적토가 고대에 무척 비옥했다는 것을 의심하는 사람은 거의 없지만, 헤로도토스와 스트라본이 주장하는 수확량의 총계(200~300배)는 무척 과장된 것 같다. 몇몇 사람이 기원전 2400년경 수메르의 밀밭, 보리밭과 현대 캐나다의 밀밭, 보리밭을 비교한 것도 역시 심한 과장인 것 같다. 게다가 흔하지 않은 쐐기문자 문서 자료의 해석이 항상 쉬운 것은 아니며(실제 수확량인지 행정적 예측인지), 어쨌든 이 자료는 특정 시대, 특정 지역에만 적용될 뿐이다. 그러나 헥타르 당 2~22퀸탈■의 보리(즉, 1950년대 이라크 중부 지방 수확량의 두 배)는 그럴듯해 보인다.[15] 게다가 남부 메소포타미아의 덥고 습한 기후와 풍부한 물은 대추야자의 재배에 최적의 조건이 되어 주었다. 대추야자는 어느 아랍 격언처럼 "발은 물에 담그고 머리는 작열하는 태양에 두고" 하천과 수로를 따라 자라고 있었다. 그림이 있는 기념물이나 문서를 보면 수메르 땅에는 언제나 광대한 종려나무 숲이 있었고 인공수분이 이루어지고 있었음을 알 수 있다.[16] 밀가루

■ [역주] 1퀸탈은 100킬로그램이다.

와 보릿가루 및 높은 영양분을 지닌 대추야자는 고대 메소포타미아인의 기초 식량이었지만, 소, 양, 염소 등도 경작지 이외의 지역에서 기르고 있었다. 강, 수로, 호수, 바다는 그들에게 풍부한 물고기를 제공해 주었다. 또한 석류, 포도, 무화과, 병아리콩, 렌트콩, 강낭콩, 무, 파, 오이, 물냉이, 상추, 양파, 마늘 등 다양한 과일과 채소는 바람을 피해 만든 정원에서 추를 단 기계*dâlu*로 물을 대어 재배하였다. 이 기계는 아카드어에서 파생된 이름*daliya*을 갖고 오늘날에도 여전히 사용되고 있다.[17] 분명, 전쟁이나 자연재해로 인한 기근이 없는 시기에 메소포타미아인은 전반적으로 비교적 풍요롭고 다양한 음식을 즐겼을 것이다. 이 때문에 시리아, 아나톨리아, 이란의 이웃들은 이들을 부러워했을 것이다.[18]

지역적 특성

여기까지 우리의 관심은 메소포타미아 삼각형 땅의 큰 축인 "강 사이의" 평야에 집중되어 있었다. 그러나 시선을 주변부로 돌려 보면 기후와 풍경이 전혀 다름을 바로 알 수 있다. 지역적인 미세한 차이를 무시한다면 이곳은 네 개의 큰 지역으로 나눌 수 있다. 그것은 사막, 초원, 자그로스 산록지대, 그리고 최남단의 늪지대이다.

북부에는 계곡이 많고 중부에는 와디■가 여럿 있으며 남부는 전체적으로 평평한 가운데 유프라테스 강을 따라 서쪽으로 사막이 이어진다. 사막은 안티레바논 산맥과 아라비아 심장부까지 펼쳐져 있다.[19] 사실 이 거대한 시리아-아랍 사막은 엄밀히 말해 고대 메소포타미아에 포함되지

■ [역주] 여기서 아랍어 "와디"는 비가 많이 내릴 때에만 물이 흐르는 강을 가리킨다.

않는다. 분명한 경계를 이루며 유프라테스 유역과 사막을 갈라놓는 약간 솟아오른 땅은 이슬람 이전 시대 유적의 한계선을 이루기도 한다. 수메르인과 바빌로니아인은 기본적으로 농부였다. 이라크에 있는 초기 도시들(바스라 옛 시가, 케르벨라, 쿠파)을 사막 변두리에 건설한 아랍인과 달리 이 사람들은 그런 곳에 대해 등을 돌리고 "좋은 땅", 즉 비옥한 충적토에 단단히 결합되어 있었다. 그러나 그들은 기원전 제2천년기의 아무루인이나 기원전 제1천년기의 아람인처럼 대상隊商을 공격하고, 도시와 마을을 약탈하며, 심지어 영토를 침략하는 이름난 야만적 유목민들을 염두에 두어야 했다. 우리가 앞으로 보겠지만, 충적 평야의 정착 사회와 서쪽 사막의 적대적인 부족이 맞붙은 이 해묵은 대결은 메소포타미아 역사에서 많은 분량을 차지한다. 또한 강 사이에 있는 평야 한가운데에도 늘 불모 상태로 남아 있는 지역이 있었다는 말을 덧붙여야겠다. 예를 들어, 카불 강과 타르타르 와디 사이에는 건조하고 황량한 지역이 펼쳐져 있으며 수분을 잃은 소금 호수*sabkha*가 산재해 있어서 몇몇 베두인족 외에는 아무도 살지 않고 주요 교역로가 이곳을 통과한 적이 없었다. 이 지역 바로 북쪽에 제벨 신자르 산(정상이 해발 1463미터에 달하는)과 제벨 아브드 엘-아지즈 산(해발 920미터)의 좁은 산맥 너머로 타우루스 산맥의 기슭에 이르는 지역에는 아랍인들이 엘-자지라, 즉 "섬"이라 부르는 평야가 있어 티그리스와 유프라테스 사이의 400킬로미터를 점유하고 있다.[20] 유프라테스 강의 지류인 카부르 강과 발리크 강으로 흘러드는 수많은 물줄기가 이 지역 거의 전역에 부채꼴 모양으로 펼쳐진다. 비교적 풍부한 겨울비(1년 강수량이 30~80센티미터)와 더불어 타우루스 산맥의 눈으로 채워진 얇지만 광대한 지하수층이 여기에 물을 공급한다. 곡물을 재배하는 밭과 과수원은 하천을 따라 늘어서 있거나 샘이나 우물 주변에 모여 있고, 이 초록의 그물망 사이로 화초와 봄꽃으로 뒤덮인 초원이 펼쳐져 있어 양이나 말 등의 가축을 기르기에 이상적인 환경을 제공한다. 이 비옥한 초원은 지대가 높은 티그리스 강 유역과 북부 시리아 평야 사이를 잇는 자연적 통로, 즉 경계 지역을 이루고 있다. 또한 이곳은 텔*tell*■로 뒤덮여 있다. 그만큼 많은 도시와 마을이 묻혀 있으며 고대에 인구가 조밀했다는 말이다.

역사학자들은 이라크 북동부 모서리, 자그로스 산맥의 기슭과 서사면에 있는 이라크 쿠르드 자치 지역에 특별한 관심을 보인다.[21] 이곳의 연간 강수량은 평균 1미터에 달한다. 부드럽게 물결치는 듯한 평야가 티그리스 강을 따라 이어지다가 상승하면서 평행한 골짜기들을 형성하며 점점 높아져서 마침내 이라크와 이란을 나누는 자그로스 산맥(해발 2500~3000미터)의 가파르고 눈 덮인 봉우리들까지 이른다. 티그리스 강의 큰 지류인 대大자브, 소小자브, 아드헴, 디얄라는 이 산지에서 내려와 지역 전체를 사선으로 가로지른다. 때로는 석회암반의 중심에 깊은 협곡을 뚫기도 하고 때로는 굽이치는 큰 계곡을 형성하며 우회하기도 한다. 기온은 여름에 섭씨 35도를 넘는 일이 거의 없지만 겨울에는 흔히 영하로 떨어진다. 예전에 나무가 무성하던 산들이 지금은 벌거숭이가 되었지만 산기슭에서는 여전히 아름다운 목초지, 키 작은 참나무와 소나무를 발견할 수 있다. 밀, 보리, 유실수, 포도나무, 온갖 채소가 산 아래와 중턱의 계곡에서 어려움 없이 자라난다. 이 매력적이고 풍요로운 지역은 메소포타미아의 선사시대와 역사시대에 중요한 역할을 감당했다. 네안데르탈인이 이곳 동굴에 살았고 호모 사피엔스가 이곳에서 돌과 나뭇가지로 만든 오두막을 지었다. 바로 이곳에서 거의 구천 년 전에 농업이 생겨났

■ [역주] 텔은 고대 도시가 묻혀 있는 언덕을 가리킨다. 텔의 형성 과정에 관해서는 2장의 "묻혀 있는 도시들"을 참조하라.

다. 그 후 한참이 지나고 나서 수메르, 아카드, 아시리아의 왕들은 시리아-유프라테스 사막의 야만인들 못지않게 무시무시한 야만인들에 대항하기 위해 이곳에 방어전선을 구축했다. 그러나 아시리아 시대의 절정기에조차 문명은 티그리스 강 연안 평야와 산지의 주요 지맥支脈의 경작 가능한 땅에 국한되었다. 산 위 계곡은 구티, 룰루비 등의 민족의 영역으로 남아 있었다. 우리는 이 민족들에 관해 거의 아는 것이 없다. 그러나 그들 역시 서쪽의 베두인 못지않게 분명 자기네 눈 아래 펼쳐진 풍요로운 평야를 탐냈을 것으로 추측할 수 있다.

이라크의 다른 쪽 끝, 남쪽 지방을 뒤덮고 있는 삼각주의 광대한 늪 역시 메소포타미아의 나머지 지역과는 무척 다른 풍경을 보여 준다. 그다지 깊지 않은 많은 호수, 빽빽한 사탕수수밭을 거쳐 넓은 갈대밭으로 굽이쳐 흐르는 물길, 물소, 멧돼지, 야생 조류 등의 동물, 모기, 숨 막히는 무더위 등을 고루 갖춘 이라크의 늪지는 별천지이며 이국적이고 두려우면서도 매력적인 곳이다.[22] 늪지의 규모와 형태는 아마 시간의 흐름에 따라 변했을 것이다. 그러나 고대 문서와 그림이 있는 기념물의 증거로 볼 때, 늪지는 언제나 존재했으며 이곳에 사는 마단 사람들은 적어도 육천 년 전 늪지 가장자리에 정착했던 수메르 이전 시대 사람들의 삶의 양식을 일부 보존해 온 것으로 보인다. 불행히도 이 지역은 대부분 고고학자들에게 알려지지 않은 땅으로 남아 있다. 그것은 한편으로는 이 지역에서 발굴이 거의 이루어지지 않았기 때문이고, 다른 한 편으로는 예전에 이곳에 살던 주민들이 오늘날의 주민들과 마찬가지로 자취를 남기지 않는 갈대 오두막에 살았고, 오래 남는 흔적(도기류, 돌로 된 도구나 물건)은 남아있다 해도 지금은 두꺼운 침적물 층 아래에 묻혀 있기 때문이다.

따라서 겉으로 보기에는 동일해 보이지만 메소포타미아는 대조되는 면모를 갖춘 지방이다. 북쪽의 초원과 남쪽의 늪을 메소포타미아 대평야의 단순한 지역적 변이 형태로 볼 수 있다 하더라도, 지표면의 굴곡, 기후, 식생 등을 보면 이 평야와 자그로스의 산록 사이에는 엄청난 차이가 존재함을 알 수 있다. 이 차이는 역사 발전에 반영된다. 고대를 통틀어 북부와 남부 사이, 지정학적 용어로는 수메르와 아카드(나중에는 바빌로니아가 됨) 사이에는 아주 분명한 대립이 발견된다. 이 대립은 때로는 잠재적이지만 문화적 차이로 드러나기도 했고, 때로는 공공연하게 무력 충돌로 표현되기도 했다.

주요 교역로

"검은 황금"이 이라크에 부를 안겨주기 훨씬 전에 현재 이라크인의 조상은 원유에 관해 알고 있었고 원유*naptu*와 역청*iddû* 또는 *kupru*의 형태로 이를 이용하고 있었다. 그들은 여러 지역에 있는 지표 매장 층에서 이를 가져왔는데, 특히 키르쿠크 부근과 유프라테스 중류 지방에 있는 히트와 라마디가 유명하다. 그들은 아주 다양한 방식으로 이를 활용했다. 신전과 왕궁의 구운 벽돌에 갈라진 틈을 메우기 위한 반죽, 수도 배관망, 화장실, 욕실의 방수 처리, 배의 널빤지 틈을 메우는 데 필요한 방수 처리, 구운흙이나 나무로 만든 낫자루에 부싯돌 날을 붙이거나 "군기" 아랫부분의 자개 장식에서 잘려나간 인물상을 붙이는 시멘트, 동상 특정 부분(수염, 눈썹, 머리카락)의 장식, 의약품 등으로 사용했던 것이다. 아울러 이런 평화적인 용도 외에 아시리아인은 원유*naptu*를 방화용 무기로 사용한 예도 있다. 메소포타미아인들이 역사시대에 역청을 수출했다는 사실에 대해서는 더는 의심의 여지가 없다.[23]

메소포타미아에서 역청을 진흙이나 곡물, 양털이나 아마처럼 풍부하게 이용한 것은 사실이지만 건축에 필요한 광석, 단단한 돌, 목재는 없었다. 원사시대原史時代■부터 이런 재료를 수입해야 했으며, 때로는 아주 멀리서 들여와야 했다.[24] 일반적으로 구리는 캅카스나 이란 북서부에서 발견되었다고 생각하지만, 메소포타미아인들은 주로 아나톨리아(에르가니 마덴의 광산)에서 구리를 들여왔고, 좀 더 나중에는 쐐기문자 문서에 마간(확실히 현재의 오만을 가리키는 것으로 볼 수 있음)이라 불리는 지역과 키프로스(현재의 알라시아) 섬에서도 들여왔다. 주석은 이란(아제르바이잔■과 코라산 지역)에서 수입했던 것 같고, 아마 아프가니스탄에서도 들여온 것 같다. 은은 주로 아르메니아에서 왔으며, 금은 인도부터 이집트에 이르기까지 흩어져 있는 여러 광산에서 왔는데 그중 가장 가까운 곳은 터키와 이란에 있었다.[25] 자그로스 산맥에서는 설화석고와 단단한 석회석을 채굴했으며, 마간은 구데아의 조각가들이 제대로 활용했던 아름다운 흑색 섬록암으로 유명했다. "화산의 유리"라 불리는 흑요석은 아르메니아에서 메소포타미아로 들어왔고 청금석의 생산지는 아프가니스탄이었다.[26] 목재로는 아마누스 산맥과 레바논에서 고급 삼나무가 수입되었지만 다른 종류의 목재는 인더스 강 유역에 있던 멜루하라는 나라에서 딜문(현재의 바레인)을 거쳐 바다로 들어온 것 같다. 이처럼 메소포타미아 내부의 여러 지역을 서로 연결하고 메소포타미아와 근동의 다른 지방을 이어주는 거대한 그물망 같은 교역로가 아주 옛날부터 발달해 있었다.

■ [역주] 이 책에서 원사시대는 선사시대의 마지막에 원시 문명이 발전했던 5800~2900년 사이의 시기를 일컫는 용어로 사용된다.

■ [역주] 여기서 아제르바이잔은 나라 이름이 아니라 이란 북서부 지방을 가리키는 명칭이다.

메소포타미아 내에서 한 지방에서 다른 지방으로 이동할 때에는 흔히 수상 교통이 이용되었다. 티그리스와 유프라테스는 남북을 이어주는 거대한 수상 통로 구실을 했고 넓은 관개 수로는 마을과 도시를 이어주었다. 이런 형태의 운송 수단이 얼마나 편리한가는 다음과 같은 점을 고려해 본다면 더욱 분명해질 것이다. 수로의 존재는 육상 교통에 방해가 되었다. 메소포타미아 남부 지역 대부분이 겨울에는 두꺼운 진흙으로 뒤덮여 있었고 봄에는 지역적 홍수로 위협을 받고 있었다. 기원전 제2천년기에 말을 이용하고, 기원전 제1천년기에 낙타를 대규모로 이용하기 전에 수레를 끌고 짐을 나르는 가축은 오직 소와 나귀밖에 없었다.

메소포타미아 외부로는 두 대로가 시리아와 지중해 해안을 향해 서쪽으로 나 있었다.[27] 물론 길은 포장되어 있지 않았다. 일부 도시의 성문에서 포장된 길이 발견되기는 하지만 그다지 멀리 이어지지는 않았다. 첫째 길은 시파르(현재는 바그다드에서 약간 북쪽에 있는 팔루자 근처의 아부 하바)를 출발하여 유프라테스 강을 거슬러 마리 혹은 그 근방까지 가다가 타드모르를 통과하면서 380킬로미터의 사막을 직선으로 가로질러 시리아의 홈스 근처 카트나에 이르렀다. 여기서 길은 여러 갈래로 갈라져 페니키아 여러 항구 도시, 다마스쿠스, 팔레스타인, 그리고 이집트에 도착한다. 한 오아시스에서 다음 오아시스로 가며 사막을 횡단하는 일은 여름에는 지극히 고통스러운 일이었고 어느 계절에나 유목민의 공격에 노출되어 있었다. 군대나 대상隊商 모두 훨씬 더 멀더라도 좀 더 안전하고 물과 식량과 사료가 잘 갖춰진 다음과 같은 두 번째 길을 선호했다. 이 두 번째 길 역시 시파르에서 출발하여 사마라 근처에서 티그리스 강을 만나 강변을 따라 니네베 근처까지 간다. 여기서 길은 티그리스를 떠나 서쪽으로 달려 슈바트-엔릴이나 하란을 지나며(여러 가능한 방법이 있다) 자지라 초원을 통과하여 카르케미시(현대의 제라블루스)나

에마르(현대의 메스케네)에서 유프라테스 강을 만난 후[28], 남부 메소포타미아에서 강을 거슬러 바로 올라오는 다른 길과 만났다. 이곳에서 유프라테스 강을 선교船橋나 뗏목 등으로 건너면 알레포나 그 근교로 향한 후 오론테스 유역에 도착했고, 여기서 여러 갈래 길이 중부 시리아와 지중해를 향해 출발했다. 이 노정의 여러 지점에서 다른 여러 길이 북서쪽으로 갈라져 나가 킬리키아와 아나톨리아에 이르렀다. 니네베에서는 티그리스 강을 따라 디아르바크르까지 갔다가 다소 좁은 길을 거쳐 타우루스 산맥을 넘어 아르메니아와 동부 아나톨리아에 도착할 수 있었다.

동부 지역과의 교통은 훨씬 더 어려웠다. 자그로스 산맥을 점령하고 있는 부족들이 종종 적대적인 경우가 있었을 뿐만 아니라 산맥 자체도 엄청난 장벽이었다. 이 산맥은 라완두즈 근처의 라야트, 술라이마니야 근처의 할라브자 혹은 펜즈윈, 그리고 디얄라 강 상류의 카나킨 등 서너 군데로만 넘어갈 수 있었다. 라야트, 할라브자, 펜즈윈을 거쳐서는 아제르바이잔과 우르미아 호숫가로 갈 수 있었고 카나킨을 거쳐서는 케르만샤, 하마단과 그 너머로 이란 고원에 접근할 수 있었다. 디얄라 남부에서는 길 하나가 자그로스와 평행하게 남동쪽으로 달렸는데, 바드라(고대의 데르) 근처에서 케르만샤 방향으로 자그로스를 넘을 수 있었다. 이 길은 엘람의 오랜 수도였던 수사(현재는 디즈풀 근처의 슈시)까지 이르렀다. 이 도로에는 자연적 장애물이 없었다. 수사의 영토인 카르케 강과 카룬 강의 하류는 메소포타미아 평야의 동쪽 연장부에 불과했던 것이다. 그러나 엘람인은 메소포타미아인과 대대로 적대적인 관계였기 때문에 평화적인 행렬 못지않게 군대도 이 길을 자주 지나다녔다.

고대 메소포타미아를 외부 세계와 연결해 주는 대로 중 마지막은 아랍-페르시아 만을 가로지르는 해상로였다. 이 만은 당시에 "바다"fleuve

Amer■, “아래 바다”, 혹은 “해 돋는 바다”로 불렸으며 인도를 향해, 그리고 나중에는 극동 지방을 향해 열린 거대한 창이 되었다. 이 길은 우르에서 딜문으로, 그리고 아직 밝혀지지 않은 여러 기항지를 거쳐 마간과 멜루하로 향했다. 문서 자료를 바탕으로, 그리고 인더스 문명의 특색을 지니는 물건들, 그중 특히 도장이 메소포타미아에 존재한다는 사실을 바탕으로 두 지역 사이의 교역 관계가 기원전 제3천년기까지 거슬러 올라간다는 것이 오래전부터 알려져 있었다. 그러나 “석유 해안”으로 유명한 이 만의 아랍 쪽 해안은 최근 몇 년 전까지 고고학적으로 전혀 발굴이 이루어지지 않았다. 1953년부터 바레인, 사우디아라비아, 아랍 에미리트 연방, 오만에서 발굴 현장이 끊임없이 늘어나면서 기대하지 않은 결과가 산출되었다. 메소포타미아와 인더스 유역의 교역이 이 해안을 통과했음이 확인되었을 뿐만 아니라, 그 교류가 원사시대(기원전 제4천년기와 제5천년기)까지 거슬러 올라가며, 이 지역에 아주 흥미로운 지역 문화가 존재했다는 사실이 밝혀졌다.[29] 이 길은 군대 수송 선박이 이용했거나, 그렇지 않더라도 적어도 사신들을 태운 선박이 이용했을 것이다. 우리는 기원전 2200년경 아카드의 왕들과 기원전 제1천년기 아시리아 왕들이 아랍-페르시아 만 인접 지역을 자기네의 정치적, 경제적 영향권 안으로 끌어들이려고 노력했음을 알고 있다.

위의 설명은 비록 간결하고 불완전하긴 하지만, 널리 퍼져 있는 견해와 달리 메소포타미아가 위대한 문명의 발전에 이상적인 환경이 아니라

■ [역주] 프랑스어 원문(fleuve Amer)은 아카드어 “마라투(ÍD *marratu*)”를 번역한 것이다. 마라투(*marratu*)는 원래 “쓰다”라는 의미가 있는 형용사의 여성형이지만 후대의 아카드어에서는 단순히 “바다”라는 의미로 사용되며, 이드(ÍD)는 원래 “강”을 뜻하는 한정사이므로 발음하거나 번역하지 않는 것이 옳다. 프랑스어 원문을 직역하면 “쓴 강”이라고 할 수 있지만 아카드어 용례를 살려 “바다”로 번역한다.

는 사실을 충분히 보여 주었다고 생각한다. 메소포타미아의 두 강은 비옥한 삼각주를 만들었지만 풍요와 더불어 재앙을 가져다줄 수 있었다. 엄청난 노력을 계속한 대가로 농업은 대규모로 이루어졌지만 금속과 건축용 목재가 없었고, 특히 남부에는 석재가 없었다. 적개심을 자주 드러내는 부족들이 사는 사막과 높은 산을 건너고 넘기는 어려웠다. 이 사막과 산이 사방으로 평야를 둘러싸고 있고, 바다로 가는 접근로는 하나밖에 없으며, 이마저 넓지 않다. 또한 이 바다에 접한 해안 지방은 대부분 척박하다. 모든 것을 고려해 볼 때 충적토로 이루어진 대평야보다는 자지라의 초원과 쿠르디스탄의 지맥支脈이 훨씬 나은 환경이다. 신석기시대와 원사시대의 주민이 먼저 이곳에 정착한 것도 우연이 아니다. 그러나 수메르-아카드 문명이 형성된 곳은 최남단 늪지 가장자리이다. 문명이 삼천 년 동안 지속되었다면 그것은 자연에 저항하는 지속적이고 끈질긴 투쟁의 대가로 주어진 것이며 우리가 읽게 될 역사의 골자를 이루는 것은 바로 이 투쟁이다.

그러나 좀 더 나아가기 전에 먼저 우리 자료의 출처를 살펴보아야겠다.

02 과거의 발견

역사학자가 과거를 되살리기 위해 의존하는 증거 자료는 두 종류다. 그것은 문서 자료와 "가공물"이다. 여기서 가공물이라 함은 그 어원적 의미로 사용되고 있다. 거대한 신전이나 궁궐부터 가장 소박한 가사 용품에 이르기까지 인간의 손으로 만든 모든 것을 가리킨다. 또한 주거지와 관련된 "생태학적 흔적"(음식물이나 가축, 열매, 꽃씨 등의 흔적)도 포함된다. 생태학적 흔적은 아주 최근에 와서야 주목받았으며 많은 경우 여전히 선사시대 연구가들의 전유물일 뿐이다. 그런데 근동 지방(특히, 메소포타미아)에서 이런 정보(문서를 포함한)는 거의 언제나 땅 아래 묻혀 있어서 끈질기고 섬세하고 더딘 고고학자들의 작업을 거쳐야만 비로소 이용할 수 있게 된다.

이라크의 고고학적 발굴은 1843년에 시작되어 그 이후 1차 세계대전으로 중단되고 2차 세계대전으로 지연된 것을 제외하고는 쉼 없이 이어졌다.■ 초기 발굴은 천재적인 비전문가들이 수행했으나 20세기 초에 이르러 점점 더 과학적인 형태를 갖추었다. 사람들은 이제 예술작품으로

■ [역주] 지난 2003년 미국 주도 연합군의 이라크 침공을 전후하여 고고학적 발굴이 중단되었고 유적지 도굴과 박물관의 문화재 약탈이 광범위하게 이루어졌다.

박물관을 채우는 것 자체가 목적이 아니라 옛날 사람들이 어떻게 살았는가를 밝히는 것이 더 중요하다는 사실을 깨달았다. 이와 더불어 고고학자들은 일의 성격상 오랜 세월 땅에 묻혀 있어 깨지기 쉬운 물건을 다뤄야 했고, 좀 더 오래된 층을 발굴하려면 방금 조사한 거주 층을 파괴해야 했기 때문에 점점 더 세련된 기술을 개발하지 않을 수 없었다. 유럽과 미국의 대학과 박물관에서 조직하고 후원한 전문 발굴단은 이라크에 와서 뛰어난 일꾼들을 만났다. 일꾼들은 신속하게 조직되었고, 얼마 지나지 않아서 전문가들보다 더 능숙하게 곡괭이와 흙손 끝으로 점토질 모암母巖과 말린 벽돌의 구조물을 구별해 내었다. 90년 동안 30여 곳의 유적지가 철저히 발굴되었고 300곳 이상이 "시굴"되었다. 이 국제적인 작업의 결과는 대단했다. 지난 세기 중반까지만 하더라도 성경이나 몇몇 고전 작가가 전해 주는 빈약한 정보에 만족해야 했던 역사학자들은 이제 해를 거듭할수록 증가하는 방대한 금석학적 자료와 고고학적 자료를 활용할 수 있었고 "발굴자들"에게 진 빚을 기꺼이 인정하고 있다.

그렇다면 단순히 예를 표하는 것으로 이 장을 끝내도 좋을 것 같다. 그러나 다른 이유가 있어 이 장을 썼다. 이 책 전체에 걸쳐 인공의 언덕, 즉 묻혀 있는 도시나 마을의 유적임을 표시해 주는 "텔"이 화두에 오를 것이다. 우리는 "단계"나 "층"에 관해 자주 언급할 것이며, 가능한 경우 "상대" 연대와 "절대" 연대를 제시할 것이다. 독자는 우리가 무슨 말을 하고 있는지 바로 알아야 할 권리가 있다. 이 정당한 호기심을 충족시키는 가장 좋은 방법은 메소포타미아 고고학이라 불리는 학문의 방법론과 발전 과정에 관해 간략한 개관을 제시하는 것이 아닐까 생각한다.[1]

묻혀 있는 도시들

이라크를 방문하는 사람들은 유적지를 처음 접할 때 실망감을 느낀다. 우르의 지구라트나 바빌론에 있는 이슈타르 문(발굴하여 복원됨), 혹은 크테시폰의 아치(후대에 건설됨)를 보았다면 그 외에는 별로 보여줄 것이 없다. 어수선하게 놓여 있는 벽돌과 도자기 파편이 흩뿌려져 있는 높고 낮은 언덕 외에 아무것도 볼 것이 없다. 고고학자를 동반하고 발굴 현장을 방문해도 탄탄한 역사적 지식과 상당한 상상력의 도움 없이는 과거가 떠오르지 않는다. 사람들이 깜짝 놀라면서 이렇게 유명한 유적지에 왜 이렇게 유적이 없는지 의문을 품는 것도 당연한 일이다.

그 의문에 대한 대답은 단순하지만 몇 가지 설명이 필요하다. 이 도시들은 진흙으로 만들어졌다. 돌이 귀한 메소포타미아에 너무도 흔한 진흙 말이다. 아주 옛날에는 손으로 압착한 진흙*tauf* 으로 집을 세웠지만 기원전 제9천년기부터 사람들은 진흙을 짚에 섞어서 길쭉하거나 네모난 벽돌로 주조하고 이 벽돌을 태양에 말리고 회반죽을 이용해 붙이는 법을 알았다. 그래서 사람들은 더 두껍고, 더 일정하고, 더 단단한 벽을 세울 수 있었다. 또한 이 벽돌은 가마에 구우면 내구성과 방수성이 훨씬 뛰어났지만 가격도 훨씬 비싸졌다. 따라서 구운 벽돌은 신전과 왕궁의 일부분, 특히 층계가 있는 탑(지구라트), 주요한 방, 그리고 바닥을 덮는 데에만 제한적으로 사용되었다. 아마누스나 레바논 산지에서 비싼 값을 주고 들여온 삼나무를 비롯한 귀한 목재로 만든 두꺼운 문이나 지붕 역시 제한적으로 사용되었다. 다른 건물의 지붕은 땋은 갈대나 다진 흙을 입힌 나뭇가지로 만들어졌다. 다진 흙으로 만든 바닥과 내부 벽면은 매끄러운 진흙이나 회반죽으로 칠해져 있었다.

메소포타미아의 집은 벽이 두꺼웠기 때문에 여름에는 시원하고 겨울에는 따뜻하여 비교적 살기 좋았지만 지속적인 보수가 필요했다. 매년 겨울비가 내릴 때 지붕을 보호하기 위해 지붕의 진흙층을 새로 갈아 줘야 했으며 모든 구조적인 수리는 바닥을 높이는 일과 함께 이루어졌다. 고대에는(유럽의 중세처럼) 쓰레기가 길에 버려진 후 진흙과 먼지에 뒤섞였다. 그래서 길가에 있는 집은 어느 날엔가 낮은 곳에 놓이게 되어 비가 조금만 내려도 침수되곤 했다. 따라서 한 건물 안에서 비교적 짧은 시기에 연속해서 시공된 두세 개의 바닥면을 발견하는 것도 드문 일이 아니다. 이러한 주의사항이 지켜진다면 말린 벽돌로 만든 집은 화재, 전쟁, 전염병, 지진, 심한 홍수, 혹은 강의 하상 변경 등과 같은 재난이 닥칠 때까지 오랜 세월을 견딜 수 있었다. 그러나 이런 재난이 닥치면 도시는 부분적으로 혹은 완전히 버려졌다. 지붕은 보수되지 못하거나 불에 타서 무너져 내렸고, 벽은 양쪽에서 악천후에 노출되어 붕괴함으로써 주거 공간을 메우고, 살던 사람이 버리고 간 물품을 땅에 묻어 버렸다. 특히 전쟁은 즉각적인 파괴를 불러왔다. 일반적으로 적들은 점령한 도시에 정착할 계획이 없으면 그 도시를 불살라 버렸기 때문이다. 이 옛적의 방화는 오늘날의 고고학자들에게 뜻하지 않은 행운을 안겨 주었다. 불운한 주민들이 도시에서 도망치거나 항복하면서 모든 것을 그 자리에 남겨 두었고 우리에게 귀한 이 유품들은 건물 붕괴로 봉해지고 보호되었던 것이다. 진흙으로 만든 일부 토판은 화재로 구워짐으로써 영속적인 자료가 될 수 있었다.

때로는 수백 년 동안 버려진 유적에 사람들이 다시 정착하기도 한다. 이들은 어떤 장점(유리한 전략적 혹은 상업적 위치, 또는 샘, 강, 수로의 근접성)에 매료되거나 그 도시의 설립을 주관한 신이나 여신을 향한 신앙심에 끌리는 것이다. 이럴 때에는 도시를 다시 세웠는데, 엄청난 양의 잔해를 쓸어버리는 것이 불가능했기 때문에 무너진 벽을 평평하게 하여 그것을 기반으로 새로운 벽을 세웠다. 시간의 흐름에 따라 이러한 과정이 여러 번 반복되었고 거주층이 연속됨에 따라 도시는 주변의 평야 위로 점점 더 높이 올라가게 되었다. 어떤 유적지는 아주 초기에 버려진 후 재건되지 않았지만, 에르빌이나 키르쿠크 같은 다른 유적지는 처음 세워졌을 때부터 오늘날까지 정도의 차이는 있어도 공백기 없이 사람이 살고 있다.[2] 그러나 대부분은 수백 년 혹은 수천 년 동안 사람이 거주하다가 메소포타미아의 긴 역사의 어느 순간엔가 버려지고 말았다. 그다음에 일어난 일을 추측하는 것은 어렵지 않다. 모래와 흙이 바람에 실려와 아직 서 있던 벽의 잔해 위에 쌓이고 골목과 모든 경사진 곳을 채웠다. 비가 내려서 높이 쌓인 폐허를 평평하게 한 후 침식하면서 잔해를 끌어가 상당히 넓게 흩어놓았다. 이처럼, 느리지만 돌이킬 수 없는 과정이 시작되어 메소포타미아의 도시를 현재 형태로 만들어 놓았다. 이런 방식으로 만들어진 다소 규칙적으로 둥그스름한 작은 언덕 형태를 아랍인들은 "텔"이라 불렀는데 이 단어는 아카드어에서 직접 차용한 것이다.[3]

무너졌거나 여전히 서 있는 벽, 잔해, 이어진 바닥면, 쌓인 흙, 그리고 이따금 무덤도 들어 있는 이 복잡한 덩어리를 분해하는 것이 고고학자의 업무다. 그들은 건물의 도면을 재구성해야 한다. 그곳에서 발견한 유물의 실제 발견 위치를 세심하게 적어 놓은 다음 유물을 모아서 보존해야 한다. 또 바닥면을 확인하고 텔을 구성하는 연속적인 거주층의 연대를 확정해야 한다. 발굴 시기와 가용 예산에 따라 때로는 한 가지 방법을, 때로는 여러 방법을 결합하여 사용한다.[4]

텔을 간단히 조사하는 가장 단순하고 비용이 적게 드는 방법은 "시굴"을 하는 것이다. 시굴은 텔의 표면에 꽤 큰 구덩이를 두세 개 정도 파는 것이다. 점점 더 깊게 파 들어가며 그곳에서 발견되는 유물을 수집하는데, 특히 "연대 측정"을 가능하게 해 주는 도기 조각을 모은다. 또한 가로질러 놓여 있는 벽의 잔해, 바닥면의 흔적 및 그 절단면에 드러나는 구조의 차이, 그리고 거주민의 변화나 문화적 환경의 변화를 보여 줄 수 있는 모든 것을 정성들여 기록한다. 또한 텔의 표면뿐만 아니라 텔의 측면에도 계단식으로 구덩이를 파서 "층의 절단면"을 얻을 수 있다. 이러한 시굴은 신속한 방법이긴 하지만 불완전하다. 시굴만으로는 절대로 건물을 끌어낼 수 없기 때문이기도 하고 흥미로운 발굴 현장을 바로 옆에 두고 쉽사리 지나쳐 버릴 수 있기 때문이기도 하다. 따라서 이것이 도움이 되는 경우는 예비 조사, 중요하지 않다고 여겨지는 연구, "구조救助" 발굴(이에 관해서는 나중에 다시 설명하겠다) 정도밖에 없다.[5]

시굴과 대조되는 방법은 "긁어내기"이다. 먼저 텔에서 가장 가능성 있는 부분을 선택하여 일정한 구역을 설정한 후 그 구역을 정사각형 모양으로 나누어 정사각형을 하나씩 파냄으로써 연속적인 평평한 구덩이들을 만든다. 발굴이 진행되는 동안 건물의 형태가 드러난다. 이렇게 되면 건물을 완전히 조사하기 위해 처음에 설정한 구역을 확대할 수도 있다. 큰 유적지를 발굴할 때는 언제나 이런 유형의 구역이 여러 개 생겨난다. 게다가 이런 구역은 서로 통합되기도 하고 연결되기도 한다. 더 나아가 텔에 커다란 수직갱도를 뚫어 가능하면 처녀지까지 접근하는 예도 드물지 않은데, 이 "시굴 수직갱도"는 유적의 완전한 층 구조를 파악하는 것을 목표로 한다. 일부 중요한 건물일 때에는 해당 건물보다 먼저 건설되어 그 아래 놓여 있는 구조물을 드러내 주는 것이 도움이 될 수 있다. 그러기 위해서는 발굴된 건물을 해체해야 하는데, 이 때문에 먼저 모든 것을 기록하고 촬영하고 최대한 과학적으로 엄밀하게 이 발굴을 진행해야만 한다. 그러나 어찌 되었건 발굴하는 것은 파괴하는 것이다. 고고학자가 떠나면 처음에 텔을 만들어 냈던 메우고 침식하는 냉혹한 과정이 다시 시작되기 때문이다. 또한 메소포타미아의 어떤 유적지도 완전히 발굴되지 않았고 결코 그렇게 되지 않을 것이다. 작은 유적들은 노력의 가치가 없기 때문에 그렇고 큰 유적들은 한 해에 몇 달씩 발굴해도 (기후 조건 때문에 여름에는 발굴이 불가능하다) 기대되는 결과에 비해 너무 엄청난 시간과 비용이 필요하기 때문이다.

연대 연구

발굴 과정에서 발견된 기념물이나 유물의 연대를 정하는 것은 쉬울 수도 있고 무척 어려울 수도 있다. 벽돌 표면에 "아시리아 왕 사르곤의 왕궁"이라는 명문銘文■이 적혀 있는 건물은 사르곤이 어느 시대에 다스렸는지만 알고 있다면 그것만으로 연대가 정해진다. 그러나 고고학자들이 발굴한 유물 대부분에는 (그리고 정의상 모든 선사시대의 가공물에는) 명문이 없다. 이런 때 연대 측정은 대략적이고 "상대적"일 수밖에 없으며 형태, 크기, 양식과 같은 기준에 근거하게 된다. 여러 유적지 발굴에서 축적된 경험을 바탕으로 고고학자들은 어떤 모양을 갖춘 벽돌, 어떤 형태와 장식의 항아리, 어떤 유형의 무기, 어떤 양식의 조각물 등이 텔의 어떤 층위에서 전적으로 혹은 주로 발견되는지 알 수 있었다. 한데 모아 놓으면 이 유물들은 "문화 지평" 또는 "문화 층"을 형성하게 된다. 그러므로 이 유물 중 하나만이라도 연대를 알려 주는 (즉, 그 유물을 어떤 군주나 사건, 혹은 역사적 시대와 연관시키는) 명문을 지니고 있다면 그것이 속한 문화 층 전체의 연대를 정할 수 있게 된다. 그런 경우가 아니라면 층위적 발굴에 의존하면서 그 유물이 사용되었던 시대와 그

■ [역주] "명문"은 프랑스어 "inscription"의 번역으로서 돌이나 금속에 새겨진 글뿐만 아니라 토판이나 도기 조각에 쓰인 글까지도 포함하는 포괄적인 의미를 지닌 단어이다.

전후 시대의 상관관계를 설정하려고 노력한다. 예를 들어, 많은 메소포타미아 유적에서 특정한 유형의 채색 항아리(젬데트 나스르 도자기)가 발견되는 곳은, 특정 양식의 실린더-인장■ 및 한쪽 표면이 볼록해서 "평면-볼록형"이라 불리는 벽돌이 특히 많이 발견되는 문화 층 바로 **아래**이면서, 동시에 천연 양털 색, 회색, 혹은 붉은색을 띠며 전혀 다른 무채색 도자기류가 주로 나오는 문화 층 **위**였다. 학자들은 일련의 명문을 이용한 쉽지 않은 과정을 거쳐 실린더-인장과 평면-볼록형 벽돌이 발견된 층을 기원전 제3천년기 초(좀 더 정확히 말하면 기원전 약 2900~2334년에 있었던 고대 왕조 시대 또는 전前사르곤 시대의 초반)로 연대를 정했다. 아래층의 채색 없는 도자기류는 이런 방법으로 연대를 정할 수 없지만 이 도자기류는 "우루크"라 일컬어지는 문화 지평에 속한다. ("우루크"는 이 도자기류가 처음으로 다량 발견된 유적의 이름이다.) 따라서 젬데트 나스르 층의 "상대적인" 연대를 정하는 것이 가능해진다. 이 층은 시기적으로 우루크 시대와 고대 왕조 시대 초기 사이에 놓여 있으며

마노로 만든 실린더-인장과 그 인장을 굴린 점토 조각

■ [역주] 원기둥 형태로 만든 도장으로서 현재 우리나라에서 사용하는 도장과 달리 원기둥의 바닥면이 아닌 측면에 주로 그림을 새겨 넣어 젖은 점토 위에 굴림으로써 흔적을 만들어 낸다.

기원전 2900년경에 끝난다. 이 층이 언제 시작되는지 결정하는 것은 더 어렵지만 대략적인 추정을 할 방법이 있다.

엄밀한 의미에서 역사는 훨씬 더 자세한 연대와 숫자로 표현된 날짜를 요구한다. 따라서 어떻게 이런 숫자를 얻었는지, 그리고 어디까지 이 숫자가 정확하다고 볼 수 있는지 조사해 보는 것은 흥미로운 일이다.

고대 그리스인들은 첫 올림픽(기원전 776년)부터 해를 계산하고, 로마인들은 로마의 설립(기원전 753년)부터, 이슬람교인들은 무함마드가 메카를 떠나 메디나로 간 시점(기원후 622년, 헤지라)부터 출발하며 우리는 그리스도의 탄생에 근거를 둔다. 그러나 고대 메소포타미아인에게는 이런 유형의 체계가 전혀 없었다. 적어도 헬레니즘 시대에 "실루쿠 *Silukku*의 해" 즉 셀레우코스 연대를 채택할 때(기원전 311년)까지는 없었다. 그 전에 이들은 군주의 통치 연대를 기준으로 삼았는데, 이를 위해 지역과 시대에 따라 세 가지 다른 체계가 사용되었다.

1. 통치 연대가 단순히 숫자로 표현되었다.
   예: **바빌론의 왕 나부-나이드(나보니두스) 제12년**
2. 주어진 통치 연대 중 각 해를 그 전 해에 일어났던 중요한 사건(전승, 군주의 결혼, 신전의 설립, 재건, 또는 장식 등)으로 정의하였다. 예: **이신과 우루크가 정복된 해** (함무라비가 정복함)
3. 각 통치 연대에 사람 이름이 들어 있었다. 이름은 나라의 주요 관료나 관리 중에서 처음에는 추첨으로 뽑았고 나중에는 서열 순서에 따라 결정되었으며 왕이 항상 맨 처음에 있었다. 이것이 연호관리年號官吏(아시리아어로는 *limu*) 체계이다.

수메르에서는 고대 왕조 시대에 1번 체계와 3번과 유사한 체계 *bala*가 사용되었다. 그 후 바빌론에서는 "연명"年名이라 불리는 2번 체계가 지배적이었다가 카슈 시대에 이르러 1번 체계로 대체되어 셀레우코스

시대까지 사용되었다. 반면 아시리아인들은 시대와 관계없이 리무 체계를 고수했다.[6]

이러한 연대 체계를 실제로 이용하려면 메소포타미아인들이라 하더라도, (당대에 어떤 체계가 사용되었건 간에) 각 왕의 통치 연대 목록이 있어야 했고, 각 왕조의 군주 목록과 그들의 통치 기간을 입수해야 했으며, 마지막으로 연이어 통치했던 여러 왕조의 목록을 갖고 있어야 했다. 이런 여러 목록이 존재했으며, 다행히도 이 중 여러 개가 우리에게 전해져 왔다.[7] 아래에 몇 가지 예를 들어 보겠다.

함무라비 통치기의 연명 목록[8]

1. 함무라비 왕(이 되다).
2. 그가 나라 안에 정의를 세웠다.
3. 그가 바빌론에 있는 난나 여신의 중심 단에 왕좌를 만들었다.
4. (거룩한 경내) 가기아의 벽이 건설되었다.
5. 그가 엔-카슈바라*en ka-ash-bar-ra*■를 건설했다.
6. 그가 라즈 여신의 시르*shir*■를 건설했다.
7. 이신과 우루크가 정복당했다.
8. 에무트발 지역(이 정복당했다?).
9. "함무라비(는) 풍요"(라 불리는) 수로가 건설되었다.

이하 생략.

이 목록을 보면, 우리가 앞서 예를 들면서 인용했던 연대■가 함무라비 7년에 해당함을 알 수 있다.

■ 정확한 의미를 알 수 없는 수메르어.

■ 정확한 의미를 알 수 없는 수메르어.

■ [역주] 30쪽에 굵은 글씨로 표시된 "이신과 우루크가 정복된 해"를 가리킨다.

바빌론 제1왕조 제왕 목록 (B 목록)[9]

수무아비, 왕, (다스림), 15(14)년
수물라일, 35(36)년
사부, 그의 아들, 상동上同 (즉, 왕, 다스림), 14년
아필-신, 그의 아들, 상동, 18년
신-무발리트, 그의 아들, 상동, 30(20)년
함무라비, 그의 아들, 상동, 55(43)년
삼수-일루나, 그의 아들, 상동, 35(38)년
이하 생략.

그 뒤로 다른 왕 네 명의 이름과 통치 기간이 나오고, "바빌론 왕조 열한 명의 왕"이라는 언급이 있다. 따라서 우리는 그 유명한 함무라비가 이 왕조의 여섯 번째 왕으로서 아버지는 신-무발리트였고 아들은 삼수-일루나였으며 55(43)년■ 동안 다스렸고 그 왕조에는 열한 명의 왕이 있었음을 알게 된다. 어떤 목록에는 서기관이 통치 연대의 합을 적어 놓기도 했다.

리무 목록 (아다드-니라리 3세의 통치기, 기원전 810~783년):[10]

아다드-니라리, 아시리아 왕, 만나에 대하여 (원정)
네르갈-일리아, 투르타누■ (군대 장관), 구자나에 대하여

■ 이 목록에 나오는 통치 기간은 보존 상태가 좋지 않은 문서들을 토대로 수집하였기 때문에 불행히도 종종 부정확하다. 실제 숫자가 괄호 안에 표시되어 있다.

■ [역주] 구약성서 (개역개정판) 열왕기하 18장 17절에서는 "다르단"으로 음역되어 있다.

벨-다이안, 나기르 에칼리 (궁내 대신), 만나에 대하여
실-벨, 라브 샤케■ (술 맡은 책임자), 만나에 대하여
아슈르-타클라크, 아바라쿠 (집사), 아르파드에 대하여
일리-이티아, 샤킨 마티 (아수르의 총독) 하자누 성에 대하여
네르갈-에레시, 라사파의 (총독), 발리 성에 대하여
이하 생략

이 다양한 목록들은 다양한 기간을 포함하고 있었다. 일부는 한 나라의 한 왕조에 국한되어 있었다. 어떤 경우에는, 연속되는 것으로 보이는 여러 왕조가 포함되어 있었다. 그 예로 위에 인용된 바빌론 B 목록의 서두 부분을 보라. 더 나아가 어떤 경우에는, 훨씬 더 광범위하게 아주 긴 시간과 여러 나라를 포함하고 있었다. 저 유명한 "수메르 제왕 목록"이 바로 그러했다. 이 목록은 대홍수 이전에 살았던 신화적인 군주들부터 이신 1왕조의 마지막 왕인 다미크-일리슈(기원전 1816~1794년)까지 이른다.[11]

이런 목록에서 서력기원으로 표시된 연도를 끌어내는 일은 기원후 2세기에 살았던 알렉산드리아의 그리스인 클라우디오스 프톨레마이오스 없이는 불가능했을지도 모른다. 그는 자신의 저작에 나보나사르Nabû-nâṣir(기원전 747~734년)부터 알렉산드로스 대왕(기원전 336~323년)까지 바빌로니아와 페르시아를 다스린 모든 왕의 목록을 첨부하였다.[12] "프톨레마이오스 연대기"라 불리는 이 목록은 각 왕의 통치 기간을 알려 줄 뿐만 아니라 일부 왕들의 통치 기간에 일어났던 특징적인 천문학적 사건까

■ [역주] 구약성서 (개역개정판) 열왕기하 18장 17절 등에 나오는 "랍사게"는 바로 이 직책을 의미한다. 그러나 성서에 나오는 랍사게의 역할로 미루어 볼 때 이 직책이 실제로 왕 앞에서 술 따르는 관원을 가리키는 것은 아닌 듯하다.

지 기록하고 있다. 그런데 우리는 아시리아의 여러 토판이 제공하는 정보를 참고하여 아다드-니라리 2세(기원전 911~891년)에서 아슈르바니팔(기원전 668~627년)에 이르기까지 연속적인 긴 리무 목록을 재구성할 수 있다. 이 리무 목록 역시 이 시대에 일어난 주요한 천문학적 현상을 언급하고 있다. 기원전 747년과 632년 사이에 아시리아 목록과 프톨레마이오스 연대기에 나오는 왕의 이름은 통치 기간과 정확히 일치한다. 이 두 자료가 언급하는 일식이나 월식을 비롯한 천체 현상도 마찬가지로 일치한다. 게다가 리무 목록에서 아슈르-단 3세 제10년 시마누 월(5~6월)에 일어났다고 하는 개기일식은 천문학자들에 따르면 실제로 기원전 763년 6월 15일에 발생했다. 그런데 아시리아 목록에 나오는 각 왕의 통치 기간을 거꾸로 올라가며 더해 보면 바로 이 연도에 귀결된다(아슈르-단의 연대는 기원전 772~755년이 된다). 따라서 메소포타미아의 절대 연대는 기원전 911년부터 탄탄하게 확립되는 것이다.

그 이전 시대의 연대는 이처럼 확실한 기초 위에 서 있지 않다. 이론적으로는 왕이나 왕조의 목록에서 연대를 재구성할 수 있지만 이런 목록이 잘못된 길로 인도할 수 있다는 사실이 잘 알려져 있다. 우리가 가지고 있는 표본들 사이에 중요한 차이가 존재할 뿐만 아니라 표본들에 빈틈이 있고 때로 서기관의 실수도 있다. 우리는 또한 여러 일치점(군주들 사이의 서신이나 조약, 동시대를 다루고 있는 목록)을 보고서, 연속적인 것처럼 소개되는 왕조가 사실은 부분적으로 혹은 전부 같은 시대에 존재했을 수도 있다는 사실을 알게 된다. 그러나 일부 견해차가 있긴 하지만 (특히 고대에 관해서), 오늘날 메소포타미아의 연대는 상당히 잘 확립되어 있다. 이 확립 과정은 길고 험난한 여정이었다.[13] 예를 들어, 거의 한 세기 전에는 함무라비의 통치기(기원전 제2천년기와 제3천년기 전체 연대의 핵심)가 기원전 2394년에 시작하는 것으로 생각했다(오페르트). 1927년에 프랑스 아시리아학 학자인 튀로-당갱이 이 연대를 기원전 2003년으로 낮추었다. 오늘날에는 1848년(시데르스키)과 1704년(바이드너) 사이로 생각하지만, 역사학자 대부분은 "중간" 연대를 주장하며 함무라비가 기원전 1792년부터 1750년까지 다스린 것으로 본다.[14] 이 책에서는 바로 이 연대를 사용할 것이고 이 결정은 메소포타미아 역사의 상당 부분에 영향을 미칠 것이다.[15]

이 주제를 마무리하기 전에 물리-화학적 현상에 기반을 둔 새로운 연대 측정법에 관해 언급해야 할 것 같다. 이 중 가장 주된 방법은 탄소 14 혹은 방사성 탄소 측정법이다. 그 원리를 간단히 설명하면 다음과 같다. 모든 살아 있는 생명체의 세포는 탄소를 포함하는 분자로 만들어져 있다. 이 탄소 중 거의 전부는 원자 질량이 12이지만 극소량은 원자 질량이 14인 방사성 동위원소이다. 이 탄소 14(^{14}C)는 상층 대기에서 우주 광선의 영향력 아래 질소 원자와 중성자의 충돌로 생겨나며 오존에 산화되어 탄산가스로 변한다. 따라서 ^{14}C 원자들이 지구 위에 비처럼 내려 동식물에 흡수된다. 탄소 12는 일반적으로 안정되어 있지만 ^{14}C는 질소로 변하면서 미세한 광선을 방출한다. 유기체는 살아 있는 동안 계속해서 ^{14}C를 보충하기 때문에 함유하고 있는 ^{14}C의 양이 일정하지만 죽은 다음에는 일정하게 줄어들어 5568년이 흐른 후 절반이 된다. 따라서 유기체로 이루어진 고대 표본과 BP 0년, 즉 기원후 1950년 표본의 방사능을 측정하고 비교해 보면 아주 단순한 계산으로 고대 표본의 연대를 결정할 수 있다.

시카고 대학의 W. F. 리비 교수가 1946년에 개발하고[16] 현재 세계 여러 연구소에서 이용하고 있는 이 방법은 발굴 과정에서 획득한 유기물(목재, 갈대, 초목, 인간이나 동물의 뼈) 외에는 적용할 수 없다. 가격이 상당히 비쌈에도 이 방법은 고고학, 특히 근동 고고학에서 자주 이용된다. 그렇지만 이 방법에도 한계가 있음을 알아야 한다. 그것은 섬세한 기술에 내재하는 "표준 편차", 좀 더 오래된 물질이나 좀 더 최근 물질에 의한 오염, 옛날 대기 중의 (그에 따른 살아 있는 생명체 안의) ^{14}C의 농도 차이 등이다. 연륜 연대학(나무의 나이테에 의한 연대 측정법)을 이용해 "조정"(수정)함으로써 결과가 개선되긴 했지만 방사성 동위원소 측정법은 여전히 사람들이 생각하는 것만큼 정확하지 않다. 이 방법은 백 년에서 오백 년의 차이가 그다지 중요하지 않은 선사시대의 경우에는 아주 유용하지만, 우리가 앞서 살펴보았던 다른 방법으로 결정될 수 있는 역사시대의 연대를 확인하기 위해서 사용되는 경우는 거의 없다.

고고학에 적용 가능한 다른 물리-화학적 연대 측정법(열발광 측정법, 고지자기 연대측정법)은 아직 너무 최신의 방법이라 널리 사용되지 않고 있다.[17]

메소포타미아 고고학 연구

한때 번영했던 도시가 텔로 변하는 일은 생각보다 짧은 기간에 일어났다.[18] 헤로도토스는 기원전 5세기 중반에 여전히 활기 있는 도시였던 바빌론에 머물렀지만 놀랍게도 불과 160년 전에 파괴된 니네베에 관해서는 언급하지 않는다. 기원전 401년 그리스 용병 만 명을 거느리고 메소포타미아를 횡단한 크세노폰■은 아시리아의 대도시들을 아주 가까이 지나면서도 그 도시들을 알아보지 못한다. 기원후 1세기에 스트라본은

■ [역주] 페르시아 왕 다리우스 2세의 아들 키루스가 자기 형제인 아르타크세르크세스 2세에게서 왕위를 빼앗기 위해 용병으로 구성된 만 명의 군사를 보냈는데, 크세노폰은 이 군대에 참여하였고 이에 관한 기록을 남겼다.

바빌론에 관해 말하면서 폐허가 되어 “거의 완전히 버려진” 도시에 관해 말하듯 한다.[19]

그 후 천 년이 흘렀다. 죽은 도시를 뒤덮고 있는 토양층이 두꺼워져 감에 따라 도시에 대한 기억도 점점 희미해져 갔다. 아랍 역사학자들은 이라크의 영광스러운 과거를 결코 잊지 않았지만 유럽 사람들은 잊어버렸다. 12세기 투델라의 벤저민의 여행과 사백 년 후 독일 자연주의자 라우볼프의 여행은 고립된 일화로 남아 있다. 17세기에 이르러, 이탈리아인 피에트로 델라 발레가 저술한 메소포타미아 여행에 관한 흥미진진한 이야기를 읽고 그가 우르와 바빌론에서 발견하여 1625년 유럽으로 가지고 온 벽돌 위에 “새겨진 알 수 없는 글자”를 본 서양 세계는 비로소 고대 근동에 관해 다시 관심을 가졌다. 시간이 흐르면서 학자들과 왕의 측근들은 고대 근동이 연구해 볼 가치가 있는 흥미로운 곳이라 생각했다. 1761년 덴마크 왕 프레데릭 5세가 처음으로 근동 지방에 과학적인 탐사단을 파견했다. 이들은 아주 다양한 주제에 관해 가능한 모든 정보를 수집하는 임무를 띠고 있었다. 탐사단장인 카르스텐 니부어가 페르세폴리스에서 베껴 온 수많은 명문은 문헌학자들에게 맡겨졌고, 이들은 이 신비한 문자를 해독하기 위한 작업에 바로 착수했다. 그때부터 근동 지방을 방문하거나 거기에 살게 된 사람들은 유적지를 탐사하고 유물을 수집하고 명문의 사본을 제작하는 일에 자신의 명예를 걸었다. 이 열정적인 연구자 중 가장 주목할 만한 사람들로, 뛰어난 천문학자인 조제프 드 보샹 수도원장(1786년), 동인도회사 관리로서 바그다드 주재 영국 총영사였던 클로디어스 제임스 리치(1807년), 제임스 버킹엄 경(1816년), 로베르 미냥(1827년), 제임스 바이 프레이저(1834년), 그리고 영국군 장교로서 운동, 탐험, 문헌학을 모두 좋아하며 명실공히 그 분야의 최정상에 서 있는 헨리 크레스윅 롤린슨 경(1810~1895년) 등을 들 수 있다.

또한 19세기 초에 영국에서 파견한 중요한 탐사단이었던 "티그리스-유프라테스 탐사단"(1835~1836년) 역시 빼놓을 수 없다. 이 탐사단은 F. R. 제스니가 지휘했으며 두 강의 흐름을 연구하고 그 인접 지역에 관한 상당량의 정보를 수집했다.

바빌론에서 구덩이 몇 개를 판 보상과 미농을 제외하고 이 모든 탐험가는 자기들이 발견한 몇몇 유적지를 조사하고 측정하는 데에 만족했다. 자기네 장화가 밟고 있는 "황량한 언덕" 안에 무엇이 있는지는 전혀 상상하지 못했던 것이다. 그러나 이탈리아 태생으로 모술 주재 프랑스 영사였던 폴-에밀 보타는 1842년에 첫 발굴을 시도하여 코르사바드에서 문자 그대로 아시리아인들을 발견하였다. 얼마 지나지 않아(1845년) 영국인 헨리 레이야드는 또 하나의 아시리아 도시 님루드에서 보타의 본을 따랐다. 1877년에는 텔로에서 이루어진 불법 발굴에서 상像이 몇 점 발굴되었다는 소식을 듣고 바스라 주재 프랑스 영사 에르네스트 드 사르젝이 이 텔을 발굴하기로 결심했고, 그곳에서 수메르 문명을 발견했다. 이렇게 하여 이 30년 동안, 그때까지 사실상 알려지지 않았던 문명이 세상에 드러났는데, 메소포타미아가 그리스나 이집트에 비견할 만한 보물을 숨겨놓았을 수 있다는 사실은 충격적이었다. 보타, 레이야드, 사르젝과 그들의 바로 뒤를 이은 이 시대의 영웅적인 개척자들, 로프터스와 스미스는 모두 경험이나 엄격한 방법을 갖추지 못하였으므로 엄밀히 말하면 "애호가"였다. 그들의 주요 목표는 상像, 저부조低浮彫, 명문 등을 발굴하여 자기 나라로 가져가는 것이었다. 벽돌로 이루어진 벽, 도자기 파편 등 그다지 눈길을 끌지 못하는 것에는 관심이 없었으므로 많은 것을 파괴했고 보존하는 데에는 거의 신경을 쓰지 않았다. 그러나 그들은 새로운 길을 개척했고, 온갖 장애물 앞에서도 놀라운 힘과 열정을 갖고 일했다.[20]

같은 시기, 비슷한 열정을 가진 좀 더 끈기 있는 다른 개척자들은 유럽 대학에서 자기들이 입수한 문서를 해독하는 엄청난 일을 시도하고 있었다. 한 세기 동안 지속되면서 여러 나라 수많은 학자의 놀라운 지식과 인내와 상상력이 발휘된 이 지적 모험의 역사는 너무나 복잡해서 여기에서 간략히 설명하기에도 벅차다.[21] 그러나 우리는 몇몇 사람에게 경의를 표하고 싶다. 괴팅겐 대학의 그리스어 교수인 그로테펜트는 니부어가 페르세폴리스에서 베껴 온 고대 페르시아어 쐐기문자 명문 해독을 처음으로 시도했다.■ 롤린슨은 이란에 있는 베히스툰의 가파른 바위 꼭대기에 다리우스가 세 언어로 새겨 놓은 긴 명문을 1835년과 1844년 사이에 목숨을 걸고 베껴 오는 데에 성공했을 뿐만 아니라 그것을 번역하는 일도 시작했다. 고대 페르시아어, 바빌로니아어, 엘람어로 된 이 명문과 아시리아학의 관계는 그 유명한 로제타석과 이집트학의 관계와 같지만 다른 점이 있다면 당시 모두 쐐기 문자로 기록된 세 언어 중 그 어느 것도 읽을 수 없었다는 점이다. 또한 아일랜드인 에드워드 힝크스와 그의 프랑스인 동료 쥘 오페르는 롤린슨과 더불어 쐐기문자 연구의 "삼성三聖"이라 불린다. 이 세 사람이 금석학적, 언어학적 난제를 극복하고, 후대에 누군가 썼듯이 "고대 근동 전역에 묻혀 있는 진흙 '책'의 먼지 덮인 책장冊張을 열었기 때문이다."[22] 1802년부터 시작된 고대 페르시아어의 해독과 그 이후에 시작된 아시리아어와 바빌로니아어(지금 이 두 언어는 아카드어라는 이름으로 통합되었지만 아시리아학이나 아시리아학 학자 등의 용어는 남아 있다)의 해독은 1848년부터는 확실히 완성된 것으로 여겨졌고, 1900년경에는 고대 메소포타미아의 다른 언어인 수메르어가

■ [역주] 쐐기문자는 아카드어 외에 페르시아어 등 다른 언어를 기록할 때에도 사용되었다.

개략적으로 알려졌다. 현재 아카드어에서 알려지지 않은 것은 거의 없으며 수메르어 역시 분명하지 않은 구석이 있긴 하지만 점점 더 확신을 갖고 읽히고 있다. 오늘날 수메르학 학자들과 아시리아학 학자들은 거의 백만 개의 토판을 확보하고 있으며 그중 거의 절반 정도는 아직 출간되지 않은 것으로 추정된다. 게다가 발굴이 진행되면서 다른 토판들이 매년 발견되고 있다. 기록된 방식 자체가 명백한 진정성을 보장하는 고대 문서를 이렇게 많이 산출한 나라는 거의 없을 것이다.

19세기로 전환하는 시기에 독일이 현장에 등장함으로써 고고학적 연구에 새로운 시대가 시작되었다. 바빌론에서 활동한 로베르트 콜데바이(1899~1917년)와 아수르에서 활동한 발터 안드레(1903~1914년)는 그 이전에 오랫동안 요행과 직관과 신속함이 주도하던 영역에 엄격하면서도 꼼꼼한 발굴 방법을 실질적으로 도입했다. 모두 독일 방식을 빠르게 받아들였다. 아마 1차 세계대전이 일어나기 전 10년 및 1차 세계대전과 2차 세계대전 사이의 22년 동안 주요한 발굴이 가장 많이 이루어진 것 같다. 바로 이 시기에 울리는 우르와 *카르케미시■에서 "과거를 발굴하였고", 오펜하임 남작은 *텔 할라프를 발굴했으며, 그와 같은 나라 출신인 하인리히는 거대한 유적지 우루크에 뛰어들었다. 또한 파로는 텔로의 발굴을 재개했으며 나중에는 *마리를 발견했다. 영국인들은 우바이드, 니네베, 아르파키야, *샤가르 바자르와 *브라크에서 일했을 뿐만 아니라 미국인들과 함께 키시와 젬데트 나스르에서 작업했다. 미국인들 단독으로는 니푸르, 카파제, 텔 아스마르와 누지에서 활동했다. 이 시대에 메소포타미아 역사의 윤곽은 해를 거듭할수록 점점 더 분명해지고 있었다. 또한 역사시대 너머에 훨씬 더 오랜 시대와 예기치 못한 매력적인

■ 이름 앞에 별표가 붙어 있는 유적은 메소포타미아 중 시리아 지역에 있다.

무명無名의 문화가 드러나고 있었다.

1920년 이라크와 시리아는 터키 제국의 잔해에서 분리되어 프랑스와 영국의 신탁통치를 받으며 점점 나라의 모습을 갖춰가고 있었다. 바그다드, 다마스쿠스, 그리고 알레포에서 박물관이 하나씩 개관되었고, 젊은 이라크인들은 유럽과 미국과 현장에서 고고학과 아시리아학에 관해 견실한 교육을 받았다. 그 결과 2차 세계대전 중에도 발굴은 지속되었다. 적어도 이라크에서는 놀라운 성과를 거두었는데, 특히 텔 우카이르, 하수나, 아카르 쿠프에서 결과가 좋았다. 전쟁이 끝나자 독일인들은 우루크에서, 미국인들은 니푸르에서 작업을 재개했다. 미국인들은 머지않아 선사시대 쿠르디스탄의 탐사와 자르모 및 샤니다르 발굴에도 관심을 두기 시작했다. 프랑스인들은 *마리로 돌아왔고 영국인들은 70년간 버려져 있던 님루드로 돌아왔으며, 세턴 로이드, 타하 바키르, 그리고 푸아드 사파르는 여전히 사실상 미개발지로 남아 있던 중요한 두 유적, 에리두와 하트라에 손을 댔다. 1958년 혁명 이후 젊은 이라크 공화국은 시리아 공화국과 함께 외국인 고고학자들에 대해 훨씬 더 문호를 넓혔다. 미국은 니푸르에 집중한 반면 독일은 우루크 외에도 새로운 현장을 더해 나갔는데, 그중에 *텔 쿠에이라, 이신, 그리고 *하부바 카비라가 있다. 이라크인들은 텔 에스-사완에서 새로운 선사시대 문화를 발견하였다. 영국인들은 텔 알-리마, 움 다바기야, 초가 마미, 그리고 아부 살라비크에서, 프랑스인들은 *마리와 라르사에서, 벨기에인들은 텔 엣-데르에서 덴마크인들은 심샤라에서, 이탈리아인들은 셀레우키아에서, 러시아인들은 야림 테페에서, 폴란드인들은 님루드에서, 그리고 일본인들도 툴룰 에트-탈라타트에서 발굴했다. 이 목록에는 가장 중요한 유적지만 언급되어 있을 뿐이며 여러 차례의 유용한 조사나 작은 규모의 시굴은 포함되지 않았다. 1970년대에는 이라크와 더불어 시리아에서 메소포타미아 고고학의 새롭고도 유익한 변이 형태가 발전했는데 이를 "구조救助" 발굴이라 부른다. 이 발굴은 농업적인 목적으로 유프라테스나 티그리스 혹은 이들의 지류에 몇몇 댐이 건설됐기 때문에 어쩔 수 없이 생겨난 것이다. 댐의 건설로 생겨나는 호수가 각 지역의 몇몇 텔을 잠기게 할 상황에서 가능하면 침수가 시작되기 전에 텔을 조사해야만 했다. 시리아와 이라크의 고고학자들이 유럽, 미국, 호주, 그리고 일본에서 들여온 장비를 사용하여 이 방대하고도 시급한 작업을 수행하였다. 첫 작업은 시리아 유프라테스 강의 대만곡大彎曲에 "아삼 댐"을 건설하면서 시작되었다. 그 후 디얄라 강 지류 유역에 대규모의 "함린 바신 건설 계획"이 있었고, 이라크 유프라테스 강 중류 하디타 지역에서 발굴이 뒤따랐으며, 그 이후 모술 위쪽 티그리스 강 유역에서 발굴이 이루어졌다(에스키 모술 또는 사드-댐 건설 계획). 전체적으로 역사시대부터 이슬람 시대까지 이르는 거의 200개의 유적에 관한 탐사가 이루어졌는데, 어떤 경우에는 빠르고 간단하게, 다른 경우에는 몇 달 혹은 몇 년에 걸쳐 자세하게 진행되었다. 이 국제적 협력의 결과는 아주 흥미롭다. 에마르(현대의 메스케네) 같은 중요한 도시뿐만 아니라 유프라테스 중류에 있는 고대 하라둠처럼 절대로 발굴이 이루어지지 않았을 촌락까지도 이 과정에서 드러났다. 이런 촌락은 여러 시대의 주거 형태에 관해 많은 정보를 제공해 주었고 지금까지 자료가 부족했던 원사시대原史時代 문화에 대한 우리 지식의 공백을 채워 주었다. 일부 유적, 특히 에마르에서는 쐐기문자 문서가 출토되었다.[23]

"걸프전"으로 이라크에서 모든 고고학 활동이 중단되었지만 분명 조만간 발굴이 재개될 것이다. 우리가 글을 쓰는 이 시점에 이르러 고대 메소포타미아의 주요 도시, 큰 도시 대부분, 그리고 상당수의 소도시와 마을이 적어도 부분적으로는 발굴되었다. 게다가 다행스럽게도 몇몇 대규모 중심 도시 중 일부, 특히 바빌론, 니네베, 님루드, 우르, 하트라 등을 복원하기 위한 노력이 이루어졌거나 진행 중이다. 그러나 타우루스와 아랍-페르시아 만 사이에는 거의 육천 개의 텔이 탐사되지 않은 채 다음 세대의 고고학자들을 위한 몫으로 남겨져 있다.

오랜 기간 이루어진 발굴의 결과물, 이미 출간된 많은 문서, 그리고 아시리아학 학자와 역사학자가 (최근에는 인류학자, 사회학자, 경제학자가 여기에 가세하여) 분석하고, 성찰하고, 종합한 여러 저서는 상당히 흥미로우면서도 방대한 자료를 이루고 있다. 메소포타미아 선사先史와 역사 안에 여전히 많은 공백이 있긴 하지만 적어도 그 윤곽 정도는 그려 볼 수 있을 것 같다. 먼저, 다듬은 부싯돌로 된 초라한 도구를 자기들의 존재 흔적으로 우리에게 남겨 놓은 구석기 수렵인들이 쿠르디스탄 고지대에 살았던 아득히 먼 시대부터 시작해 보겠다.

03 동굴에서 마을로

1950년까지 전문 서적에서 이라크 선사시대에 관한 자료를 찾기 어려웠던 반면 레반트■(팔레스타인, 레바논, 시리아)의 선사시대에 관한 자료는 오랫동안 중요한 자리를 차지하고 있었다. 사실 그때까지 고고학적 연구는 메소포타미아 평원에 집중되어 있었다. 또한 기원전 3000년경 수메르 문명의 태동을 준비하던 "원사시대" 문화의 발전 단계가 텔의 가장 깊은 층에서 확인되기도 했다. 그러나 이 문화는 모두 동석기銅石器 시대에 속해 있으며 최대 이천 년에 걸쳐 있다. 석기시대라 불리는 선사시대는 엄밀한 의미에서 사실상 미지의 세계라 할 수 있다. 물론 다듬은 부싯돌이 시리아-메소포타미아 사막 표면에서 다수 발견되었고[1], 1928년부터는 팔레스타인 발굴로 잘 알려진 도로시 개러드 교수가 구석기 유물이 있던 이라크 쿠르디스탄의 자르지 동굴과 하자르 메르드 동굴을 탐사하기도 했다. (이에 관해서는 다시 언급하겠다.) 그러나 일부 전문가 집단 외에는 이런 발견에 이렇다 할 반응을 보이지 않았다. 20년이 흐른 후 시카고 대학교 근동 연구소는, 근동 지방에서 구석기시대 말엽 수렵

■ [역주] 영어 단어 "Levant"는 "(해가) 떠오르는"이라는 의미를 지닌 프랑스어 "르방(Levant)"에서 유래한 단어로 지중해 연안을 포함한 서아시아 지역을 가리킨다. 우리는 이 단어를 "레반트"로 옮긴다.

인과 신석기시대 농경-목축인 사이를 이어 주는 전환의 시대에 관해 연구하기로 하고 여러 가지 이유로 가능성이 보이는 이 쿠르디스탄 지역을 조사하기 위해 발굴단을 보내기로 결정했다. 1948년과 1955년 사이에 브레이드우드 교수가 지휘하는 탐사발굴단[2]이 세 차례 10여 개의 유적지를 발굴했는데, 특히 당시에 "세상에서 가장 오래된 마을"로 여겨진 자르모는 굉장한 흥미를 불러일으켰다. 동시에 같은 지역에서 또 다른 미국인 솔레키 박사는 샤니다르 동굴을 발견하고 탐사했다. 이 동굴은 이라크 선사시대의 경계를 중기구석기시대(80000~35000 BP■)로 끌어올렸을 뿐만 아니라 지금도 여전히 무스테리안 시대■의 중요한 보고寶庫다.[3] 이 연구는 쿠르디스탄의 교전 상황 때문에 종결되었으며 다시 시작할 수 있을지는 의문이지만, 적어도 거대한 공백을 부분적으로나마 채워주었고 인류 진화의 주요 단계를 밝히는 데에 기여하였다.

구석기

선사시대를 전통적으로 구석기, 중석기, 신석기로 나누는데 그중 구석기시대는 다른 두 시대보다 훨씬 더 길다. 구석기시대 전체는 플라이스토세世■라 불리는 지질학 시대 안에 완전히 포함되는데, 이 명칭은

■ [역주] BP는 "Before the Present"(현재 이전)의 약자로 고고학이나 지질학 등에서 주로 사용되는 연대 계산법이다. "현재"는 계속 변하기 때문에 일반적으로 방사성 탄소 동위원소 측정법이 일반화된 1950년을 기준으로 삼는다.

■ [역주] "무스테리안"은 중기구석기시대에 네안데르탈인이 사용한 것으로 추정되는 부싯돌의 모양을 가리키는 표현으로 프랑스의 르 무스티에 유적에서 비롯된 용어다.

■ [역주] 플라이스토세는 홍적세(洪積世)라고도 불린다.

지구의 장구한 역사 속에 "가장 최근"*pleistos kainos* 시기이기 때문에 붙여진 이름이다. 플라이스토세는 거의 200만 년 전에 시작되어 기원전 1만 년경에 끝났고 그 후 홀로("완전히 최근")세■가 이어졌는데 이 시기가 바로 우리가 살고 있는 시대이다. 플라이스토세는 홀로세와 더불어 제4기를 이룬다.

플라이스토세 초기에는 그 전 시대인 플리오세에 있었던 강력한 조산造山 운동의 마지막 진동이 약하게 남아 있었다. 이 조산 운동으로 근동 지방에는 알프스-히말라야 대산맥에 속하는 타우루스 산맥과 자그로스 산맥이 만들어졌고, 사해에서 홍해를 거쳐 동부 아프리카 대호수를 연결하는 지구대地溝帶의 함몰이 일어났으며, 단단한 아라비아 판이 그에 못지않게 단단한 이란 판의 산악 지역 가장자리 아래로 미끄러지면서 아랍-페르시아 만 지구地溝가 생겨났다. 이 모든 일은 상당한 화산 활동을 동반했으며, 그 증거가 오늘날 터키, 캅카스, 이란의 수많은 사화산死火山과 다마스쿠스 남쪽으로 펼쳐져 있는 화산암 지역에 남아 있다.

현재와 비슷한 모양을 갖게 된 땅은 그 후 비교적 평온한 시기로 접어들면서 침식 작용이 일어났다. 침식 작용은 북극의 빙하가 주로 유럽과 북미 대륙의 북부에서 전진과 후퇴를 거듭하며 이루어졌다. 플라이스토세 후반에 대빙하기가 네 차례 있었는데 이를 유럽에서는 귄츠 빙기, 민델 빙기, 리스 빙기, 뷔름 빙기라 부른다.

참고로, 아열대 지방, 열대 지방, 그리고 특히 적도 지역에서는 강우량이 많은 시대(우기)와 비교적 강우량이 적은 시대(간우기)가 존재한다. 이 두 시대는 유럽과 아메리카의 빙기와 간빙기에 상응한다.

타우루스와 자그로스의 고지대 계곡에는 고대 빙하의 흔적이 조금 남

■ [역주] 홀로세는 충적세(沖積世)라고도 불린다.

아 있었지만 근동 지방까지 거대한 빙관氷冠이 이동했던 적은 결코 없었다. 근동 지방이 넓기는 해도 위도상으로 볼 때 런던, 암스테르담, 프라하, 키예프를 지나는 선을 넘어가지 않기 때문이다. 플라이스토세 내내 이라크는 약한 빙기 지역과 약한 우기 지역의 접합부에 있었으며 기후 변화에서 그다지 특징적인 것이 없었다. 그러나 그 기후 변화는 이라크의 자연 지리학적 양상을 완전히 바꿔 놓았다. 거의 백만 년 동안 강한 비바람은 침식을 일으키는 주요 요인이었다. 침식은 물이 흐르는 경사의 변화와 그에 따른 침식 강도의 변화 때문에 제어되기도 하고 심화되기도 했다. 한편 거대한 북유럽 빙하의 전진과 후퇴에 따른 아랍-페르시아만의 수위 변화가 침식 정도에 영향을 주기도 했다.[4] 간우기 혹은 강과 하천의 기울기가 약할 때 엄청난 양의 충적토와 자갈이 산기슭에 쌓이거나 메소포타미아 저지대를 조금씩 덮고 있었다. 이제 와서 티그리스와 유프라테스가 미시시피나 황하만큼이나 넓었을 시대를 상상하는 것은 쉬운 일이 아니다. 그때에는 그 지류들이 타우루스와 자그로스 지맥을 가로질러 흘러가고 있었을 것이고, 지금은 사막인 곳에 수많은 개천이 흘렀을 것이다. 그러나 지금은 영원히 말라 버린 그물망 모양의 와디만 남아 있을 뿐이다.

우리의 가장 먼 조상인 고생인류古生人類는 주로 아프리카 동부와 남부에 살았던 것 같다. (근동 지방에서는 발견되지 않는다.) 약 60만 년 전 귄츠-민델 간빙기부터 그들의 후손인 호모 에렉투스가 아프리카 북부, 유럽, 아시아에 퍼져나갔다. 초기구석기시대(아브빌리안, 아슐리안, 클락토니안, 타야시안 시대)의 특징적인 "석기 문화"를 형성한, 다듬은 부싯돌로 만든 그들의 도구는 지중해 전역(이집트, 시리아, 팔레스타인, 레바논)에 걸쳐 조금씩 나타나지만 터키, 이란, 이라크에서는 아주 드물게 나타나는데 그 이유는 알 수 없다. 이라크에서 가장 오래된 사람의 흔적은 아마도 둥근 조약돌을 깎아 만든 주먹도끼일 것이다. 이 주먹도끼는 1984년에 모술보다 상류에 있는 티그리스 유역에서 발견되었다. 아슐리안 후기의 것으로 추정되며 그 연대는 초기구석기시대의 마지막 4분기, 즉 50만 년에서 11만 년 전으로 예상할 수 있다.[5] 그 다음 시대의 유적으로는 바르다 발카(쿠르드어로 "들어올린 돌")가 있는데, 이곳은 키르쿠크와 술라이마니야 사이에 있는 켐케말이라는 큰 마을에서 아주 가까운 곳이다. 켐케말에서는 1949년에 다듬은 부싯돌이 신석기시대 거석巨石 유적 지하에서 여럿 발견되었다.[6] 1951년 브레이드우드 탐사단원 두 사람은 시굴 과정에서 2미터에 이르는 하천 침전물 아래에 있는 구석기 수렵인의 야영지 혹은 작업장을 찾아냈다. 도구류는 주먹도끼(손에 쥐는 돌도끼), 부싯돌 조각으로 다듬은 긁개, 그리고 돌도끼 몇 개였다. 이 조잡하고 잡다한 물건들은 유형론적 기준과 지질학적 기준에 따라 리스-뷔름 간빙기 말, 즉 팔만 년 전으로 연대가 추정되었다. 이 유적이 비교적 오래되었다는 점은 도구 옆에 있는 동물 뼈 중에 이 지역에서 곧 사라지게 될 인도코끼리와 코뿔소의 뼈가 있다는 사실로 확인할 수 있다.

뷔름 빙기 초, 쿠르디스탄의 기후가 아직 온화할 때에는 사람이 그곳에 살았다. 적어도 계절에 따라서는 동굴 안이나 바위 아래 거처에서 살 수 있었다. 이 문화는 도로시 개러드가 1928년에 술라이마니야 남쪽으로 약 20킬로미터 지점에 있는 하자르 메르드의 "어두운 동굴"의 아래 층위에서 발굴해 낸 전형적인 르발루아-무스테리안 문화다.[7] 이 문화는 그 외의 여러 노천 유적에서도 발견된다. 그러나 우리가 지금 다루고 있는 중기구석기시대를 그 어느 이라크 선사시대 유적보다 더 잘 보여주는 유적은 1951년과 1960년 사이에 랠프 솔레키가 발굴한 샤니다르 동굴이다.[8]

샤니다르는 큰 동굴(테니스장 네 개의 면적)로서, 소도시 라완두즈에서 멀지 않은 곳에서 대大자브 유역을 내려다보고 있는 제벨 바라도스트 산 남쪽 사면에 높이 8미터, 너비 25미터의 아치 모양 입구로 들어갈 수 있다. 발굴 당시에는 겨울에도 쿠르드족 양치기들이 이 동굴을 찾아왔었다. 솔레키는 점점 더 깊이 파 들어가면서 14미터 지점에서 처녀지에 이르렀고 문화층 네 개를 구분하였다. 맨 아래에 있는 가장 두꺼운(8.5미터) D층에는 겹쳐 놓은 유골이 뼈와 부싯돌 도구와 뒤섞여 있어서 수만 년 동안 간헐적으로 사람이 살았다는 증거를 보여준다. 도구류에는 무스테리안 문화의 특징인 찌르개, 긁개, 새기개, 뚜르개 등이 있다.

그러나 샤니다르 동굴을 유명하게 만들어 준 것은 이 D층에서 발견된 인류 아홉 명이며 그중에 유아 두 명이 포함되어 있다.[9] 뼈대는 전체적으로 크게 파손되어 있었지만 어느 정도 보존된 두개골은 모두 네안데르탈인의 전형적인 특징을 보여주었다. 뼈는 두꺼웠으며, 턱뼈가 크고 턱은 뒤로 젖혀져 있었으며, 낮은 이마 아래에는 눈 위 돌출부가 두꺼웠고, 목덜미는 직선이었다. 이 네안데르탈인 중 몇몇은 동굴 천장에서 떨어진 큰 바위 조각에 맞아 죽었다. 한 명은 이런 유형의 사고를 당한 이후에 선천적으로 오그라들어 있던 팔을 돌칼로 잘라내야 했다. 또 한 사람의 시신은 나뭇가지와 꽃으로 만든 침상에 눕혀져 있었는데, 이 나뭇가지와 꽃을 조사해 본 결과 사망 연대를 "5월말에서 7월초 사이"로 확정할 수 있었다.[10] 두 유골의 연대는 방사성 탄소 측정법을 사용해 각각 46900 BP와 50600 BP로 추산되었다. 세 번째 유골은 좀 더 오래된 60000 BP로 연대가 정해진다. 동물 뼈(소, 야생 염소와 양, 멧돼지, 곰, 사슴, 여우, 작은 설치류)는 이 기간에 동물상의 변화가 그다지 없었음을 보여주는데 반해 동굴에서 수집한 꽃가루 분석은 중요한 기후 변화가 있었음을 암시한다. 먼저 오늘날보다 더웠다가 몹시 추워졌으며, 44000 BP에 이

르러 다시 고온 건조한 기후가 되었다는 것이다.[11]

샤니다르의 C층은 두께가 3미터 정도 되는데, 이곳은 석기 문화로 보나 방사성 탄소 측정법으로 맨 아래와 맨 위 부분을 측정하여 얻은 34000 BP와 26500 BP라는 숫자로 보나 구석기 후기에 속한다. 중기구석기시대의 끝을 35000 BP로 정하는 데에는 사실상 동의가 이루어졌다. 이 시기에 이르러 네안데르탈인은 분명히 멸종되었고 다른 종류의 인류가 등장한다. 이 인류는 오늘날 호모 사피엔스 사피엔스라 부른다. 이들은 급속히 수가 늘어나고 지구 전역에 퍼져 여러 인종으로 분화하게 된다. 그 전 인류와 달리 사실상 우리와 같은 외모를 가지고 있을 뿐만 아니라 석기 문화(주요한 것만 들자면 유럽의 오리나시안, 그라베티안, 솔루트레안, 마그달레니안 문화)를 더 다양하고 복잡하게 발전시켰고, 나무, 뼈, 상아를 다룰 줄 알았으며, 마그달레니안 시대에 이르자, 유명한 라스코와 알타미라 프레스코 벽화의 멋진 표현에서 알 수 있듯이, 주술적 미학에 관심을 두었다.

샤니다르에는 아쉽게도 그런 걸작이 없지만 뼈나 사슴뿔로 만든 물건, 윤을 낸 돌 몇 개, 그리고 오리나시안 유형의 도구류가 나왔다. 그러나 전통적인 오리나시안과 상당히 달라 솔레키가 "바라도스티안"이라는 새로운 용어를 제안하기도 했다. 이 시대에 이 동굴에 살던 사람들에 관한 정보를 제공해 줄 사람의 뼈는 존재하지 않으며, 단지 몇몇 불 땐 자리와 포유동물의 잔해만이 남아 있을 뿐이다. 오랜 거주 기간 후에 샤니다르는 만 년 넘게 버려진다. 동굴이 너무 위험해졌기 때문일 수도 있고(이 층의 일부를 차지하는 거대한 바위 덩어리들이 증명하듯), 아니면 중요한 기후 변화 때문에 구석기 수렵인들이 평야나 저지대로 이주해야 했을 수도 있다. 실제로 가장 추운 빙기였던 뷔름 빙기가 25000 BP경에 극에 달했다. 따라서 이 빙기가 근동에 있는 이 지역의 기후와 식생에 영향을 주었을 수 있다.

12000 BP경에 이르러 쿠르디스탄의 기후가 다시 온화해지자 샤니다르에 다시 사람이 살기 시작했다. 이 층(B2) 가장 깊은 곳에서 발견된 석기는 오리나시안 전통("늦은 오리나시안" 또는 "연장된 그라베티안")을 이으면서도 훨씬 더 다양하다. 기본적으로 힘을 가해 손질한 날이 있는 도구로서, 가장자리가 평행한 것도 있고, 주머니칼 모양을 한 것도 있고, 가장자리가 깊이 파인 것도 있었다. 그러나 새기개, 원형이나 반달형의 밀개, 뾰족한 뚜르개 등도 발견되었다. 이 물건 중 상당수는 크기가 작았다. 어떤 것들은 나무 막대에 박아서 투창으로 사용하기도 했을 것이다. 샤니다르에서만 확인되는 "바라도스티안"과 대조적으로 이 문화는 쿠르디스탄의 다른 몇몇 유적에서도 발견된다. 그중 특히 팔레가우라, 바라크, 바브칼, 하지야의 바위 아래 거처와 자르지 동굴이 유명하다. 자르지 동굴은 1928년부터 도로시 개러드가 발굴했는데 이 동굴 때문에 이 문화는 "자르지안"이란 이름을 얻게 되었다.[12] 팔레가우라 유물에서 나온 방사성 탄소를 측정한 연대에 기반을 두면 이 시기의 끝은 구석기시대와 중석기시대의 경계에 놓여 있는 약 11000 BP(기원전 9050년)로 추정할 수 있을 것이다.

이라크의 구석기시대를 간략히 돌이켜보면 뒤이은 시대를 위해 아주 중요해 보이는 두 가지 발전 과정이 대두된다.

먼저, 쿠르디스탄의 수렵-채집인들이 주변 지역에 사는 이웃과 점차 교류 관계를 확대해 나간다. 바르다 발카에 도구를 남겨 둔 사람들이 어디에서 왔는지는 알 수 없다. 그러나 그들은 자기들과 그 후손이 오랫동안 밖으로 나오지 않고 살 수 있는 "생태학적 둥지"를 이 지역에서 발견했다. 샤니다르 D의 도구류는 전형적인 무스테리안 형태이고 유골은 일반적으로 "전통적인" 네안데르탈인에 가까운 것으로 여겨지며,

카르멜 산에서 발견된 동시대의 두개골에서 드러나는 것과 같이 호모 사피엔스 사피엔스로 발전되는 과정의 혼혈이나 진화의 흔적이 전혀 발견되지 않는다. 그러나 이 D층의 상부(하부에서 1만 년 정도 떨어져 있음을 잊지 말자)에서 팔레스타인 것과 비슷한 "에미리안" 유형의 송곳이 존재한다는 사실은 지중해 해안의 레반트와 접촉이 있었음을 시사해 준다. 후기구석기시대에 쿠르디스탄에서 시리아-팔레스타인 유형(케바리안 혹은 자브루디안)의 도구가 발견되는 것으로 보아 이 접촉은 더욱 분명해진다. 또한 이라크의 "자르지안" 유적들과 이란 카스피 해 연안과 러시아 투르크메니스탄 평야의 일부 구석기 유적지 사이에 나타나는 도구류의 유사성이 단순히 우연의 일치는 아닐까 의문을 제기할 수 있다. 적어도 쿠르디스탄과 주변 지역 사이에는 기술과 상업의 교류가 이미 존재했고 이것이 나중에 가서 분명해지면서 확대된 것으로 보인다.

두 번째 발전은 인구학적인 성격을 띤다. 25000 BP와 13000 BP 사이에 맹위를 떨친 강추위를 제외하면 이라크 쿠르디스탄의 기후는 무스테리안 시대가 끝난 이후 점점 더 안정되었던 것으로 생각된다. 당시 동식물은 오늘날과 질적으로 동일했다. 사람이 역사를 이어 오며 숲을 파괴하고, 땅을 고갈시키고, 여러 종의 동물을 멸종시키지 않았더라면 지금 우리도 당시 이 지역을 뒤덮었던 푸른 초원과 떡갈나무 숲의 풍경을 보면서 감탄하고 있었을 것이다. 따라서 기본적으로 수렵과 채집으로 먹고 사는 인류는 이 지역에서 수가 늘어날 수밖에 없었다. 아마 이 때문에 후기구석기시대 유적의 불 땐 흔적 주변에서, 그다지 사냥거리가 없을 것 같은 지역인데도 불구하고, 물고기와 어느 정도 식용이 가능한 작은 동물, 아주 작은 게, 민물 쌍각류, 거북이, 달팽이 껍질 등이 엄청난 양으로 발견되는 것이다. 또한 이 때문에 진짜 식료품 저장소로 해석되는, 땅에 판 구덩이가 발견되는 것이다. 지질학적 대격변이나 기후의 급격한 변화가 없다면 사람이 자연 자원을 최대한 이용하도록 압력을 가했던 유일한 이유는 "인구 폭발"이었을 것이다. "광범위한 혁명"[13]이라 불리는 이러한 변화는 이삼천 년 후에 닥칠 "신석기 혁명"을 예견하며 준비한다. 그 기제에 관해서는 나중에 분석하려 한다.

중석기

중석기시대(외外구석기시대 또는 원原신석기시대라고도 불림)는 구석기시대를 주도했던 식량 수집 경제와 신석기시대의 특징이면서 우리 시대까지 남아 있는 식량 생산 경제(목축과 농사) 사이에 있는 전환의 시대이다. 고대 근동에서 이 시기는 어림잡아 기원전 9000년부터 7000년까지이다.[14]

이라크에서 중석기 첫 단계는 샤니다르 동굴의 B1층과 노천 유적지 자위 케미 샤니다르에 해당한다. 자위 케미 샤니다르는 대大자브 강변에 있으며 그 주민들은 계절에 따라 그곳에서 4킬로미터 거리에 있는 동굴에 살았던 것 같다.[15] 자위 케미 샤니다르에 있는 유일한 거주 흔적은 곡선 모양의 작은 벽으로, 자갈과 조약돌로 만들어졌고 오두막집 하나를 둘러쌀 수 있을 정도였다. 이 거주지와 동굴에서 발견된 석재 도구류는 모두 현지 부싯돌로 다듬은 "빈곤한 자르지안" 유형의 세석기細石器였지만, 반Van 호수 근처에서 온 흑요석 도구도 있어서 아르메니아와 교역 관계가 시작되었음을 드러내 준다. 또한 큰 석재 도구도 발견되는데 그중 일부(맷돌, 분쇄기, 망치, 절구와 공이)는 아마 야생 식물과 염료를 빻는 데에 사용된 듯하다. 다른 새로운 것으로는, 뼈로 만든 송곳이 있었는데 기하학적인 그림과 신체 모양 문양으로 장식되어 있는 경우도 있었다. 구슬도 있었고, 뼈, 동물 치아, 채색한 돌을 달아 만든 장신구도 있었다. 기본적인 음식은 염소 고기였고 양, 돼지, 사슴 등도 먹었다. 이 유적의 윗부분에 새끼 양의 비율이 증가하는 것은 양을 떼로 모아 지키고 있었음을 암시한다. 이것은 가축으로 사육하기 위한 첫 단계이다. 민물에 사는 물고기와 조개류가 평소 식단을 보충해 주었다. 그곳에 살던 사람은, 두개골을 보고 유럽-아프리카인(또는 원지중해인) 유형이었음을 알게 되었다. 샤니다르에서 발견된 유골 스물여섯 구 중 대부분이 "묘지"에 모여 있었고 돌로 만든 대臺 위에 안치되어 있었다. 자위 케미 샤니다르에서 발굴된 여덟 구의 유골은 아주 어린 아이를 하나씩 동반하고 있었는데, 아마 모종의 잔인한 의식과 관련된 듯하다. 많은 두개골은 구멍을 낸 흔적과 질병, 특히 치아 감염의 흔적을 지니고 있었다.[16] 방사성 탄소 측정법에 따르면 자위 케미 샤니다르의 밑바닥 연대는 기원전 8920년으로, 그리고 샤니다르 B1의 마지막 연대는 기원전 8650년으로 추정된다.

시기적으로 그다음에 오는 두 유적지에는 그다지 흥미로운 점이 없다.[17] 켐케말 근처에 있는 카림 셰히르는 아마 유랑 수렵인의 야영지에 불과했던 것 같고, 자갈이 깔려 있지만 거주 흔적은 없다. 이곳에서는 부싯돌 도구, 진흙으로 만들었지만 제대로 구워지지 않은 사람 모양의 작은 상像 두 점, 그리고 대리석으로 만든 고리와 팔찌 몇 점이 나왔다. 더 서쪽에 있고 아마 좀 더 늦은 시기인 듯한 믈레파트에서는 원형 혹은 타원형 오두막 여덟 채가 발견되었다. 이 오두막들은 땅속 1미터 깊이까지 묻혀 있었으며 다듬지 않은 돌로 둘러싸여 있었다. 또한 믈레파트에서는 진흙으로 만든 상像, 맷돌, 돌로 만든 절구와 사발, 그리고 부싯돌이나 흑요석으로 만든 세석기도 발굴되었다. 사실 이 외에 기원전 제9천년기와 제8천년기의 중요 메소포타미아 중석기 유적지들은 쿠르디스탄에서 400킬로미터 정도 떨어진 곳에만 있다. 한 곳은 서쪽에 있고 다른 한 곳은 남쪽에 있다.

서쪽에 있는 것은 알레포에서 80킬로미터 지점 유프라테스 대만곡에 있는 시리아의 텔 무레이베트다. 미국인들이 발굴을 시작하고 그 후에 프랑스인들이 뒤를 이었다.[18] 이곳에서 1500년이 넘는 거주 시기가 드러났는데 이는 크게 세 단계로 나뉜다. 먼저 "나투피안" 도구류를 사용하는 어부와 수렵인의 임시 거주지가 있었다(무레이베트 I, 기원전 8600년 이전). "나투피안"은 이 시기 시리아-팔레스타인 전역에 공통적인 현상이었다. 그 후 타우프(압착한 진흙)로 지은 원형 가옥들이 있는 마을이 있었고(무레이베트 II, 기원전 8600~8100년), 마지막으로 방이 여러 개인 직사각형 가옥이 원형 가옥을 대체하면서 상당히 큰 규모의 마을이 형성되었다(무레이베트 III, 기원전 8100~7300년). 이 집들은 석회석 토막을 진흙 반죽으로 붙여서 지었다. 어떤 집은 채색한 기하학적 무늬로 내벽을 장식했다. 염소도 양도 없었지만 인근 초원을 달리는 빠른 동물(야생 당나귀, 가젤, 들소, 사슴, 멧돼지, 토끼)을 활로 사냥했고, 식물성 음식으로 참밀, 보리, 렌즈콩, 잠두, 피스타치오, 그리고 온갖 야생 식물이 있었다. 밀과 보리는 무레이베트에서는 자연적으로 자라지 않고 가장 가까운 자생지는 약 150킬로미터 떨어져 있는 터키의 가지안테프 근방인데, 이런 곡물의 씨앗을 무레이베트까지 가져와서 심은 것이 무척 흥미롭다.[19] 지금 우리는 농업 기술 발명의 첫 단계를 생생하게 포착하고 있는 것이다. 그것은 야생에서 자라는 식물을 원래의 자생지 바깥으로 옮겨 심는 것이다. 이때 이삭의 축이 가장 단단하며, 자연선택自然選擇의 과정을 거쳐 튼실한 이삭을 생산하는 토종 식물이 될 만한, 그럼에도 사람의 손이 있어야만 자랄 수 있는 새싹이 선택되었을 것이다. 무레이베트의 다른 주목할 만한 특징은 들소의 뿔, 두개골, 뼈 등이 진흙으로 만든 단 아래 묻혀 있거나 건물 벽에 박혀 있다는 것이다. 이런 건물은 아마 실제 성소였던 듯하며, 북쪽으로 아주 멀리 떨어진 아나톨리아 평야에 있는 차탈 휘위크의 신석기시대 대신전을 연상케 한다.

이러한 특징은, 데 루란 평야의 테페들*tepes*■을 발굴하던 미국 고고학자들이 60년대에 발견한 것과 상당히 비슷하다. 데 루란 평야는 자그로스 산맥 서사면을 따라 놓여 있지만 쿠르디스탄에서 남쪽으로 멀리 떨어져 있고 정치적으로 이란에 속한다. 홀과 플래너리가 발굴한 유적 중 하나인 테페 알리 코시는 수많은 주거층을 포함하고 있었는데 이들은 세 문화 단계로 분류되며 그중 두 문화 단계의 이름은 주변의 작은 유적지에서 딴 것이다. 이 세 층의 이름은 아래에서 위의 순서로 부스 모르데, 알리 코시, 그리고 무함마드 자파르다.[20]

알리 코시의 부스 모르데 단계(기원전 약 8000~7000년)에서는 아주 작은 말린 벽돌 구조물이 발견된다. 벽돌 구조물은 가옥보다는 보관 창고 역할을 했던 것 같다. 이곳 거주자들은 무레이베트 주민과 마찬가지로 초원에 살면서 가젤, 야생 당나귀, 들소, 멧돼지를 사냥했지만 자위케미 샤니다르 거주자들처럼 야생 염소 떼를 소유하고 있었고 근방의 하천이나 늪에서 물고기와 조개와 자라를 잡아 올렸다. 그들은 또 피스타치오, 초본草本 식물(호밀, 귀리), 채소류를 먹었지만 이미 재배 단계에 있는 전분 밀과 보리는 아마 약 200킬로미터 떨어져 있는 케르만샤 지역에서 들여와 마을 주변에 다시 심은 듯하다. 이 사람들은 반半 유목민으로서 이 평원에 겨울에만 살았던 것 같다. 여름은 찌는 듯이 무더웠기 때문이다. 그들의 도구는 쿠르디스탄의 도구와 닮았다. 장신구로 사

■ 테페라는 용어는 아랍어 텔에 해당하는 이란 말이다. 터키어에서는 흔히 휘위크(*hüyük*)로 불린다.

용된 흑요석 날과 바다 조개는 멀리 아르메니아와의 관계 및 훨씬 가까운 아랍-페르시아 만과의 관계를 증명한다.

이처럼 이 결정적인 이천 년(기원전 9000~7000년) 동안에 근동 지방 거의 어디에서나 기술적이고 문화적인 면에서 큰 변화가 발견된다. 유랑 수렵인 집단이 정착하기 시작하고 거처를 옮겨 다니던 사람들이 마을의 원형 오두막, 혹은 압착한 흙이나 말린 벽돌 또는 돌로 만든 가옥에 살게 된다. 무스테리안 시대부터 시작된 망자亡者 숭배는 영속화되고 다른 제의(강하고 위험한, 그래서 탐나는 황소에 대한 숭배와 다산의 여성 숭배)가 수수한 성소와 진흙으로 만든 소상小像의 형태로 드러난다. 아름답고 다루기 쉬우며 끝이 날카로워 인기 있던 흑요석은 아르메니아에서 아랍-페르시아 만으로 들어왔고 그와 더불어 앞으로 사상과 기술도 들어오게 될 것이다. 마지막으로, 그리고 무엇보다도, 어려움 없이 계속해서 확보할 수 있는 식량을 찾아 여기저기서 실험이 진행되고 있었다. 먹을 것이 없는 해를 위해 비축해 두려는 것이었다. 어떤 경우에는 발로 서 있는 것(양떼나 염소 떼. 소는 기원전 제6천년기 초까지는 길들여지지 않았다)이었고 어떤 경우에는 구덩이 안에 있는 것(곡물)이었다. 이렇게 "인류 역사상 불을 정복한 이후 가장 위대한 일"[21]이라 불릴 자격이 있는 "신석기 혁명"이 태동하고 있었다. 사실 이 혁명은 메소포타미아에서 멀리 떨어져 있는 근동의 일부 지방에서는 벌써 출현했다. 기원전 8000년에서 7500년 사이에 요르단(요단) 강가의 제리코(여리고), 이란 서부의 간즈 다레(이곳에서 도자기도 발명된다), 그리고 터키 남부의 차외뉘 테페시(이곳에서는 이미 구슬이 제조되고 천연 구리를 두드려서 핀이 만들어진다)에서 밀과 보리를 재배한다. 사실 이 시기의 메소포타미아는 약간 뒤처진 지역으로 여겨진다.

신석기

이라크의 가장 중요한 신석기 유적은 자르모다. 이곳은 쿠르디스탄의 켐케말에서 그다지 멀지 않은 바위산 돌출부 위에 자리 잡고 있으며 1948년과 1955년 사이에 브레이드우드 탐사단이 발굴하였다.[22] 거주 층의 깊이는 7미터이며 열다섯 층으로 나뉘는데 그중 열 개 층에는 도자기가 없다. 약 150명의 자르모 주민은 여러 방이 있는 직사각형 모양의 집을 타우프로 짓고 살았다. 그들은 뼈바늘로 옷을 꿰매었고, 진흙으로 만든 물레 가락 손잡이가 있는 걸 보면 아마亞麻와 양털로 실을 잣거나 뜨개질을 할 줄 알았을 것이다. 흑요석이 석재 도구의 40퍼센트를 차지했다. 나무로 만든 낫자루에 역청을 이용해 붙인 부싯돌 날, 맷돌, 분쇄기, 절구가 땅에 흩어져 있고 재배된 밀과 보리의 탄화된 이삭과 낟알 흔적이 있는 것으로 보아 그들이 농업 활동에 종사했다는 사실을 분명히 알 수 있다. 뼈가 발견된 포유류 중에는 염소만이 사육되었고 다른 동물(양)은 사육 단계로 가는 중이었거나 고기(돼지, 가젤, 소, 사슴)와 가죽(곰, 늑대, 여우, 표범)을 얻기 위한 사냥의 대상이었다. 달팽이 껍질은 특히 많았다. 렌즈콩, 완두콩, 잠두, 도토리는 아마 걸쭉한 국을 끓이는 데에 사용되었던 것 같다. 국을 끓일 때에는 아주 뜨거운 자갈을 원형이나 타원형 대야에 넣어서 물을 끓였는데, 이런 대야들이 지표 아주 가까이에서 발견되었고 현장에 있는 구운 진흙으로 뒤덮여 있었다. 국은 뼈로 만든 숟가락을 사용하여 먹었다. 다른 음식은 굴뚝이 설치된 진흙 화덕에서 구웠다. 이 사람들은 돌이나 구운흙으로 만든 목걸이, 대리석 팔찌, 조개껍데기로 만든 귀걸이를 하고 다녔으며, 아마 얼굴이나 몸을 붉은빛 황토 그림으로 장식했던 것 같다. 동물상(돼지?)과 주로 앉아 있는 풍만한 여성 나체상이 오천 점 넘게 발견되었다. 죽은 자들은 아마

묘지에 매장되었겠지만 묘지는 아직 발굴되지 않았다. 그러나 사고로 죽은 한 두 사람의 두개골은 원지중해 형태를 보여준다. 이곳의 방사성 탄소 측정 연대는 그다지 믿을 수 없다. 거주 기간이 이삼백 년을 넘지 않는데 연대는 기원전 7090년에서 4950년에 걸쳐 있기 때문이다. 대부분 층에서 도자기도 발견되지 않았기 때문에 브레이드우드가 "가능성 있는 일반적 연대"로 제안한 기원전 6750년을 받아들여야 할 것 같다.

한편 알리 코시의 부스 모르데 단계 위에 있는 알리 코시 단계의 연대는 방사성 탄소 측정법을 사용해 기원전 6750~6500년으로 밝혀졌다. 알리 코시는 자르모와 공통점이 많지만 몇몇 중요한 차이점도 있다. 같은 주거 형태지만 여기에서는 말린 벽돌을 사용했으며, 같은 도구와 용기를 사용했지만 이 중 단지 2퍼센트만이 흑요석으로 만들어졌다. 같은 장식품이지만 바다 조개와 터키옥 구슬도 포함되어 있었다. 거의 같은 음식을 먹었지만 여기서 먹은 양과 염소는 사육한 것이었다. 알리 코시 고유의 특징으로는 역청으로 방수 처리한 많은 바구니 흔적과, 시신을 구부러지고 억눌린 자세로 거적에 싸서 가옥의 지하에 묻는 풍습을 들 수 있다. 여자들의 두개골은 인위적으로 변형되어 있었다.

도자기가 없는 세 번째 신석기 유적을 살펴보기 위해 이라크 쿠르디스탄으로 돌아가자. 심샤라 텔은 상당 부분이 역사시대에 속하지만 아래에 있는 세 층은 신석기 층이다. 심샤라는 라니아에서 멀지 않은 소小 자브강 상류 계곡에 있으며 1957년부터 1959년까지 덴마크 탐사단이 발굴했다.[23] 이 유적은 자르모와 그다지 다르지 않다. 단지 석기 도구류가 유형론적으로 다르고, 아르메니아와 아나톨리아에서 들여온 흑요석의 우세(85%)가 돋보일 뿐이다.[24] 그러나 이 유적은 자르모와 하수나(기원전 5800년 혹은 5700년경)를 분리하는 연대상의 간격을 메워 준다는 점에서 흥미롭다. 하수나는 "원사시대原史時代" 유적이라 불리는 여러 유적

중 첫 번째 유적이다. 이라크 북부에서 최근 발견된 또 하나의 신석기 유적은, 이곳에서 티그리스 강 건너편에 있으며 러시아 탐사단이 발굴한 마그잘리예다.[25] 주목할 만한 특징은 이 마을이 돌벽으로 둥그렇게 둘러싸여 있었던 것처럼 보인다는 점이다. 만약 그랬다면 이 마을은 메소포타미아에서 지금까지 발견된 마을 중 최초로 요새화된 마을이 될 것이다.

자르모 층 중에서 3분의 2와 알리 코시 단계의 모든 층에 도자기가 없다는 사실은 이 유적들을 근동 지방의 다른 "도자기 부재" 유적들과 연결해 준다. 그중 주요한 곳만 언급하자면 이란의 테페 구란, 터키의 하칠라르, 그리고 팔레스타인의 제리코(여리고)를 꼽을 수 있다. 이 모두는 약 3헥타르 정도의 자그만 마을이었다. 주민들이 사용한 그릇은 돌 사발 및 역청으로 틈을 막은 버드나무 바구니였으며, 가죽 부대와 호리병박도 사용한 것 같다. 그러나 그들은 진흙을 능숙하게 빚어서 집을 짓고, 화덕과 곡식 창고를 만들었으며, 또한 진흙을 구워서 대야-주전자의 내부를 덮기도 하고 마술에 사용할 소상小像이나 장신구를 만들기도 했다.[26] 여기서 도자기 발명까지는 한 발짝도 남지 않았고, 이 거리는 머지않아 극복되었다. 간즈 다레에서 항아리가 발견된 것이다. 물론 조잡하고 제대로 구워지지 않았지만 기원전 제8천년기 후반으로 연대가 정해진다. 비슷한 단지가 자르모의 마지막 다섯 층에서 발견되었다. 뿐만 아니라 도자기 파편들도 발견되었는데, 불그스름한 바닥에 사선으로 배열된 거대한 붉은 방울이 새겨지거나 그려져 있었다. 이라크에서 발견된 이 최초의 장식 도자기는 동시대 유적인 이란의 테페 구란과 연결되며, 이미 매우 공들인 기술을 보여준다. 이 기술은 나중에 완성도를 높이며 다양화될 것이다.

선사학자先史學者들에게 도자기가 얼마나 중요한지 강조할 필요가 있을까? 역사의 여명기까지 우리가 아직 거쳐 가야 할 3500년 동안 도자기는 메소포타미아에서 계승될 다양한 문화의 특징을 나타내는 주요 표지가 될 것이며, 또한 신중히 해석된다면 이 문화와 주변 지역 문화 사이의 관계에 대해 비교적 신뢰할 만한 지표가 되어 줄 것이다.

이 장을 끝내기 전에 "신석기 혁명"에 관한 다양한 설명에 대해 몇 마디 언급해야겠다.

우리는 여러 차례에 걸쳐 이 혁명이 "비옥한 초승달 지대"를 둘러싸고 있는 원호 모양의 산악 지역에서 생겨났다고 말했다. 왜냐하면 이 지역은 세계에서 유일하게 전분 밀 *Triticum dicoccoïdes* 과 참밀 *T. boeticum* 과 보리 *Hordeum spontaneum* 가 자연 상태에서 돋아나는 지역이기 때문이다. 그러나 1966년에 식물학자인 할란과 조하리는 터키에 체류하면서 이 곡물들이 그 지역에서 오늘날에도 여전히 수천 헥타르의 땅을 뒤덮고 있는 것을 확인한 후 다음과 같은 의문을 품게 되었다. "어떤 곡물이 경작지만큼이나 조밀하게 자연적으로 자라는 곳에서 왜 그 곡물을 재배하는가?" 어느 날 할란은 부싯돌 날이 달린 낫을 들고 나가 순수한 낟알 1킬로그램을 만들 수 있을 만큼의 밀을 한 시간 만에 수확했다. 게다가 이 밀은 재배한 밀보다 단백질이 두 배나 풍부했다. 그가 계산해 보니 한 가족이 3주 동안 적당히 일하면 1년 동안 다 먹을 수도 없을 만큼 곡물을 수확할 수 있었다.[27] 이 유명한 실험은 모든 논의를 원점으로 돌려놓았다. 무엇 때문에 근동 지방의 선사시대 인간은 손에 닿는 곳에 널려 있는 곡물을 굳이 힘들여 재배하려 했을까?

예전에 차일드는 기후가 점점 건조하게 변하는 것에 대해 거론했었다. 그러나 최근 고기후학 연구는 홀로세 초기에 근동 지방의 식생을 크게 바꿀 만큼 중요한 변화를 밝혀내지 못했다.[28] 좀 더 최근에 다양한 이론이 제기되었는데, 그중 가장 그럴듯한 이론은 빈퍼드의 "평형 모델"에 근거하여 플래너리가 개발하였다.[29] 플래너리에 따르면 구석기시대의 수렵-채집인은 "생태학적 둥지", 즉 자연환경의 특혜를 누리는 주거 환경에서 살았다. 그래서 이 환경의 최대 가용량 아래에서 평형 상태로 존속하는 경향이 있었다. 그러나 이 "중앙" 지역에서 필연적으로 인구가 증가하면서 일부 집단은 자원이 좀 더 제한된 "주변" 지역으로 이주해야 했고, 주변 지역은 이들의 유입으로 자극을 받아 새로운 식량원을 찾아야 했다. 이 이론은 후기구석기시대부터 관찰된 "광범위한 혁명"에 들어맞는 것 같다. 또한 무레이베트나 알리 코시는 단순히 살아남기 위해 아주 먼 곳에서 야생 곡물이나 재배된 곡물을 들여와야 했던, 주변 지역에 설립된 공동체의 좋은 예가 될 수 있을 것이다.

지금까지 제안된 여러 이론이 각각 진실의 일부를 포함하고 있겠지만 모두 여전히 확인될 수 없는 가설에 불과하다. 게다가 이 이론 중 그 어떤 것도 인간의 특성을 충분히 고려하지 않은 것 같다. 인간의 특성 가운데에는 무엇보다도 감정적이고 영적인 의미에서 파악된 인간의 "문화"[30], 채워지지 않는 호기심, 알려는 욕구, 시도하려는 욕구, 우연히 관찰한 현상을 재생하려는 욕구, "보기 위해" 실험하려는 욕구가 있다. 이 모든 것은 불의 정복부터 오늘날 우주선에 이르기까지 수많은 발명과 발견에 분명히 주요한 역할을 했을 것이다.

04 마을에서 도시로

신석기시대에서 역사시대로, 자그로스의 허리에 걸려 있는 작은 마을에서 유프라테스 하류의 비교적 넓은 도시로, 가족이나 씨족 단위를 거의 넘지 않는 농업과 목축업 공동체에서 많은 사람이 사는 복잡하고 다양하며 계층화되고 문자가 있는 사회로 옮겨가는 과정은 아주 천천히 점진적으로 이루어졌다. 우리는 이 과정에 관해서 개략적으로 알고 있으며 그 기제를 추측해 보려고 노력할 수 있지만 그것을 파악하거나 자세히 묘사할 수는 없다. 지식은 끊임없이 발전하지만 문서 증거가 없는 상황에서는 여전히 부정확하고 공백투성이일 수밖에 없기 때문이다. 그렇지만 한 가지는 분명하다. 거의 매년 새로운 "원사시대" 텔의 발굴이나 묻혀 있는 도시의 심층 탐사로 얻게 되는 정보가 예전의 발굴에서 제기된 가설을 확인해 준다는 점이다. 그 가설은 수메르인의 것으로 여겨지는 문명이 전적으로 수메르인의 것만은 아니라는 것이다. 분명한 것은 이 문명이 알 수 없는 장소와 시간에 발생하여 완성된 형태로 메소포타미아에 들어온 것이 아니라는 점이다. 이 문명 역시 고대와 현대의 여느 문명처럼 하나의 도가니 안에서 융합되어 응집력 있는 하나의 통합체로 빚어진 다양한 요소의 혼합물이다. 그 후에 이들 요소 각각은 (건축적인 면이든, 기술적인 면이든, 혹은 예술적인 면이든) 시간과 공간에 따라 다른 방식으로 변형되어 나타날 수 있다. 일부 요소가 외부의 영향과 침입으로 도입되었음을 부인할 수 없지만, 다른 요소들은 메소포타미아 자체에 연원이 깊기 때문에 이 지역에서 자생한 것으로 생각할 수 있다.

최근 이라크와 이웃 나라들에서 이루어진 발굴은 이런 개념을 명확히 했을 뿐만 아니라 근동의 신석기와 동석기銅石器 문화의 상호침투를 밝힌 점에서 가치가 있다. 또한 이런 발굴 과정에서 방사성 탄소 연대를 여럿 얻을 수 있었다. 그 수가 아직 미미한 것은 사실이지만, 이를 기반으로 메소포타미아 원사시대를 구성하는 여섯 시대에 관해 대략적이고 잠정적인 연대를 개괄적으로 그려 볼 수 있다.

하수나 시대	기원전 5800~5500년
사마라 시대	기원전 5600~5000년
할라프 시대	기원전 5500~4500년
우바이드 시대 (우바이드 1과 2가 포함됨)	기원전 5000~3750년
우루크 시대	기원전 3750~3150년
젬데트 나스르 시대	기원전 3150~2900년

이 시대들은 각각 고유한 일군의 요소(도자기가 주목할 만하지만 건축, 소상, 도장 등 다른 다양한 유물도 있다)로 나름대로 특색을 이루고 있으며, 이러한 문화적 "층위" 또는 "집합체"가 처음으로 파악된 유적의 이름이 시대의 이름이 되었다. 해당 유적이 가장 중요하거나 대표적인 유적이 아니라는 사실이 나중에 밝혀지더라도 그 이름은 그대로 사용되었다.

앞으로 보게 되겠지만, 각 문화의 영향이 미친 지리적 영역은 시대마다 달랐다. 게다가 오랫동안 연속적으로 이어진다고 여겨졌던 일부 문화들이 실제로는 같은 시대에 존재했거나 시대적으로 겹쳐 있었다. 마지막으로, 각 문화 안에서 상당수의 지역적 변이 형태, 즉 무척 흥미로운 세부 문화를 식별할 수 있다. 따라서 위에 열거한 시대 목록은 어느 정도 인위적이지만, 문화 변화에 관해 편리한 연대적 틀을 제공해 주고 있으며, 수메르 문명, 아니 좀 더 정확하게 말하자면 수메르-아카드 문명의 개화가 준비되고 있던 삼천 년 동안 이어지는 인구 변화에 대해서도 연대적 틀을 제공해 주는 것 같다.

하수나 시대

이 시기에 이름을 부여한 유적은 모술에서 남쪽으로 35킬로미터 지점에 있으며 이라크 문화재 관리청 소속의 세턴 로이드와 푸아드 사파르가 1943~1944년에 발굴한 작은 규모의 텔이다.[1] 이 텔의 가장 깊숙이 처녀지 바로 위에 놓여 있는 층에서 조잡한 도자기 한 점과 신석기 농민 공동체를 떠올리게 하는 돌 연장이 발견되었다. 건축의 흔적이 발견되지 않은 점으로 보아 이들은 아마 천막이나 오두막에 살았던 것 같다. 이 원시적인 주거지 위에 여섯 주거 층이 쌓여 있는데 올라갈수록 점점 크게 잘 지어진 가옥이 발견된다. 이 집들은 규모나 평면도나 건축 자재(벽은 타우프이고 지붕은 나뭇가지) 면에서 현재 북부 이라크의 시골 가옥과 놀랍도록 닮았다. 작은 뜰을 둘러가며 배치된 예닐곱 칸의 공간이 직각을 이루는 건물 두 채를 이루고 있었는데, 한 채는 주거 공간으로 사용되었고 한 채는 부엌과 창고로 사용되었다. 진흙으로 빚어 그늘에 말려서 만든 대형 저장용기를 땅에 완전히 묻어 놓고 곡식을 보관했으며 오늘날의 탄누르■처럼 둥근 천장이 있는 화덕에 빵을 구웠다. 또한 진흙과 짚으로 만든 바닥에는 유발乳鉢, 돌로 만든 괭이, 부싯돌 도구들(낫의 날 등), 구운흙으로 만든 방추용 원반, 그리고 앉아 있는 듯한 나체 여성 모양의 진흙 소상 몇 점이 놓여 있었다. 주거지 내부에 있는 커다란 항아리 안에는 어린이의 뼈가, 내세에 다과를 담을 수 있게 만든 소형 잔 및 항아리와 함께 들어 있었다. 그에 반해, 어른의 유골은 통상적인 부장품 없이 구석에 쌓여 있거나, 소박하게 진흙으로 만든 관 안에 들어 있거나, 혹은 석관묘에 묻혀 있었다. 연구가 이루어진 몇몇 두개골은 지중해인의 특성을 나타내는데, 이들은 구석기시대 후기와 신석기시대와 마찬가지로 근동 지방 전역에 퍼져 있었던 것 같다.

텔 하수나의 도자기는 구형과 표준이라는 두 범주로 나뉘었다. 구형 도자기는 텔의 Ia층부터 III층 사이에서 발견되었다. 구형 도자기 중에는 거칠고 투박한 진흙을 사용해 둥근 모양이나 서양 배 모양으로 만든 큰 항아리, 굽는 방식에 따라 천연 양털 색부터 검은색까지 다양한 색이 있으며 돌이나 뼈를 이용해 다듬은 매우 섬세한 질감의 사발, 그리고 같은 방식으로 다듬은 후 붉은빛 염료를 약간 사용하여 아주 단순한 무늬(선, 삼각형, 줄무늬, 바둑판무늬)로 장식한, 짧고 곧은 목을 지닌 공 모양의 사발과 항아리 등이 있었다. 표준 도자기는 IV층에서 VI층 사이에서 주로 발견되며 이전의 도자기와 형태가 같고 그림도 비슷하지만 염료가 좀 더 두꺼우며 무광택 갈색인데다 장식이 더 다양하며 제조 방법이 더 뛰어나다. 많은 그릇은 그다지 깊지 않은 새김 자국으로 완전히 뒤덮여 있다. 어떤 그릇은 그림도 있고 새김도 있다.

하수나의 구형 도자기가 터키(사크체 괴쥐, 메르신), 시리아(카르케미

■ [역주] 탄누르는 오븐처럼 사방의 열로 빵을 굽는 조리 기구다.

시, 아무크 평야), 팔레스타인(메기도[므깃도], 제리코[여리고]) 유적지 깊은 층에서 발견된 도자기와 같은 부류에 속하는 데에 반해, 표준 도자기는 국지적으로 발전했고 이라크 북동부의 상당히 좁은 지역 외에는 보급되지 않은 것 같다.[2] 표준 도자기의 파편은 제벨 함린 산에 이르기까지 티그리스 강 양안의 수많은 미발굴 텔의 표면에서 수집할 수 있다. 이 도자기의 온전한 표본은 니네베[3] 시굴 갱도의 아래층에서 발굴되었으며, 키르쿠크 남쪽의 마타라[4]와 소小자브 유역에 있는 심샤라[5]에서도 발견되었다. 또한 표준 도자기는 텔 아파르라는 작은 도시 옆에 있는 야림 테페[6] 1번 텔의 열세 개 층 모두에서 발굴되었다. 이곳에서 이 도자기들은 원형 혹은 사각형 집의 잔해와 연관되어 나타난다. 또한 이 도자기와 함께 부싯돌과 흑요석으로 만든 도구와 무기, 구리 광석 조각, 구리나 납으로 만든 희귀한 장신구, 위에서 묘사한 유형의 진흙 소상 등이 나온다. 또한 작은 원반들도 나타나는데 이것은 돌이나 구운흙으로 만든 후 한 면에는 평행선이나 교차하는 직선을 새기고 다른 면에는 고리를 붙여서 만들었다. 이 원반들은 아마 목에 매달고 다녔을 듯한데, 사실 바구니에 붙인 진흙 봉인이나 항아리 마개에 소유권 표시로 찍으려고 만든 도장이었다. 이것은 지금까지 발견된 최고最古의 봉인-인장으로서 실린더형 도장의 조상이다. 실린더형 도장은 메소포타미아 모든 시대의 특징적인 요소인데, 이에 관해서는 나중에 설명할 것이다.

야림 테페에서 남쪽으로 48킬로미터 떨어진 곳, 비가 내려 비옥한 평야와 자지라 사막의 경계에 움 다바기야 텔이 있다. 이 텔은 1971년부터 1973년까지 다이애나 커크브라이드가 발굴하였다.[7] 이곳은 자그마한 인구 밀집 지역으로서, 사막의 유랑 수렵인이 사냥한 야생 당나귀나 가젤의 가죽을 벗기기 위해 방문하는 단순한 상거래 지역이었다. 벗겨진 천연 가죽은 다른 곳으로 보내 무두질을 했다. 움 다바기야는 텔 하수나의 구형 도자기와 공통되는 도자기가 발굴되므로 그 층과 비교되지만 사실은 좀 더 오래되었고 특징도 독특하다. 일부 특징은 장소와 시대에 걸맞지 않게 세련된 면모를 보인다. 예를 들어, 가옥이 거대한 점토 포석으로 덮여 있는 경우가 있는데 이는 좀 더 후대의 주조 벽돌을 미리 보여주고 있다. 또한 벽은 석회로 정성스럽게 덮여 있고 종종 붉은색 도료로 칠해져 있다. 한 건물에서는 야생 당나귀를 사냥하는 모습, 거미가 알과 함께 있는 모습, 그리고 독수리들이 나는 듯한 모습을 표현하는 프레스코 벽화 일부가 발견되었다. 여러 가옥 안에 멋지게 다듬고 윤을 낸 설화석고 잔이 있었다. 세련된 도자기 중에는, 사람이나 동물 모양의 작은 상을 따로 빚은 후 굽기 전에 붙인 사발과 항아리가 있었다. 텔 소토와 퀼테페[8](야림 테페 근처에 있으며 같은 지역에 있는 툴룰 에트-탈라타트[9]의 2번 텔과도 가깝다)는 이 문화를 대표하는 다른 유적이다. 이 문화는 이 지역만의 특성을 상당히 띠고 있다. 그러나 카부르 강과 유프라테스 강이 만나는 곳에 있는 수렵인 마을 부크라스의 II층[10]과 어느 정도 공통점이 있으며 시리아 해안의 라스 샴라 V층과도 비슷하다. 뿐만 아니라 프레스코로 장식된 붉은 벽은 아나톨리아의 위대한 유적 차탈 휘위크를 떠올리게 한다. 이는 그다지 놀라운 일이 아닌 듯하다. 이라크의 이 도시들은 티그리스 강을 떠나 서쪽 및 북서쪽으로 향하는 길 위에 있기 때문이다. 탄소 14로 측정한 연대는 부르카 II가 기원전 6010±50년, 마타라가 기원전 5620±250년, 텔룰 에트-탈라타트가 기원전 5570±120년, 그리고 하수나의 마지막 단계가 기원전 5090±200년이다.

사마라 시대

하수나, 마타라, 심샤라, 야림 테페의 상부 층위에서는 하수나 도자기가 그보다 훨씬 더 아름다운 도자기와 섞여서 나온다. 머지않아 하수나 도자기를 대체하게 될 이 도자기는 사마라라는 이름을 지니고 있다. 그것은 이 도자기들이 나선형 첨탑을 갖춘 회교 사원이 있는 유명한 도시(사마라)의 중세 거주지 아래에 있는 선사시대 묘지에서 1912~1914년에 발견되었기 때문이다.[11] 큰 접시의 약간 거칠거칠하고 밝은 양털색 표면, 유선형으로 만들어지기도 한 깊은 사발의 가장자리, 그리고 볼록한 단지의 목이나 어깨 부분은, 다홍, 갈색, 혹은 자갈색紫褐色으로 채색되었고 조화롭게 나뉜 기하학적 그림이나 남자와 여자 또는 새, 물고기, 영양, 전갈 등의 동물을 묘사하는 소재로 장식되어 있다. 어떤 항아리의 목에는 채색된 선으로 그린 사람의 얼굴이 부조 형태로 남아 있다. 매우 도식화되고 완벽하게 균형 잡힌 이런 그림은 우아함과 매력과 생동감을 겸비해 특별한 인상을 자아낸다. 이 도자기를 빚고 장식한 사람들은 분명 위대한 예술가들이었을 것이다. 오랫동안 이 사람들이 이란에서 왔다고 생각했지만 지금은 사마라 도자기가 순수한 메소포타미아의 생산물이며 오랫동안 제대로 인정받지 못한 특별한 문화에 속한다는 사실을 알게 되었다. 이 문화는 기원전 제6천년기 후반에 티그리스 강 중류 지방에서 출현했다.

1960년대에 이르러서야 이 문화의 다른 요소들이 우리에게 알려졌다. 야트막하지만 넓은 인공 언덕 텔 에스-사완("부싯돌의 텔")을 이라크인들이 발굴한 것이다. 이 언덕은 티그리스 강 좌안左岸에 있으며 사마라에서 남쪽으로 11킬로미터밖에 떨어지지 않은 곳이다.[12] 하수나의 주민과 마찬가지로 텔 에스-사완의 주민은 농업과 목축업 및 수렵에 종사하고 있었다. 그들 역시 하수나 주민과 같은 돌 괭이, 같은 부싯돌 날을 장착한 나무 낫, 그리고 같은 투석投石과 화살촉을 사용했다. 그러나 비가 귀한 지역에서 티그리스 강의 유량 증가를 이용하여 밀, 보리, 귀리,

아마를 재배하는 밭에 물을 댐으로써 최초로 (최소한 이라크에서는) 원시적인 형태의 관개 작업이 이루어졌다. 텔의 다양한 층에서 발굴되는 크고 비어 있는 건물은 그다지 결정적인 근거 없이 흔히 "곳간"이라 여겨지는데, 정말 그렇다면 수확량이 무척 많았을 것이다. 마을 중심부를 잠재적인 적과 약탈자에게서 보호하기 위해 깊이 3미터, 너비 2.5미터의 구덩이를 파고 버팀벽으로 두꺼운 진흙 벽을 쌓았다.

가옥은 넓었고 도면으로 보면 T자 형이었다. 그 안에는 여러 칸의 방과 뜰이 있었는데, 주목할 만한 점은 이제는 더 이상 타우프가 아니라 여송연呂宋煙 모양의 길쭉한 말린 벽돌을 사용하여 집을 지었다는 점이다. 바닥과 벽에는 얇게 회반죽이 입혀져 있었다. 이 가옥에는 사마라 도자기 풍의 많은 단지와 그릇 외에도 정교하게 만든 반투명 대리석 단지, 그리고 위에서 설명한 형태의 도장도 발견되었다. 바닥 밑에는 어른의 유골이 옆으로 웅크린 자세로 누운 채 묻혀 있었는데 이따금 역청을 칠한 거적에 싸여 있었고, 어린이의 유골은 항아리나 큰 사발 안에 놓여 있었다. 바로 이 매장지에서 가장 흥미로운 유물이 발굴되었다. 그것은 구운흙이나 설화석고로 만든 인물상으로, 서 있거나 웅크린 자세였으며 주로 여자였지만 남자도 있었다. 구운흙으로 만든 소상 가운데 일부는 둥근 진흙 덩어리를 "커피콩 모양으로" 쪼개서 만든 눈에 길쭉한 두개골을 갖고 있었는데, 이런 눈과 두개골은 우바이드 시대에 발견된 소상과 아주 닮았다. 반면 구운흙이나 설화석고로 만든 다른 상들은 나전螺鈿으로 상감된 큰 눈을 치켜뜨고 있으며 그 위에는 역청으로 만든 검고 두꺼운 눈썹이 얹혀 있어서 "훨씬 후대 수메르인의 기술과 놀라운 유사점"을 보인다.[13] 이러한 비교는 사실 문제가 있지만, 이런 사실에 기초하여 "사마라인"이 "우바이드인"의 조상이었으며, 수메르인의 조상일 수도 있다고 상상할 수도 있지 않을까? 이처럼 전문적인 분야에서는 아무리 신중해도 지나치지 않을 것 같다.

지금까지 텔 에스-사완에 비견할 수 있는 마을은 발굴되지 않았다. 그러나 사마라 도자기는 이미 언급한 유적지 외에 유프라테스 중류의 바구즈[14]와 시리아 자지라에 있는 샤가르 바자르를 비롯하여 이라크와 이란 국경 근처 만달리에서 가까운 초가 마미[15]에 이르기까지 메소포타미아 중부와 북부의 넓은 영역에서 발견되었다. 조앤 오츠는, 이미 수로를 통한 관개가 이루어지고 있었던 초가 마미에서 텔 에스-사완 유물을 떠올리게 하는 커피콩 형태의 눈을 한 채색된 여인상을 발견했다. 또 사마라 도자기와 에리두/하지 무함마드 도자기 사이의 전이 형태를 지닌 도자기를 발견했다. 게다가 이 세 종류의 도자기는 모두 각각 고유한 형태를 띤다. 에리두와 하지 무함마드의 도자기는 우바이드 도자기의 고대 형태로 여겨진다. 여기서도 친족 관계를 상정해야 할까? 아니면, 북쪽과 남쪽에서 온 도자기가 같은 마을에 공존하는 것으로 생각해야 할까?

방사성 탄소 측정에 따르면 텔 에스-스완은 기원전 5349±150년과 기원전 5506±73년으로, 그리고 초가 마미의 전이 단계는 기원전 4896±182년으로 나타난다.

할라프 시대

메소포타미아 원사시대 중 세 번째 시대의 이름은 텔 할라프에서 가져왔다. 이 텔은 카불 강의 수원지 가까이에서 이 강을 굽어보고 있는 큰 언덕으로 터키-시리아 국경에 있는 라스 엘-아인 마을에서 멀지 않다. 거기서 제1차 세계대전이 일어나기 얼마 전, 독일의 고고학자 막스

폰 오펜하임 남작이 기원전 12세기 아람 왕의 궁궐 아래에서 아름다운 채색 도자기가 묻혀 있는 두꺼운 층을 발견했다. 이 발견은 1931년에 가서야 출간되었다.[16] 이 시대까지도 우리는 고대 근동의 원사시대에 대해 아는 것이 거의 없었으며 텔 할라프 "채색 도자기"의 연대에 관해서도 논란이 많았다. (폰 오펜하임조차도 한때 그것이 그리스 것이라고 믿었을 정도였다!) 그러나 그 후 몇 년 동안 영국인들이 니네베, 모술 근처의 텔 아르파키야[17], 그리고 자지라에 있는 텔 차가르 바자르[18]를 발굴하고 미국인들이 아르파키야 동쪽의 테페 가우라[19]를 발굴하면서 이 도자기의 배경 문화와 시대적 위치가 분명해졌다. 나중에 러시아에서 야림 테페의 2번 텔을 발굴하고, 그 이후에 이라크인들이 아르파키야에 대해 층위학적 발굴을 실시하고 함린 강 유역과 티그리스 상류에 있는 여러 텔에 대해 시굴 또는 부분적 탐사가 이루어지면서 "할라프" 문화에 관한 흥미로운 보충 정보가 주어졌다.

이 문화는 메소포타미아와는 이질적이라고 느껴질 만큼 독특한 특징을 갖고 있다. 예를 들어 많은 유적에서 출토된 석기 가운데 흑요석이 예전보다 훨씬 더 중요한 위치를 차지하고 있다. 당시 큰 마을 몇 곳(예를 들어, 아르파키야)에 있던 포장도로는 나름대로 도시화의 시도를 보여준다. 건축 자재는 여전히 타우프 또는 말린 벽돌이었지만 사각형 집은 대체로 좀 더 작았으며 원형에 둥근 천장이 있는 가옥이 지배적이었다. 이런 원형 가옥을 흔히 솔로이*tholoi*, 솔로스(*tholos*)의 복수형라 불렀는데 그것은 이런 가옥이 미케네의 무덤을 닮았기 때문이다. 야림 테페에 있는 솔로이는 대체로 작게 지어졌다. 일부는 칸막이를 사용해 두 칸으로 나뉘어 있고 일부는 사각형 방이나 동심원형 벽으로 둘러싸여 있다. 반면 아르파키야의 솔로이는 훨씬 커서 어떤 것은 지름이 10미터에 이르는 것도 있다. 솔로이는 가공하지 않은 돌로 된 기초 위에 지어졌는데, 어떤 경우에는 일종의 복도 혹은 전실前室이 앞에 놓여 있어서 미케네 무덤과 유사성이 더 두드러진다. 사람들은 이 건물의 크기, 건축과 재건을 위해 쏟은 정성, 그리고 일반적으로 비어 있는 상태로 발견된다는 사실을 바탕으로 신당이나 신전과의 관련성을 오랫동안 염두에 두었다. 또한 저장고라고 생각하기도 했다. 그러나 야림 테페를 발굴한 결과 솔로이는 알레포 근교나 시리아 자지라의 마을 전역에서도 발견되는 단순한 원뿔형 주거용 가옥에 지나지 않음을 알게 되었다. 실제로 이 시기에 신전이라 생각되는 유일한 건물은 맬로완이 발리크 강 유역의 텔 아스와드에서 발굴한 정사각형 모양의 작은 건물뿐이다.[20] 이 건물 안에는 진흙으로 만든 장의자(다른 곳에서는 헌물과 관련된다고 여겨지는 건축 요소)가 있었고, 문 하나 건너에 황소의 두개골이 뿔과 함께 있었다. 이런 장식은 무레이베트를 연상시킬 뿐만 아니라 같은 시대 차탈 휘위크 VI층에서 발견된 신전에 일렬로 장식된 황소의 두개골을 떠올리게 한다.[21] 아르파키야에서는 죽은 사람을 가옥 아래나 솔로이 주변에 매장했지만, 테페 가우라에서는 사지가 절단된 시신을 함께 모아 놓은 무덤이 발견되었고, 야림 테페에서는 화장의 흔적을 보여주는데 화장은 아마 의식儀式으로 이루어진 것 같다.

여러 유적의 할라프 층에서 발견된 잡다한 유물 역시 흥미롭다. 특히 소머리 형태의 부적, 이중 도끼, 이중 경사면이 있는 지붕으로 덮인 집, 구운흙으로 비둘기나 여성을 표현한 소상 등이 그러하다. 이 여성상들은 그 이전 시대와 다르다. 여자는 흔히 바닥이나 둥근 의자에 앉아 무거운 젖가슴을 두 손으로 받치고 있다. 머리는 형태가 불분명한 그루터기처럼 단순화되었지만 몸은 사실적으로 다루어졌고 문신이나 보석 혹은 의복을 표현하는 듯한 선과 점으로 채색되어 있다. 이 소상들은 흔히 생각하듯 "모신母神"이라기보다는 불임을 막기 위한 부적이었던 듯하다.

마지막으로, 도자기를 언급해야겠다. 과장이 아니라, 이 시대의 도자기는 메소포타미아에서 지금까지 제조된 것 중 가장 아름답다고 말할 수 있다. 전적으로 손으로 만들었고 구워서 약간 유리처럼 만든 철분 섞인 진흙을 사용했다. 두께가 얇은 경우가 많았고 형태는 다양하면서 혁신적이었다. 넓은 목 부분이 나팔 모양으로 벌어진 단지, 가장자리를 걷어 올린 작달막한 항아리, 발이 긴 잔, "아이스크림 그릇", 그리고 측면이 모난 큰 접시가 있었다. 장식에는 사마라 도자기의 특징을 이루는 우아한 생동감이 없었던 것 같지만 형태에 완벽하게 적응된 장식은 페르시아 융단처럼 섬세하면서도 보기 좋게 제작되었다. 크림색이나 엷은 분홍색의 점토액을 바탕으로 처음에는 붉고 검은 무늬가, 나중에는 단지의 거의 전부를 뒤덮은 다색(검정, 빨강, 흰색)의 무늬가 그려졌다. 무늬 중 주류를 이루는 것은 삼각형, 직사각형, 바둑판무늬, 십자형 무늬, 꽃줄, 작은 원이었지만 꽃, 쉬고 있는 새, 누워 있는 가젤, 뛰어오르는 치타 등도 만나게 된다. 더 전형적이며 아마 종교적인 상징성이 가미된 듯한 무늬로 이중 도끼, "몰타의 정사각형"(모퉁이마다 삼각형을 갖고 있는 정사각형), 그리고 "소머리 장식"(도식화된 소머리)이 있다.

중성자 활성 분석[22]으로 최근에 밝혀진 바로는 이 아름다운 도자기류는 아르파키야, 텔 브라크, 차가르 바자르, 텔 할라프와 같은 전문화된 중심지에서 대규모로 제조되어 중계지中繼地로 수출된 이후 그곳에서 점점 더 먼 지역까지 퍼져나갔다. 이 그릇을 (아마 나귀의 등이나 소가 끄는 썰매에 실어) 운반한 사람들은 바다 조개, 흑요석과 같은 보석 등의 "사치품"을 싣고 돌아왔다. "할라프" 사회는 사회적 계층이 분화되어 있었지만 경제적 계층은 분화되어 있지 않았고 지역의 우두머리는 도자기 생산 중심지에 거주했을 것이라는 주장이 있었다. 남아 있는 유적에 따르면 주민들은 다양한 종류의 곡물과 채소를 재배했으며 양, 염소, 돼지,

소, 고양이 등을 사육했다.

도자기의 분포로 볼 때 최대 팽창기의 할라프 문화는 건조 문화 지대에 완전히 포함되어 있는 초승달 형태의 광대한 지역을 점유하고 있었다. 이 지역은 알레포 근방에서 디얄라 유역에 이르기까지 자지라와 미래의 아시리아 땅 전체를 뒤덮었으며, 이를 둘러싸고 있는 주변 지역에서는 이 도자기가 복제되거나 수입되고 있었다. 이 주변 지역에는 동부 아나톨리아 중심부, 킬리키아, 지중해까지 이르는 시리아 북부, 함린 강 유역, 그리고 이란 서부와 트랜스캅카스 일부까지 포함된다.

사마라의 문화는 하수나 문화에서 파생된 것으로 여길 수도 있지만 할라프 문화의 경우에는 메소포타미아 선사先史에 원형이 없는 듯하다. 할라프 문화는 명백히 외부에서 들어온 문화이며 아나톨리아와 연관된

할라프 도자기(대접)

것은 분명하지만 좀 더 정확히 말하는 것은 아직 불가능하다. 할라프인들의 기원이 어떠하든지 폭력적인 침입을 암시하는 것은 전혀 없으며, 우리가 그들에 대해 알고 있는 것을 종합해 보면 어떤 민족이 평화적으로 서서히 들어와서 당시 사람이 비교적 적게 살던 지역에 정착하는 장면을 떠올리게 한다.

할라프 시대의 방사성 탄소 연대는 기원전 5620±35년과 기원전 4515±100년 사이에 걸쳐 있다.

우바이드 시대

4500년경 북부 메소포타미아 유적 일부, 특히 할라프와 니네베는 버려졌다. 아르파키야와 샤가르 바자르와 같은 다른 유적은 소실된 후 다시 사람이 거주하게 되었다. 그러나 여기저기에서 할라프의 화려한 도자기는 점차 엘-우바이드라는 이름을 지닌 새로운 도자기로 대체되었다. 엘-우바이드는 수메르 문명의 유명한 도시 우르에서 가까운 작은 텔이다.[23] 이 이름은 특별한 중요성을 지닌다. 그것은 이 이름이 처음으로 하나의 문화가 메소포타미아 최북단에서 최남단까지 뻗어나갔음을 시사해 주기 때문이다. 군사적 정복이 있었는지, 아니면 유프라테스 강 하류(여기서 아직 다루어지지 않은 지역)에서 어떤 민족이 평화롭게 이주해 온 것인지는 알 수 없다.

1946년부터 1949년까지 에리두[24]에서 시행된 영국-이라크 합동 발굴 결과 이라크 남부 지방은 기원전 약 5000년부터 사람이 거주했으며 북부가 아니라 바로 이곳에서 우바이드 문화가 유래했음을 알게 되었다. 12킬로미터 떨어진 이웃에 있는 우르와 달리 에리두는 아주 큰 도시가 된 적이 한 번도 없지만 수메르인들은 이 도시를 "대홍수 이후" 가장 오래되었다고 여기며 자기들의 가장 위대한 신 중 하나인 물과 기술의 신 엔키의 지상 거주지로 만들었다. 오늘날 이 유적을 보면 모래로 메워진 여러 낮은 언덕이 지구라트(계단이 있는 탑)의 폐허를 둘러싸고 있는 형국이다. 이 지구라트는 우르 3왕조 세 번째 왕인 아마르-신(기원전 2046~2038년)이 건축했지만 잘 보존되지 못했다. 고고학자인 세턴 로이드와 푸아드 사파르는 그곳에서 원사시대 무덤과 고대 왕조 시대에 속한 "궁전"이라 불리는 큰 건물을 발굴했다. 그러나 그들은 무엇보다도 지구라트의 모서리 아래에서 인상적인 열아홉 거주 층을 발굴하였는데, 그곳에 열일곱 개의 신전이 겹쳐 있었다. 이 중 가장 깊은 곳(XVII~XV층)에 있는 신전은 말린 벽돌로 만든 작은 건물로서 하나뿐인 방 안에 받침과 제상祭床 및 빼어난 채색 도자기 하나가 있었다. 이 도자기는 복숭앗빛 바탕에 짙은 갈색이나 홍색으로 심혈을 기울여 그린 기하학적 무늬로 빽빽하게 장식되어 있었다. 에리두 유형이라 불리는 이 도자기는 초가 마미에서 발견된 "전이 단계에 있는 후기 사마라 유형"이라 불리는 도자기와 유사성을 보여준다.[25] 라르사에서 가까운 텔 엘-오우에일리와 디얄라 유역의 텔 아바다[26]에서 이루어진 최근 발굴 과정에서는 그 분포 지역이 표면 탐사를 토대로 짐작한 것보다 훨씬 더 넓다는 사실을 알게 되었다.

XIV층에서 XII층에 있던 여러 신전의 건물은 거의 남아 있지 않지만 아주 다양하며 기하학적 무늬로 안팎이 장식된 도자기를 배출했다. 이 무늬의 색은 선명한 홍색에서 짙은 갈색까지 다양했으며 일부 무늬(소머리 모양, 장미꽃 모양)는 할라프의 무늬와 연관된다. 이 도자기는 하지 무함마드 유형이라 불린다. 우루크에서 멀지 않은 곳에 있는 이 이름을 가진 유적에서 1937년에 처음으로 발견되었기 때문이다.[27] 그 이후 메소포타미아 남부와 중부의 여러 유적지에서 이 도자기가 발견되었다. 그중에는 키시 근처의 라스 엘-아미야[28], 쿠지스탄의 초가 마미, 그리고 아랍-페르시아 만 서안西岸의 여러 지점이 있다. 아랍-페르시아 만 서안에는 쿠웨이트와 카타르 사이에 사우디아라비아 안쪽으로 해안에서 약 100킬로미터 떨어진 호푸프 근처에 이르기까지 약 40여 곳의 임시 거주지 흔적이 눈에 띈다. 이 도자기는 아마 먼 바다에서 작업하면서 도자기와 돌로 깎아 만든 도구를 현장에서 사용하던 메소포타미아 어부들과 관련되는 것 같다.[29] 그런데, 하지 무함마드와 라스 엘-아미야의 텔은 충적토 2~3미터 아래에 완전히 묻혀 있어서 우연히 발견되었다. 하지 무함마드는 유프라테스 강 지류의 마른 하상에서 발견되었고 라스 엘-아미야는 현대의 수로를 파는 도중에 발견되었다. 따라서 기원전 약 5000~4500년으로 연대를 정해야 하는 에리두와 하지 무함마드의 고대 문화와 관련된 예상치 못한 흔적이 충분히 더 존재할 수도 있다. 마지막으로, 에리두의 XI층에서 VI층에 있는 여러 신전은 더 잘 보존되었고 더 면적이 넓으며 고전 우바이드와 후기 우바이드의 도자기를 간직하고 있다. 제일 위의 층(V~I층)은 도자기 분석을 토대로 우루크 시대의 첫 단계로 연대가 정해졌다.

좀 더 최근에 텔 엘-오우에일리에서 일하던 프랑스 고고학자들이 아주 중요한 발견을 했다. 그다지 높지 않은 이 텔은 일부가 현재 주변 평야 고도보다 아래에 있었고 온전히 "우바이드"라는 이점이 있었다. 1981년과 1983년에 판 두 시굴 갱도에서 발굴자들은 20개의 거주 층을 식별할 수 있었다.[30] 상층(1에서 8)은 우바이드 4, 3, 그리고 2 유형의 도자기를 함유하고 있었으며 8~11층에서는 우바이드 1(에리두) 유형의 파편이 발견되었다. 그러나 이 열 한 층 아래에 아홉 층이 쌓여 있었는데, 바로 여기에서 그때까지 알려지지 않았던 사마라와 연관된 도자기

(전-우바이드 혹은 우바이드 0이라 분류된다)가 발견되었고, 12층 벽면에 있는 여송연 모양의 말린 벽돌은 텔 에스-사완의 벽돌을 떠올리게 했다. 더 나아가 고고학자들은 지하수층에 잠겨 있어 탐사할 수 없는 다른 층을 20층 아래에서 막연하게 식별할 수 있었다.

그러므로 기원전 제6천년기부터 하부 메소포타미아에는, 그 기원은 불명확하지만 텔 에스-사완과 초가 마미의 "사마라인들"과 연관될 가능성이 있는 주민이 살고 있었다. 또한 에리두는 문화적 연속성을 보여주는 주목할 만한 예이다. 그것은 고전 우바이드와 후기 우바이드(우바이드 3과 4) 유형의 도자기가 하지 무함마드 유형(지금부터는 우바이드 2 유형이라 부르겠다) 도자기에서 유래했으며, 하지 무함마드 유형 도자기는 에리두(우바이드 1) 유형 도자기에서 유래했음이 실제로 인정되고 있기 때문이다.[31] 더 나아가 에리두에서 연속적으로 발견되는 열일곱 신전은 당시 큰 마을이 있었을 법한 곳에 겹겹이 놓여 있는데, 그 신전 중 하나에서 물고기 제물의 흔적이 많이 있는 것으로 봐서 그곳에서 섬기던 신은 아마 물의 신 엔키나 그에 해당하는 다른 신이었을 것 같다. 만약 사실이 그렇다면 수메르 문명은 바로 이라크의 토양 아주 깊은 곳에 뿌리를 두고 있는 것이다.

우바이드 도자기는 아주 전형적이라 고전 형태나 후기 형태 모두 한눈에 알아볼 수 있지만 그 이전에 메소포타미아에 있었던 도자기보다 미적으로는 훨씬 떨어진다. 진흙은 종종 너무 많이 구웠으며 그 색은 밝은 양털 색에서 연두색까지 다양했다. 그림은 무광으로 진한 갈색이나 흑청색으로 그렸고 단지는 흔히 일부분만 장식되어 있었다. 유쾌한 필치로 그려진 식물, 동물, 사람 문양은 매력이 없지 않지만, 단순한 일상의 기하학적 무늬(삼각형, 줄무늬, 바둑판무늬, 깨진 선 및 물결무늬)는 상상력의 부재를 드러낸다. 두께가 얇은 경우가 많았으며 어떤 제품은 손

후기 우바이드 시대 도자기

으로 움직이는 느린 회전판("물레")으로 제작된 것 같다. 주둥이와 손잡이가 최초로 나타난다. 특이하게 생긴 것으로는 덮개가 있는 사발, 바구니 손잡이가 달린 항아리, 따르는 주둥이가 있는 "크림 사발", 그리고 관 모양의 긴 주둥이가 있고 몸체는 둥글고 불룩하며 바닥이 평평해 "거북이"라 불리는 일종의 항아리가 있다. 도자기는 메소포타미아 전역에서 동일했으나 그 외의 우바이드 문화 요소를 고려해 보면 북부와 남부 사이에는 중요한 차이가 존재한다.

돌이 귀한 하부 메소포타미아에서는 무거운 농사 도구와 일부 장신구를 제외하면 돌이 거의 사용되지 않았다. 다른 것은 모두 구운흙으로 만들었다. 그중에 끝 부분이 굽은 커다란 못 형태의 물건이 있었다. 이 시대에만 발견되는 독특한 유물로서 소형 분쇄기 역할을 한 것 같다.

부메랑처럼 생겼고 역청으로 붙여 놓은 부싯돌 날을 갖춘 낫, 방적기의 방추용 원반, 어부들이 사용한 그물추, 투석, 그리고 도끼, 손도끼, 칼의 틀도 구운흙으로 제조되었다. 제일 흔한 소상은 역시 구운흙으로 만들어 졌으며, 날씬한 여인이 서 있는 모습을 표현하고 있다. 그 얼굴은 도마뱀의 머리를 떠올리게 하며, 머리 위에는 역청으로 만든 올린 머리가 있었고, 눈은 텔 에스-사완과 초가 마미의 소상처럼 "커피콩" 모양이었다. 그 외에 남성상과 동물상도 있었다. 가옥의 경우 지금 온전한 표본이 여럿 있는데, 아주 넓은 것을 포함해 크기가 다양했으며 일반적으로 말린 벽돌로 지었다. 텔 엘-오우에일리의 어느 큰 건물은 수많은 작은 칸으로 이루어진 기초 위에 세워져 있었는데 이 칸 중에는 곳간을 지지하는 것들도 있었다. 갈대로 엮어 놓고 이따금 석회를 입히기도 한 허술한 건물이 최남부의 몇몇 가옥에 연결되어 있었는데, 이런 건물은 오늘날에도 바스라 근처에서 발견된다. 커다란 말린 벽돌을 진흙 반죽으로 붙여서 지은 에리두의 신전에는 길쭉한 사각형 모양의 중앙 홀*cella*이 있고 그 가장자리로 돌아가며 모서리가 있는 작은 방이 바깥으로 돌출되어 있었다. 중앙 홀의 한쪽 끝에는 벽에 기대어 설치된 낮은 대가 있었으며, 다른 쪽 끝에는 분리된 제단이 있었다. 건물 외벽 넓은 면에 나 있는 문 앞에 화덕이 하나 있었는데, 아마 의식에 사용할 헌물을 굽는 용도인 듯하다. 외벽은 수직 돌출부로 장식되어 빛을 끌어들임과 동시에 회반죽을 바른 넓은 면의 단순함을 극복하고 있었다. 이 기발한 장식은 그 후 오랫동안 메소포타미아 신전 대부분을 나타내는 뚜렷한 표지가 될 것이다. 마지막으로 언급할 점은 이 신전 중 여럿이 큰 대지臺地 위에 세워졌고 사람들은 넓은 계단을 거쳐 이 위에 올라갔다는 것이다.

이라크 북부에서도 여전히 말린 벽돌로 건물이 지어져 있지만 돌이 좀 더 많이 사용되었고 남부에서는 아주 드문 봉인-인장이 여기서는 흔하게 발견된다. 그중 몇몇에는 여전히 아주 단순한 선형 그림이 그려져 있었으나 어떤 것들에는 동물이나 사람이 새겨져 있었는데, 여기서 사람들은 의식적 춤이나 알려지지 않은 신화를 떠올리게 하는 장면 안에 한데 모여 있었다. 이 시기 이라크 북부에서 가장 중요한 유적인 테페 가우라의 XIII층에서 발굴된 세 신전은 색이 칠해져 있고 U자 모양으로 "아크로폴리스"를 형성하고 있는데 구조적으로 보면 에리두의 신전과 아주 가깝다. 그러나 솔로이 두 채와 좀 더 순수한 할라프 유형의 소상에는 지역 전통의 잔재가 배어 있다. 더 중요한 것은 장례 풍습이 남쪽과 확연하게 다르다는 점이다. 에리두 외곽에 있는 큰 묘지에는 벽돌로 덮여 있는 어느 무덤 안에 여러 어른과 어린이가 도자기 파편으로 만든 침상에 등을 대고 누워 있다. 테페 가우라에서 이런 유형의 무덤은 하나만 발견되었고, 나머지 무덤들은 주거지 주변에 모여 있는 단순한 구덩이로 어른의 유골은 구부린 채 옆으로 누워 있고 어린이의 유골은 유골 단지 안에 매장되어 있다. 이 모든 것을 종합해 보면, 북부에 우바이드 문화를 소개한 사람들은 그곳에서 소수자였다. "할라프인"의 자손은 정복당했지만 사라지지 않고 여전히 주민의 다수를 차지하고 있었던 것이다. 반면에 남부는 완전히 "우바이드"였다. 이렇게 생겨난 골은 남부에 복잡한 문예 문명이 출현하면서 더 깊어지기만 했다. 북부는 이 문명을 훨씬 나중에 가서야 받아들이게 된다.

이런 차이가 눈에 띄긴 하지만 우바이드 문화의 근본적인 통일성을 변경시키지는 못한다. 우바이드 문화는 거의 천 년(기원전 4500~3750년) 동안 메소포타미아 전역과 그 너머까지 퍼져나간다. 이 문화의 전형적인 도자기는, 한편으로는 알레포 부근과 시리아 해안의 라스 샴라에 이르기까지, 다른 한편으로는 아랍-페르시아 만의 서안에서도 발견된다. 우바이드인은 자기들의 요람인 메소포타미아 삼각주에서 물고기잡이, 목축(이제는 소의 사육도 포함된다), 그리고 농업에 종사하며 살았다. 농업은 분명 작은 수로를 이용한 관개에 기반을 두고 있었을 것이다. 이라크 북부보다 훨씬 풍부한 자연 자원(바다, 여러 지류가 있는 강, 비옥한 충적토)으로 그들은 잉여분의 곡물, 양털, 가죽을 생산하여 가장 필요한 (때로는 먼 곳에서 들여오는) 생산품(목재, 돌)이나 사치품과 교환할 수 있었다. 하부 메소포타미아의 여러 유적에서 흑요석이 많이 발견되며 금이나 아마존석(인도 외에서는 거의 발견되지 않는 준보석準寶石)이 우르의 우바이드 층에 존재하는 것을 보면 이런 교역이 실제로 이루어졌음을 알 수 있다.

이런 유리한 환경 덕분에 하부 메소포타미아에는 많은 사람이 들어와 살면서 위대한 문명을 준비하게 되었다. 그렇지만 이 지역에서 이루어진 지표 조사로 판단해 보건대[32], 이 시기의 유적은 비교적 수가 많지 않다. 유적들은 유프라테스 강이나 그 지류를 따라 자리 잡고 있었다(당시 지류의 수는 많았다). 대부분은 평균 5헥타르를 차지하는 마을이었지만 텔 엘-오우에일리나 좀 더 북쪽의 텔 우카이르와 같은 곳은 10헥타르 이상의 면적으로 이미 작은 도시처럼 보였을 것 같다. 아마 우르, 우루크, 니푸르와 같은 거대한 텔 아래에 묻혀 있어서 시굴갱도 바닥에서 그 단편밖에 알아볼 수 없었던 우바이드 시대 거주지의 경우도 마찬가지였을 것이다. 이 시굴은 우바이드 시대 유적에서 이 유적을 시초로 모든 수메르 도시가 발전했다는 사실을 보여준 점만으로도 충분한 가치가 있었다. 또 주목할 만한 점은 모든 우바이드 건물 중에서 가장 크고 가장 잘 지은 건물은 신전이었다는 것이다. 따라서 요새나 궁전을 중심으로 도시가 발전한 것이 아니라 신전을 중심으로 발전했던 것 같다. 메소포타미아 역사시대의 처음 몇 세기에도 그랬던 것처럼 이 아득한 시대에도 이미 신전은 사회적, 경제적, 그리고 아마 정치적 조직의 중심이었다는 생각을 버릴 수 없다. 우바이드인이 수메르인이었다거나 수메르인의 가장 가까운 조상이었다고 주장하는 것은 물론 경솔한 일일 것이다. 그러나 수메르인의 것으로 여겨질 만한 타당한 근거를 지닌 문화의 첫 단계가 우바이드인의 문화임을 부정하기는 어려울 것 같다.

05 문명의 탄생

우바이드 시대를 계승한 우루크 시대의 초기로 추정되는 기원전 3750년경부터 이라크의 남쪽 절반에서 인구학적, 기술적, 문화적으로 엄청난 변화가 일어났다. 이 변화는 약 7세기 후에 수메르와 아카드라는 역사적인 나라의 탄생으로 이어지게 된다.

개괄적 조사에서 명확히 드러나듯, 기원전 제4천년기의 가장 두드러진 현상인 도시화[1]의 시작점은 하부 메소포타미아의 크고 작은 마을이 빠른 속도로 많이 증가한 데서 찾을 수 있을 것 같다. 예를 들어 우루크 근교 마을의 수는 한두 세기 만에 17곳에서 183곳으로 늘어났으며 주민의 수는 열 배나 증가했다. 정말 "인구 폭발"이라 부를 만한 이 현상에 기여한 요소로 세 가지를 들 수 있다. 그것은 최적의 생태학적 환경에서 천 년 전부터 정착해 살던 인구의 자연 증가, 유목 부족이나 반유목 부족의 점진적인 정착, 그리고 무엇보다, 관개 농업으로 발생한 거대한 이익에 매료되어 메소포타미아 북부에서 온 것으로 추정되는 이주민[2]이다.

새로 온 사람들은 자연히 유프라테스 강과 그 지류를 따라 정착했다. 우바이드 시대에 있던 큰 중심 마을 주변으로 작은 마을이 많이 모여 있는 것이 관찰된다. 이 중심 마을은 교역의 중심지인 동시에 모든 사람의 번영을 주관하는 여러 신을 섬기는 제의 중심지로 기능했다. 한편

이 시대에 메소포타미아 삼각주의 토양은 비옥했지만 경작 지역은 여전히 한정되어 있었다. 그것은 늪지가 넓었기 때문이기도 했고, 중소 규모의 공동체로 모여 사는 농부들이 강에서 수로를 파기에는 길이가 너무 길었기 때문이기도 했다. 따라서 이 모든 인구를 먹여 살리기 위해서는 농업 기술과 운송 방법을 개선해야 했다. 이럴 때 언제나 그러했듯 인간은 도전한다. 실제로 이 시대에 괭이를 대체하기 위해 쟁기가 발명되고, 곡물을 수송하기 위해 썰매형 수레에 이어 네 바퀴 달린 짐수레가 생겨나며, 한 곳에서 다른 곳으로 더 빨리 항해하기 위해 돛단배가 개발된다. 또한 녹로轆轤가 개발되고 구리 기반의 합금 주조술이 발명됨으로써 공업적 생산의 시대가 열린다. 발전은 약해지기는커녕 더욱 가속화되었고 그와 더불어 장거리 교역, 금속 사용 증가, 예술의 발전이 촉진되었으며 비교적 사치스러운 물건(돌이나 청동으로 만든 단지)이 아주 작은 마을에서도 사용되었다. 이 모든 발전의 결과 인구의 일부는 전문적인 일에 종사하게 되었는데, 특히 상업, 수공업, 자산 관리 등에서 전문화가 이루어졌다. 이 전문인들은 중심 도시 안에 살았고, 오래전부터 힘겨운 일을 해야 할 필요가 없었던 사제들이 주축을 이루는 지적인 지도층 주변으로 모여들었다. 우리 생각에는 바로 이 시점부터, 그리고 바로 이 도시들에서 놀라운 건축술과 예술 감각을 실현한 수메르 문명이 꽃을 피웠다. 무엇보다 문자의 발명은 진정한 "혁명"으로 "신석기 혁명" 못지않게 인류의 미래를 위해 중요한 사건이었다.

그러나 기원전 제4천년기 말에 그때까지 비교적 비가 많이 내렸던 근동 지방의 기후는 점점 더 건조해지기 시작한다. 이 때문에 생존을 위해 강우에 의존했던 지역에서 새로운 이주민이 들어왔다. 그러나 머지않아 가뭄이 하부 메소포타미아까지 영향을 끼쳤기 때문에 이러한 이주는 더욱 불운한 것이 되고 말았다. 유프라테스 강의 여러 지류는 더는 물이 흐르지 않게 되었고 유프라테스의 주요 하상은 서쪽으로 이동한다.[3] 많은 마을이 사라지고 그 주민이 도시로 이주하자 도시는 점점 더 확대된다. 기원전 2900년경 고대 왕조 시대가 시작할 무렵 우르의 면적은 50헥타르였고 우루크는 400헥타르였다. 라가시는 500헥타르였다. 만 명에서 오만 명 혹은 그 이상이 살았음을 짐작하게 한다. 사람들은 자연적인 유량 감소를 보충하기 위해 큰 운하를 팠다. 이 일을 위해 필요한 집단적인 노동력을 확보하고 이를 이용해 얻은 관개수를 공평하게 나누기 위해 도시의 전통적인 "시장市長"이었던 고위직 사제의 책임이 증대되고 권위가 강화된다. 경작 면적이 줄어들면서 빈부격차가 강화되고 신전은 영역을 확대하게 된다. 도시는 강한 성벽으로 둘러싸여 있어서 군사적 충돌이 있었음을 알 수 있다. 군사적 충돌에 대해서는 실제로 나중에 나온 관련 문서에서 확인된다. 종교적 지도자는 군사 지도자의 직책을 겸했으며 종종 군사 지도자에게 자리를 양보했다. 요새화된 도시, 경계가 명확한 영토, 그리고 "신들의 대리인"인 군주가 존재하며, 사제, 서기관, 건축가, 예술가, 장인, 관리, 감독, 상인, 노동자, 군인, 농부 등 다양한 사람들로 구성되어, 다원적이고 구조적이며 심히 계층화된 사회를 형성한 수메르와 아카드라는 나라는 이런 방식으로 탄생한 것 같다.

아래에서 읽게 될 설명은 일관성 있는 자료에 의존하고 있지만 어쩔 수 없이 단순화되어 있는데, 그것은 실재가 더 다양하고 복잡했기 때문이다.[4] 게다가 설명 대부분은 가설적이다. 분명한 것은 일이 실제로 어떻게 진행되었는지 알 방법은 없으며 앞으로도 결코 없을 것이라는 사실이다. 당시에 살던 사람들조차도 그에 대해 아주 분명한 개념은 없었을 것으로 생각하며 아쉬운 마음을 달래자.

고고학자들은 이 사건이 진행된 일곱 세기를 상당히 자의적으로 우루크 시대(기원전 3750~3150년)와 젬데트 나스르 시대(기원전 3150~2900

년)로 나누지만 이 시기 구분은 미묘한 차이에 근거한 것일 뿐 우루크 시대가 역사시대 초까지 연장되었다고 생각하지 말라는 법은 없다는 점을 강조해야겠다. 또한 우바이드 문화와 우루크 문화 사이에도 단절이 존재하지 않는다는 사실을 기억하자. 폭력적인 파괴의 흔적은 그 어디에서도 찾아볼 수 없다. 발굴된 모든 유적(우르, 우루크, 에리두, 니푸르)에서 새로운 신전이 예전의 신전 위에 건설되었는데, 평면도는 똑같거나 거의 같았고 자재도 똑같이 말린 벽돌이었다. 우루크 도자기는 녹로를 이용해 대량으로 생산했고 무늬를 새기는 일은 있었지만 색은 칠하지 않았다. 흔히 정성들여 윤을 냈고, 양털 색, 회색, 혹은 홍색이었으며, 일부 형태는 당시 금속으로 만든 단지를 떠올리게 한다. 이 우루크 도자기가 점차 우바이드 후기 도자기를 대체하게 된다.[5] 우루크와 젬데트 나스르 문화의 새로운 요소는 분명 지역 예술가와 장인의 창의적 재능의 열매이며, 그중 다수는 그 이전의 원형에서 유래한다. 따라서 우리는 오랫동안 생각했던 것처럼 수입된 문명을 보고 있는 것이 아니라 오랜 진화의 과정 마지막 단계에 있는 문명을 보고 있는 것이다. 그 시초는 에리두로 거슬러 올라가는 듯하다. 아니, 메소포타미아 원사시대原史時代의 더 오랜 시대까지 거슬러 올라갈 수도 있다.

우루크 시대

와르카(이 시대에 이름을 붙여 준 고대 도시 우루크의 현대 명칭) 유적은 사막화된 충적토 평원 위에 인상적으로 솟아올라 있으며 바그다드와 바스라 사이에 있는 작은 도시 사마와에서 멀지 않다. 이 유적은 그 규모(유적을 둘러싸고 있는 성벽은 약 10킬로미터에 달한다)로 보나 주거 기간(우바이드 시대부터 파르티아 시대까지, 약 오천 년)이나 그곳에서 이루어진 고고학이나 금석학적 발굴로 보나 메소포타미아에서 가장 중요한 유적 중 하나이다.[6]

도시 우루크는 두 개의 쌍둥이 마을의 융합으로 생겨났다. 서쪽에 쿨라바가 있었고 동쪽에는 에안나가 있었다. 각 마을에는 신전이 하나씩 있었다. 쿨라바는 수메르인의 최고신인 아누의 보호 아래 있었고 에안나는 이난나 여신(셈족의 이슈타르)의 보호 아래 있었다. 에안나의 중심에는 거대한 지구라트가 서 있었는데, 측면의 길이는 52미터이고 현재 상당히 파괴된 상태의 높이가 8미터이다. 다른 많은 건물처럼 우르 3왕조의 첫 왕이었던 우르-남무(기원전 2112~2095년)의 통치기에 세워진 후 여러 번 재건된 이 지구라트는 젬데트 나스르 시대 대지臺地 위에 세워진 큰 신전을 포함하는데, 고고학자들이 판 갱도 바닥에서 그 신전의 벽이 발견된다. 이 지구라트 아래에서 이루어진 심층 발굴에서는 나란히 놓여 있거나 겹쳐 있는 신전의 잔해가 적어도 일곱 개 발굴되었는데, 이들은 모두 우루크 시대 후반기로 연대가 정해진다.[7] 에리두의 신전들과 평면도가 똑같은 이 신전들은 그 크기(이 중 하나는 가로 80미터, 세로 30미터 크기의 돌로 된 기초 위에 놓여 있어서 "석회암 신전"이라 불린다)와 정성스러운 건축과 장식이 주목할 만하다. 예를 들어 A 신전■ 곁에는 큰 뜰이 하나 있는데, 그 뜰의 한쪽 면에는 말린 벽돌로 만든 지름 2.62미터의 기둥 여덟 개가 두 줄로 늘어서 있는 주랑柱廊이 있다. 그 뜰의 벽과 기둥 및 그 기둥을 받치고 있는 토대의 내벽은 원뿔을 이용하여 표현된 기하학적 무늬로 뒤덮여 있다. 이 원뿔은 구운흙으로 7~8센티미

■ [역주] 에안나의 여러 건물에 대해 알파벳(A~O)을 사용한 명칭이 사용된다. A 신전(le temple A)은 독일어로는 A 건물(Gebäude A)이라 불린다.

터 길이로 만들어졌으며 바닥은 홍색, 흑색, 혹은 백색으로 칠해져 있다. 이런 원뿔들은 차가운 진흙층에 박혀 있었고 그 바닥 면만 바깥으로 드러나 모자이크를 이루었으므로 당시에는 그 강렬한 색채가 근동의 태양 아래 빛나고 있었을 것이다. 또 하나의 신전 역시 비슷한 모자이크로 장식되어 있었지만, 이 경우에는 흰색, 회색, 혹은 장밋빛 돌로 만든 큰 원뿔로 만들어져 있었다. 독창적이며 탁월한 이런 유형의 장식은 우루크 시대와 젬데트 나스르 시대 내내 사용되다가 그 이후에는 중단되었다.

이러한 색채 취향은 벽을 칠할 때 사용된 방법에서도 발견된다. 우루크의 고대 신전 하나는 "붉은 신전"이란 이름을 갖고 있는데 그것은 그 벽을 덮고 있는 장밋빛 도료 때문에 붙여진 이름이다. 텔 우카이르(우루크에서 북쪽으로 거의 200킬로미터 지점)에서 세턴 로이드와 푸아드 사파르는 1940~1941년에 프레스코로 장식된 우루크 시대의 신전 하나를 발굴했는데, 그 프레스코는 발견 당시 "마치 어제 칠한 것처럼 눈부셨다"고 한다.[8] 거기에는 행진하고 있는 사람들과 더불어 어떤 신의 빈 의자를 지키듯 웅크리고 있는 표범 두 마리가 그려져 있었다. 이라크에서 프레스코 벽화는 기원전 제6천년기(움 다바기야)까지 거슬러 올라간다는 사실을 상기하자.

우루크의 석회암 신전 아래 19.6미터 깊이의 처녀지까지 이르는 큰 시굴 갱도 덕에 이 유적의 층위가 결정될 수 있었다. 다른 여러 곳과 마찬가지로 가장 깊은 층(XVIII에서 XV까지)은 우바이드 층으로 연대가 정해졌다. 그다음 네 층(XIV~XI)에서는 우바이드 도자기가 우루크 도자기와 섞여 나왔다. 마지막으로 X층에서 IV층까지는 순수하게 "우루크"였고 III층과 II층은 젬데트 나스르라 불리는 시대에 속했고 I층은 고대 왕조 시대였다. 고대 신전이 V층과 IV층에 있었는데 IV층은 IVa, IVb, IVc로 나뉜다.

에안나의 지구라트 서쪽으로 500미터 지점에 쿨라바의 지구라트, 즉 아누의 지구라트가 서 있다. 에안나의 지구라트보다 훨씬 폭이 좁긴 하지만 높이가 약 15미터에 달하는 이 탑은 층이 잘 구분되지 않지만 계단은 남아 있다. 그 꼭대기에 가로 18미터 세로 7미터의 신전이 있는데 3미터 높이의 벽이 보존되어 있었다. 이 "백색 신전"은 젬데트 나스르 시대의 것으로 추정된다. 거의 육천 년 전 벌거벗은 사제들이 제물을 바쳤을 제단이 여전히 보이는데, 벽으로 둘러싸인 이 제단 근처에 서 보기만 해도 우루크를 방문한 사람 누구에게나 잊을 수 없는 경험이 된다. 1960년대에 이루어진 발굴에서는, 우루크 시대에 겹겹이 쌓아 올리면서 지은 모든 신전이 아누의 지구라트에 덮여 있음이 확인되었다. 뿐만 아니라 이 신전들 아래에 우바이드 시대의 지구라트 하나와 커다란 두 신전이 드러났다. 흥미롭게도 이 우바이드 지구라트는 사마라 시대의 텔 에스-사완과 툴룰 에트-탈라타트의 벽돌과 비슷한 길쭉하고 폭이 좁은 벽돌로 건설되었다.[9]

이라크 남부에서는 가옥 건축 양식이 제대로 드러나지 않는다. 그 주된 원인은 남부의 경우 우루크 문화가 주로 좁은 범위의 시굴을 거쳐 알려졌기 때문이다. 그러나 우루크 문화는 메소포타미아 북부로 전파되어 여기저기에서 우바이드 문화를 계승했으며, 일부 유적은 그 후에 버려지는 바람에 엄청나게 풍부한 자료가 남아 있다. 또한 에르빌에서 멀지 않은 칼린즈 아가[10]에서는 폭이 3미터인 긴 가로가 두 구역을 나누는데, 이 길은 큰 광장까지 이르며 여러 개의 작은 길이 이 길과 수직으로 만난다. 말린 벽돌로 지은 가옥 안에는 뜰 하나에 주거용 방이 두세 개 있으며 곡물과 도구를 보관하는 작은 방 하나와 부엌이 있었다. 집 아래에 있는 무덤에서는 조개로 엮은 목걸이 또는 준보석이나 금과 뒤섞인 뼈가 발견되었고 사람과 동물 모양의 소상도 발견되었다. 정사각형 모양을 한 작은 신전의 흰 벽은 홍색이나 흑색의 주추 위에 올려져 있었다. 유프라테스 강의 대만곡에 있는 하부바 카비라에서도 똑같은 바둑판 모양 설계도로 지어진 똑같은 (그러나 면적은 더 넓은) 집이 발견되었다. 이 도시는 22헥타르 크기이며 정사각형 모양의 탑을 갖춘 사각형 성곽으로 둘러싸여 있다.[11] 제벨 신자르 산기슭에 있는 그라이 레시[12] 역시 요새화되어 있다. 메소포타미아 북부 국경이 알 수 없는 적에게 위협받고 있었음을 알 수 있다.

본격적인 우루크 시대에는 예술 작품이 빈곤하다. 조각은 아직 존재하지 않았고 금속은 실용적인 목적(단지, 접시, 도끼, 청동으로 만든 창날)으로만 사용되었기 때문이다. 다만 세공술細工術은 새로운 것이었는데도 단번에 작은 걸작들이 나왔다.[13] 그 전 시대에 사용되던 봉인-인장은 이 시대에 이르러 소위 실린더-인장으로 거의 완전히 대체된다. 이것은 일반적인 돌이나 준보석(마노, 청금석)을 원통형으로 만든 작은 물건으로서 길이는 2~8센티미터이다. 엄지손가락처럼 두껍거나 크레용처럼 가늘기도 하며 길쭉하게 구멍을 뚫어 목에 매달 수 있었다. 그 표면에는 그림이 새겨져 있어서 마르지 않은 진흙 위에 굴리면 그 그림을 무한히 재생산할 수 있다. 우루크 시대에 다루어진 주제는 "작은 스케치북"의 성격이 있으며, 여기에는 인물(제물을 가져오는 사람, 전쟁 포로) 및 지나가는 동물과 사자의 공격을 받는 동물이 나오는데, 예리한 관찰력을 보여 준다. 또한 환상의 동물이 쌍을 이루며 그들의 긴 목이 서로 얽힌 상태로 있는 모습이 발견되는데, 이는 세공인의 상상력에서 나온 것이다. 하층민은 벌거벗고 있지만 사제나 군사 우두머리는 긴 스커트를 입고 있다. 그들의 수염은 둥근 모양이었고, 긴 머리카락은 말아서 목덜미 위로 들어 올린 후 이마에 두른 두꺼운 띠로 죄고 있었다. 이 세공술은 별로 중요하지 않은 기술처럼 보이지만 무척 흥미롭다. 이 기술이 특히 메소포타미아인의 환경, 일상생활, 그리고 신념에 관해 우리에게 소중한 정보를 제공해 주기 때문이다.

기원후 19세기를 제외하고 이러한 기술 혁신이 일어난 것은 먼 옛날 우루크 시대밖에 없었다. 그러나 이 주요한 혁신, 즉 바퀴, 돛단배, 쟁기, 그리고 식기류와 금속 제품의 공업 생산은 문자의 발명 앞에서 빛이 바랬다.[14] 실제로 세상에서 가장 오래된 문서가 그림문자 토판의 형태로 출현한 곳은 기원전 약 3300년경 우루크의 에안나 IVb층 고대 신전 내부이다. 그런데 문자가 우루크에서 탄생한 것은 우연이 아닌 것 같다. 왜냐하면 이 거대한 (고대 근동에서 가장 넓은) 도시가 하부 메소포타미아 전체의 행정과 상업 중심지였을 것이기 때문이다.[15]

문자는 수메르인이 발명하여 사용했던 것 같으며, 그 후 고대 세계가 존속하는 동안 아카드인과 바빌론인과 아시리아인이 이용했다. 또한 이웃 민족 거의 모두가 그들에게서 문자를 빌려 와 사용했다. 문자를 쓰기 위한 바탕으로는 종종 진흙이 사용되었고 필기구로는 갈대가 사용되었는데, 이 두 재료는 이라크 남부에 풍부했다. 글을 쓰는 기술은 단순했다. 서기관은 물이 가득한 단지에 보존되어 있던 입자가 아주 곱고 질 좋은 흙덩어리를 잡아서 한 덩어리를 뜯은 후 그것을 손으로 빚어 일종의 작은 방석이나 판 모양을 원하는 크기로 만들었다. 그러고 나서 이 반죽에다 갈대 줄기 끝으로 자신의 언어를 표현하는 기호를 그렸다. 그 후 이 토판(수메르어로는 *dub*)을 태양에 말리거나 화덕에 구웠다. 구운 토판은 거의 파괴할 수 없을 만큼 단단해졌다. 굽지 않은 토판은 발굴할 때 손가락 사이에서 쉽게 부서지지만, 조심스럽게 꺼내서 천천히 구우면 역시 돌처럼 단단하게 된다. 한편 명문 중 상당수는 돌에 새겨졌다. 처음에는 청동 송곳으로 새겼고 나중에는 차가운 정으로 새겼다. 아시리아 시대에 나오는 아주 작고 조밀한 기호를 새기기 위해서는 분명 금속,

목재, 혹은 상아로 만든 송곳을 사용했을 것이다.

가장 오래된 토판에는 원, 반원, 그리고 갈대의 둥근 끝 부분을 진흙에 찔러 넣을 때 생긴 원뿔 모양 비슷한 함몰부가 흔히 있었다. 이와 같은 방식으로 숫자를 표현하기도 했고 어떤 대상을 묘사한 그림을 표현하기도 했다. 그중 일부(인간의 신체 일부, 동물 머리, 단지, 선박)는 쉽게

	머리	손	발	물고기	새	갈대
초기 문자 기원전 3500년경						
우르 3왕조 기원전 2500년경						
고대 바빌로니아어 기원전 1800년경						
중기 아시리아어 기원전 1100년경						
신아시리아어 기원전 750년경						
신바빌로니아어 기원전 600년경						
수메르어	SAG	SHU	DU, GIN GUB, TUM	HA	NAM	GI
아카드어	sak, sag shak, rish, ris	shu qad, qat	du, tu kub, gub qub	ha	nam sim	gi, ge ki, ke qi, qe

여러 세기에 걸친 쐐기문자의 발달 과정

아카드어 음가 외에(몇몇 기호는 여러 음가를 지닌다는 사실에 주목할 것), 여기 있는 기호 대부분은 한 개 이상의 표의가(表意價)를 갖고 있다. 예를 들어 SHU(손) 기호는 *qâtu*(손)로도 읽힐 수 있지만 *emûqu*(힘), *gamâlu*(보호하다) 등으로도 읽힐 수 있다.

식별할 수 있지만 일부는 수수께끼 같다. 숫자와 그림은 한 칸에 모여 있었다. 그러나 진흙이 곡선을 그리기에 적합하지 않기 때문에 곡선은 곧 짧은 직선으로 대체되었다. 직선은 처음에는 폭이 일정했으나 나중에는 길쭉한 삼각형이 되었다. 이 삼각형은 프리즘처럼 생긴 갈대의 모서리를 토판 표면 위에 긁으며 잡아당김으로써 생겨났다. 동시에 기호들은 세로로 배열되고, 더 작아지고 더 촘촘해져서 원래 그림과 닮은 점을 점점 잃게 된다. 기원전 제3천년기 초부터 이 발전은 마무리되고 명실상부한 "쐐기문자"라틴어로 *cuneus*, 쐐기 또는 징가 탄생한다. 그러나 이 문자는 기원후 1세기에 사라질 때까지 더 많은 변화를 겪게 된다. 그중 가장 중요한 변화는 기호가 옆으로 눕게 된 것과 수평으로 배열되어 왼쪽에서 오른쪽으로 읽게 된 것이다.

우루크의 초기 토판들은 수메르어로 기록되었을까? 그럴 수도 있는 일이고 그럴 가능성이 높다. 그러나 이에 관해 확실히 말할 수 없다. 토판에 나오는 기호는 낱말-이미지, 즉 순수한 표어문자表語文字인데, 이 기호를 서로 연결해 주며 음가音價로만 사용되는 다른 유사한 기호가 빠져 있다. (이러한 기호는 수메르어와 같은 "교착어"에서 문장의 다양한 요소를 연결하는 문법적 소사小辭로 기능하게 된다.) 아주 단순한 예를 들자면, 숫자 12와 소머리 그림은 "il a reçu 12 boeufs" 혹은 "he received 12 oxen"과 같은 문장으로 표현되지 않으면 프랑스어로 기록된 것인지 영어로 기록된 것인지 알 수 없다. 설명을 제대로 마무리하려면, 수메르어의 (그리고 그 후 아카드어의) 문자 체계가 극히 복잡하다는 말을 덧붙여야겠다. 같은 기호가 문맥에 따라 아주 다양하게 읽힐 수 있다(예를 들면, 발을 표현하는 DU 기호는 *du*로 읽혀 "발"이라는 의미를 지닐 수도 있고, *gin*이라 읽혀 "가다"라는 의미를 지닐 수도 있으며, *gub*이라 읽혀 "서 있다"라는 의미를 지니거나 *túm*이라 읽혀 "가져오다"

라는 의미를 지닐 수도 있는데, 이를 다음多音 원리라 한다). 반대로 같은 음, 같은 모음, 혹은 같은 음절이 다양한 방식으로 적힐 수 있다. 그리고 이 각각의 기호가 개별적인 명사나 동사를 표현한다. 예를 들어 "놓다" 혹은 "설립하다", "먹다", "순수한", "자르다" 등의 단어는 전혀 다른 기호들로 표현되지만 모두 "ku"라 발음되었던 듯하다. 그래서 우리는 이들을 구분하기 위해 *ku*, *kù*, ku_4, ku_5 등으로 적는다(이를 동음同音 원리라 한다). 신新 아시리아 시대에는 "a" 모음에 대해 적어도 아홉 개의 동음이 있었고, "tu" 음절에 대해서는 열여덟 개의 동음이 있었으며, "du" 음절에 대해서는 스물세 개의 동음이 있었다.

가장 오래된 토판의 필체도 이미 정교하게 나타난다. 그래서 초기의 그림문자는 목재, 나뭇잎, 혹은 가죽과 같이 썩는 재료 위에 새기거나 그렸기 때문에 완전히 사라져 버렸을 수 있다는 주장도 있었다. 또 채색한 도자기의 일부 무늬가 실제로는 표어문자라 보는 주장도 있었다. 분명 고대의 토판 중 상당수는 경제적, 행정적 거래와 연관이 있었다. 이런 거래가 너무 많거나 복잡해서 일일이 기억할 수 없었기 때문일 것이다. 더 나아가 진흙을 구워 공, 입방체, 원뿔 모양으로 만든 작은 물건을 문자의 전조로 볼 수도 있다. 이런 물건은 기원전 제7천년기(자르모)부터 우루크 시대까지 이란과 이라크의 여러 유적에서 발견되었다. 처음에는 장난감이라 생각했던 이런 물건은 아마 거래 대상이 되는 물건의 수를 표시하는 것 같다. 그 모양과 크기에 따라 단위를 표시하기도 하고 단위의 곱을 표시하기도 했을 것이다. 실제로 기원전 3500년경 수사에서 발견된 이런 물건들은 점토 봉인으로 봉해져 있고 밖에는 같은 모양의 홈이 새겨져 있었다.[16] 그러나 문자는, 셈과 관련된 기억 보조 장치라는 원시적인 목적을 빠른 속도로 넘어서게 된다. 또한 발명 이후 단지 몇 세기 만에 정신 활동의 모든 영역에 활용되면서, 방대하고도 수준 높은 문학을 전달하는 매체 역할을 하게 된다.

젬데트 나스르 시대

1925년에 키시에서 함께 발굴을 진행하던 영국과 미국 고고학자들은 젬데트 나스르 근처 유적에서 단색(흑색 또는 붉은 연보라색) 도자기와, 도형이나 자연을 표현하는 그림으로 장식된 다색 도자기를 발견했다.[17] 이 도자기류는 그 후 메소포타미아 중부와 남부의 유적에서 다시 발견되었기 때문에 사람들은 거리낌 없이 "젬데트 나스르 시대"라는 용어를 사용하기 시작했다. 그런데 이 시기는 짧을 뿐만 아니라(기원전 약 3150~2900년경) 그 문화적 요소와 우루크 시대의 문화적 요소 사이에 근본적인 차이가 전혀 없다. 차이가 있다면 단지 양식과 품질의 차이뿐이다. 신전의 도면은 여전히 "3구분"(긴 중앙 홀 양쪽으로 방이 있음)으로 이루어져 있었지만, 대는 더 높고 더 넓어지는 경향이 있다. 원뿔 모자이크 역시 벽면 전체를 덮지 않고 작은 벽돌로 이루어진 띠로 구분되는 판에 붙어 있었다. 실린더-인장은 대체로 더 컸으며 역시 목가적인 장면이나 전쟁 관련 장면을 담고 있었지만 때로는 장면이 훨씬 더 도식화된 방식으로 처리되어 거의 추상적이었다. 도자기는 형태로 볼 때 분명히 우루크의 도자기에서 유래한 것이다. 이 도자기는 다른 면에서도 우루크 도자기와 관련성이 있었으며, 아마 일시적인 유행 외에 새로운 것은 거의 보여 주지 않는 것 같다. 모든 것을 다 고려해 볼 때 이 시대의 유일한(그러나 중요한) 독창성은 조각 분야의 특별한 발전이다.

사마라 시대 이후 사실상 잊혔던, 돌을 조각하는 기술이 갑자기 다시 등장해 항아리, 단지, 잔, 벽걸이 판, 물통, 저울추, 봉인-인장 뒷면 등

아주 다양한 물건에 환조 혹은 부조 형태로 거의 열광적으로 활용되었다. 이 조각이 이전 수백 년 동안 존재했던 뛰어난 세공술에서 유래한 것인지 확인하기는 어렵다. 그러나 분명 실린더-인장 조각가들이 좋아했던 주제에서 영감을 받았던 것 같다. 즉, 목장에 있는 숫양, 황소를 공격하는 사자, 암양을 추적하는 멧돼지, 야생 동물을 쓰러뜨리는 영웅, 신에게 제물을 가져가는 신자 등이 나타난다. 조각품 대부분이 뛰어난 품질을 자랑하지만 그중 우루크에서 나온 두 작품은 걸작의 반열에 든다.[18] 하나는 설화석고로 만든 단지로 높이가 약 1미터에 세 층의 그림판으로 나뉘어 있다. 여기에 한 여신(이난나로 추측됨)이 나오는데 이 여신을 향해 벌거벗은 남자들이 줄을 서서 여러 공물을 가져온다. 화려하게 옷을 입은 유력한 남자(신, 군주, 사제? 아쉽게도 아주 심하게 망가져 있다)가 그 여신을 마주보고 있다. 이 아름다운 단지는 늘 귀한 대접을 받았던 것 같다. 깨진 단지를 고대에 금속 고리를 사용해 수리한 것만 봐도 잘 알 수 있다. 두 번째 걸작은 대리석에 실물 크기로 깎은 여성의 가면으로, 아마도 옛날에 목상木像에 씌어 놓았던 듯하다. 이 차분한 얼굴은 약간 거만하기까지 하다. 청금석 홍채를 나전 기법으로 만들었을 두 눈, 눈썹, 가발, 그리고 귀걸이가 아쉽게도 사라져 버렸지만 워낙 사실성과 감성을 갖고 만들어져서 그리스 조각의 고전기를 떠올리게 한다. 깎인 모양과 아름다움을 보고 풍성한 장신구를 상상해 보면 우리가 보고 있는 것이 바로 이난나가 아닐까 생각된다.

젬데트 나스르 및 우르와 텔 우카이르의 동시대 층에서 나온 토판에 적힌 것이 수메르어인 것이 거의 확실하다. 그러므로 기술의 진보, 건축과 조각의 경이로움, 문자 등은 수메르 문명의 표지라 부를 수 있다. 기원전 3500년과 3000년 사이 이라크 남부에서 탄생한 이 문명은 기원전 제3천년기에 먼저 디얄라 유역, 유프라테스 강 주변(마리), 그리고 시리아 북부(에블라)로 퍼져나갔고 나중에는 티그리스 강 상류(아수르)로 전해졌으며 여기저기에서 지역적인 변이형태도 생겨났다. 그러나 이미 젬데트 나스르 시대부터 이 문명은 메소포타미아 주위를 비롯해 훨씬 더 먼 곳까지 다양한 영향을 미쳤고 상인이나 이주민이 현장에 남겨 놓은 물건에 그 흔적을 남겼다. 예를 들어 이란에서는 수사, 테페 시알크, 그리고 심지어 카스피 해 근처의 테페 히사르에서도 메소포타미아의 실린더-인장이 발견되었다. 남동부 지역(나중에 엘람이라는 이름으로 알려짐)에는 보석 공예품과 이라크의 영향을 분명히 드러내는 (그러나 훨씬 더 조잡한) 조각이 풍부할 뿐만 아니라 "원엘람어"라 불리는 고유 문자가 토판에 기록되어 있는데, 이 문자는 비밀을 드러내기도 전에 너무 일찍 사라져 버렸다.[19] 젬데트 나스르 양식 실린더-인장의 조각이 터키(알리차르, 트로이)에서 발굴되었다. 또한 1965년 루마니아 타르타리아에서 발견된 불가사의한 토판에 적힌 글에서 고대 수메르어 문자의 흔적을 찾았다는 주장도 있다.[20] 터키에서 발견된 것과 똑같은 인장(또는 이것을 진흙 위에 찍은 흔적)이 북부 시리아(아무크 평야), 페니키아, 팔레스타인에서도 발견되며, 오만에서는 전형적인 젬데트 나스르 도자기가 들어 있는 묘지가 발견되기도 했다.[21]

고대 수메르 문명이 왕조 시대 이전 이집트에 육로로 들어왔는지 해로로 들어왔는지는 알 수는 없지만 이 두 지역이 접촉했다는 증거는 명백하다.[22] 메소포타미아 문양은 유명한 제벨 엘-아라크 칼의 상아로 만든 손잡이(두 사자 사이에 서 있는 수염이 있는 인물)와 그에 못지않게 유명한 나르메르 왕의 승전 기념판(긴 목이 서로 얽혀 있는 상상의 동물)에 나온다. 또한 세련된 젬데트 나스르 양식의 실린더-인장 몇 점이 상부 이집트의 나카다에서 발견되었을 뿐만 아니라 현지에서 제조되어 오랫동안 부적으로 사용된 유사한 물건도 많이 나온다. 가장 오래된 이집트 무덤*mastaba*에 있는 세로 돌출부를 갖춘 벽이 우루크의 건축 양식을 빌려 온 것으로 생각하고 싶어 하는 사람들이 있지만 이에 관해서는 논란의 여지가 있다. 수메르 문자가 한두 세기 이후에 생긴 상형 문자에 미친 영향은 단지 "영감"을 불어넣은 것과 일부 원리를 전해 준 것에 불과했던 듯하다. 두 문명의 접촉은 일방적이었으며(이 시대 이집트 물건 중 메소포타미아에서 발견된 것은 아무것도 없다) 그 접촉은 나일 강가로 이주한 소수의 수메르인 덕분에 생겨난 것으로 여겨진다. 지속적인 영향은 없었지만 접촉 자체는 강조될 필요가 있다. 고대 전반에 걸쳐 이 두 문명의 발상지 사이의 교류는 놀랄 만큼 드물고 간헐적이었기 때문이다.

놀라운 일이지만, 수메르 문명이 메소포타미아 자체에서조차 아주 오랫동안 남부 지방에만 머물러 있었음이 확인된다. 우루크 문화의 흔적은 북부 지방 여기저기에서 발견되지만 그 문화의 마지막 단계(젬데트 나스르)는 수메르 이주민의 거주지라 여겨지는 소수의 유적에만 국한된다. 가장 전형적인 예가 카부르 강 유역에 있는 텔 브라크[23]다. 이곳에서 높은 대지 위에 세워진 신전이 발굴되었는데 그 벽은 원뿔 모자이크와 구리 꽃잎을 붙이고 색을 입힌 장미꽃 모양 장식으로 꾸며져 있었고, 그 토대에는 수많은 작은 설화석고 우상이 숨겨져 있었는데 이 우상은 종鐘 모양으로 생겼고 한 쌍 혹은 여러 쌍의 눈이 윗부분에 뚫려 있었다. 그러나 텔 브라크에서는 우루크 도자기밖에 나오지 않았다. 젬데트 나스르의 채색 도자기는 글자가 새겨진 토판과 마찬가지로 디얄라 유역을 넘어 퍼져나간 적이 없었던 것이다. 이러한 남북 간의 차이는 미래의 아시리아인 이라크 북동부에서 훨씬 더 뚜렷하게 나타난다. 우루크 시대와 젬데트 나스르 시대에 걸쳐 테페 가우라의 주민은 계속해서 손이나 물레로 도자기를 제조하고, 청동을 아껴 사용하고, 봉인-인장을 이용하고, 문자를 알지 못했다. 그러나 그들을 미개하다고 비난할 수는 없을 것이다. 현관을 갖춘 그들의 신전은 우아하게 잘 지어졌으며, 집 모양을 띤 그들의 무덤은 번영과 확대된 교역 관계를 증명해 주는 금, 준보석, 상아로 만든 장신구를 내놓았다. "가우라 문화"는 기원전 제3천년기 초에 이르러, 녹로를 이용해 만든 후 채색되고 새겨진 도자기를 생산한 "니네베 5"라는 문화로 대체될 것이다. 이때에 이르러 북부 지방에서 다량의 청동제 무기와 수메르의 실린더-인장을 보게 될 것이다. 그러나 고대 왕조 시대(기원전 2900~2334년)가 다 흐르고 나서야 이 지역에서 처음으로 기록문서가 나타난다. 정복 세력인 아카드인이 문서를 들여온 것이었다.

수메르 문화가 이라크 북동부로 침투하는 것을 그토록 오랫동안 지연시킨 것은 무엇인가? "야만인"의 침입일까? 실제로 테페 가우라에서 우바이드 시대 말기에 발견되는 방화와 학살의 흔적이 이 가설을 입증하는 것 같기도 하다. 아니면, 우리가 이미 언급했듯 이 지역 주민의 보수성 때문일까? 문자 없이도 살 수 있는, 남부와 달리 덜 복잡한 사회-경제적 조직 때문일까? 아니면 이 모든 요인이 혼합된 것일까? 메소포타미아 북부에서 지금까지 발굴된 유적이 거의 없으므로 미래의 고고학적 발견이 이 신비를 밝히는 데에, 아니면 적어도 문제를 좀 더 명확히 하는 데에는 일조할 수 있을 것이다. 그러나 역사시대 여명기에 북부와 남부 사이에 파인 골은 결코 완전히 메워지지 않을 것이다. 아시리아와 바빌로니아는 항상 분명히 구분되는 두 지역으로 남아 있을 것이고 때로는 경쟁 관계를 연출할 것이다. 거의 삼천 년 후 강력한 아시리아 왕들은 수메르어를 배우고 수메르와 아카드의 문서를 정중하게 수집하고 우르와 바빌론의 신전에 호의를 베풀었다. 아시리아 왕들이 남부 사람들의 문화적 우수성을 인정하고 자기네 문명보다 훨씬 오래된 문명에 빚을 졌다는 사실을 암묵적으로 시인하고 있었다는 증거가 아닐까?

수메르 문제

우리가 처음으로 이름을 확실하게 발음할 수 있게 된 수메르인은 어떤 사람들이었을까? 메소포타미아 선사시대에 살았던 아주 오래된 주민일까, 아니면 다른 곳에서 들어온 사람들일까? 만약 다른 곳에서 왔다면 언제 어디에서 온 것일까? 이 문제는, 1869년에 문헌학자 쥘 오페르가 분명 아시리아어도 바빌로니아어도 아닌 일부 메소포타미아 명문의 언어를 "수메르어"라 부를 것을 제안하고, 8년 후 에르네스트 드 사르젝이 텔로(기르수)에서 진정한 의미의 수메르 문명을 발견한 이래로 여러 차례에 걸쳐 논쟁의 대상이 되었다. 이 문제는 여전히 해결되지 않은 상태로 남아 있으며 아마 절대 해결될 수 없을 것 같다.[24] 최근 수십 년 동안에 이루어진 고고학적, 금석학적 발견은 이에 대해 명확하고 단순한 해결책을 제시하기는커녕 오히려 문제를 더 복잡하게 만들었다. 그러나 어쨌든 이런 발견의 과정에서 150년이나 되는 이 논쟁에 새롭고 확고한 논거가 도입되었는데 이에 관해 검토해 볼 만한 가치가 있다.

"수메르"라는 단어는 이라크 남부 지방의 고대 명칭 수메르에서 유래한다. 좀 더 정확히 말하면 슈메르*Shumer* 이며 쐐기문자 문서에서는 일반적으로 KI.EN.GI라고 적혀 있다. 역사시대 초에 이 지역에서는 세 민족 집단이 긴밀히 접촉하며 살았는데 서로 사이가 좋았던 것 같다. 수메르인은 니푸르 근처에서 아랍-페르시아 만 연안까지 최남단에 주로 살았고, 셈족은 아카드의 고장이라 불리는 니푸르와 바그다드 지역 사이에 특히 많았으며, 마지막으로 이름을 알 수 없는 흩어진 소수 민족이 있었는데 우리는 이 사람들을 "X족"이라 부르기로 하겠다. 현대 역사가들에게 이 세 민족의 차이는 정치적인 것도 문화적인 것도 아니며 오직 언어적인 것이다. 이 세 민족은 같은 제도, 같은 신앙, 같은 생활 방식, 같은 기술과 예술 전통, 한마디로 우리가 수메르 문명이라 부르는 문명을 공유하고 있었고 모두 이 문명에 기여했을 것으로 추측된다. "X족"에 관해서는, 일부 학자들이 진정한 수메르 문서에 수메르어도 아니고 셈어도 아닌 어휘가 들어 있다고 주장하지 않았더라면 그 존재를 몰랐을 것이다. 그 어휘 중에는 사람 이름이 좀 있었고, 유프라테스*Buranum*와 티그리스*Idigna* 등 도시와 하천의 이름이 여럿 발견되었으며, 직업 이름과 일용품의 이름이 많았다.[25]

상황이 이렇다 보니, 발굴 현장에서 조각품이나 부조물이 나옴으로써 과거에 수염의 유무 또는 코트나 양모 스커트의 착용과 같은 기준으로 수메르인과 아카드인을 구별하려던 시도가 헛된 것으로 밝혀졌다는 사실도 이해가 된다. 그건 그렇고 인류학적 의미의 수메르 "인종"은 존재하지 않는다는 점을 강조해야겠다. 수메르 지역 무덤에서 발견된 두개골은 단두短頭인 것도 있고 장두長頭인 것도 있다. 근동 지방에 오래전부터 나타나는 두 인종인 알프스 인종과 지중해 인종의 혼혈 때문으로 보인다. 조각가나 세공인이 표현하는 얼굴의 특징은 대체로 전통을 따르고 있을 뿐 변별적인 가치는 없다. 길고 살찐 코, 큰 눈, 평평한 후두부는 오랫동안 전형적인 수메르인의 특징으로 여겨졌으나 셈족이 살던 마리 지역에서 발견된 셈어 이름을 가진 인물상에서도 이 특징이 발견된다. 강한 수메르 문화권인 기르수의 수메르인 총독 구데아의 초상화와 같이 좀 더 후기의 사실적인 초상화에서는 짧고 오뚝한 코와 길쭉한 두개골이 드러난다.

어떤 민족의 기원을 결정하려 할 때 언어학은 흔히 인종적 관계를 나타내는 좋은 지표가 된다. 예를 들어 그리스인, 히타이트인, 인도-아리아인은 지리적으로 떨어져 있지만 그들이 사용하는 인도-유럽어를 매개로 서로 연결되었으며, 이들은 모두 남동부 유럽에 있을 것으로 추정되는 공통의 "요람"에서 나온 것으로 여겨졌다. 그러나 수메르인의 경우 언어학이 아무런 도움이 되지 않는다. "교착어"로서 수메르어는 전 세계(아메리카, 아프리카, 아시아, 유럽, 폴리네시아)에 흩어져 있는 수많은 언어와 관련되지만, 음성학적으로는 사어死語이든 활어活語이든 그 어떤 언어와도 비슷하지 않다. 수메르 문학이 묘사하는 사람들은 지적이고, 근면하며, 말로 논쟁하기 좋아하고, 유머 감각이 있을 뿐만 아니라 현실적이면서도 무척 종교적인 사람들이지만, 그들의 기원에 관해서는 아무것도 드러나지 않는다. 수메르 신화와 전설의 배경은 늪, 사탕수수밭, 갈대, 위성류, 야자류의 풍경, 즉 이라크 남부의 전형적인 풍경이다. 이를 보면 수메르인은 다른 환경에서는 전혀 살지 않았던 것 같다. 이 문서 자료 중 그 어떤 것도 메소포타미아에서 멀리 떨어진 조상의 고향을 거론하지 않는다. 따라서 우리는 고고학으로 방향을 돌려서 다음과 같이 질문할 수밖에 없다. 메소포타미아 원사시대原史時代 문화의 매개자로 추정되는 다양한 인종 집단 중에서 어느 집단이 수메르적인 것을 표현한 역사적 주민과 동일시될 수 있을까? 이런 식의 질문에 대한 답은 결코 있을 수 없다. 왜냐하면 우리가 젬데트 나스르 시대 이전에 메소포타미아에서 사용된 언어에 관해 아무것도 모르기 때문이다. 이 질문에 어떤 방식으로든 답하려다 보면 그 대답은 어쩔 수 없이 가정이나 직관, 혹은 다소간 무모한 비교에 근거하게 된다. 이 질문을 연구하는 학자들은 두 부류로 나뉜다. 한 부류는 수메르인이 우루크 시대에 메소포타미아에 들어왔다고 생각한다. 다른 부류는 그들이 우바이드 시대부터 이미 그곳에 있었다고 생각한다. 두 번째 가설이 타당한 것 같은데 그것은 첫 번째 가설보다 더 신빙성이 있어 보이기 때문이다. 물론 수메르 문자가 우루크 시대 말기에 출현하긴 했지만 그렇다고 해서 그 전에 메소포타미아에서 수메르어가 사용되지 않은 것은 아니다. "X족"의 실재를 인정한다면 그들에게서 비롯된 것으로 보이는 어휘는 실제로 그들이 메소포타미아에서 오랜 옛날부터 살았음을 시사해 주는 듯하다. 그러나 티그리스와 유프라테스 유역은 여러 다른 민족을 받아들이는 데 충분할 만큼 넓다. 우바이드의 채색 도자기가 우루크의 칠이 없는 도자기로 바뀐 것이 인구 변화의 신호로 인용되었다. 그러나 지금에 와서는 이런 전이 과정이 무척 점진적이었으며 아마도 기술 혁신과 연관되어 있으리라는 점을 알게 되었다. 반면, 우바이드 시대부터 젬데트 나스르 시대와 그 이후까지 우루크와 에리두에서 신전을 겹쳐서 같은 배치도로 건축했고, 이 긴 시기 내내 문화적 단절이 없었으며, 오히려 놀랄만한 연속성의 지표가 있다는 사실은 하부 메소포타미아에 주거가 가능할 때부터 수메르인이 그곳에 살았다는 가설을 지지하는 확고한 논거가 되고 있는 것 같다.[26]

게다가 그들이 침입자나 정복자였다면 어디에서 왔다는 말인가? 일부는 그들의 기원을 메소포타미아 동부에 있는 산악 지방 어딘가에서 찾았다. 그들이 육로나 해로를 이용해 이 지방에 들어왔을 것으로 보는 것이다. 다른 사람들은 그들이 아나톨리아를 출발해 유프라테스 강을 따라 하구까지 내려온 것으로 본다. 그러나 이런 이론을 옹호하기 위해 제시된 논거에는 그다지 설득력이 없다. 더구나 터키, 이란, 발루치스탄, 아프가니스탄, 중앙아시아에서 지난 세계대전 이후에 수많은 발굴이 이루어졌지만 어떤 형태든 우루크 문화나 젬데트 나스르 문화와 닮은 것을 전혀 내놓지 못했다. 물론, 유일하게 결정적인 증거가 될 고대 수메르 문서 역시 여기서는 전혀 발견되지 않았다. 이런 상황에서 메소포타미아 자체로 눈을 돌리지 못할 이유가 무엇인가? 지난 장들에서 우리는 수메르 문명의 많은 요소(말린 벽돌, 프레스코로 장식된 채색된 벽, 돌로 만든 단지와 상像, 진흙 소상, 도장, 금속 공예)가 기원전 제7천년기와 제5

천년기 사이에 이라크 북부에서 나타났고, 초가 마미의 발굴로 사마라 문화를 에리두 문화 및 그와 동시대인 하지 무함마드 문화(우바이드 1과 2)와 이어 주는 연결 고리가 확립되었음을 언급했다. 텔 에스-사완의 도자기와 뛰어난 상들에 근거하여 "사마라인"을 수메르인이나 심지어 "우바이드인"과 비교하는 것은 너무 멀리 가는 것이다. 그러나 메소포타미아 남부의 초기 주민이 티그리스 중류에 살던 이웃과 "관계"가 있다거나 적어도 그들의 영향을 받았다고 말할 수는 있을 것 같다. 한편 "사마라인"은 신석기시대 쿠르디스탄이나 티그리스 상류에 살던 주민과 관련되는 듯하지만 이 가설을 지지할 만한 구체적인 증거는 전혀 없다.

이처럼 우리가 시간을 좀 더 거슬러 올라가려 하면 할수록 문제는 점점 작아져서 마침내 선사先史의 밤으로 사라져 버린다. 그것은 우리가 구석기나 신석기시대 사람들의 이동에 관해 사실상 아무것도 아는 것이 없기 때문이다. 심지어 "수메르 문제"가 잘못된 문제가 아닌가 자문하고 싶은 마음이 들기도 한다. 결국 수메르인은 우리와 마찬가지로 혼합 민족이다. 그들의 문명은 아마 우리 문명과 마찬가지로 외래적인 요소와 토착적인 요소를 포함하고 있었을 것이다. 그들의 언어는 메소포타미아를 포함한 서아시아 일부를 포괄할 만큼 방대한 언어 집단에 속해 있었을 것이다. 따라서 그들은 구석기 후기나 신석기시대에 근동 지방이라는 이 특혜 받은 지역을 점유하고 있던 수많은 다양한 민족 중 하나에 지나지 않을 수도 있다. 다시 말해, 더 자세히 말할 수는 없지만, 이들이 "항상" 이라크에 살고 있었다고 할 수 있다. 고대 근동학의 최고 권위자 중 한 사람인 헨리 프랑크포르트가 적었듯이 "이론이 분분한 수메르인의 기원에 관한 문제는 결국 한낱 공상을 쫓아가는 것에 불과한 것일 수도 있다."[27]

06 수메르의 신들

기원전 2000년경 수메르라는 나라가 사라진 후에도 수메르 문명은 살아남았고, 그 후 메소포타미아를 침범하고 정복하고 다스린 모든 민족은 이 문명을 받아들였다. 그것은 아마 이 문명이 현장에서 오랜 숙성의 과정을 거쳐 생겨났으며, 그 기원과 핵심이 메소포타미아에 있기 때문일 것이다. 다른 모든 인간의 노력과 마찬가지로 수메르 문명도 시간의 흐름에 따라 진화했지만 이런 과정 가운데에서도 자신의 고유한 기본적 특징을 지켜 내고 있었다. 수메르 문명을 이어받은 아시리아-바빌로니아 문명은 어느 각도에서 접근하더라도 거의 언제나 수메르의 원형原型에 이르게 된다.

그중 가장 인상적인 예는 종교다.[1] 역사의 시작부터 아카드 셈족의 종교는 그들의 이웃인 수메르인의 종교에 녹아 들어간 것 같다. 그것은 아마도 셈족의 종교가 훨씬 단순하고 덜 구조적이었기 때문일 것이다. 기원전 제3천년기 메소포타미아 제신諸神에 포함되는 남신과 여신 중에서 셈족의 것이라고 확인할 수 있는 것은 열둘 정도밖에 안 되었고[2], 그중에서도 가장 중요한 신들(예를 들어 태양신과 달 신)은 수메르에 대응되는 신들이 있어서 쉽게 융합될 수 있었다. 이 융합은 영속화되었고 시간이 흐름에 따라 확대되었다. 기원전 제2천년기 초 서부에서 온 다른 셈족 아무루인이 티그리스와 유프라테스 사이에 정착할 때 그들의 이름의 기원이 되는 아무루 신은 여전히 약한 신이었고, 바빌로니아인이 마르두크라는 이름으로 민족 신의 반열에 올려놓은 신은 다름 아닌 수메르의 작은 신이었다. 나중에 정복자 카슈인이 도입한 아리아족의 신들은 아주 제한적인 제의 대상이 되었을 뿐이며, 카슈 왕조가 채 끝나기도 전에 이 왕조에 속한 군주의 이름에서 자취를 감춘다. 아시리아인의 민족 신 아슈르는 아마도 원래 메소포타미아 북부의 지역의 신, 즉 같은 이름을 가진 도시가 서 있는 언덕의 신이었던 것 같다. 그러나 수메르의 위대한 신 엔릴의 배우자인 닌릴이 아슈르의 아내가 되었고, 아슈르바니팔의 서기관들은 아슈르를 찬양하면서 더 아름다운 칭호를 찾을 수 없어 "신들 중 견줄 수 없는 엔릴"이라는 칭호를 사용했다. 이처럼 수메르의 신들은 메소포타미아에서 삼천 년 넘게 숭배되었다. 어떤 학자는 바빌로니아의 종교가 존재한 적이 없으며 이 지역에는 수메르의 종교밖에 없었다고까지 주장하는데 이런 주장은 과장이 아니다.[3]

셈족의 정신에 따라 꽤 변하긴 했지만, 수메르인이 자기네 신들에 대해 가졌던 생각은 메소포타미아 전 시대에 걸쳐 공적인 삶과 개인의 삶에 상당한 영향력을 행사했다. 이런 생각은 일부 기념비와 예술 작품에서 드러난다. 훌륭한 신화, 서사, 지혜 문학의 소재가 되었고 무척 아름다운 찬양 및 감동적인 기도와 일련의 마술 활동이 입증하는 웅장한 심적 도약의 소재가 되기도 했다. 이런 마술 활동은 민간 신앙의 핵심일 수도 있지만 왕과 고관들 역시 여기에 참여했다. 마지막으로 가장 중요한 것은 이런 생각이 정치 제도의 기저에도 있었다는 것이다. 수메르-아카드 사회가 신전을 중심으로 집결된다는 사실은 중요하고도 지속적인 결과를 가져왔다. 실제로나 이론적으로나 공동체의 땅, 도시국가, 왕국, 제국은 언제나 지역, 도시, 나라의 신들에게 소속되어 있었다. 영토가

몇 제곱킬로미터밖에 안 되는 기원전 제3천년기의 엔시*ensi*와 루갈*lugal*■부터 한때 나일 강 연안에서 카스피 해 연안까지 통치했던 아시리아의 강력한 왕들까지 메소포타미아의 모든 군주는 자신이 이 신들의 지명과 부름을 받은 "대리자"라 여겼다. 신들이 군주를 지명하여 부른 목적은 질서와 백성의 번영을 확보하고, 정의를 시행하며, 나라를 수호하거나 확장하는 것이었다. 그뿐 아니라 더 중요한 것은 인간이 창조된 목적을 이루는 것이었다. 즉, 신들을 섬기고 그들의 마음에 들게 행동하며, 신전을 건축하거나 재건하여 유지하고 장식하며, 신들에게 제의를 행하고, 의식과 절기나 연례 대축제를 지키도록 하는 것이었다. 고대 메소포타미아의 역사는 그 주민의 신앙과 아주 밀접하게 연관되어 있다. 그러므로 역사를 다루기 위해서는 먼저, 수메르인의 색채가 짙은 이 종교의 주요 특징을 통시적인 방법(이 영역에서는 정당한 방법)을 사용해 개괄적으로 그려 보아야겠다.

메소포타미아의 제신

수메르인, 아카드인, 바빌로니아인, 아시리아인의 종교적, 도덕적 사고에 관한 우리의 지식은 다양한 문서에 의존하고 있다. 여기에는 신과 제물의 목록, 신화와 서사시, 의식, 찬가, 기도, 주문, 격언과 교훈 모음집 등이 있다. 이런 문서는 대부분 수메르의 종교적 수도 니푸르에 있는 사제들의 문서 보관소 및 아수르와 니네베에 있는 신전 도서관과 왕궁 도서관에서 나왔다.[4] 약 200점의 (그러나 전체적으로 3만 줄이 넘는) 문

■ 이 칭호들에 관해서는 8장을 볼 것.

서가 수메르어로 기록되었고 900점 이상은 아카드어로 기록되었다. 아카드어란 용어는 메소포타미아의 모든 셈어 방언을 통칭하여 부르는 표현이다. 따라서 아카드인의 언어나 거기서 유래한 바빌로니아와 아시리아의 언어를 말하는 것이다. 그 외에도 이중 언어, 즉 수메르어와 아카드어로 동시에 기록된 문서도 있다. 바빌로니아어와 아시리아어로 기록된 문서 중 일부는 수메르어 원본의 번역이거나 각색이지만, 나머지 문서의 경우 지금까지 알려진 수메르어 문서 중에 비슷한 것이 없다. 기원전 제3천년기까지 거슬러 올라가는 신들의 목록이나 몇몇 신화를 제외하면 이 모든 문서는 기원전 약 1900년과 기원전 1세기 사이에 진흙에 새겨졌다. 수메르어 작품 대부분, 특히 서사시적이고 신화적인 이야기는 기원전 제2천년기 초기의 것으로 추정된다. 그러나 실제로 이야기는 구두 전승을 기록한 것일 가능성이 아주 높으며, 구두 전승의 기원은 선사시대로 사라져 버린다.

종교적 개념을 체계화하고 이를 신의 가족과 신화라는 형태로 표현한 것은 아마 기원전 제4천년기에 하부 메소포타미아의 도시화 단계에서 시작된 듯하다. 신의 계보와 신화적인 이야기가 다양하며 종종 모순된다는 점에서, 이런 체계화와 표현이 다양한 신학적 학파에서 이루어낸 작품임을 알 수 있다. 수메르와 아카드의 도시들이 지역 전체에 공통된 신들의 목록을 보고서 그중에 각자 자신의 "수호신"을 택하자는 합의가 당시에 이루어졌을 가능성이 있다.[5] 그러나 이것은 단지 가설에 불과하다. 어쨌든 우리가 문서로 알고 있는 신들의 세상은 인간 세상을 모방하고 있었으며, 하늘과 땅과 저승 세계는 상당수의 신으로 가득 차 있었다. 이들은 나중에 내부 융합이 이루어져 수가 줄어들긴 하지만 결코 유일신에 이르지는 못한다. 그리스의 신들과 마찬가지로 이 메소포타미아의 신들은 사람의 모습, 특성, 결점, 열정을 가지고 있었지만 특별한 능력과 초자연적 힘을 부여받았으며 영원히 죽지 않았다. 또한 그들에게서 "광채"가 났다고 한다. 이 후광은 사람을 공포와 경외심에 사로잡히게 했으며 신적인 것과 접촉한다는, 말로 표현할 수 없는 감정을 불어넣었다. 이런 감정이야말로 모든 종교의 핵심 요소이다.[6]

메소포타미아의 신들을 "이성적으로" 분류하는 것은 실제로 불가능하다. 우리의 논리는 고대인들의 논리와 같지 않으며 많은 신이 우리가 보기에 상반되지는 않더라도 상당히 다른 여러 기능을 동시에 수행하고 있기 때문이다. 예를 들어 식물의 수호신이면서 동시에 전쟁의 신인 경우도 있다. 그러나 신들이 여러 시대에 작성된 목록에서 차지하는 지위에 따라, 그리고 이 신들을 대상으로 한 제의의 중요도에 따라, 아주 모호하나마 일종의 계층을 엿볼 수 있다. 이 단계의 맨 아래에는 선하거나 악한 "유령"이나 "귀신"을 두어야 할 것 같다. 또한 "개인 신"이 같은 단계에 있었다. 이들은 각 개인에게 붙어 있는 일종의 수호천사로서 개인의 행복과 성공을 책임지면서 개인과 더 높은 신들 사이에 중재자 역할을 한다.[7] 그 위에 도구(예를 들어, 곡괭이, 벽돌 제조 틀, 쟁기)와 직업(도공, 대장장이, 금은 세공인 등)을 관장하는 한 무리의 신들이 있으며, 그 위에는 광범위한 의미의 자연을 관장하는 신(광물, 식물, 가축과 야생동물, 다산과 출생의 신, 치료의 신, 폭풍우와 바람과 불의 신)의 무리가 있다. 원래 자연을 관장하는 신은 아마 그 수가 더 많고 더 중요했을 것이다. 왜냐하면 이들은 고대인의 정신세계에 고유한 개념인 "자연 현상 안에 들어 있는 생명의 도약, 영적인 핵, 의지와 힘"을 구현하고 있기 때문이다.[8] 그 위 단계에는 일반적으로, 저승 세계의 신(에레슈키갈, 네르갈)과 더불어 본질적으로 전쟁의 신인 니누르타를 올려놓을 수 있다. 또 그 위에는 천체의 신이 있는데, 특히 달의 신 난나(아카드어로는 신 Sîn)와 해의 신 우투(샤마시)가 여기에 속한다. 난나는 시기(태음력)를 결정하고 각 사람의 운명을 알고 있지만 여러 면에서 불가사의하다. 우투는 위대한 심판관이다. 그것은 해가 눈부신 빛으로 어둠을 몰아내듯 범죄자의 정체를 폭로하기 때문이다. 마지막으로, 이 계층의 맨 꼭대기에는 우주적인 세 신이 있는데 이들은 아누, 엔릴, 그리고 엔키이다.

안(아카드어로 아누)은 하늘의 신이며 원래 의미로나 비유적 의미로나 가장 높은 신이다. 그의 이름은 별 모양의 기호로 적히며 "하늘"*an*과 "신"(수메르어로는 *dingir*, 아카드어로는 *ilu*[*m*]■)을 모두 의미한다. 그는 모든 신의 신으로서 신들의 논쟁을 조정하는데 그의 판결은 최종적인 권위를 지닌다. 그러나 그는 인간사에는 거의 관여하지 않는다. 위엄이 있고 경외의 대상이 되긴 하지만 언제나 하늘 높은 곳에 멀리 물러나 있어서 희미하게 인식될 뿐이다.

수메르의 진정한 최고신은 엔릴로, "공기의 지배자" 혹은 "대기"라는 의미인데, 이 단어는 무한한 공간, 바람의 움직임과 힘뿐만 아니라 생명의 호흡도 떠올리게 한다. 안(아누)이 신들 중의 왕이라면 엔릴은 수메르와 메소포타미아뿐만 아니라 지구 전체의 왕, 즉 "많은 무리의 목자"이다. 군주들을 선택하는 것은 엔릴의 몫이다. 왕의 명령이 백성의 생존과 번영을 확보하듯 세상(그가 창조했다)이 존속하면서 사람들의 필요와 그에 따른 신들의 필요를 채워 주는 것은 오직 엔릴의 의지로 이루어진다.

> "엔릴 '위대한 봉우리' 없이는,
> 어떤 도시도 건설되지 않으며, 어떤 거주지도 세워지지 않으리.

■ 아카드어 명사는 처음에 *-um*, *-im*, 또는 *-am*으로 끝나 각각 주격, 속격, 대격을 표시했다. 기원전 제2천년기 후반부터는 *m*이 사라지는 경향이 생겨 단어가 *-u*, *-i*, 또는 *-a*로 끝난다.

어떤 외양간도 지어지지 않으며, 어떤 양 우리도 설치되지 않으리.
어떤 왕도 세워지지 않으며 위대한 사제도 태어나지 않으리.
강물이 불어나 넘쳐나지 않으리.
바다의 물고기는 등나무 서식지에 산란하지 않으리.
하늘의 새는 넓은 대지 위에 더는 둥지를 틀지 않으리.
하늘에 떠도는 구름은 더는 비를 내려 주지 않으리.
들의 자랑, 식물과 화초는 돋아나지 않으리
밭과 초원에는 풍요로운 곡식이 더는 번성할 수 없으리.
산에 심긴 나무는 열매를 내지 않으리. … "[9]

세 신 중 셋째 구성원인 엔키의 성품은 더 미묘하고 좀 더 잘 알려져 있다. 언뜻 보기와 달리 그의 이름이 "땅*ki*의 지배자"를 의미하는지는 확실하지 않다. 그의 아카드어 이름 에아의 정확한 의미에 관해서 언어학자들 사이에도 이견이 있다. 그렇지만 엔키/에아는 확실히 민물, 샘, 흐르는 물의 주인이며, 그 때문에 메소포타미아에서 중요한 신이다. 주요한 특징으로는 지성이 있는데, 당시에는 이에 대해 "귀가 크다"는 표현을 사용했다. 이런 표현은 지식이 구두로 전해지던 시대의 잔재인 듯하다. 그는 또한 기술, 과학, 예술의 발명가와 보호자이며 마술사의 수호신이다. 게다가 그에게는 수메르 문명의 핵심 단어로 보이는 메*me*가 있는데, 메*me*는 신들이 결정하며 "운명"을 할당하는 데에 일정한 역할을 수행한다.[10] 엔키는 탁월한 지성을 갖고 있어서 엔릴이 공표한 법을 운용하게 된다. 삶에 관해 기록된 복잡한 장문의 시를 보면 엔키는 세상을 질서 있게 만들고, 자비로운 축복을 수메르와 그곳에 있는 외양간, 밭, 도시뿐만 아니라 멜루하와 딜문 및 시리아 사막에 사는 유목민 마르투(MAR.TU)에게까지 전한다. 또한 황소로 변신하여 자기 정액의 "반짝이는 물"로 티그리스를 채우고, 열두 하위 신에게 특정한 임무를 맡기며,

마지막으로 태양신 우투에게 "우주 전체"의 책임을 맡긴다.[11] 자신에 대해서는,

> "나는 하늘과 땅을 책임지는 신이다. 나는 모든 나라의 귀와 두뇌다"

라고 말하는 이 뛰어난 건축가 겸 위대한 기술자는 인간과 제일 가깝고 인간의 가장 좋은 친구다. 인류를 창조해 신들의 노역을 그들에게 부과하자는 기발한 생각은 바로 엔키에게서 나왔으며, 아래에서 보겠지만 대홍수에서 인간을 구원한 것도 역시 엔키다.

이 남성 신들은 다양한 지위의 여성 신들과 짝을 이룬다. 그중 일부는 단순히 배우자이며 다른 이들은 특정한 임무를 띠고 있는데 그 우두머리에는 모신母神 닌후르사그(닌마 또는 닌투로도 불린다)와 여신 이난나(셈족의 이슈타르)가 군림하고 있다. 이난나는 자신의 애인 두무지와 더불어 수메르 신화에서 중요한 역할을 한다.

"하늘의 여주인" 이난나는 최고의 여신이다. 젊고, 아름답고, 부드럽고, 관능적이고, 교태를 부리기도 하지만 부정不貞하고 변덕스럽다. 때로 이 사랑의 여신은 격한 분노에 휘말려 무시무시한 전사戰士가 되기도 한다. 이난나는 이런 두 양상을 가진 채 나중에 바빌로니아와 아시리아의 위대한 신들의 반열에 들어간다.[12] 두무지("적법한 아들")는 선사시대 여러 신의 융합으로 생겨난 듯하다. 무엇보다 군대의 수호신이지만 어떤 때에는 매년 죽고 다시 살아나는 식물의 수호신인 것 같기도 하기 때문이다. 그런데 아주 오래된 신앙에서는 가축의 번식 및 식물과 과일의 재생은 매해 초 두무지를 상징하는 왕이 이난나를 상징하는 왕의 여사제 중 한 명과 결합하는 의식으로 보장된다고 믿었다. 가장 노골적인 성행위를 가장 부드러운 감정과 이어 주는 뛰어난 사랑의 시들은 신성한 결

혼을 주제로 하고 있다.[13] 땅 위에서 진행된 의식은 왕의 찬가로 전해지고 있는데 그중 가장 명료한 것은 이신 왕조의 세 번째 왕인 이딘-다간(기원전 1974~1954년)의 찬가다.[14] 궁궐의 특별한 방에 향수를 뿌린 등나무 침대를 놓고 그 위에 포근한 이불을 덮어 놓았다. 여신은 목욕하고 향기 나는 삼나무 기름을 바닥에 뿌렸다. 그때 왕이 다가온다.

"왕이 당당하게 그녀의 품으로 다가가네.
그가 당당하게 이난나의 품으로 다가가네.
암마-우슘갈-안나■가 그녀 곁에 드러눕는다네.
그는 그녀의 신성한 품을 쓰다듬는다네.
여주인이 (왕의) 신성한 품에서 침대에 눕고,
순결한 이난나가 그의 신성한 품에서 침대에 누워,
그녀는 그의 침대에서 그와 사랑을 나누네.
그녀는 이딘-다간에게 말하네.
'당신은 정말 내 사랑이에요!'라고."

성관계가 끝나면 제물을 가져온 군중과 더불어 악사들을 불러들인다. 잔치가 벌어진다.

"암마-우슘갈-안나는 손을 뻗어서 먹고 마신다.
궁궐은 축제 분위기이고 왕은 즐거워한다.
사람들은 그 날을 풍족하게 보낸다."

그러나 이난나와 두무지의 관계가 늘 이렇게 좋았던 것은 아니다. 어

■ 두무지의 별명 중 하나.

느 유명한 문서 자료에서는 이 여신을 훨씬 비우호적인 관점에서 묘사한다. 이 자료는 『이난나의 저승 세계 하강』이라는 신화다. 두 개의 판본이 있는데, 하나는 수메르어로, 다른 하나는 아시리아어로 기록되어 있다.[15] 수메르어 판본이 더 상세한데 여기에 따르면 이난나는 실제로 "돌아올 수 없는 나라"라 불리는 곳으로 내려간다. 이 영역을 자기 자매 에레슈키갈(수메르의 페르세포네)에게서 빼앗기 위해 가는 것인데, 각 단계를 지날 때마다 옷을 하나씩 벗거나 보석을 하나씩 제거한다. 이난나는 패배하고 사형을 당하지만 엔키의 도움으로 되살아난다. 그러나 그녀는 대리인을 찾아오겠다는 약속을 하고서야 비로소 땅으로 돌아갈 수 있도록 허락을 받는다. 오랫동안 적절한 제물을 찾아 방황하던 이난나가 선택한 것은 아무것도 모르던 자신의 애인이었다. 두무지는 곧 귀신들에게 잡혀 사라져 버리고 그의 누이이며 포도나무의 여신인 게슈티난나가 그를 위해 운다. 결국 자기 애인에 대한 통곡에 감동한 이난나는 두무지가 지하에서 반년을 살고 게슈티난나가 나머지 반년을 살 수 있게 해 준다.

신성한 결혼 의식은 아마도 우루크에서 기원한 듯하지만 다른 도시에서도 시행되었고 이신 왕조의 몰락(기원전 1794년) 이후 사라진 것 같다. 그 후로 셈족이 탐무즈라 부른 두무지는 막연히 저승 세계와 관련이 있는 부차적인 신의 지위로 추락한다. 그는 이슈타르의 애인으로 기억된다. 한편 이슈타르는 금성으로 하늘에서 빛을 발하는 데에 반해 탐무즈는 겨우 오리온자리를 차지할 뿐이다. 여름의 한 달이 탐무즈의 이름으로 불리는데, 아랍 세계에서는 여전히 그렇게 불리고 있다. 그러나 기원전 제1천년기 마지막 몇 세기에 이르러, 이번에는 근동 지방의 지중해 연안 지역에 탐무즈 숭배가 다시 번성한다. 식물의 신으로서 어느 정도 오시리스에 동화된 이 신은 아돈, 즉 "주主"가 되었다. 예루살렘, 비블로스, 키프로스, 그리고 나중에 로마에서 사람들이 모여 해마다 아도니스의 죽음을 슬퍼했는데 아도니스가 바로 아돈이다. 어느 그리스 전설에 따르면, 페르세포네와 아프로디테가 이 멋있는 젊은이(아도니스)를 차지하기 위해 서로 다투었다. 그러자 제우스가 중재에 나서 아도니스에게 한 해 중 일부는 한 여신과, 일부는 다른 여신과 함께 지내라는 판결을 내렸다.[16]■ 이처럼 이난나의 저승 세계 하강이라는 수메르의 오랜 신화는 망각 속으로 사라지지 않고, 우리가 잘 알지 못하는 경로로 다른 수많은 메소포타미아의 신화와 전설처럼 에게 해 연안에 도달했던 것이다.

창조 신화

메소포타미아인은 자기 주변에 보이는 상像을 따라 우주를 파악할 수밖에 없었다. 그 상은 광대한 하늘, 넓은 평야, 그리고 많은 물이었다. 그들에게 땅*ki*은 민물*abzu, apsû* 위에 떠다니는 원반으로서 대양에 둘러싸여 있었고, 이 대양은 고리 모양으로 둘려 있는 산들에 접해 있었다. 이 모든 것은 구球 안에 포함되어 있었다. 그 구의 위쪽 절반은 주석 빛의 단단한 둥근 천장으로 하늘*an*을 이루고 있었으며, 그 위에서는 천체가 움직이고 있었다. 아래쪽 절반은 눈에 보이지 않고 신비로운 지하 세계, 즉 저승 세계*kur*를 이루고 있었다. 이 구 전체가 영원하고 무한한 "원시 바다" 안에 매달려 있는 형국이었다.

메소포타미아인들은 세계와 인간의 기원에 관한 장엄한 질문에 대해 지역적 전승이나 시대 혹은 대상으로 하는 대중에 따라 다양한 방식으로

■ [역주] 그래서 아도니스는 네 달은 페르세포네와 함께 지냈고 네 달은 아프로디테와 함께 지냈으며 나머지 네 달은 자기 혼자 지냈다고 한다.

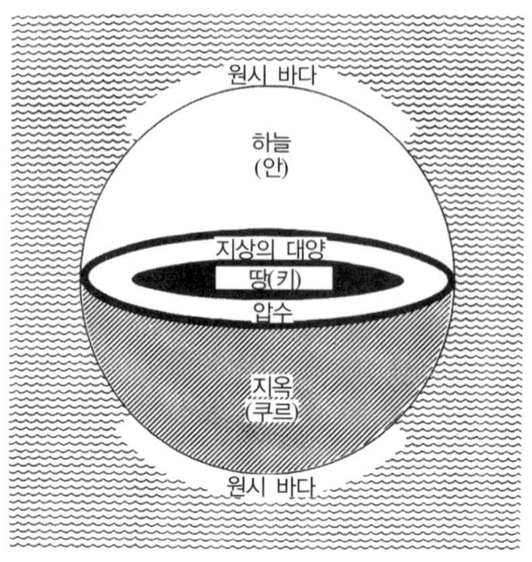

메소포타미아인의 세계관 ■

대답했다.[17] 아주 단순한 대중적인 우주 생성 이론이 있었는데, 이에 관한 예로 다음과 같은 이야기가 있다. 이 이야기는 극심한 치통을 일으키는 "벌레"에 대항하는 주술의 도입부에 나온다. 여기에 따르면, 아누는 하늘을 창조했고, 하늘은 땅을 창조했으며, 땅은 강을, 강은 수로를, 수로는 진흙 구덩이를 창조했고, 진흙 구덩이는 벌레를 창조했다. 의식에 사용되었던 좀 더 진지한 다른 신화를 보면 아누가 하늘을 창조했고 에아(엔키)가 자신의 거주지인 압수*absû*를 창조했다고 한다. 시파르에서 상당히 후대에 나온 세 번째 이야기에서는, 마르두크가 물 표면에 뗏목을 만들고 그것을 먼지로 덮어 땅을 만드는 것으로 묘사하고 있다. 현재 이라크 남부 지방에 사는 늪지의 주민이 인공 섬을 만들고 그 위에 이따금 갈대로 만든 오두막을 세우는 것과 같은 방식이다.[18] 그렇지만 가장

■ [역주] Samuel Noah Kramer, *L'Histoire commence à Sumer*, Paris, Arthaud, 1975. (새뮤얼 노아 크레이머 저, 박성식 역, 『역사는 수메르에서 시작되었다』, 가람기획, 2000.)

잘 확립된 "공식적인" 전승은 언제나 그렇듯이 수메르에 기원을 두고 있다. 이 전승은 메소포타미아 문명이 사라질 때까지, 그리고 그 이후까지 지배적이었고 여러 형태로 계속 반복되었다.

사실 우주 창조에 관해 기술하는 수메르 신화는 아직 발견되지 않았다. 그러나 저명한 수메르학 학자인 S. N. 크레이머는 여러 문서에 산재한 자료를 모아서 다음과 같은 도식을 재구성하기에 이르렀다.[19] 여신 남무로 의인화된 원시의 바다는 하늘An과 땅Ki을 낳았다. 이 둘은 긴밀히 결합하여 "우주적 산"을 형성하였다. 안과 키의 결합으로 위대한 신들인 안누나키가 태어났는데, 그중 주목할 만한 신은 엔릴이다. 엔릴은 하늘과 땅을 나눈 후 땅을 "빼앗았고" 안은 하늘을 "빼앗았다." 바다는 원시적 요소이며 우주는 셋으로 구분됨으로써, 즉 원시적 요소 안에 혼합되어 있던 고유의 구성 요소들이 폭발함으로써 (일종의 "빅뱅"으로) 탄생했다는 이러한 사고를 바빌로니아인과 아시리아인이 받아들였다. 우리에게 알려진 것 중 가장 완전하고 가장 자세한 신화의 중심에 이러한 사고가 있다. 이 위대한 우주적 서사시는 거기에 처음 나오는 단어들을 따서 (메소포타미아인이 모든 문학 작품에 이름을 붙이는 방식으로) 흔히 『에누마 엘리시』라는 제목으로 불리는데 그 의미는 "위로 … 할 때"이다.

이것은 일곱 개의 토판에 기록된 장문의 시로서 아마도 네부카드네자르 1세(기원전 1124~1103년) 때 기록된 것 같지만 우리가 가지고 있는 것은 기원전 제1천년기의 사본뿐이다.[20] 여기서는 마르두크가 주요한 역할을 수행하지만 아시리아 판본에서는 신의 이름이 아슈르로 대체되어 있다. 아마 마르두크조차도 엔릴을 대체한 것일 가능성이 있다. 아직 가설이긴 하지만, 오래된 바빌로니아 판본에서는 조물주가 엔릴이이었을 가능성이 높다.

이 시의 작가는, 오늘날 여름 새벽에 샤트 엘-아랍 강의 하구, 아랍-페르시아 만의 이라크 쪽 기슭에 앉아 바라볼 수 있는 메소포타미아 남부의 전형적인 풍경에 영감을 받은 듯하다. 진한 안개가 수평선을 가린다. 흠뻑 젖은 흙에서 스며 나온 민물의 늪은 강물 및 바닷물과 뒤섞인다. 무한히 펼쳐진 진흙 해변은 아직 조금밖에 보이지 않는다. 바다, 강, 땅, 하늘은 흐느적거리는 거대한 혼돈 안으로 융합된다. 이런 식으로 이야기가 시작된다. 이때까지 아직 아무것도 이름이 불리지 않았다. 다시 말해 "창조"되지 않았다. 왜냐하면 메소포타미아인에게 이름이 없는 것은 존재할 수 없었기 때문이다. 그리고 민물(압수)과 바닷물(티아마트)은 여전히 단일한 요소로 남아 있다.

"위로 하늘의 이름이 아직 불리지 않았을 때 (*enuma elish la nabû shamamu*…),
아래로 땅의 이름이 아직 없었을 때,
그들의 조상 원시의 압수와
그들 모두를 낳게 될 어머니 티아마트가
자기들의 물을 하나로 섞고 있었을 때,
목초지가 아직 굳어지기 전에, 사탕수수밭도 보이기 전에,
그 어느 신도 아직 나타나지 않고,
그 이름이 불리지 않고, 운명도 결정되지 않았을 때,
그들의 품에서 신들이 창조되었다. … "

우리가 좀 전에 묘사한 풍경에서 해가 떠올라 안개를 흩으면 안개 사이로 충적토 지역이 조금씩 드러난다. 그 후 바다의 물과 땅의 물을 나누는 분명한 선이 나타난다. 이처럼 우주적 혼돈을 뚫고 나오는 첫 신들인 라흐무와 라하무는 충적토를 인격화하고 있으며[21], 그 뒤로 안샤르와

키샤르가 따라 나오는데 이들은 하늘과 땅이 만나는 수평선이다. 안샤르와 키샤르는 하나가 되어 아누를 낳고 아누는 에아를 낳는다. 이어서 다른 신들이 태어지만 그들에 관해서는, 소란스럽고 시끄러워 "티아마트의 마음을 혼란스럽게 했다"는 언급밖에 없다. 티아마트와 압수와 그의 부관인 뭄무는 그들을 없애 버리기로 결정한다. 그러나 인간의 친구이며 신들의 친구인 에아는 이 계획을 수포로 돌아가게 한다. 그는 주술을 써서 뭄무를 마비시키고, 압수를 잠재운 다음 사슬로 묶고 왕관을 빼앗은 후 죽여 버린다. 그러고 나서 에아는 압수의 심연深淵을 토대로 지은 자신의 거주지로 돌아가 자기 배우자 담키나와 함께 아들을 하나 낳는다. 그 이름은 마르두크인데 그는 놀랄만한 자질을 갖고 태어난다.

> "그의 몸은 화려했고 그의 시선은 빛났다.
> 그의 크기는 상상할 수 없이 웅장했다.
> 생각할 수도 없고 상상하기도 어렵다.
> 그의 눈은 넷이었고 귀도 넷이었다.
> 입술을 움직이자 불이 타올랐다.
> 그의 이해력은 네 배로 커졌다.
> 그의 눈 넷은 함께 모든 것의 전체를 보고 있었다.
> 신들 중에 높이 들려 그의 키는 더 컸다.
> 그의 사지는 거대했다. … "

그러나 티아마트는 여전히 살아서 자유롭게 행동할 수 있다. 압수의 죽음으로 인한 분노에 미칠 것 같은 티아마트는 신들에게 전쟁을 선포한다. 티아마트는 "뾰족한 이, 무자비한 턱, 피 대신 독이 가득한 몸을 지닌" 거대한 뱀, 잔인한 용, 커다란 사자, 거품을 뿜는 개, 그리고 귀신-폭풍을 창조한 후, 이 무시무시한 군대의 우두머리로 자기 아들 킨구를 세운다.■ 무슨 일이 벌어지고 있는지 에아에게서 전해 들은 신들은 망연자실한다. 안샤르는 "넓적다리를 치며 입술을 깨물고" 티아마트를 무찔러야 한다고 선언한다. 에아와 아누가 차례로 적에게 접근하지만 겁에 질려 물러난다. 다른 신들도 모두 싸우기를 거부하지만 마르두크는 아버지가 의향을 묻자 이를 수락한다. 그러나 하나의 조건을 내세운다. 그것은 신들의 회의를 소집하여 자신의 탁월성을 선포하고, 자신에게 "운명을 선포하는" 임무를 맡기고, 자신의 명령이 수정되거나 취소되지 못하게 해 달라는 것이었다. 신들은 굴복할 수밖에 없었다. "강한 맥주와 부드러운 맥주를 마시는" 향연이 끝난 후 그들은 가볍게 취하여 "맥이 풀려 즐거워하면서" 마르두크에게 왕의 홀과 왕좌와 "우주 전체에 대한" 왕권의 표징을 넘겨준다.

마르두크는 활, 번개, 그물, 바람, 폭풍우를 자기 군대로 선택한다. 그는 "두려움의 갑옷"을 입고 "공포를 발산하는" 왕관을 쓴 후 돌풍의 전차에 올라 티아마트에게로 가서 맞대결을 벌인다. 마르두크는 그물을 던지고, 티아마트가 부르짖으려고 입을 열 때 모든 바람을 티아마트의 창자 안으로 던져 넣는다. 그러고 나서 티아마트의 심장을 화살로 꿰뚫고 무기로 쓰는 망치로 그 두개골을 깨뜨린다. 괴물들의 군대는 곧 달아나고 그 우두머리 킨구는 체포된다. 그러자 마르두크는 티아마트의 시체를 "말린 생선처럼" 갈라서 절반으로는 하늘을 덮고 절반으로는 땅을 떠받친다. 새롭게 조성된 하늘의 둥근 천장에 해와 달과 별의 길을 정한다. 티아마트의 머리와 가슴에 산을 쌓는다. 티아마트의 터진 눈에서는 티그리스와 유프라테스가 솟아나게 한다. 티아마트의 "침"으로는 눈과 비가 태어나게 한다. 그 후 각 신에게 각자의 임무를 부여하고 반역했던

■ [역주] 에누마 엘리시에 따르면 킨구는 티아마트의 배우자로 언급되기도 한다.

무리에게 사면을 선포한 마르두크는 "아름다운 작품을 창조하기로" 결심하고 에아에게 자기 계획에 대해 말한다.

> "나는 피의 그물, 뼈대를 만들고 싶어요.
> 그리고 인간을 짓고 그 이름을 사람이라고 할래요!
> 나는 이 인간, 이 사람을 창조하고 싶어요.
> 그렇게 하면 신들의 일을 부담시키고 신들은 평안히 쉴 수 있을 거예요."

에아의 조언에 따라 킨구가 묶인 채 끌려온다. 킨구는 재판을 받아 반란 교사죄로 유죄 판결을 받고 목이 잘린다.

> "그의 피로 에아는 인간을 창조하고,
> 그에게 신들의 일을 부과하였다. … "

마르두크의 공적을 보상하기 위해 신들은 마지막으로 벽돌과 흙손을 들고 바빌론에 그의 신전 에사길을 건축하였다. 그 후 다시 연회로 모인 신들은 "그의 50가지 이름을 선포했다." 이것은 그를 지칭하기 위해 사용할 50가지의 영광스러운 별명이다.

따라서 이 위대한 시의 목적은 마르두크의 영광을 노래하고 그의 선출, 승리, 창조의 행위를 보여주며 신들의 우두머리로서 마르두크의 위치를 정당화하려는 것이었다. 그러나 이 중심 주제 외에 단순한 정당화를 넘어서는 여러 개념이 드러난다. 예를 들어, 나이 든 신들의 평안을 깨뜨리는 젊고 소란스러운 신들을 보면 세대 간의 갈등(우리는 이 현상이 최근에 생겼다고 생각하지만)이 잘 드러난다. 이 젊은 신들은 나중에 활동적이고 이로운 신들이 된다. 우주의 창조는 더는 어느 전능한 신의 우발적이고 자발적인 행위가 아닌 거대한 싸움의 결과로, 혼돈에 대한 질서의 승리로, 악에 대한 선의 승리로 묘사된다. 게다가 전반적으로 폭력적인 이 시의 분위기는 아마 저작 당대의 혼란스러운 시대상을 반영하는 것 같다. 창조 신화 대부분은 첫 인간이 부부 역할을 하는 신들에게서 태어나거나 어떤 남신 혹은 여신이 진흙으로 인간을 빚는 것으로 묘사하지만[22], 바빌로니아의 위대한 두 이야기는 신의 피가 개입된다고 주장한다. 『아트라하시스』(여기에 대해서는 대홍수에 관해 설명하면서 다시 언급하겠다)에서 여신 마미가 그 피를 점토에 섞기 위해 웨Wê라는 신의 목을 베게 하는데 이 신에 관해 우리는 모른다. 그러나 에누마 엘리시에서 킨구는 악한 신으로 반역자와 범죄자이고, 그의 피는 인간에게 생명을 주기 위해 사용된다. 마치 인간이 신적이면서 동시에 악마적이며, 강하면서도 동시에 죄를 짓기 쉬운 존재임을 강조하려는 듯하다. "인간과 그의 신"이라는 어느 수메르 시에서 현인賢人들이 말하듯, "어떤 어머니도, 죄 없이 살게 될 운명을 가진 아이를 세상에 내놓은 적이 없었다."[23]

삶, 죽음, 그리고 운명

우리가 방금 간략히 다룬 흥미진진하고 복잡한 이 신화 때문에 메소포타미아 종교의 필수 요소를 잊어버려서는 안 된다. 그것은 개인과 신의 밀접한 관계와 개인의 일상적 삶에 대한 초자연의 영향력이다. 왕이냐, 힘 있는 고관이냐, 사제나 평민이냐에 따라 이 관계는 분명 차이가 있었을 것이다. 일부 학자들은 평범한 사람들은 "아주 미지근한 종교적 풍토에서 살고 있었고" 성직자의 중재로 또는 대축제에 구경꾼으로 참여함으로써만 신과 접촉했다고 주장하지만 이것은 지나친 주장이라 생각된다.[24] 메소포타미아인의 이름 중 신의 이름이 포함된 것(일리-웨다쿠, "나의 신이여, 나는 외롭습니다", 이레만니-일리, "나의 신이 나를 불쌍히 여기셨다!" 아달랄-신, "나는 신Sîn을 찬양하겠습니다" 등)은 흔히 혼란, 요청, 인정, 혹은 기쁨을 표현하는 영혼의 진실한 외침으로서, 이것만으로도 이런 이름을 가지고 있는 사람의 부모가 지닌 신앙심이 증명된다.[25] 이런 민간 신앙에 대해서는 여기서 일일이 열거할 수 없을 만큼 많은 금석학적 혹은 고고학적 성격의 증거가 산재해 있다. 게다가, 이토록 먼 옛날에 살던 사람들은 이롭든 해롭든 (그들의 행동에 지대한 영향력을 행사하기 때문에 제압하거나 달래거나 도움을 요청해야 할) 어떤 강력한 힘에 둘러싸여 살고 있다고 느꼈을 것이다. 그러므로, 귀족과 사제 계층이 종교적 사고를 독점했다고 생각하기는 어렵다. 우리는 신전 외에도, 부차적이지만, 성격상 소시민들과 친밀한 신들을 위한 작은 신당이 도시 안에 존재했음을 알고 있다. 예를 들어, 필요한 경우 사람들은 해산의 신 굴라나 여행자의 수호신 엔두르사그에게 기도하기 위해 이 작은 신당으로 가서 그들의 발아래 밀가루나 대추야자 등 간소한 제물을 바쳤을 수도 있다. 문서에는 명확하게 나오지 않지만 메소포타미아의 농부나 목자 역시 노동의 현장에서 보리의 여신 아슈난이나 동물의 신 슈무칸에게 분명 기도했을 것이다. 우리는 (10쪽에서) 모범적인 수메르 농부가 닌킬림에게 해로운 짐승과 새를 자기 밭에서 쫓아 달라고 요청하는 것을 보지 않았던가?

일반적으로 신들에 대한 메소포타미아인의 태도는 마치 선한 주인에 대한 종의 태도처럼 복종과 두려움뿐만 아니라 존경과 찬미와 신뢰의 형태를 띠고 있다. 신들에 대한 일상적인 봉사, 여러 복잡한 의식을 수행하는 것, 그리고 계절에 따라 혹은 연례행사로 이루어지는 대축제의 집전은 계속해서 사제들이 독점하고 있었다. 그러나 군주부터 비천한 백성에 이르기까지 모든 사람은, 신들에게 복종하고 신들의 명령을 성실하게 따르며 하루 일과에 포함된 수많은 규율과 금기 사항을 준수할 의무를 지니고 있었다. 이런 법을 어기는 것은 어리석은 일이었을 뿐만 아니라 죄였으며, 모든 죄는 의도하지 않은 것일지라도 (죄인을 건드리거나, 마술에 걸린 사람의 의자에 앉거나, 더러운 손으로 여자를 만지는 것과 같은 일) 파괴, 질병, 또는 죽음의 벌을 받을 수 있었다. 성난 신들이 이런 벌을 선언하거나 승인했으며, 그늘에 숨어 언제나 제물을 노리고 있는 수많은 귀신 중 하나가 이를 집행했다. 그러나 메소포타미아의 종교를 옹졸하고 부담스러운 형식주의로 전락시키는 것은 잘못이다. 실제로 사제가 기록하고 신의 도움이 필요한 사람의 요구에 따라 사제가 낭독한 수많은 기도에는 진정한 열정이 표현되어 있으며, 때로는 사실적인 감정이 드러나기도 한다.

> "나의 신이여, 나는 당신의 구원을 요청합니다. 나는 당신께서 계신 곳 앞에 나왔습니다. 나의 신이여, 나는 당신을 찾았고 당신의 발아래 무릎을 꿇었습니다. 나의 탄원을 받아 주소서. … "

또한 이런 기도도 있다.

> "하늘의 자애로운 별들이여, 땅의 자애로운 별들이여. …
> 끊임없이 매일 당신들을 따르는
> 사람들이 떼를 이루고 있습니다.
> 압제 받는 남자, 압제 받는 여자, 힘없는 남자, 힘없는 여자.
> 당신들이 이 선한 행위를 하실 수 있기에,
> 나는 당신들을 불렀고, 당신들께 구원을 요청했습니다. … "

신들이 인간에게 요구하는 것이 제물, 헌주獻酒, 희생물, 찬양만은 아니었다. 신들은 특히 모범적인 삶을 사는 사람, 좋은 배우자, 좋은 부모, 좋은 아이, 좋은 이웃, 좋은 시민으로 살아가는 사람들, 그리고 예나 지금이나 높이 평가되는 미덕, 즉 친절과 동정, 정직과 진실, 정의, 법과 기존 질서에 대한 존중 등을 실천하는 사람에게 호의를 베풀었다. 『지혜의 조언』이라는 뛰어난 글에서 어느 아버지가 아들에게(아니면 선생이 제자에게) "매일 너의 신을 찬양하여라"라고 말한다.[26] 그러나 다음과 같은 말도 한다.

> "너에게 악을 행하는 자에게 선으로 되갚아 주어라.
> 너에게 악하게 행동하는 사람을 공정하게 대해라. …
> 고난 중에 있는 사람을 경멸하지 말고 …
> 도우려는 태도를 지니고 매일 도움을 베풀어라.
> 비방하지 말고 아름다운 말을 하여라.
> 악한 말을 품지 말고 선한 말만 갖고 있어라. … "

신들은 경건과 선행에 대한 보상으로 사람들에게 도움과 보호를 베풀었다. 신들은 인간의 명예로운 사회적 지위, 번영, 많은 자녀, 좋은 건강, 장수를 보장해 주었다. 우리 중 많은 사람이 얻고 싶어 하는 이 모든 복은, 실용적인 사람들로 실존을 즐길 줄 알았던 메소포타미아인들이 무척 소중하게 생각했던 것들이다.

그들의 가장 소중한 바람은 나이 지긋할 때까지 사는 것이었던 것 같다. 그러나 그들의 표현을 빌리면 신들은 "그들의 운명으로" 가야 할 때, 즉 그들이 죽을 날을 미리 정해 놓았다. 여기에 대해서는 체념하고 받아들이는 수밖에 없었다.

"신들만이 해 아래에서 영원히 산다.
사람의 날은 계산되어 있고,
무엇을 하든 그것은 바람에 불과하다!"[27]

죽음 이후에 무슨 일이 일어나는가? 화려하든 그렇지 않든 부장품을 갖춘 수많은 무덤은 다른 세계에 대한 보편적 신앙에 관해 증언한다. 죽은 자의 가족은 단지와 애장품을 곁에 두고 있는 죽은 자를 규칙적으로 불러내어 먹을 것과 마실 것을 주었다. 죽은 사람을 매장하고 제사를 지내는 것은 아무도 피할 수 없는 의무였다. 만약 이를 소홀히 하면 죽은 사람의 혼령이 영원히 땅 위에 떠돌면서 살아 있는 사람을 괴롭히게 된다. 그러나 죽은 사람의 "영혼"이 구체적으로 어떻게 되는지에 관해 십여 점의 문서를 바탕으로 추측할 수 있긴 하지만 이들의 진술은 상당히 모호하며 때로는 서로 모순된다.[28] "돌아올 수 없는 나라", 대지옥*arallu*은 거대한 지하 공간으로 보통 서쪽에 있는 것으로 생각되며 일곱 개의 성벽으로 둘러싸인 거대한 도시가 그 안에 있었다. 이 "큰 도시" 중심에는 청금석으로 만든 궁전이 서 있었는데 이난나/이슈타르의 자매인 에레슈키갈과 그 배우자이며 전쟁과 역병의 신이었던 네르갈이 통치하고 있었고 그 외에 다른 수많은 신과 호위 군대가 주위에 있었다. 죽은 사람은 이 도시에 가기 위해 옷을 벗고 무시무시한 사막을 지나, 그리스인이 하데스에서 그랬던 것처럼 "저승 세계의 뱃사공"이 젓는 작은 배를 타고 강을 건너야 했다. 성문에 이르러 심판을 받았던 것 같은데, 좀 더 정확히 말하면 죽은 자의 세계에 들어오도록 허락할 것인지에 대한 심사가 이루어졌다. 그곳에 들어가면 그는 그때부터 다른 죽은 자와 더불어 영원히 침울하고 불쌍한 삶을 살게 된다. 참으로 슬픈 세계, 고요와 어둠의 세계다.

"그곳에는 먼지가 그들의 배고픔을 달래고 그들의 빵은 진흙이다.
그곳에는 빛이 보이지 않고 어둠 속에 살아야 한다.
그들은 새처럼 깃털 옷을 입는다.
문과 빗장 위에는 먼지가 쌓인다. … "

아마 많은 재물이 있는 왕만이 저승 세계의 신들에게 값을 치르고 이보다 조금 덜 음울한 내세의 삶을 얻을 수 있었던 것 같다.[29]

물론 죽음이 메소포타미아인의 유일한 관심사는 아니었다. 우리 모두 그렇듯 그들에게도 질병, 역경, 슬픔이 있었고 때로 그들은 다음과 같이 질문했다. 공평하고 자비롭다고 하는 신들이 세상을 다스리는데 어떻게 이런 일이 일어날 수 있을까? 어떻게 악이 선을 이길 수 있을까? 물론, 고의로 저지른 것이 아닐 수도 있는 모종의 "죄" 때문에 이런 불행이 오는 경우도 자주 있지만, 흠잡을 데 없는 사람이 분명한 이유 없이 벌을 받는다거나 신들이 이해할 수 없는 방식으로 행동하는 경우도 있었다. 『루들룰 벨 네메키』*ludlul bêl nemêqi*(나는 지혜의 주를 찬양하고 싶다)라는 표제가 붙어 있고 우리가 『고난 당하는 의인』라 부르는 바빌로니아의 장엄한 시[30]는, 한때 귀족으로 부유하고 건강했다가 갑자기 파산한 후 모든 사람에게 무시당하고, 게다가 이해할 수 없는 끔찍한 병에 걸린 한 사람의 쓰라린 감정을 비통한 어조로 그리고 있다. 결국 마르두크가 이 사람을 불쌍히 여겨 건강과 행복을 되찾아 주지만 우리의 바빌로니아 욥■은 신의 지혜에 대해 의심했던 적이 있었다.

"그러니 누가 신들이 하늘에서 원하는 것을 알겠는가?

■ [역주] 이 시의 내용과 구약성서에서 의인의 고난 문제를 다룬 욥기 사이에 비슷한 점이 많기 때문에 이 시의 저자를 "바빌로니아 욥"이라 부른 것이다.

누가 신들이 저승 세계에서 심사숙고하고 있는 것을 이해하겠는가?
땅에 사는 자들이 어떻게 신의 계획을 잘 알 수 있겠는가?
그중 많은 이들은 어제 번창했다가 오늘은 죽어간다.
아니면, 갑자기 침울해졌다가 한순간에 열정을 되찾는다.
잠시 즐거이 노래하다가
한 발짝 디디는 순간 곡하는 사람처럼 한탄하고 있다.
심오한 의미를 이해하지 못한 채 내가 궁금해하던 것은 이런 문제였다."

천국의 소망 없이 불길한 내세를 기다리며, 의도를 파악할 수 없는 신들의 변덕에 좌우되고, 신들의 분노를 유발할지도 모르는 잘못을 범할 위험을 끊임없이 감수하면서, 미래를 알기 위해 여러 방법을 강구하지만 흔히 음울한 예견을 마주해야 했던[31] 메소포타미아인들에게는 이 외에도 또 다른 불안의 이유가 있었다. 이번에는 개인적인 문제가 아니라 집단의 문제였다. 아마 전쟁이나 역병도 여기에 해당했겠지만 자연환경에 내재한 위험도 있었다.

메소포타미아의 자연은 갑작스럽고 예측 불가능한 심한 변덕에 좌우된다. 북부 지방은 겨울이 너무 춥거나 너무 건조할 수 있다. 남부에서는 식물 성장에 도움이 되는 습한 동풍이 불지 않거나 너무 드물게 부는 경우가 있다. 심한 폭풍우, 강력한 모래 폭풍, 특히 불가항력적인 범람은 몇 시간 만에 추수를 망치고 가축 떼를 죽일 수 있다. 이런 초자연적이라고 느껴지는 힘 앞에 옛날 이라크인은 혼란스럽고 무력했다. 불안에 사로잡힌 이들은 신들이 세워 놓은 사물의 질서가 위협받고 있다고 느꼈다. 그래서 창조 때에 선포되었던 신들의 결정이 주기적으로 반복되어야 했다. 특별히 이 일은 무시무시한 근동의 여름 전, 새해에 이루어져야 했다. 여름이 되면 자연은 강렬한 태양 아래에서 죽고 미래는 불확실성으로 가득 차 보였기 때문이다. 이 결정적인 시기에 인간이 할 수 있는 유일한 일은 마술적인 행위를 이용해 신들의 새로운 결단을 부추기는 것이었다. 이렇게 함으로써 신들이 식물의 재생, 동물과 인간의 생존, 호의적인 환경의 지속, 자연재해의 부재, 나라와 주민의 번영을 확보하는 일에 착수하게 하는 것이다. 아마 신성한 결혼의 심오한 의미는 바로 이런 것이었을 것이다. 또한 나중에 이루어진 중요한 의식儀式 드라마 역시 마찬가지일 것이다. 이 의식 드라마는 매해 봄 여러 도시에서 진행되었는데 그중 중심 도시는 바빌론이었다. 이 의식을 거치며 왕의 통치를 포함해 모든 것이 깨끗하게 회복되어 다시 시작되었다. 이 아키투 *akîtu*, 즉 신년 축제에 관해서는 나중에 (24장을 보라) 설명하겠다. 이 축제 끝에 마르두크를 중심으로 모인 신들의 회의에서 "운명을 선포했다." 이 표현은 문맥으로 볼 때 개인의 운명을 넘어서는 모든 사물의 본질, 현존, 그리고 미래를 지칭하는 듯하다. 그때 왕은 궁궐을 다시 얻고, 상인은 가게를, 장인은 작업장을, 목자는 가축 떼를, 농부는 농지를 다시 얻을 수 있었다. 모든 사람이 안도감을 느꼈다. 올해에도 수메르의 신들이 메소포타미아를 향해 "그들의 자비로운 얼굴을 돌릴 것이다."[32]

07 영웅들의 시대

수메르인은 우주와 인간의 기원에 관해서는 많은 이론을 갖고 있었지만, 안타깝게도 자신들의 기원에 관해서는 침묵을 지켰다. 수메르인만 그런 것은 아니다. 그러나 일부 민족의 문학에서는, 최초의 거주지는 아니더라도 전통적 거주지보다 이른 시기의 거주지에 대한 암시가 발견된다. 수메르와 밀접한 관련이 있는 인상적인 예를 들어 보면, 가나안에 정착한 이스라엘인은 자신들의 조상인 아브라함이 우르 태생이었다는 기억을 갖고 있었으며 지상 낙원인 에덴동산(이 단어는 "평원"이나 "벌판"을 의미하는 수메르어 에딘*edin*에서 파생되었다)이 티그리스 강과 유프라테스 강 사이에 있다고 생각했다. 불행히도, 수메르어로는, 황금기 혹은 지상 낙원에 관해 언급하고 있는 듯한 문서가 둘 있지만 선조들이 출현했을 것으로 추정되는 지역에 관해서는 아무런 정보도 주지 않는다. 그중 하나는 아래에서 다시 언급하게 될 『엔메르카르와 아라타의 지배자』라는 서사시의 한 구절이다. 여기에 따르면 아직 위험한 동물이 없고 "사람들이 하나 되어 하나의 언어로 엔릴에게 경의를 표하고 있었던" 아주 먼 옛날에 대한 암시가 있다. 이 아름다운 연합은 엔릴에 대해 질투심을 느낀 엔키가 경쟁을 부추겨 결국 언어가 혼란스러워짐으로써 단절된다. 언어의 혼란은 성서의 바벨탑 이야기에서도 발견되는 주제이다.[1]

두 번째 문서는 딜문(현재의 바레인 섬과 그 주변 지역)을 무대로 남신 엔키와 여신 닌후르사그가 등장하는 신화의 시작 부분이다.[2] 이 신화에서 엔키는 민물 샘이 솟아나게 함으로써 딜문을 비옥하게 만들고 닌후르사그는 호전적인 신들을 창조한다. 이 신들 중에 인자크Inzak라는 이름으로 나오는 엔샤그Enshag는 바레인에서 발견된 명문銘文과 쿠웨이트 근처에서 발견된 명문에서 아랍-페르시아 만에 있는 이 지역의 신으로 등장한다. 그런데 이 신화의 첫 부분은 딜문을 깨끗하고 순수하고 "찬란한" 나라로 그리고 있다. 여기에서는 노화도 질병도 죽음도 없으며,

> "까마귀는 까마귀 소리를 내지 않고,
> 이티두*ittidu* 새는 이티두 새 소리를 내지 않고,
> 사자는 죽이지 않고,
> 늑대는 어린양을 잡아가지 않고,
> 새끼 염소 고기를 게걸스럽게 먹는 들개도 없으며 …
> 눈이 아픈 사람이 '나는 눈이 아프다'라고 하지 않고,
> 머리가 아픈 사람이 '나는 머리가 아프다'라고 하지 않고,
> 늙은 여인이 '나는 늙은 여인이다'라고 하지 않는다."

이 구절은 오랫동안 "낙원"을 연상시킨다고 여겨졌으나, 이와 달리 좀 더 자세히 분석한 최근 연구에서는, 애초에 민물이 없고 동물과 주민이 없어서 어떻게 보면 "존재하지 않는" 바레인의 한 섬을 묘사하고 있음을 입증하였다. 엔키가 이 섬을 비옥하게 하고 사람이 거주하게 하고 번영하게 하는 것이다. 이 신화의 목적에 관해 우리는 일부 아시리아학 학자들의 의견에 동의한다.[3] 그들은 이 신화의 목적이 딜문과 그곳에서 대대로 섬기던 신들을 물과 기술을 관장하는 메소포타미아 신(=엔키)의 관할 아래에 두려는 것이라고 한다. 좀 더 세속적인 용어로 말하자면,

이 신화는 아랍-페르시아 만과 그 너머의 무역을 위한 중계지로 무척 중요한 이 섬에 대한 수메르인의 지배(적어도 경제적인 영역의 지배)를 정당화하려는 경향도 있었던 것 같다.

사실 수메르인은 자신들의 나라를 세상의 중심으로 보고 자신들을 첫 인류의 직계 후손으로 여기고 있었다. 그들은 "(수메르) 나라"를 뜻하는 칼람*kalam*과 "(수메르) 사람들"을 뜻하는 우쿠*ukù*를 같은 글자로 표현했다. 중요한 점은, "나라"를 뜻하는 또 다른 글자 쿠르*kur*가 있지만 이 글자는 산의 모양과 의미를 지니고 있으며 다른 나라에 대해서만 사용된다는 점이다. 분명 수메르인은 자신들을 남부 메소포타미아의 가장 오래된 주민으로 생각했다. 그들이 자신들의 "선사시대"를 어떻게 상상하고 있었는지 조사해 보는 것은 분명 흥미로운 일이 될 것이다.

"아담"에서 대홍수까지

수메르인과 그들을 계승한 바빌로니아인은 구약성서 창세기에서처럼 일반적으로 첫 남자가 진흙으로 빚어졌다고 믿었다. 『엔키와 닌마흐』 신화와 『아트라하시스』 서사시에서도 여러 남녀 인간들이 이런 식으로 창조된다. 그렇다면 첫 여자도 이렇게 창조되었으리라 추정할 수 있다. 그러나 현재까지 발견된 수메르 문학에는 성경에 나오는 낙원에서 쫓겨난 이야기와 유사한 이야기가 없다. 이와 어느 정도 유사성이 있는 메소포타미아 문서로는 기원전 제2천년기 중반경에 쓰인 듯한 바빌로니아의 신화 『아다파의 전설』이 유일하다.[4]

에아(엔키)가 "인간의 모범"으로 창조했으며 칠현七賢 중 하나로 여겨지는 아다파는 에리두 신전의 사제로서 자신의 창조자이며 주인인 에아에게 먹을 것을 바치는 일을 하고 있었다. 하루는 아다파가 바다에서 낚시를 하고 있는데 남풍 슈투*shutu*가 세차게 불자 타고 있던 작은 배가 전복되었고 아다파는 익사할 뻔했다. 화가 난 아다파는 저주를 퍼부었다. 그러자 그 순간 슈투의 날개가 부러졌고 이때부터 그 지방에는 더는 남풍이 불지 않게 되었다. 그런데 이 남풍(좀 더 정확히 하자면, 남동풍)은 이라크 남부에서는 결정적으로 중요하다. 따스하고 습한 이 바람은 겨울에는 이곳에다 비를 뿌리고 여름에는 이 지역의 주요 작물인 대추야자를 여물게 한다.[5] 이 때문에 아다파가 무슨 일을 저질렀는지 알게 된 위대한 신 아누가 격분하며 아다파에게 출두할 것을 명했다. 그러나 에아가 자신의 종을 도와주었다. 에아는 아다파가 하늘에 있는 "아누의 현관"에 도착하면 식물의 신 두무지와 닌기슈지다를 만나게 될 것이라고 일러 주었다. 사실 아다파는 자신의 경솔한 행동 때문에 이 신들을 간접적으로 "살해한" 것이었다. 그러나 그가 상복喪服을 입고 뉘우치는 모습을 보이면 이 신들은 마음이 누그러져 그에게 미소를 지을 것이며, 더 나아가 그를 위해 변호해 줄 것이다. 그러면 아누는 아다파를 더는 죄인 취급하지 않고 손님으로 대접할 것이다. 근동의 관습에 따라 아누는 먹을 것, 입을 것, 그리고 몸에 바를 기름을 그에게 줄 것이다. 에아는 계속해서 말했다.

> "그러나 그들이 너에게 죽음의 빵을 주거든 먹지 말아라.
> 그들이 너에게 죽음의 물을 주거든 마시지 말아라.
> 내가 너에게 했던 충고를 무시하지 말아라.
> 내가 너에게 했던 말을 잘 지켜라."

모든 일이 에아가 말한 대로 이루어졌으며 오히려 더 좋은 일도 있었다. 아누는 아다파의 참회에 감동을 받아 그에게 죽음의 양식뿐만 아니라 “생명의 빵”과 “생명의 물”도 함께 주었다. 슬프다! 아다파는 주인의 말을 문자 그대로 따르느라 자기를 불멸의 존재로 만들어 줄 아누의 선물을 거부했다. 위대한 신의 판결은 즉각 이루어졌다.

“그를 데려가 땅으로 돌려보내라!”

에아는 지혜의 신으로 정평이 나 있었지만 실수를 범했다. 아니면 우리가 이해할 수 없는 어떤 이유 때문에 자기 종에게 고의로 거짓말을 한 것일까? 이야기에 이에 대한 언급이 없으므로 정확히 말하기는 어렵다. 어쨌든 아담이 불순종으로 영생에 접근할 권리를 잃어버린 것처럼 아다파는 맹목적인 순종으로 그 권리를 잃어버렸다. 이 두 경우 모두 사람은 죽음이라는 형벌을 받게 되었다.

훨씬 더 오래된 어떤 문서에는 수메르인들이 무척 좋아했던 말다툼이 나온다. 여기에서 곡물의 여신 아슈난과 가축의 여신 라하르가 대치하고 있다. 다른 말로 하면 농부와 목자의 대결인데, 여기서 아슈난이 승리한다. 사람들은 본문을 심하게 왜곡하여 아다파를 바빌로니아의 아담으로, 두 여신을 가인과 아벨에 대응하는 것으로 생각하고 싶어 하지만 성서와의 상응 관계는 그 이상 진행되지 않는다. 수메르인이나 바빌로니아인은 셈족 유목민과 달리 계보에 관해 관심이 없다. 이러한 관심은 아랍의 전통에서도 발견되며, 구약성서에서도 끊임없이 이어지는 아담과 하와 자손의 목록으로도 표현된다. 수메르인과 바빌로니아인은 자기 역사를 전혀 다른 각도에서 보았다. 신들은 자기들을 섬기게 하려고 인간을 창조하였을 뿐만 아니라 스스로 이 섬김의 세부사항을 결정하고 “의례儀禮를 철저하게 규정하였다.” 그러나 인간은 거대한 무리, 즉 군중에 지나지 않기 때문에 신들이 선택한 안내자, 목자, 왕-사제가 있어서 신들의 법을 시행해야 했는데, 이 우두머리들만이 중요한 사람들이었다. 따라서 아주 오랜 옛날 "높은 왕관과 왕위"가 하늘에서 내려왔으며 그때부터 왕들이 신들의 이름으로, 그리고 신들의 무궁한 영광을 위하여 수메르의 운명을 이끌었다는 것이다. 이렇게 하여 고대 이라크 역사에서 처음부터 끝까지 우세했던 왕권신수설王權神授說이 정당화되었다.

그렇지만 일부 학자들은 애초에 수메르의 정치 체제는 "원시 민주주의"라 불리는 체제였다는 의견을 피력했다. 왕정은 원사시대 중 비교적 후대에 이르러서야 등장하게 된다. 예전에 시민 의회가 위기의 순간에 선출했던 군 지휘관들이 권력을 탈취한 후 붙들고 놓아주지 않으면서 왕정이 등장했다는 것이다. 어느 저명한 수메르학 학자가 두 차례의 연구를 바탕으로 발전시킨 이 이론[6]은 근본적으로 메소포타미아 종교의 강한 신인동형론적神人同形論的 성격에 기반을 두고 있으며 (티아마트와의 전투에 앞서 마르두크를 선출한 것을 기억하자), 부차적으로, 자료가 빈약한 기원전 제3천년기 "켄기르(수메르) 동맹"의 존재에 기반을 두고 있다. 이 동맹의 존재는 개연성이 있긴 하지만 대체로 가설적이며 이를 명시적으로 지지하는 자료가 없다. 물론 메소포타미아에는 전全 시대에 걸쳐 지역 의회가 있었다. 특히 "장로들의 회의"가 있어서 각 도시와 마을의 행정에서 중요한 역할을 담당하고 있었다. 물론 이 의회*ukkin*는 이따금 왕권이나 그 대리인들에 대해 적대감을 드러내기도 했지만 자문 역할만을 담당했던 것 같다.[7] 따라서 진정한 의미의 "민주주의"라고 하기는 어렵다. 더 나아가 수메르 문서에는 집단적 기구가 최고 통치권을 발휘했다는 증거가 전혀 나오지 않는다. 가능한 범위까지 과거로 거슬러 올라가며 살펴보아도 군주들은 다양한 직책이 있었지만 한결같이 신들의 지배만을 받고 있었다.

다행히도 왕정 시초부터 기원전 18세기까지 수메르 땅 전역을 다스렸다고 여겨지는 왕들의 목록이 존재한다. 이것이 그 유명한 수메르 제왕諸王 목록으로, 주로 니푸르에서 출토된 열다섯 개 정도의 토판을 토대로 확립되었다.[8] 이 문서는 불완전하긴 하지만 값을 매길 수 없을 만큼 중요하며, 수메르의 영웅시대라 불리는 시대를 특징짓는 몇몇 신화를 검토해 보는 데에 아주 유용하다.

수메르 제왕 목록에 따르면 왕권은 처음에 에리두라는 도시에 "하늘에서 내려왔다." 에리두의 발굴로 메소포타미아 남부에서 가장 오래된 전前수메르(우바이드) 거주지 한 곳의 흔적이 드러났음을 상기해 본다면 이 진술에는 대단한 시사점이 있다. 여기에 따르면 64,800년이란 어마어마한 기간에 단 두 명의 군주만이 에리두에서 통치했다. 그 후 왕권은 바트-티비라로 이양되었는데, 이곳에서는 108,000년 동안 왕이 세 명 있었으며 그중 한 명의 이름은 "목자 두무지"였다. 여기에서 왕권은 라라크(한 명의 왕, 28,800년), 시파르(한 명의 왕, 21,000년), 슈루파크(자료에 따라 한 명 혹은 두 명의 왕, 18,600년)로 차례로 이동했다.[9] 이 숫자들은 아주 오래전의 일임을 강조하려고 과장된 것 같은데, 연수年壽가 훨씬 작긴 하지만, 성서에서 아담과 그의 후손 중 처음 아홉 명이 믿기 어려울 만큼 오래 살았다는 이야기를 떠올리게 한다. 그런데 여기서 우리는 창세기 처음 몇 장과 훨씬 더 직접적으로 연결되는 요소를 발견하게 된다. 목록의 편집자는 다섯 도시에서 다스렸던 이 여덟 혹은 아홉 왕의 통치 기간을 합산한 후 (241,200년) 다음과 같은 놀랄만한 언급을 추가했다. 아마-우루 바-우르*amá-úru ba-ùr*, "대홍수가 (모든 것을) 평평하게 했다." 이 짤막한 문장이 나왔으니 여기서 곁길로 빠져나가 아주 흥미진진한 주제를 다루어야겠다. 이 주제에 관해서는 이미 많은 연구가 이루어졌다. 이 주제는 다름 아닌 메소포타미아 대홍수 이야기다.

메소포타미아 대홍수 이야기

1872년 젊은 아시리아학 학자 조지 스미스는 대영박물관에서 일하고 있었다. 그는 니네베에 있는 아슈르바니팔의 도서관에서 출토된 토판 조각을 모아서 붙이는 일을 하고 있었다. 어느 날 그는 창세기에 나오는 대홍수 이야기와 이상하리만치 닮은 문서를 발견했다.[10] 그가 손에 쥐고 있던 문서는 다름 아닌 길가메시 서사시라는 긴 서사시의 한 토막이었다. 이 이야기의 줄거리는 나중에 소개하겠다. 이 서사시의 영웅인 길가메시는 우루크의 왕으로 영생의 비밀을 찾다가, 신들에게서 영원한 삶을 선물로 받은 유일한 인간 우트나피슈팀을 만나게 된다. 우트나피슈팀은 수메르 제왕 목록에 언급된 슈루파크의 유일한 (또는 최초의) 왕 우바르-투투의 아들로 나온다. 신이 그에게 극비리에 알려 준 것은 간단히 말해 다음과 같다.

오래전 "신들이 슈루파크에 살고 있을 때" 그들은 어마어마한 홍수로 인간을 익사시켜 몰살할 것을 결정했다. 그러나 에아는 우트나피슈팀을 불쌍히 여겨 갈대 오두막집 벽을 통해 그에게 말을 전해 준다. 에아는 그에게 살고 있는 곳을 파괴하여 거대한 배를 건조하고 거기에 "각종 생물"을 태우라고 명령했다. 다음날 지역 주민 모두 이 일에 착수했고 머지않아 갑판이 일곱 개 있는 거대한 배가 준비되자 그와 그의 재산, 가족, 일꾼뿐만 아니라 양떼와 야생 동물을 태울 수 있게 되었다. 날씨가 "보고 있기 두렵게" 변하자 우리의 바빌로니아 노아는 방주로 들어가 문을 닫는다. 그때,

"새벽이 밝자
검은 구름이 수평선에서 떠올랐고"

이어서 사람이 경험하지 못했던 바람, 비, 번개, 천둥을 동반한 무시무시한 폭풍우가 닥쳤다. 제방이 무너지고 땅이 어둠에 잠기자 신들조차도 겁에 질려 아누의 하늘로 피신했다.

"신들은 이 홍수로 겁에 질렸다.
그들은 하늘 꼭대기까지 기어올랐다.
거기서 개처럼 무리를 지어
바닥에 웅크리고 있었다.
여신■이 산모처럼 소리 질렀다.
벨레트-일리가 아름다운 목소리로 이렇게 탄식했다.
'오! 신들의 회의에서 내가 나쁜 편을 들었던
그날에 내가 없었더라면.
거기서 내가 어떻게 그렇게
인간을 몰살시키는 그런 대량학살을 결정할 수 있었단 말인가?
그럼 내가 사람들을 세상에 보낸 건
가느다란 물고기처럼 바다를 메우기 위해서였단 말인가!'"

엿새 밤낮을 바람이 불었고 폭풍우는 땅을 휩쓸어 버렸다. 일곱째 날 날씨가 잠잠해지자 우트나피슈팀은 천창을 열었고, 그 역시도 울 수밖에 없었다. 모든 인간이 진흙이 되어 버린 것이다. 지붕처럼 평평한 풍경 가운데 니치르 산[11]만 드러나 있었고 이 산에 방주가 걸려 있었다. 그는 한 주를 더 기다린 후 비둘기를 풀어 주었으나 비둘기는 되돌아왔다. 그 후 제비를 풀어 주었으나 제비 역시 되돌아왔다. 마지막으로 까마귀를 풀어 주었더니 까마귀는 앉을 곳을 찾은 후 돌아오지 않았다. 그러자

■ 이슈타르가 아니라 대모신(大母神)을 가리킴.

우트나피슈팀은 방주에서 나와 산꼭대기에서 헌주獻酒를 붓고 희생 제물로 갈대와 삼나무와 도금양 목재를 불태웠다.

> "신들은 냄새를 맡고, 좋은 냄새를 맡고
> 파리 떼처럼
> 연회宴會 주관자 주위에 몰려들었다."

이슈타르는 즐거워했지만, 홍수를 내리기로 결정했던 엔릴은 자신의 계획이 수포로 돌아간 것에 화가 나서 에아를 비난했다. 그러나 에아가 자신과 인간의 입장을 잘 변론하자 엔릴은 감동했다. 엔릴은 방주로 들어가 우트나피슈팀과 그 아내를 축복하며 이렇게 말했다.

> "우트나피슈팀은 지금까지 인간에 불과했다.
> 지금부터 그와 그 아내는 우리처럼, 곧 신처럼 될 것이다.
> 그러나 그들은 멀리 '하구河口'에 머물게 될 것이다."

이 토판이 영국에서, 그리고 그 후 세계 다른 지역에서 출간되었을 때 얼마나 대단한 흥분을 불러일으켰을지 가히 짐작할 수 있다. 성서의 이야기와 너무 비슷하다 보니 분명 창세기 편집자들이 이 메소포타미아 이야기를 알고 있었으리라 추측할 수 있었던 것이다. 그 외에도 대홍수가 바빌로니아인과 아시리아인에게 역사의 여명기에 분수령을 이루는 중요한 사건이었음을 시사해 주는 수많은 증거가 존재한다.[12] 따라서 고고학으로 방향을 돌려, 적어도 메소포타미아 대부분에 영향을 주었으며 그곳에 살던 고대인의 기억에 강하고 지속적인 인상을 남겼을 만한 대격변의 물리적 흔적이 존재하는지 질문해 보는 것이 논리적이다.

오랜 시간 지속되었을 주요한 대홍수를 연상시키는 하천 퇴적물은 지금까지 메소포타미아에서 우르, 키시, 슈루파크 등 세 유적지에서만 발견되었다.[13] 우르에서 파 들어간 열네 곳의 시굴갱도 중 절반은 이런 퇴적층을 포함하고 있었다. 그중 가장 중요한 퇴적층(두께가 3.72미터에 이른다)은 가장 깊은 곳에 있었다. 그것은 우바이드 문화층에 포함되어 있었으며, 우르 발굴을 주도했던 레너드 울리 경은 이 퇴적층이 성서에 나오는 홍수의 증거일 것으로 생각했다. 다른 퇴적층들은 좀 더 얇으며 고대 왕조 시대 중엽, 즉 기원전 2800~2600년경에 자리 잡고 있다. 키시에서 발견된 세 퇴적층 역시 고대 왕조 시대로 거슬러 올라간다. 마지막으로 슈루파크(텔 파라)의 퇴적층은 이 시대의 아주 초기, 즉 기원전 2900년경으로 연대를 정할 수 있다. 이러한 퇴적층의 존재는 지구물리학적 성격의 어려운 문제를 제기한다.[14] 그러나 이런 퇴적층이 국지적局地的인 홍수에 관해 증언한다는 사실은 분명하다. 예를 들어 다른 유적지, 특히 우르에서 겨우 12킬로미터밖에 떨어져 있지 않으며 처녀지까지 발굴이 이루어진 에리두에서조차 "대홍수"가 발견되지 않은 것은 주목할 만하다. 따라서 고고학은 여러 시기에 일어난 지역적 홍수의 흔적은 드러내 주었지만 메소포타미아 전체에 영향을 미친 홍수의 실재를 확인해 주지는 못했다고 단언할 수 있다. 그렇다면 이 신화를 어떻게 설명할 수 있을까? 또한 메소포타미아 전통에서 수메르의 아마루*amaru*(아카드어로는 아부부*abûbu*)의 중요성을 어떻게 설명할 수 있을까?

조지 스미스의 기념비적인 발견 이후 다른 메소포타미아 홍수 이야기들이 발견되었다. 그중 수메르어 판본도 있는데 안타깝게도 훼손되어 있다. 이 이야기의 영웅 지우수드라는 아마도 우트나피슈팀과 동일 인물이었을 것이다.[15] 기원전 1600년경에 아카드어로 기록된 다른 판본에는 홍수 후에 살아남은 사람의 이름이 아트라하시스, 즉 "초현자超賢者"로 나오는데, 이 이름은 지우수드라/우트나피슈팀의 별명으로 잘 어울릴 것 같다.[16] 『아트라하시스』는 긴 이야기로 비교적 잘 보존되어 있다. 아카드어로 『이누마 일루 아윌룸』*inuma ilû awîlum*, 즉 "신들이 인간이었을 때…"란 제목을 가진 이 이야기는 매우 중요하다. 그것은 이 이야기가 길가메시 서사시에서 침묵하고 있는 홍수의 이유를 우리에게 알려 줌으로써 수수께끼를 푸는 열쇠를 건네주기 때문이다.

이 이야기는 신들이 땅 위에서 일하느라 너무 힘들어 강력하게 항의하는 상황에서 시작된다. 어떤 신들은 반란을 일으키며 파업을 선언하고 도구를 불살랐다. 그때 에아가 "신들의 중노동을 담당할" 인간을 창조할 것을 제안한다. 여기에 대해 신들은 한결같이 "좋다"고 대답한다. 그들은 웨(아마 반란의 주동자였던 듯하다)라는 신을 죽였다. 여신 마미(닌투의 별명)는 그 피에 진흙을 섞어 첫 인간을 빚어낸다. 그러자 다른 창조의 여신들이 남자 여덟 명과 여자 여덟 명을 만들고 아이를 낳는 흉내를 낸다. 그러나 유감스럽게도,

> "1200년이 흐르기도 전에
> 땅은 팽창하고 인구는 늘어났다.
> 땅은 황소처럼 울부짖었고 … "

이 아우성(아마 반란의 소리)으로 엔릴은 잠을 이룰 수 없었다. 신들은 이 시끄러운 무리를 잠잠하게 하려고 전염병을 창궐하게 하고 큰 가뭄도 보내 봤지만 아무런 소용이 없었다. 자기 아이들을 잡아먹어야 할 만큼 굶주린 상황에서도 사람들은 끊임없이 늘어났다. 그러자 신들은 좀 더 강력한 수단을 쓰기로 결정하고 홍수를 일으킨다. 그러나 에아가 자기의 친구인 초현자에게 이 사실을 미리 알려 주고 결국 그를 구해 내리라는 사실은 알지 못했다.

『아트라하시스』에 나오는 홍수에 대한 묘사는 앞서 읽었던 것과 아주

비슷할 것 같지만 불행히도 이 부분은 토판이 깨져 끝까지 이어지지 않는다. 그러나 우리가 주목해야 할 부분은 시의 마지막 부분이다. 여기서 에아는 인구 과잉에 대응하기 위해 불임, 유아 사망, 독신을 추천함으로써 맬서스■의 선구자로 등장한다. 실제로 그는 마미/닌투에게 다음과 같이 말한다.

> 생명의 여신, 운명의 창조자여. …
> 사람들 사이에 임신하는 여자들과 임신하지 못하는 여자들이 있게 하라.
> 사람들 가운데 악마 파시투*pashittu*가 있게 하라.
> 그 악마가 어린아이들을 어머니의 무릎 사이에서 빼앗아가게 하라.
> 여사제 우그밥투*ugbabtu*, 여사제 엔투*entu*, 그리고 여사제 이기시투*igisitu*를 두라.■
> 그들은 금기가 될 것이고, 그렇게 하면 출생도 줄어들 것이라.

이처럼 대홍수는 신들이 "인구 폭발"을 끝내기 위한 최종적 수단으로 이용할 수 있었을 것이다.[17] 강의 범람 때문이건, 아니면 강한 폭우 때문이건 대규모 홍수 때문에 발생하는 참상은 그들에게 익숙한 것이었다. 따라서 대홍수는 메소포타미아 사람들의 사고 체계 안에서 아주 자연스럽게 떠올랐을 방법을 이용한 "최종 해결책"이었다. 그러니 텔의 밑바닥에서 있을 법하지 않은 초대형 대격변의 증거를 찾으려 하는 것이 무슨 소용이 있단 말인가? 비교적 자주 일어나며 강한 인상을 남기는 자연

■ [역주] 맬서스(Thomas Robert Malthus, 1766~1834)는 영국의 인구학자로서 당시의 낙관적인 견해에 반대하여 인구 증가가 기아와 질병으로 주춤하게 될 것이며 인구 증가 때문에 경제적 성장이 저해될 것이라 주장했다.

■ 수도원에 들어가 독신을 서약한 여사제들의 범주를 일컫는다.

현상을 전 지구적 차원으로 격상시키는 것은 상상력만으로도 충분했을 것이다.[18]

그렇지만 수메르 제왕 목록에 언급된 대홍수의 문제는 여전히 남아 있다. 대홍수는 시간 안에 놓여 있으며 메소포타미아인들이 역사적이라고 여기는 아주 분명한 현상이다. 어째서 대홍수가 거기에 언급되고 있으며 대홍수는 무엇을 나타내는 것일까? 물론 "대홍수"라는 단어를 비유적인 의미로 보고, 여기서 아카드의 셈족이 대대적으로 수메르를 공격한 일을 표현하는 것으로 볼 수도 있다. 그러나 수메르인과 아카드인의 관계에 대한 우리의 지식에 따르면 이 이론은 가능성이 없다. 우리는 오히려 부인할 수 없는 다음 네 가지 정보가 수렴되는 현상에 놀라지 않을 수 없다.

1. 이 목록에서 대홍수는 수메르 도시국가 전체에 대한 슈루파크의 우선권이 끝나는 시점을 나타낸다.
2. 메소포타미아 대홍수 이야기의 세 판본에 나오는 영웅은 슈루파크의 왕이나 왕자이다.
3. 슈루파크(텔 파라)에서 고대 왕조 시대 초기에 있었던 중요한 홍수의 흔적이 발견되었다.
4. 마지막으로, 슈루파크는 기원전 제3천년기에 문화적 중심지였다. 수메르학 학자들에게 잘 알려진 파라의 토판들이 이를 증명한다.

따라서 기원전 2900년경 슈루파크에서 일어난 끔찍한 홍수는 이 도시의 우선권을 잃어버리게 한 패전과 동시에 일어난 것 같다. 이 두 재앙(분명 신들의 노여움 때문으로 인식된다)이 이상하게도 함께 일어난 사실을 지역 서기관들이 기록했고, 이것이 나중에 슈루파크 왕조와 함께 수메르 제왕 목록에 첨가되었을 것이다.

이러한 가설의 맥락을 따라 좀 더 가설을 세워 보아도 괜찮을 것 같다. 슈루파크는 이 시대에 크게 확장되어 있었는데[19], 이 재앙이 발생할 당시 그곳에 인구 과잉과 기근이 있었다면 이 도시의 사제들은 우리가 『아트라하시스』에서 읽었던 교훈적인 이야기의 원형原型을 구성할 수 있는 모든 요소를 손에 쥐고 있었다고 볼 수 있다. 이렇게 되어 대홍수 사건과 대홍수 신화는 서로 결합되었을 것이다. 그러나 그중 영속화된 것은 신화와 그 영웅이었다. 히브리 전승을 거쳐, 그리고 나중에는 유대교-기독교 전승을 거쳐 전해져 내려온 이 신화는 끊임없이 우리를 열광시키고 우리의 호기심을 자극할 것이다.

초인(超人)들의 왕조

수메르 제왕 목록에 따르면 "대홍수가 (모든 것을) 평평하게 한 이후에 왕권이 하늘에서 (다시) 내려왔을 때 왕권은 키시에 있었다." 이 웅장하고 유서 깊은 도시는 바빌론에서 동쪽으로 약 12킬로미터 지점에 있으며 오늘날에는 여러 텔들이 이곳에 모여 있다. 그중 중요한 텔은 우하이미르와 인가라이다. 이 도시는 티그리스와 유프라테스가 아주 가까이 접근하는 곳 중앙에 위치해 있다. 이 메소포타미아의 "병목"은 남북으로 중간쯤 되는 곳에 있으며, 아가데(?), 바빌론, 두르-쿠리갈주, 셀레우키아, 크테시폰, 바그다드와 같은 고대와 현대 이라크의 모든 중요한 수도가 바로 이곳에 차례로 세워졌다. 수메르인은 이 지역을 우리Uri라 불렀고 셈족은 이 지역을 아카드라 불렀다. 단기간의 프랑스 발굴(1912년)에 이어 영미 발굴단이 주도한 11차례의 발굴(1923~1933년)로 우바이드 시

대부터 기원후 5세기에 걸쳐 아주 오랜 거주의 흔적이 키시에서 드러났다.[20]

제왕 목록이 처음부터 키시 1왕조에서 시작한다는 사실을 보면 메소포타미아인이 이 도시를 얼마나 중요하게 생각했는지 알 수 있다. 목록은 이 도시에서 스물세 명의 왕이 "24,510년 3개월 2일 반" 동안 다스렸다고 하지만 이 연대는 합리적으로 150년 혹은 200년으로 줄일 수 있다. 이렇게 길게 이어지는 군주 중 주목할 만한 점은 그중 적어도 열두 명이 셈어 이름을 갖고 있었다는 점이다. 이 중 일부는 칼붐*Kalbum*"개", 칼루뭄*Qalumum*"어린양", 쿠카키프*Zuqaqip*"전갈" 등과 같이 별자리 이름과 관련된다. 반면 다른 왕들은 수메르어 이름을 갖고 있다. 따라서 우리는 여기서 약 300년 후에 아카드라는 셈족 제국의 중심에 서게 될 셈족이 이 지역에 이미 많이 살고 있었으며, 또한 같은 지역에 수메르인 역시 많이 살고 있었음을 처음으로 확인하게 된다. 수메르 문명이 적어도 기원전 제3천년기 초부터 티그리스와 유프라테스를 따라 북쪽의 시리아까지 전해지기 위해서는 이 "병목"을 반드시 건너가야 했다. 이 피할 수 없는 통로에 걸림돌이 될 만한 인종적 장벽은 전혀 없었다.

키시 1왕조가 역사적이었으며 기원전 2900년부터 2700년 사이에 존재했다고 생각할 만한 충분한 이유가 있다. 그러나 키시의 왕인 "목자 에타나, 하늘로 올라간 자"는 제왕 목록에서 신화적인 인물로 나타난다. 물론 그 뒤에 이어지는 "나라를 튼튼하게 한 자"라는 표현은 좀 더 개연성 있는 정치적 업적을 떠올리게 한다. 다행히도 바빌론 문학 중에 『에타나 신화』라는 재미있는 이야기가 있어서 이 신비로운 승천에 관한 세부 사항을 알려준다.[21]

이 신화는 우화로 시작된다. 뱀과 독수리가 같은 나무에 좋은 이웃으로 살고 있었다. 이들은 서로 도우며 먹이를 나눠먹기도 했다. 그러던 어느 날 독수리가 새끼 뱀들을 잡아먹는 일이 벌어졌다. 뱀은 울면서 태양신 샤마시 앞으로 갔고, 샤마시는 이 나쁜 새를 잡을 덫을 놓으라고 조언해 주었다. 그래서 뱀은 죽은 소의 뱃속에 몸을 숨기고 있었다. 독수리는 자기가 좋아하는 "내장을 덮고 있는 기름"을 먹으려고 다가갔고 뱀은 독수리를 잡아 깃털을 뽑고 구덩이에 던져 넣었다. 그곳에서 독수리는 배고픔과 목마름으로 서서히 죽어가고 있었다. 한편 아이가 없던 에타나라는 사람이 샤마시에게 와서 하늘에서만 자라는 "아이를 낳게 하는 식물"을 가져올 수 있도록 도와달라고 간청했다. 불쌍한 마음이 든 샤마시는 그에게, 독수리를 구덩이에서 끌어내 친해진 다음 그 새를 운송 수단으로 이용해 하늘로 올라가라고 충고해 주었다. 에타나는 이 충고를 하나씩 그대로 실행에 옮겼고, 머지않아 독수리의 가슴과 날개에 매달려 공중으로 날아올랐다. 꿈인지 현실인지 구분할 수 없는 몇 차례의 비행을 거쳐 위대한 신들의 현관까지 이르게 된 에타나는 공포에 사로잡혔다. 땅이 보이지 않고 바다도 시야에서 사라지자 에타나는 "친구여, 나는 더는 하늘에 오르고 싶지 않네!"라고 소리치며 손을 놓아 버렸다. 에타나는 추락했지만 독수리가 곧 뒤따라가서 순식간에 그를 다시 낚아챘다. 아, 그런데 이렇게 중요한 순간부터, 이야기가 기록된 토판이 깨져 더는 이야기가 이어지지 않는다. 그렇지만 에타나는 마침내 마법의 식물을 가져온 것 같다. 제왕 목록에 따르면 그가 1560년을 통치한 후 발리흐라는 아들이 그를 계승했다고 한다. 이 신화(가니메데스 신화와 이카로스 신화를 떠올리게 한다)는 신들의 도움 없이는 왕권이 아버지에서 아들로 계승될 수 없다는 교훈을 주고 있는 것 같다.

수메르 제왕 목록은 키시 1왕조의 마지막 왕인 아가(혹은 아카)가 우루크 1왕조의 첫 왕에게 패했다는 인상을 남기고 있지만, 현재 우리가 아는 바로는 실제로 두 왕조의 시대는 겹치고 있으며 아가는 우루크의 다섯 번째 왕인 길가메시와 동시대 인물이었다. 이런 내용은 짤막한 수메르 시 한 편을 보면 알 수 있다. 거기에 보면 아가는 길가메시에게 우루크가 키시에 항복할 것을 촉구하는 최후통첩을 보낸다. 최후통첩이 거부되고 우루크가 포위당했지만 위압적인 길가메시가 성벽 위에 나타나자 키시의 군대는 흩어지려 한다. 마침내 두 왕은 서로 화해하고 평화가 다시 정착된다.[22] 제왕 목록을 문자 그대로 이해한다면 키시가 오랜 세월에 걸쳐 적어도 명목상으로나마 수메르 지역(아마 우루크 등의 도시를 제외한)에 대해 지배력을 행사했고, 그 후에 우루크가 이 역할을 이어받았음을 인정해야 한다. 그러나 권력이 제한적이었던 우루크 1왕조의 첫 네 왕 역시 여전히 주목할 만한 사람들이다. 제왕 목록은 첫째 왕인 메스키안가셰르가 태양신 우투의 아들이었으며 "바닷속에 들어갔다가 거기서 나와 산에 올랐다"고 기록한다. 두 번째 왕인 엔메르카르는 우루크를 건설했다고 한다. 세 번째 왕인 루갈반다에게는 "신적인"이라는 수식어가 붙어 있으며, 네 번째 왕은 여기서 어부라고 불리는 두 번째 두무지 왕이다. 『엔메르카르 신화』와 『루갈반다 신화』에 포함된 네 편의 수메르 서사시 덕분에 이 영웅들과 반신半神들 중 적어도 둘의 업적을 우리는 잘 알고 있다.[23] 이 시들은 공통된 주제를 지니고 있다. 그것은 우루크와 아라타 사이에 있었던, 때로는 긴장되고 때로는 우호적인 외교 및 통상 관계다. 아라타는 수메르에서 "일곱 산" 너머에 있는 아주 멀리 떨어진 나라로 이란에 있었던 듯하다.[24] 이 아라타라는 나라는 사제인 왕이 통치하고 고위 관리들(수메르 서기관들이 자기네 나라에 해당하는 직책으로 불렀다)이 있었으며, 위대한 여신(서기관들이 이난나라 불렀다)과 목자牧者 신(두무지라 불렀다)을 숭배하고 있었다. 이곳에는 금, 은, 온갖 보석이 풍부했으나 곡식은 부족해서, 모든 이야기는 우루크의 왕들이 이 보물을 얻는 과정에서 어려움을 겪는 것과 아라타의 군주들이 그들을 협박하는 것에 관련되어 있다. 이 이야기들이 사실에 기반을 두고 있다면 (그렇지 않을 가능성은 거의 없다) 메소포타미아인과 이란 산지의 주민, 특히 흔히 엘람이라는 이름으로 불리는 여러 동맹 왕국 사이에 존재하던 불편한 관계에 대한 최초의 증거가 된다.

이제 우리는 우루크 1왕조의 다섯 번째 왕이었던 길가메시에 이르게 된다. 율리시스나 헤라클레스의 위업을 연상시키는 업적을 지닌 이 인물에 관해 수메르 제왕 목록은 혈통밖에 언급하지 않는다. 그러나 다른 자료를 보면 그가 메소포타미아에서 가장 인기 있는 영웅이었음을 알 수 있다. 이따금 네르갈과 비교되는 길가메시는 저승 세계의 신으로 여겨지며 숭배의 대상이 되었다. 고대의 실린더-인장부터 아시리아 궁전의 저부조低浮彫에 이르기까지 수많은 유물에, 야생 동물을 길들이거나 거인 후와와를 이기는 모습으로 벌거벗고 있는 사람이나 옷을 입고 있는 사람이 나타나는데 이를 일반적으로 길가메시라고 생각한다. 엔메르카르와 루갈반다처럼 길가메시에 관한 수메르 신화도 있는데 그중 다섯 편 정도가 비교적 잘 보존되어 있다.[25] 이 이야기가 잘 알려지지 않은 다른 이야기들과 결합되어 열두 토판으로 된 긴 서사시의 작가에게 영향을 주었다. 기원전 제2천년기 초반에 아카드어로 작성되어 그 후 여러 차례에 걸쳐 편집된 이 서사시는 『길가메시 서사시』라 불린다. 이 서사시가 메소포타미아 문학 중 가장 세련된 걸작이라는 데에 이견이 없으므로 여기서 이 작품에 대해 간략히 소개해야 할 것 같다. 관심 있는 독자들은 현재 나와 있는 훌륭한 번역본을 참고하기 바란다.[26]

길가메시 서사시

여신 닌순과 반신半神 루갈반다의 아들 길가메시는 젊고 잘생겼고 지적이며 "물소처럼 강했지만" 우루크를 다스리는 일에는 폭군이었다. 우루크를 두르는 성벽을 건설하기 위해 수많은 젊은이가 징집되어야 했다. 이 벽은 와르카 유적을 여전히 둘러싸고 있으며 그 길이는 9.7킬로미터에 이른다. 그런데 왕이 약혼한 여자들에 대해 "초야권"初夜權, *ius primae noctis*■을 행사했기 때문에 우루크 주민의 평판이 좋지 않았다. 이러한 이유로 우루크 주민은 아누 신에게 탄원했고, 아누 신은 즉시 창조의 여신 아루루에게 길가메시와 비슷한 사람을 창조함으로써 "서로 경쟁하게 하여 우루크가 평화를 누리게" 하라는 명령을 내렸다. 아루루는 초원으로 갔고, 그곳에서 진흙으로 엔키두를 만들었는데, 이 사람은 털이 많고 거친 거인으로 동물에 아주 가까웠다.

사람도 나라도 못 알아보고
샤칸■처럼 옷을 입고 가젤과 더불어 풀을 뜯고 있었다.
무리와 더불어 물가로 가서
짐승들과 함께 물을 맛있게 마시고 있었다.

그러던 어느 날 한 사냥꾼이 멀리서 엔키두를 발견했다. 그는 왜 자기 덫이 늘 망가져 있었는지, 그리고 자신이 왜 계속해서 사냥감을 놓쳤는지 깨닫게 되었다. 그는 이 일을 길가메시에게 보고했고 길가메시는 이 야수에게 다른 종류의 덫을 놓기로 했다. 길가메시는 한 창녀를 초원으로 보내면서 엔키두를 유혹하여 교화시키라는 임무를 맡겼다. 여자는

■ [역주] 중세 봉건 사회의 지주가 농노의 딸이 결혼하기 전에 첫날밤을 함께 지낼 수 있는 권리를 지칭하는 용어이지만, 실제로 중세 봉건 사회의 지주가 이런 권리를 가지고 있었다거나 행사했다는 역사적인 증거는 없다.

■ 샤칸(또는 슈무칸)은 가축 떼와 야생 동물의 신이므로 엔키두는 아마 짐승 가죽을 입고 있었던 것 같다.

아무 어려움 없이 자신의 임무를 완수했다. 그들이 "여섯 날, 일곱 밤" 동안 사랑을 나눈 뒤 엔키두는 자신의 무리에 다시 합류하려 했지만 동물들은 달아났고 지친 엔키두는 그들과 합류할 수 없었다. 그러자 창녀는 그의 손을 잡고 이렇게 말했다.

> 내가 당신을 우루크로 데려갈게요.
> 아누와 이슈타르의 거처가 있는 거룩한 성.
> 그곳에는 완전한 힘을 갖춘 길가메시가 있어요.
> 물소와 같아서 아무리 장사라도 이길 수 없는 분.

이제 엔키두는 우루크에 와 있다. 목욕하고 향수를 뿌리고 아름다운 옷으로 치장하고 독주를 마시는 일에 금세 익숙해진다. 그러나 길가메시가 어느 새색시를 차지하려 한다는 사실을 알게 된 엔키두는 격분하여 길가메시의 길을 가로막는다. 뒤이어 일어난 격투激鬪는 결국 상호 존중과 우정으로 마무리된다. 길가메시는 어울리는 친구를, 엔키두는 주인을 만난 것이었다. "그들은 서로 껴안고 우정을 나누었다."

새로운 위업을 이루어 "이름을 내고" 싶은 길가메시는 엔키두한테 멀리 떨어진 삼나무 숲까지 함께 가자고 설득한다. 그곳에는 "입은 불이며 입김은 죽음인" 무시무시한 거인 후와와가 살고 있었다. 무기를 갖추고 신들에게 기도를 드린 두 친구는 길을 떠나, 여섯 주가 걸리는 길을 사흘 만에 주파하여 목적지에 도착했다.

> 숲의 가장자리에 가만히 서서 그들은 바라보고 있었다.
> 높게 자란 삼나무를 … 이 산 앞에
> 삼나무가 나뭇잎을 펼치고 있었는데,
> 그 그림자는 감미로웠고 향수 냄새가 진동했다.

그들은 문지기의 감시를 속이고 금지된 영역으로 들어간다. 길가메시가 나무를 하나씩 쓰러뜨리고 있을 때 갑자기 성난 후와와가 나타난다. 샤마시가 도와주지 않았더라면 후와와가 우리 영웅들을 없애 버렸을 것이다. 샤마시가 거인을 향해 일곱 바람을 휘몰아치자 거인은 기가 꺾여 패배를 자인하고 항복한다. 그러나 길가메시와 엔키두는 검으로 거인을 찌른 후 머리를 베고 승리감에 들떠 우루크로 돌아간다.

이 위업을 이룬 이후 이슈타르가 길가메시를 좋아하게 되어 사랑을 고백하지만 길가메시는 거기에 대해 냉담하다. 길가메시는 이슈타르가 탐무즈를 통곡의 대상으로 만들어 버린 일부터 양치기를 늑대로 변형시킨 일과 그의 아버지의 정원사를 개구리로 만들어 버린 일까지 이슈타르의 여러 애인이 당했던 일을 상기시키면서 이 부정不貞한 여신을 모욕한다.

> 당신은 추위에 꺼지는 난로일 뿐.
> 공기의 흐름도 바람도 막지 못하는 흔들거리는 대문 …
> 줄줄 새는 가죽 부대 …
> 신고 다니는 사람에게 상처를 입히는 신발.

극도의 모멸감을 느낀 이슈타르는 아누에게 하늘의 황소를 보내 우루크를 초토화하고 길가메시를 죽여 달라고 간청한다. 황소가 백여 명의 군사를 죽였다. 엔키두는 황소의 뿔을 잡은 후 꼬리를 잡았으며 길가메시는 칼로 "목과 뿔과 어깨뼈 사이"를 찔렀다. 그러고 나서 그는 황소의 심장을 꺼내 샤마시에게 바치고 넓적다리를 이슈타르 앞에 던진다.

이것은 신들이 참기 어려운 행동이었다. 그들은 두 영웅 중 하나가 죽어야 한다는 결론을 내린다. 이리하여 엔키두가 중병에 들었다. 엔키두는 사냥꾼과 창녀를 저주하고 "돌아올 수 없는 나라"에 관한 꿈을 꾼

후 숨을 거둔다. 그의 친구 길가메시는 친구의 죽음에 "코에서 벌레가 떨어질 때까지" 일곱 날 일곱 밤을 통곡했다.

친구의 죽음은 길가메시를 완전히 딴 사람으로 만들어 놓았다. 걱정 없던 우루크의 왕은 처음으로 숨겨진 죽음의 얼굴을 보았다. 나도 이렇게 사라지게 되는 것일까? 인간의 운명을 벗어날 길은 없을까?

> 내 친구의 비극을 짊어지고 오랫동안 초원을 방황했네.
> 어떻게 말하지 않을 수 있을까, 어떻게 잠잠히 있을 수 있을까?
> 내가 아끼던 친구가 진흙이 되어 버리다니.
> 나도, 나 역시도 저 친구처럼 누워야 하지 않는가?
> 영원히, 영원히, 다시는 일어나지 못하고.

그때 그는 대홍수 때 살아남은 우트나피슈팀이 생각났다. 길가메시는 그를 찾아가 영생의 비밀을 알아내기로 결심한다. 긴 여행을 하면서 먼저 위험한 사람-전갈들이 지키고 있는 일몰日沒의 어두운 산으로 향한다. 다행히도, 이들은 길가메시가 영웅으로 유명하고 신의 자손이라는 점 때문에 그가 무사히 지나가게 해 주었다. 긴 터널을 통과한 길가메시는 보석으로 만들어진 나무들이 있는 멋진 정원을 감상할 수 있었다. 그 후 길가메시는 "바닷가에 사는 술집 여주인" 시두리를 만났다. 시두리는 길가메시에게 슬픔을 잊고 삶을 즐기라고 조언해 준다.

> 밤낮 배를 채우고 즐겁게 사세요.
> 매일 잔치를 열고 밤낮 춤추며 즐기세요.
> 당신 손을 잡고 있는 아이를 부드럽게 바라보고,
> 당신을 껴안고 있는 아내를 행복하게 해 주세요.
> 이런 일은 사람만이 보여줄 수 있는 모습이에요.

그러나 길가메시가 다그치자 시두리는 우트나피슈팀을 어디서 만날 수 있는지 알려준다. 우트나피슈팀은 샤마시 신만이 건널 수 있는 위험한 바다 건너편에 살고 있는데, 그곳으로 가는 길은 "죽음의 물"로 가로막혀 있다. 우리의 영웅은 주저하지 않는다. 그는 예전에 방주를 조타操舵했던 우르샤나비를 고용하여 그 바다를 건너 마침내 우트나피슈팀을 만나 대홍수 이야기를 전해 듣는다. 그렇지만 우트나피슈팀이 길가메시를 위해 뭔가를 해 줄 수 있을까? 그렇다. 길가메시가 생명의 풀, 곧 해저에서 자라는 가시를 지닌 풀을 입수한다면 영원한 삶을 얻게 될 것이다. 그래서 길가메시는 발에 무거운 돌을 묶고 (최근까지도 아랍-페르시아 만에서 진주를 채집하는 어부들이 이렇게 했다) 잠수하여 그 풀을 꺾는다. 그런데, 돌아오는 길에 그가 우물에서 목욕하는 동안 땅에서 나온 뱀이 그 풀을 가지고 사라져 버린다. "모든 것을 본 자"*sha nagba imuru* (이 서사시의 아카드어 제목) 길가메시는 결코 영원히 살 수 없게 되었다. 술집 여주인은 그에게 다음과 같이 말한 적이 있다.

> 그대가 추구하는 무한한 삶을 그대는 결단코 발견하지 못할 거예요.
> 신들이 사람을 창조할 때 사람에게는 죽음을 부여하고
> 자기네들을 위해서만 불멸을 간직해 두었거든요.

이 비관적인 결론은 우트나피슈팀의 말과 유사하다.

> 우리가 영원히 집을 짓겠는가?
> 강은 영원히 넘쳐흐를 것인가?
> 물결에 휩쓸려 가는 그런 덧없는 것들,
> 태양을 바라보던 여러 얼굴 중 갑자기 하나도 남지 않으리!
> 잠들고 죽으니 모두가 하나!

분명 영웅-길가메시는 우정, 용기, 죽음에 관한 신화이며 아주 아름다운 시로서 고대 근동 전체에 잘 알려져 있었고[27], 지금까지도 우리에게 감동을 전해 준다. 그렇다면 왕 – 길가메시는 어떠한가? 사람들은 오랫동안 길가메시가 실존 인물이 아닐 것으로 생각해 왔다. 그러나 우리가 앞으로 보게 되겠지만 이 이름을 가진 군주가 기원전 제3천년기 초반에 우루크에 살았을 가능성은 충분히 있다. 이 장 전체를 통하여 우리는 허구와 실재를 구분하기 어려운 불분명한 구역을 헤쳐 나왔다. 이제 우리는 드디어 역사의 문턱에 도착했다.

08 고대 왕조 시대

메소포타미아의 역사시대는 선사시대와 마찬가지로 주요한 정치적 격변과 그에 따른 사회, 경제, 문화의 변화를 기준으로 여러 시대로 나뉜다. 첫 시대는 기원전 2900년경에 시작하여 셈족이 키시 지역으로 급격하게 팽창하기 시작한 아카드의 사르곤의 등장(기원전 2334년)으로 끝난다. 이 때문에 이 시대를 흔히 전前사르곤 시대라 부르곤 하지만 우리는 영어의 "Early Dynastic(초기 왕조)"이라는 표현을 본떠 고대 왕조 시대Dynastique Archaïque라는 표현을 선호한다. 그것은 이 표현이 이 시기의 성격을 더 잘 설명해 주며, 이 시기가 끝나는 시점에 대한 선입견을 막아주기 때문이다. 고대 왕조 시대(줄여서 ED)■는 ED I(기원전 2900~2750년), ED II(기원전 2750~2600년), ED III(기원전 2600~2334년)의 세 시대로 나뉜다. 한편 ED III은 III A(기원전 2600~2500년)와 III B(기원전 2500~2334년)로 나뉜다. 이 연대는 물론 어림잡은 것이며 학자에 따라 조금씩 차이가 난다. 사실 메소포타미아 역사의 시작점을 정하기 위해 이 지역의 군주가 남긴 가장 오래된 명문을 기준으로 삼는다면 ED II의

■ [역주] 원문에는 프랑스어 표현을 줄여 "DA"로 표기했지만 여기서는 영어 표현을 줄인 "ED"를 사용한다.

일부와 ED III만 역사시대라 할 수 있다. ED I과 ED II의 첫 수십 년은 엄밀히 말하면 "선사시대"에 머물러 있게 된다. 언젠가 이 시작점을 앞으로 당기게 해 줄 왕의 명문이 발견된다면 사정은 달라질 것이다. 이런 종류의 사건이 실제로 약 30여 년 전에 일어났었다.

1950년대 말까지, 스스로 남긴 명문으로 증명된 가장 오래된 수메르의 왕 두 명은 라가시의 왕 우르-난셰와 우르의 왕 메산네파다였다. 우르-난셰는 돌에 새겨진 다섯 점의 명문을 남겼다. 이 명문을 프랑스 발굴단이, 오랫동안 라가시로 잘못 알려진 고도古都 기르수, 즉 텔로(더 정확히는 텔 루흐, 즉 "토판의 텔")를 발굴하는 도중에 발견했다.[1] 메산네파다는 엘-우바이드와 우르에서 출토된 간결한 문서로만 알려져 있었다. 이 두 왕은 기원전 2500년경에 통치했던 것으로 추정된다. 두 왕 중 메산네

라가시의 왕 우르-난셰의 명문

파다만이 수메르 제왕 목록에 등장한다. 거기에서 메산네파다는 우루크 왕조를 계승한 우르 1왕조의 창시자로 언급된다. 우르-난셰는 여기에 나타나지 않으며 다른 모든 라가시의 군주들 역시 나타나지 않는다. 1959년 독일 아시리아학 학자인 에트차르트가 바그다드에 있는 이라크 박물관 지하 창고에서 설화석고 병 조각을 발견했는데, 거기에는 "키시의 왕 메-바락-시"라는 세 단어가 새겨져 있었다. 에트차르트는 이 군주를 제왕 목록에 나오는 엔메바라게시로 보았다. 그는 키시 1왕조의 마지막에서 두 번째 왕이며 길가메시와 동시대에 살았던 아가Agga의 아버지이기도 하다.[2] 또한 엔메바라게시의 또 다른 명문이 ED II를 연상케 하는 고고학적 문맥에서 발견되었고, 제왕 목록에서는 메산네파다가 우루크의 우위권을 종식시키기 전에 길가메시의 일곱 후계자가 카페제(디얄라강 유역)에서 총 140년을 다스렸다고 하므로 엔메바라게시는 기원전 약 2700년경에 살았다고 합리적으로 추론할 수 있고, 이 연대를 메소포타미아 역사의 출발점으로 볼 수 있다.

엔메바라게시에 앞선 키시 1왕조 스물한 명의 왕은 140년에서 200년 동안 다스렸다고 추정할 수 있고 길가메시보다 앞선 우루크 1왕조의 네 왕이 같은 시기에 다스렸는데, 그렇다면 이들의 통치기는 모두 지금까지 명문이 발견되지 않은 기원전 2900~2700년에 포함될 것이다. 비록 신화적인 성격을 지니긴 하지만 이 왕들이 실존 인물이 아니라고 생각할 만한 이유는 없다. 단지 증거가 없을 뿐이다. 순전히 "행정적인" 우르의 고대 토판 몇몇을 제외하면 ED I 시기에 관한 정보는 전적으로 고고학적 성격을 지닌다.

ED III 초기 왕들의 명문 대부분은 짧아서 거의 아무런 정보도 전해 주지 않는다. 기원전 2450년경에 이르러서야 일부 명문(특히 기르수에서 발견된)이 훨씬 분명한 정보를 제공해 준다. 이보다 좀 전(기원전 약

2500년)에는 행정적인 토판이 한꺼번에 출토되었다. 파라(슈루파크)와 아부 살라비크에서 행정 기록이 발견되더니 이어서 라가시(기르수)에서도 발견되었다.[3] 그 수가 적긴 하지만 같은 유형의 다른 토판들이 니푸르, 우르, 키시, 아다브에서 출토되었다. 이 두 부류의 문서, 즉 제왕 명문과 행정 기록물 덕분에, 어려움과 공백이 있긴 하지만, 수메르의 "사실적이고" 사회-경제학적인 역사의 밑그림을 그릴 수 있게 된다. 마리의 제왕 명문과 카파제에서 발견된 항아리 조각과 명문이 있는 상像 몇 점을 제외하면 사실 이 모든 명문은 남부 메소포타미아에서 나온 것이다. 그러나 언젠가 다른 곳에서 다른 문서를 발견하리라는 희망을 버려서는 안 된다. 최근 에블라 왕실 문서 보관소의 발굴로도 알 수 있듯 고고학적 연구 앞에는 뜻하지 않은 행운이 기다리고 있을 수도 있기 때문이다.

에블라 왕실 문서 보관소 발굴의 중요성을 충분히 이해하기 위해서는 다음 사실을 알아야 한다. 먼저, 알레포에서 남서쪽으로 60킬로미터 떨어져 있는 에블라(텔 마르디크) 주변의 평원은 아직 거의 발굴이 이루어지지 않은 여러 텔로 뒤덮여 있다는 사실이다. 또한, 기원전 제3천년기의 북부 시리아에 관해 1974년까지 알려진 것이 전혀 없었다는 사실이다.[4] 그런데 바로 이 해와 그에 이은 두 해 동안, 10년 전부터 텔 마르디크를 발굴하고 있던 이탈리아 고고학자들이 왕궁 유적(기원전 2400년에서 2250년 사이로 추정되는)과 전형적인 수메르어 쐐기문자로 기록된 15,000여 토판과 단편을 발굴했다. 일부 단어나 구가 "표어문자表語文字"로 기록되어 있긴 하지만 나머지는 음절을 표현하고 있기 때문에, 에블라 문서의 언어가 아카드어와 구분되며 기원전 제2천년기 서셈어들(예를 들자면, 아무루어나 가나안어)과도 구분되는, 지금까지 알려지지 않은 "에블라어"라는 셈어임을 의심의 여지 없이 확인할 수 있다.

이 토판 중 일부가 해독되면서 그 중요성이 인식되기 시작했다. 새로운 언어가 드러났을 뿐만 아니라, 이전에 메소포타미아 문서에서 가끔 언급됨으로써 이름만 알려져 있던 에블라라는 도시에 관한 수많은 정보를 얻게 되었다. 또한 역사, 조직, 사회적 구조, 경제 체제, 외교와 상업 관계, 영향권, 그리고 에블라를 수도로 한 큰 왕국과 메소포타미아 사이의 문화적 유사성을 알게 되었다. 고대 왕조 시대의 수메르 도시 중 그 어떤 도시에서도 이처럼 방대하고 명료하고 정확한 공문서가 나오지 않았다. 에블라 문서는 그동안 어둠 가운데 잠겨 있던 영역에 생생한 빛을 비춰 주고 있다. 그러나 메소포타미아 역사에 대한 에블라 문서의 공헌은 주목할 만하긴 하지만 여전히 한계가 있고 상당한 연대기적 문제를 불러일으킨다. 이 문서가 전부 출간되어 분석된 후에는 이에 대해 좀 더 잘 알게 될 것 같다.

고고학적 맥락

에블라 궁전 문서에 비견할 만한 고대 왕조 시대 자료는 지금까지 메소포타미아에서 전혀 발견되지 않았다. 그 결과, 전반적으로 말해서 우리에게 남아있는 기록문서는 빈약하며 아주 단편적이다. 따라서 우리는 고고학으로 방향을 돌려 예술, 건축, 기술, 일상생활에 대한 통상적인 정보뿐만 아니라, 기원전 약 2900년부터 2300년까지 이 지역의 역사를 재구성하는 데에 도움이 될 만한 자료를 얻어야 한다.

지표 조사와 발굴 과정에서, 우루크 시대에 시작된 도시화의 과정이 이 시대 초기부터 절정에 이르렀음을 알게 되었다. 남부 메소포타미아에서는 많은 촌락이 사라지고 대신에 도시들이 성장했다. 일부 도시는 이미 규모가 컸고 그때까지 보잘것없던 다른 도시들은 급속히 성장하고 있었다. 같은 시대에 메소포타미아 대평원 북부에 다른 도회지들이 생겨나거나 발전했다. 그중 대표적인 도시는, 유프라테스 강의 시리아 유역 대만곡과 메소포타미아 "통로" 사이에 있는 유프라테스 강 중류의 마리(텔 하리리)[5]와, 모술 남쪽으로 90킬로미터 떨어져 티그리스 강 유역에 있는 아수르(칼라아트 셰르카트)[6]다. 그 외에도 고대의 지명을 알 수 없는 중요한 유적지가 있는데, 대표적인 곳은 제벨 신자르 산 기슭에 모술에서 멀지 않은 곳에 있는 텔 타야[7]와 카부르 강과 발리크 강 사이 터키-시리아 국경에 있는 텔 쿠에이라[8]다. 또한 바그다드 동쪽 디얄라 강 유역을 조사할 때에도 900제곱킬로미터 지역에서 도시 열 곳, 큰 마을 열아홉 곳, 마을 예순일곱 곳이 드러났다. 여담이지만, 1930년대 미국 고고학자들이 카파제(투투브), 텔 아스마르(에슈눈나), 텔 아크라브의 세 도시에서 진행한 발굴 덕분에 헨리 프랑크포르트는 고대 왕조 시대를 세 부분으로 나누었고 이 구분은 오늘날 보편적으로 받아들여지고 있다.[9]

남쪽에서 오는 문화적 조류의 영향을 받기 어려운 북동부 메소포타미아에 위치한 텔 타야를 제외하고(5장의 "젬데트 나스르 시대" 단원 마지막 부분을 보라) 이 모든 유적지는 다소간 수메르의 영향을 받고 있으며, 이 영향은 조각, 종교적 건축, 그리고 이따금 도자기와 세공술에서도 드러난다. 한편 마리에서 발견된 것과 카파제에서 아주 조금 발견된 것을 제외하면 이 유적지 중 어떤 도시에서도 아카드 왕조 이전의 문자 자료는 전혀 발견되지 않았다. 그런데 마리의 상像들에 새겨진 명문은 수메르어의 특징을 띠고 있지만 거기에 적힌 사람 이름 대부분은 논쟁의 여지가 없는 셈어다. 따라서 쐐기문자는 전적으로 유프라테스 강을 따라서 퍼지다가 거기서부터 셈족이 거주하는 북부 시리아 지역으로 전파된 듯하다. 이것은 그다지 놀라운 일이 아니다. 아카드인은 오래전부터 이 문자 체계의 요람인 남부 메소포타미아에서 수메르인과 접촉하며 지냈던 것이다. 우리는 기원전 제3천년기 티그리스 강 중상류 지역의 기층 민족

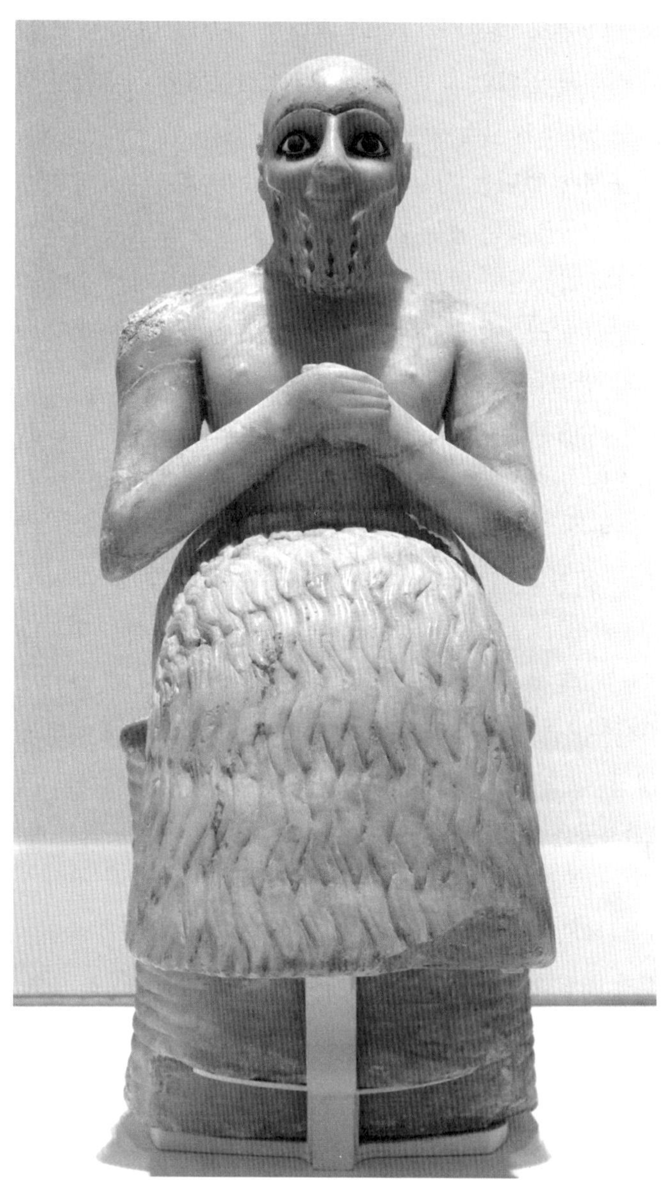

기원전 2400년경 에비흐-일의 상

에비흐-일(Ebih-Il)이라는 이름은 셈어지만
새겨진 명문은 수메르어의 특징을 띠고 있다.

에 대해 아무것도 모른다. 그러나 후대의 문서에 나오는 고유 명사를 보면, 후리인과 엘람인이 뒤섞인, 기원이 불분명한 사람들이 살았음을 추정할 수 있다. 자지라에서 정북 방향에 있는 텔 쿠에이라는 특별한 경우다. 문서가 없다는 사실보다, 아나톨리아 양식의 주랑柱廊 현관을 갖춘 신전과 남부에는 없는 거대한 장례 시설을 보면 수메르 "식민지" 가설은 거의 가능성이 없어 보인다. 그보다는 이 도시가 수메르와 아나톨리아를 잇는 도로 상의 휴식처였으며 이 지역 조각가들이 당시에 유행하던 조각 양식을 흉내 내려 했을 가능성이 더 크다.

대개 이 시대 메소포타미아 도시들은 성벽으로 둘러싸여 있었다. 때로 이중 성벽도 있었고 흔히 보루가 갖추어져 있었다. 성벽 안에는 인구 대다수가 밀집되어 있었다. 이 강력한 성벽은 전쟁과 정복의 위협을 드러내 준다. 이런 위협은 수메르의 도시국가들이 서로 혹은 외부의 침입자에 대항하여 싸우는 모습을 보여주는 명문에서도 확인된다. 높이 3미터의 돌로 만든 축대 위에 건설된 성채와 성벽을 지닌 텔 타야가 누구에게서 자신을 스스로 방어하려 했는지 알 수 없다. 그러나 후대의 문서에서 알려진 자그로스의 룰루비나 구티가 아닐까 생각해 볼 수 있다.

고고학자들은 한결같이 사르곤 이전 시대의 수메르 문화가 우루크-젬데트 나스르 문화의 연장선상에 있다고 단언한다. 대체로 정확한 진술이다. 그러나 일부 불연속성이 분명히 보이는데, 여기에 관해서는 적절한 답을 찾기 어렵다. 예를 들어 남부에서는, 작업의 신속성을 위해 고안된 새로운 건축 자재가 ED II에 출현해서 ED III 말엽에 사라진다. 그것은 "평철平凸"(한 면은 평평하고 다른 한 면은 볼록한) 벽돌이다. 이 벽돌은 세워서 오늬무늬■ 모양으로 배열되었는데, 그렇게 배열한 유일한 이유

■ [역주] V자 형을 겹쳐서 만든 무늬를 일컫는 말이다.

는 작업의 신속성이었을 것이다. 이보다 더 주목할 만한 일은 고전적인 "세 구역" 평면도를 지닌 신전이 사라지고 중앙 뜰 주위에 여러 방이 둘러 있는 형태의 신전이 등장했다는 점이다. 이러한 신전과 주변에 있는 집과의 차이는 단지 규모, 내용물, 그리고 흔히 돌출부가 있는 벽 외에는 없다.[10] 또한 타원형 경내에 있는 신전도 등장하는 것을 볼 수 있다. 카파제의 거대한 신전이나 엘-우바이드와 라가시의 조촐한 신전들을 그 예로 들 수 있다.[11] 이런 신전은 고대 왕조 말엽에 사라지게 된다.

몇몇 봉헌판(가끔 명문이 새겨진)과 잘 만들어진 소수의 비석들(가장 아름다운 것은 기르수에서 나온 "독수리 비석"이라 불리는 것)을 제외하면 가장 대표적인 조각물은 방 주변을 둘러 점토 의자 위에 정렬된 숭배자들의 상像이다. 이 사람들은 대개 서 있지만 앉아 있는 것도 있고 머리카락과 수염이 있기도 하지만 없는 것도 있다. 남자들은 양털 치마를 입고 있고 여자들은 일종의 사리■ 같은 옷을 입고 있으며 양손은 가슴에 모으고 있다. 조개껍데기와 청금석으로 제작되어 역청으로 두른 그들의 눈은 신상을 바라보고 있다. 한편 이런 눈은 이미 텔 에스-사완에서 본 적이 있다. 그런데 이 상들의 제작 수준은 균일하지 않다.[12] 텔 쿠에이라에서 나온 것들은 세련되지 못하고 조잡하며 아수르에서 나온 것들은 평범하다. 텔 아스마르에서 나온 것들은 각이 지고 경직되어 있으며 큰 눈을 하고 있어서 인상적이긴 하지만 그다지 아름답지는 않다. 반면, 마리의 상들은 뛰어난 기법과 감각을 보여 준다. 그러나 마리는 수메르에서 멀리 떨어진 주변 지역이므로 이 훌륭한 조각물을 순수 수메르 예술을 대표하는 것으로 여길 수 없다. 아마도 수메르에서 영감을 받은 현지 예술가의 작품이었던 듯한 이 조각물에서, 아카드의 셈족 왕

■ [역주] 인도의 전통 여성 의복.

숭배자 상

조 때 확연히 드러날 세련되고 사실적인 예술의 전조를 볼 수 있다. 이상한 점은, 수메르의 본고장인 니푸르와 기르수에서 발견된 숭배자들의 소상小像이 대량으로 만든 초보적인 수준의 작품이라는 느낌을 주고 있어 우루크 시대의 걸작에 비춰 볼 때 초라해 보인다는 점이다. 이것을 "지갑이 빈 순례자들"을 위한 작업장에서 만들어진 제품[13]으로 봐야 할까, 아니면 예술사적으로 뛰어난 시대 이후에 필연적으로 뒤따르는 쇠퇴로 봐야 할까?

그렇다고 해서 사르곤 이전 시대 메소포타미아의 예술이 다른 영역에서도 쇠퇴했다는 것은 아니다. 예를 들어 진홍색 도자기(디얄라와 키시 주변 유적지에서 발견된, ED I 시대를 대표하는 베이지 바탕에 붉은 문양이 그려진 도자기) 이후 시대에는 장식 술을 갖추고 벤 자국으로 뒤덮인 우아하고 채색이 없는 도자기(수직 손잡이가 있는 항아리, 작은 구멍이 뚫려 있는 높은 받침 위에 놓인 접시)가 뒤따른다. 이와 같은 발전은 실린더-인장에서도 이루어졌다. 여기에서는 극도로 도식화된 동물이 사라지고 잔치 장면 혹은 절반은 사람이고 절반은 황소인 동물이 맹수와 더불어 싸우는 장면이 나타나는데, 때로는 짧은 명문이 같이 나오기도 한다. 마지막으로, 금속 가공법이 기술 혁신(청동 주조에 사용된 "실랍법失蠟法"■, 귀금속에 사용된 르푸세repoussé 기법■)에 힘입어 발전함으로써 아름다운 소상과 다양한 장식품이 생산되었다. 우르 왕들의 묘지에서 보게 되겠지만 금속 가공법은, 사치품의 경우, 근동 지방에서 후대의 것

■ [역주] 실랍법은 밀랍을 이용해 모형을 만들고 앞뒤로 진흙 등을 발라 잘 말린 다음, 열을 가해 내부의 밀랍을 녹여내어 주형을 만든 후 틈 사이로 청동 용액을 부어 제품을 만드는 기법이다.

■ [역주] 르푸세 기법은 세공품의 뒷면이나 안쪽을 도구로 쳐서 바깥면이 부조 형태로 돋아나게 하는 금속 장식 기법이다.

과 절대로 비교할 수 없는 완성도에 도달한다.

고대 왕조 시대에는 불안정이 팽배했지만, 모든 자료를 종합해 볼 때 구리, 은, 금, 보통의 돌, 귀하거나 보석에 가까운 돌이, 어떤 경우에는 아주 멀리서 수메르로 모여들었음을 알 수 있다. 그런데 우르-난셰의 명문을 보면, "딜문의 배들"이 라가시에 목재를 운반해 왔으며 다시 돌아갈 때에는 수입 상품에 대한 대가로 곡물, 가죽, 직물, 가공품을 싣고 떠났음을 처음으로 알게 된다. 수메르의 도시국가들이 그런 잉여 보리, 밀, 가축, 직물을 생산하고 이러한 교역을 관리하려면 어떤 조직이 있었을까? 고고학의 도움으로 도시 한가운데 있는 거대한 작업장과 행정 중심 지역을 살펴봄으로써 이에 대해 엿볼 수 있게 된다. 그러나 좀 더 많이 알려면 기록된 문서가 있어야 하는데 이에 관해서 이제 살펴보아야겠다.

수메르의 도시국가

고대 왕조 시대에 남부 메소포타미아였던 이 지역(약 삼만 제곱킬로미터, 즉 벨기에 혹은 프랑스 4~5개 도 정도의 면적■)에는 50에서 500헥타르 규모의 도시가 열여덟 곳 이상 있었다. 이들은 북쪽에서 남쪽으로, 시파르, 아크샤크, 키시, 마라드, 이신, 니푸르, 아다브, 자발람, 슈루파크, 움마, 기르수, 라가시, 니나, 바트-티비라, 우루크, 라르사, 우르, 그리고 에르두다. 아부 살라비크나 엘-우바이드와 같이 중요한 유적지는 계산에 넣지 않았다. 발굴 과정에서 드러난 이 도시들은 고대의 지명이

■ [역주] 경상북도와 경상남도를 합한 면적에 해당한다.

여전히 알려지지 않은 상태다. 앞에 열거한 도시들은 서로 아주 가까이 붙어 있는 유프라테스 강의 두 물길을 따라 띄엄띄엄 이어져 있다. 그 이전 여러 세기 동안 존재했던 그물망 같은 물길 중에 이 두 물길만 남아 있었다. 도시는 각각 띠 모양 정원과 종려나무 숲으로 둘러싸여 있었고 그 바깥쪽에는 마을과 농업 노동자의 임시 정착촌을 갖춘 곡물 경작 지역이 이어졌는데, 이 경작 지역은 관개용 수로를 경계로 바둑판 모양으로 나뉘어 있었다. 이 지역 너머에는 가축 떼가 풀을 뜯는 초원, 물고기와 갈대가 풍부한 습지, 그리고 이곳저곳에 불모지가 있었다.

정치적으로 남부 메소포타미아는 여러 나라로 나뉘어 있었으며 각 나라는 이 도시 중 하나를 수도로 삼고 있었기 때문에 우리는 이 나라들을 도시국가라고 부른다. 우리에게 남아있는 문서를 바탕으로 위에 열거된 도시들이 수도였다는 사실을 확인할 수는 없지만 그중 열두 개 도시에는 군주가 있었던 것으로 확인된다. 또한 우리가 아는 바로는, 아마 가장 규모가 컸던 도시국가인 라가시의 경우 아카드 시대에 열일곱 개의 주요 소도시와 여덟 개의 중심 도시를 포함하고 있었는데 이 중심 도시 중에 도시-라가시(엘-히바), 기르수(텔로), 니나(슈르굴), 그리고 미확인 유적인 에닌키마르 항구가 있다.[14]

고대 왕조 시대 수메르의 사회경제적 조직 전체의 총괄표를 그리기는 무척 어렵다. 여기에는 두 가지 이유가 있다. 먼저, 우리에게 정보를 제공할 가능성이 있는 문서들은 대부분 회계 토판으로 때로 해석하기 어렵다. 무엇보다 장소와 시간에 따라 일정하지 않게 분포되어 있는데, 가장 많은 수는 ED III B 시대 바바 여신의 신전인 기르수 신전 한 곳의 문서 보관소에서 나온 것이다. 그런데 수메르의 다른 도시국가가 모두 같은 유형으로 조직되어 있었는지는 알 길이 없다. 또 다른 이유는, 지금까지 제안된 다양한 이론[15]이 수메르인에게 익숙하지 않았을 것 같은 (때로 정치 이념에 물든) 현대적 개념을 미지의 고대 사회에 적용한다는 주요한 결함을 안고 있다는 점이다. 이 중 가장 그럴듯한 도식을 아래에 제시한다. 그러나 큰 공백이 있으므로 잠정적인 것으로 여기길 바란다.[16]

남부 메소포타미아에서 기본이 되는 사회경제적인 단위는 핵가족(부모와 미혼 자녀)이나 확대가족으로 구성된 마을 공동체였던 것 같다. 그 정확한 구조는 알 수 없으며 지역에 따라 다를 수도 있지만, 공동체의 땅은 언제나 수호신에게 속한 것으로 여겨졌던 것 같다. 우바이드 시대 이후로 신전이 아주 중요한 경제적 역할을 수행한 것을 보면 잘 알 수 있다.

우리가 이미 살펴보았듯이, 우루크 시대와 젬데트 나스르 시대에 수적으로 증가한 이런 마을 공동체는 종교 중심지 주변에 만들어지는 경향이 있었다. 기원전 제3천년기 초에 인구가 증가하고 하천과 경작지가 감소하자 많은 마을이 사라졌고 그 주민은 도시로 이주하여 도시의 규모가 커졌다. 때로는 도시가 하나로 합쳐질 때도 있었다. 예를 들어, 엔메르카르가 쿨라바와 에안나를 합병해서 거대 도시 우루크로 만들었다. 각 도시에는 도시의 최고신(우르의 난나, 키시의 자바바, 움마의 샤라, 기르수의 닌기르수 등), 가족의 신들, 그리고 다른 하위 신들을 위한 신전이 있었다. 이 시대에 종교적 수장(위대한 사제 혹은 "사제-왕")은 세속적 수장의 지위를 겸하면서, 어떻게 그렇게 되었는지는 잘 알 수 없지만, 도시국가의 군주가 된다. 도시에 있는 신전 전체(신전)와 군주(궁전)가 소위 국가를 구성한다. 그러나 최고 권력은 군주의 손안에 있다. 권력은 최고신이 스스로 선택한 군주에게 수여하였고 군주는 최고신의 대리인이다. 중요한 결정은 모두 군주가 내리는데 이 과정에서 아마 장로들의 회의에서 나온 조언을 따를 것이다. 군주의 명을 받아 경제를 운영하는 것은 이 일을 지속적으로 해 왔던 신전이다.

도시국가는 여전히 신에게 소속되어 있는데, 이런 관점에서 도시국가는 마을 공동체의 확장에 불과하다. 목축업과 어업뿐만 아니라 교역과 산업은 신의 의지에 따라 국가가 관리한다. 농토 역시 신전이 관리하지만 신전은 농토를 양도할 수 없으므로 진정한 "소유자"는 아니다. 유일한 개인 소유 재산은 집, 정원, 그리고 때로 종려나무 숲과 가구류 정도였던 것 같다.

농토는 여러 구역으로 나뉘어 있고 각 구역은 신전에서 관리한다. 구역은 다시 세 부분으로 나뉜다. 첫째는 "귀족의 밭"*gána-nì-en-na* 으로 이곳에서 신전 사람들이 먹을 양식이 생산되기도 하고, 신전에 매여 있는 농부*engar* 혹은 전체 주민 중에서 농사철에만 일종의 노동형 "조세"로 징집된 이들이 경작하기도 한다. "소작의 밭"*gána-uru$_4$-lá* 은 여러 구획으로 나뉘어 있으며 수확 일부를 사용료로 지급하는 조건으로 양도된다. 마지막으로 "식량의 밭"*gána-shukura* 은 고관, 관리, 직원에게 용익권用益權 이 주어진다.

따라서 국가의 수입은 상당했으며 여러 방식으로 사용된다. 일부는 빈곤한 시기를 대비하여 저축해 두고 일부는 유용한 원료나 외국에서 수입된 사치품과 교환한다. 나머지는 (아마 규모가 가장 컸던 것 같은데) 할당의 형태로 상당히 많은 사람에게 재분배된다. 여기에는, 군주와 그 가족, 장인, 예술가와 서기관, 담가르*damgar* 라 불린 해외 무역 담당자, 직업 군인, 하급 관리, 일정한 일을 위해 노동을 제공하는 일용직 노동자, 국가 작업장에서 일하는 남녀 노동자, 그리고 예전에 서구의 성당처럼 신전이 책임지고 있던 이 땅의 불우한 사람들(환자, 장애인, 과부, 미혼모, 고아)이 포함된다. 할당 체계는 무척 복잡하다. 왜냐하면 이 체계는 계급에 기반을 두고 있는데, 계급에는 지위(기본적으로 결정 능력의 범위를 가리킨다)뿐만 아니라 "위엄", 명성, 기여도 등이 개입되기 때문이다.

이 모든 일에는 계획, 통제, 방대한 회계 업무가 요구된다. 그러나 치밀하고 실용적인 수메르인은 이 점에서 놀랄 만큼 잘 조직되어 있었다. 수메르의 "관료들"은 "지급 증서", 영수증, 일꾼 목록과 같은 문서를 남겨놓았다. 뿐만 아니라 기르수와 슈루파크에서 나온 문서를 보면 전문화가 극에 달했음을 알 수 있다. 예를 들어, 수탕나귀와 암탕나귀를 치는 목자가 따로 있었고, 민물, 소금물, 바닷물에서 물고기를 잡는 사람들이 각각 있었으며, 뱀으로 마술을 부리는 사람들조차도 "협회"를 만들고 그 가운데 우두머리를 두었다.[17] 일군의 서기관들과 일군의 감독*ugula*, 관리인*nu-banda*, 검사관*mashkim*, 감찰관*agrig*, 그리고 다른 "하위 간부들"은 샹가*shanga*라 불리는 신전 사제 겸 행정 책임자의 통제를 받으며 이 거대한 경제를 운영하고 있었다.

실재를 왜곡하지 않으면서 이런 체제에 이름을 붙여 주는 일은 쉽지 않다. "부동산 소유권" 혹은 "생산 수단의 소유"와 같은 현대적인 개념에 기초하여 이 사회 안에서 "계급"을 구분하려는 시도는 헛된 일이다. 다시 한 번 강조하지만 우리가 가진 정보는 단편적이며 매우 한정되어 있고 모르는 것도 많다. 예를 들어, 슈루파크에서 나온 계약서에는 아주 다양한 사회 계층 출신의 개인이 크고 작은 밭을 여러 가족 공동체에서 사들인다는 내용이 나온다.[18] 수메르 중부와 북부에는 남부에 알려지지 않은 사유 재산 제도가 존재했단 말인가? 아니면 이 재산의 구매자들이 국가 기관을 위해 일하고 있었던 것일까? 현시점에서 이에 대한 결론을 내리는 것은 불가능하다.

인간의 본성을 생각해 볼 때, 최상류층에 있는 군주를 비롯한 일부 인사들이 신이나 가족 공동체에 속해 있는 땅이나 재산을 제 것으로 만들려 하면서 서민에게 압력을 행사하려 했다는 사실은 별로 놀랍지 않다. 라가시의 마지막 군주 중 하나인 루갈란다가 바로 이런 일을 저질렀던 것 같다. 그는 기르수에 있는 닌기르수 신전의 상가였던 두두의 작은 아들이었기 때문에 이런 일을 더 쉽게 할 수 있었다. 저 유명한 우루-이님기나■의 유명한 "개혁"은 오늘날 실제로 이런 식으로 해석된다. 일련의 문서[19]에서, 2350년경 루갈란다를 계승한 이 "새로운 인물"은 행정적 불편, 악습, 온갖 불의를 묘사하고 나서, 이름을 밝히지는 않지만 자신의 선임자 때문에 이 모든 일이 일어났다고 주장한다. 궁전의 검사관이 모든 일에 개입하고, 결혼과 장례 때 보리로 내는 과중한 세금이 징수되었다고 한다. 고위 관료들은 시세보다 낮은 가격에 집을 사들였다. 부패가 팽배했고 가난한 사람들은 괴롭힘을 당하고 있었다. 군주 자신은 방대한 시역을 제 것으로 만들었다. 그의 "양파밭과 오이밭"은 신들에게 속한 가장 좋은 땅을 침범했고, 그는 뻔뻔스럽게도 신전에 속한 소와 당나귀를 이용해 이 정원을 가꾸었다. 우루-이님기나는 많은 관료를 파면하고 감세 정책을 시행했으며 "군주의 집과 밭에 닌기르수를 다시 세웠다." "그는 기르수 주민이 사는 곳에서 고리대금, 매점買占 행위, 굶주림, 도둑질, 공격을 제거하고 자유를 정착시켰다." 그러나 이 개혁이 실제로 이루어졌다 하더라도 지속적인 영향을 미치지는 못했다. 이 개혁가의 통치기에 라가시를 비롯한 전체 수메르가 움마의 야심에 찬 군주의 손아귀에 들어가게 되었고 몇 년 후에는 아카드의 사르곤의 수중에 들어갔기 때문이다.

■ 예전에는 우루카기나(*Urukagina*)로 불렸다. "입"을 의미하는 *ka* 자는 "말"을 의미하는 *inim*으로 읽힐 수 있다. 그렇다면 이 이름은 "확실한 말의 도시"(가 … 신을 부른다)이다.

군주

도시국가의 군주는 엔*en*, 루갈*lugal*, 혹은 엔시*ensi*로 불렸다. 엔, 즉 "주인"이라는 명칭은 신들(엔-릴, 엔-키)과 위대한 사제들에 대해(가끔 여사제들에 대해서도) 사용되었으며 우루크의 고대 토판에 나타난다. 그러나 우루크의 군주, 그리고 흥미롭게도, 에블라의 왕만 엔이라는 직함으로 불렸다.[20] 문자적으로 "큰 사람"을 의미하는 루갈과 의미가 불분명한 PA.TE.SI라는 복합 표어문자로 적힌 엔시라는 표현은 각각 "왕"과 "총독"으로 번역되는 것이 일반적이다. 그러나 "총독"이라는 단어는 다른 누군가의 지배를 떠올리게 하므로 고대 왕조 시대에 관해서는 사용될 수 없다. 예를 들어, 이 시대에 라가시의 군주는 어떤 경우에는 엔시라는 직함을 갖고 있었고, 다른 경우에는 루갈이라는 직함을 갖고 있었는데 왜 그런지는 알 방법이 없다. 이 용어의 기원과 정확한 의미를 알 수 없으므로 수메르의 단어를 그대로 사용하는 것이 더 나을 것으로 생각한다.[21] 군주의 직함이 어떠하든지 그의 배우자는 "부인 겸 여주인"을 의미하는 닌*nin*이라는 직함을 갖고 있었다. 이 직함은 엔과 마찬가지로 종교적 함의를 담고 있다. 왕비는 아주 높은 지위를 누리면서 자기 재산을 소유하고 공적 영역에서 중요한 역할을 담당하고 있다. 예를 들어, 기르수에서는 왕비가 바바 여신의 신전 일을 관리한다. 왕권은 세습적이어서 보통은 아버지에서 아들로 승계되지만 여자가 실제적으로 왕권을 장악한 예도 있다. 이 여성은 쿠-바바로서 짧았던 키시 3왕조의 유일한 군주인데, 수메르 제왕 목록에서는 이상하게도 "술집 여주인"이라는 수식어가 붙어 있다.

군주는 신의 의지를 수행하는 자로서 도시국가를 다스린다. 그는 나라의 풍요와 번영을 확보하고, 군대를 끌고 전장으로 나가며, 조약을 맺고 재판을 하며, 거대한 공공 토목 공사를 지휘한다. 그러나 군주의 입장에서 가장 성스럽고 가장 칭송받을 만한 임무는 신전을 건축하고 유지하고 보수하고 장식하는 일이다. 명문 대부분은 이런 활동을 설명하고 있는데, 메소포타미아의 왕은 모두 이런 활동을 수행하게 될 것이다. 우르-난셰부터 아슈르바니팔에 이르기까지 여러 군주는, 신전 건축에 사용될 벽돌을 담은 광주리를 자기 머리 위에 이고 있는 모습을 청동 제품이나 봉헌판, 혹은 조각상이나 비문에 표현하게 될 것이다. 또한, 군주는 여러 축제, 행렬, 다른 종교적 의례에서 중요한 역할을 수행하며 신전의 다양한 경제적 활동을 지휘한다.

사제-왕인 엔은 신전에서 가까운 곳이나 신전 내부에 상주한 반면 루갈이나 엔시는 궁전*é-gal*("큰 집")에 살았던 것 같다. 불행히도, 발굴 과정에서 왕이 살던 집을 평범한 큰 집, 대규모 행정 단지, 또는 요새화된 병기고와 구분해 내는 것은 무척 어려운 일이다. 현재까지 궁전이라는 이름을 부여할 수 있는 건물은 네 채가 발굴되었다. 그중 유일하게 수메르 지역에 있는 에리두의 궁전은 일부밖에 발굴이 이루어지지 않았다. 나머지는 키시의 궁전과 마리의 연속적으로 겹쳐 있는 사르곤 이전 시대 궁전 두 채인데, 이들은 모두 셈족만 거주하거나 주민 대다수가 셈족인 지역에 있다.[22] 그러나 서로 거의 비슷한 시기(ED III)로 추정되는 이 네 궁전의 도면은 놀라울 만큼 유사하다. 커다란 뜰은 삼면이 방으로 둘러싸여 있으며 커다란 "접견실"로 통하는데, 이 모든 것이 아주 두꺼운 두 벽에 둘러싸여 있으며, 이 두 벽 사이에는 좁은 통로가 있다. 키시의 궁전에 인접한 한 건물에는 넓은 방과 주랑柱廊이 있다. 마리의 궁전들은 왕의 개인 신전을 떠올리게 하는 의례용 시설을 갖추고 있다. 마리와 키시의 궁전에서는 나무 널빤지들이 발견되는데, 편석片石이나 역청 바탕에 석회암이나 자개로 잘라 만든 인물, 동물, 마차, 가구 등이 도드라

광주리를 머리에 인 아슈르바니팔

져 전쟁 장면이나 평화로운 장면을 표현하고 있다. "군기"라는 그릇된 이름이 붙여진 이 널빤지들은 사실 아시리아 궁전의 저부조와 유사한 벽면 장식판이었다. 마리의 한 궁전에서는 귀중품을 담은 항아리 하나가 발견되었는데, 그 귀중품 중에는 우르의 루갈 메산네파다가 바친, 청금석으로 만든 구슬이 있다. 이곳이 왕이 살던 곳이었음을 다시금 확인해 주는 듯하다.

근동 지방 전역에 있는 왕의 무덤은 고대부터 주기적으로, 그리고 마구잡이로 도굴과 약탈을 당했다. 그래서 1921년에 발견된 저 유명한 "우르의 공동묘지"는 발견 자체로도 대단한 행운이었다. 그러나 이 묘지에서 출토된 예술품 및 "왕들"과 "왕비들"이 매장된 특별한 상황 덕택에 이 발견은 경이로움과 무시무시함과 신비스러움을 동시에 갖춘 독특한 성격을 띠게 되었다.

ED II 말기(기원전 약 2600년)로 추정되는 이 공동묘지는 도시를 둘러싸고 있는 성벽 아래 비탈에 깊이 파인 열일곱 개의 구덩이로 이루어져 있다. 그중 하나는 관이 들어 있는 단순한 구덩이에 불과하지만 아주 풍부한 소장품을 갖추고 있으며 나머지 열여섯은 돌이나 벽돌로 만들어진 아치 모양의 무덤으로 경사면을 지난 후 현관을 지나 접근할 수 있다. 이 중 여섯은 발견 당시 경사로와 "죽음의 구덩이"라 불리는 거대한 빈 공간만을 남긴 채 파괴되어 있었으며, 나머지 열 곳은 하나 이상의 묘실을 갖추고 있었다. 여기서 이 무덤의 내용물을 자세히 묘사하는 것은 불가능하므로 관심 있는 독자들은 우르 고고학 발굴단장인 레너드 울리 경이 왕실 공동묘지에 관해 쓴 저서들을 참조하기 바란다.[23]

5000년 동안 닫혀 있던 무덤을 열고 금은보석이 진흙에서 쏟아져 나오기 시작할 때 발굴자들이 느꼈을 흥분과 열정을 생생하게 설명해 줄 사람은 사실 발굴자 외에는 없다. 또한 유골과 함께 출토되어 지금은 바그다드, 필라델피아, 대영 박물관에 흩어져 있는 장식품과 다양한 물건을 가능하면 원형 그대로 끌어내서 보존하고 복원하기 위해 얼마나 조심스럽고 세밀하고 끈기 있고 솜씨 있게 작업했는지 역시 발굴자 외에는 더 잘 묘사할 사람이 없을 것이다. 가장 유명한 유물을 들자면, 금과 은으로 만든 단지와 잔, 은이나 청금석으로 만든 둥근 장식이 있는 금 단도, 귀금속으로 만든 아주 멋진 황소 머리로 장식된 리라, 나무에 금을 입히거나 청금석을 장식해 만든 "덤불에 걸린 숫양"을 표현한 훌륭한 소상小像, 청금석 바탕에 자개로 만든 "우르의 군기", 금박으로 만든 왕관, "슈바드"(지금은 푸-아비로 읽히는) 왕비와 궁중 여자들이 착용했던 순금 귀걸이와 금, 청금석, 홍옥수로 만든 목걸이, 그리고 마지막으로 15캐럿짜리 금덩어리 하나로 만들어 섬세하게 다듬은 메스칼람두그의 멋진 투구 등이 있다. 이것들이 불러일으킨 놀라움과 경이로움은, 열두 세기 정도 후의 것으로 동시대에 발굴된 투탕카멘의 무덤에 견줄만하다. 우르의 보물보다 약간 더 최근에 발견된 트로이의 "프리아모스의 보물"이나 터키의 알라카 휘위크와 도라크의 보물도 우르의 보물에 견줄 수는 없다.

이 무덤 중 대부분은 주요 인물의 시신 외에 다른 사람들의 시신이 함께 묻혀 있었다. 때로는 그 수가 많았는데("왕의 무덤"에는 63구, "죽음의 큰 구덩이"에는 74구) 이들은 대부분 여성으로 주인의 장례식 때 독살되어 주인과 함께 묻힌 것이 분명하다. 울리는 이 이상한 장례 풍습을 상기시켜 주었다. 병사들이 무기와 함께, 수레꾼들이 짐수레와 함께, 악사들이 리라와 함께 했고, 궁정의 여자들은 몸치장을 하고 매우 창백한 모습으로 부드러우면서도 확실한 죽음이 기다리는 곳으로 나아갔을 것이다. 이런 장면은 우리에게 공포감과 더불어 거부감을 불러일으킨다. 왕을 묻을 때 아랫사람, 근위병, 딸린 사람을 함께 매장하는 이런 풍습은 다른 시대에 다른 지역에서도 나타난다. 티니스■ 시대 이집트, 스키타이, 몽골, 중국, 아삼, 심지어 기원후 13세기 러시아 코마에서도 이런 풍습이 있었다. 그렇지만 우르 외에는, 그리고 아마 키시 외에는, 메소포타미아 어디에서도 절대 나타나지 않는다.[24]

우르에서 이런 방식으로 매장한 유력 인사들은 누구였을까? 일부 무덤에서 출토된 금속 항아리와 실린더-인장에 기록된 명문들에는 남자 여덟 명과 여자 네 명의 이름이 나온다. 남자 중에 메스칼람두그(금 투구를 쓴 동명의 군주와는 아마 다른 사람인 듯하다)는 루갈이라는 직함을 갖고 있고 아칼람두그(아마 그의 아들인 듯)는 우르의 루갈이라는 직함을 갖고 있으며 다른 남자들은 왕과 관련된 직함을 갖고 있지 않다. 여자 네 명 중 두 명(푸-아비와 닌-반다)는 닌이라 불리고, 세 번째 여자는 명시적으로 아칼람두그의 배우자*dama*로, 네 번째 여자는 파빌사그 신의 여사제로 불린다. 메스칼람두그나 아칼람두그 모두 수메르 제왕 목록에 나오지 않지만, 그렇다고 해서 그들이 우르에서 통치하지 않았다는 의미는 아니다. 푸-아비와 닌-반다는 왕비였을 수 있지만 최고 여사제직을 겸했을 수 있다. 닌이라는 직함이 두 기능 모두에 적용되었기 때문이다. 주목해야 할 점은, 일곱 기의 무덤에서만 명문이 나왔고, 이 명문들이 반드시 무덤 주인과 관련 있는 것은 아니며, 나머지 열 무덤의 주인은 전혀 알 수 없다는 사실이다. 다시 본론으로 돌아와서, 이 사람들은 누구며 왜 이런 끔찍한 집단 장례가 이루어졌을까? 여기에 대해서는 여러 가설이 있다. 왕과 왕비가 신으로 혹은 신처럼 여겨져서 그런 대우를 받은 것일까? 왕과 왕비가 자기 재산과 종들을 데리고 무덤으로 감으로써 저승 세계의 신들의 호의를 사려 한 것일까? 신성한 결혼 의식에서

■ [역주] 1왕조와 2왕조 시대(기원전 3100~2686년경)를 가리킨다.

두무지와 이난나의 역할을 한 왕과 여사제가 제물로 바쳐진 것일까? 왕가의 여성이 전통적으로 최고 여사제가 되었던 우르에서 수호신 역할을 했던 달의 신 난나 숭배와 독특한 관련이 있는 장례 의식일까? 이 이론들을 분석해 보면 그 어느 것도 완전히 만족스럽지 않다. 세상을 떠들썩하게 한 우르 왕실 공동묘지 발굴 이후 60년이 지났지만 비밀은 여전히 그대로 남아 있다는 점을 인정해야겠다.[25]

정치사 개요

고대 왕조 시대에 일어난 사건을 재구성하는 것은 역사학자에게 무척 어려운 일이다. 원칙적으로 실마리를 제공해 줄 수 있는 수메르 제왕 목록은, 실제로는 서로 겹쳐 있었을 "왕조들"을 연속적인 것처럼 제시하는데, 이마저도 판본마다 순서가 조금씩 다르다. 문자 그대로 "역사적"인 문서는, 몇몇 예외적일 때 외에는 아주 간결하며 거기에 나오는 연대도 불확실하다. 아래의 내용은, 몇몇 동시대 사건과 확정된 사실을 제외하면 대개 추측에 의한 것이다.

정치사가 늘 그렇듯이 이 시대의 정치사 역시 기본적으로 전쟁으로 이루어져 있다. 분쟁 대부분은 분명 경제적인 이유로 발생했지만 어떤 경우에는 종교, 야망, 명성 등도 결정적인 역할을 했다. 예를 들어 키시를 점령하고 어떤 방식으로든 지배하는 것은 수많은 수메르 군주의 야망이었다. 그것은 키시가 남부 메소포타미아와 북부 메소포타미아 및 그 너머를 이어주는 모든 교역로로 통하는 도시였기 때문만이 아니었다. 이 도시는, 우리가 그 이유는 알 수 없지만, 엄청난 명성을 누리고 있었으며, 이 도시를 지배한다는 것은 수메르인과 셈족을 하나의 정치 체제

아래 묶는 것을 의미했기 때문이다. 그래서 "키시의 루갈"이라는 직함은 다른 무엇보다 탐나는 대상이 되었다. 사실 이 직함은 우르 3왕조 제왕 명문에 나타나게 될 "수메르와 아카드의 왕"이란 표현에 해당한다. 다른 인기 도시로 니푸르가 있었다.[26] 니푸르는 수메르 지역의 중심에 있었지만 다른 도시국가에 대한 지배권을 획득한 적도 주장한 적도 없었으며 심지어 제왕 목록에도 등장하지 않는다. 그러나 이곳은 엔릴의 근거지로서 종교적인 수도다. 말하자면 수메르의 로마 혹은 메카인 셈이다. 따라서 이 지역 전역의 엔시들과 루갈들은 서로 경쟁적으로 엔릴의 성소에 호화로운 예물을 보내고 그의 신전을 보수하고 장식하려 했다. 수메르 전역을 다스린 군주는 모두 "엔릴이 택한 자"라고 스스로 선포하면서 자신의 우위권이 엔릴에게서 나왔다고 주장했다. 이런 현상을 종교적 열정의 표시라 봐야 할 것인가? 아니면 "원시적 민주주의" 학설의 지지자들이 생각하듯, 외적의 침입이라는 위협 앞에 수메르 모든 도시의 대표자들이 니푸르에 모여서 단일한 군사 지도자를 지명하던 시대의 잔재로 봐야 할까? 그렇지 않다면 이집트에서 헬리오폴리스의 성직자들이 한때 그랬듯이 니푸르의 사제와 신학자들도 왕들에게 은밀하면서도 심오한 영향력을 행사했던 것일까? 다른 문제와 마찬가지로 이 문제에 대해서도 현재 분명한 답은 없다.

이 장을 시작하면서 우리는 키시의 엔메바라게시가 아가의 아버지라고 말하면서 아가가 우루크의 왕 길가메시에게 정복당한 일을 상기시켰다. 엔메바라게시가 기원전 2700년경에 통치했음을 인정한다면 이 정복 사건은 기원전 2650년경에 일어났어야 한다. 우리가 기원전 27세기에 대해 알고 있는 것은, 이 사건과 더불어, 수메르 제왕 목록에 언급된 엔메바라게시가 엘람을 무찌른 사건("그는 엘람의 무기를 노획물로 가져갔다")과, 성대한 의식을 치러 왕실 공동묘지에 매장된 우르의 두 왕

메스칼람두그와 아칼람두그의 이름이 전부다.

기원전 2600년 후 얼마 지나지 않아 우후브라는 이름을 가진 키시의 엔시는 자바바 신에게 헌정한 항아리에 자신이 하마지를 점령했다고 적어 놓았다. 하마지는 티그리스 강 너머 디얄라 강과 소小자브 강 사이에 있는 지역 혹은 도시 이름인 것 같다. 기원전 2550년경 같은 도시 키시의 다른 군주였던 메실림이라는 루갈이 등장하는데, 이 군주는 키시에서 상당히 떨어져 있는 도시들의 두 엔시(라가시의 엔시였던 루갈-샤그-엔구르와 아다브[27]의 엔시였던 닌-키살시)의 종주宗主였던 것 같다. 메실림은 기르수에 닌기르수의 신전을 건설하고, 라가시와 그 이웃 국가인 움마[28] 사이의 분쟁을 조정한다.

거의 같은 시대(기원전 약 2560년)에 메산네파다("안An의 선택을 받은 영웅")가 우르 1왕조를 창립한다. 당시 우르는 주민 약 사천 명 정도 규모의 도시로 우루크나 라가시보다 작았으며 영토도 좁았으나, 아랍-페르시아 만에서 멀지 않은, 유프라테스 강에 위치한 하항河港으로 해상무역에서 부를 축적하였다. 메산네파다는 약 40년간 통치하면서 우르를 거대한 중심 도시로 만든다. 그는 니푸르에 대해 주도권을 쥐고 엔릴 신전의 일부를 건축했으며, 나중에는 키시의 힘이 쇠퇴하는 것을 이용해(이 쇠퇴는 아마 아완[29]의 엘람인이 침입했기 때문인 듯함) 키시를 빼앗음으로써 이론적으로 남부 메소포타미아 전역의 주인이 된다. 마리에서 발견된 "우르의 보물"로 미루어 짐작건대 그의 영향력은 훨씬 더 멀리 뻗어나갔던 것 같다. 이 유물은 우르의 루갈(메산네파다)과 마리의 사르곤 이전 시대 어떤 왕 사이에 우호적인 관계가 있었음을 보여준다. 메산네파다는 기원전 2525년경에 죽는다. 그의 아들 아-안네파다("안An의 선택을 받은 아버지")에 대해서 우리는 거의 아무것도 모른다. 다만 그가 엘-우바이드에 화려하게 장식된 닌후르사그의 신전을 건축했다는 사실만 알 뿐이다. 라가시의 권좌에 우르-난셰가 오른 것은 아-안네파다의 재위 기간 중 기원전 2500년을 조금 지났을 때였다. 우르-난셰는 길게 이어지는 엔시의 계보 중 첫 인물인데, 이 계보상의 몇몇 엔시는 다량의 명문을 남겼다. 자신의 이름("난셰의 전사")과 달리, 우르의 신하였을 이 군주는 평화롭게 살았던 것 같다. 그는 성벽과 여러 신전을 건설하고, 수로를 파고 딜문과 교역하는 데에 힘을 쏟았다. 딜문과의 교역에 힘쓴 것은 우르-난셰 역시 아랍-페르시아 만으로 통하는 "창문" 즉 에닌키마르 항을 갖고 있었기 때문이다. 아주 잘 알려진 봉헌판을 보면 그가 당당하게 머리 위에 바구니를 이고 있고 주변에 자신의 배우자와 일곱 아들과 세 명의 고관들이 둘러서 있는 장면이 나온다. 이 아들 중 아쿠르갈이 기원전 2465년에 그를 계승하지만 아쿠르갈의 재위 기간 6년에 대해서는 기르수 변두리의 신전 안타수라 건설을 언급하는 명문 하나밖에는 없다. 기원전 제2천년기 초의 문서를 보면 그와 같은 시대에 살았던 우르의 루갈 메스키아그눈나가 니푸르에 있는 툼말이라 불리는 성소를 장식하고 그곳에 닌릴 여신을 안치했음을 알 수 있다.[30]

동시대의 명문 중 그 어느 것도 전쟁을 암시하지 않는다. 그러나 우르 왕들의 방패 아래에서 지속되던 이 팍스 수메리카는 기원전 2450년경에 갑자기 깨진다. 하타니시가 이끄는 하마지의 군대가 다시 티그리스를 넘어 키시를 정복한다. 하마지의 군대는 아크샤크의 왕[31]이 키시를 되찾을 때까지 그곳에 6년 동안 머무르게 된다. 한편 라가시에서 기원전 2455년경에 권좌에 올랐던 에안나툼■은 적어도 한 차례 이상 다국적군을 마주하게 되는데, 여기에는 엘람 및 티그리스 너머에 있는 그 동맹국들과 더불어 우르, 우루크, 아크샤크, 키시, 그리고 예상치 못했던 마리

■ "에-안나에 어울리는" (에-안나는 라가시에 있는 이난나의 신전).

까지 포함되어 있었다.

기원전 제3천년기 마리의 역사는 잘 알려져 있지 않다. 수메르 제왕 목록에는 여섯 명의 왕이 있는 "마리 왕조"가 등장하지만 그 가운데 두 명의 이름만 읽을 수 있다. 또한 우르의 두 명문은 마리의 왕인 일리슈를 언급하며, 마리 발굴에서 나온, 경배하는 왕들을 표현한 조각상 넷에는 그들의 이름이 기록되어 있다. 이들은 이쿤-샤마시, 람기-마리, 이블룰-일, 그리고 이슈쿤-샤마간이다. 그러나 우리는 이들이 어떤 순서로 다스렸는지 모른다. 몇 년 전에 에블라 문서집의 한 문서가 역사의 이 시점에 대해 약간의 실마리를 제공해 주었다. 이것은 스스로 마리의 엔*en*이라고 하는 엔나-다간이라는 사람이 이름이 밝혀지지 않은 에블라의 어느 엔에게 보낸 서신이다. 여기에서 엔나-다간은 자신의 세 선임자가 북부 시리아에서 승리의 원정을 수행했음을 상기시킨다. 특히 그중 한 명인 이블룰-일은 에블라 왕국의 수많은 도시를 파괴하고 점령했던 것 같다.[32] 이 서신은 목적이 명시되어 있지 않지만, 엔나-다간이 자신의 경쟁자에게 압력을 가함으로써 그의 나라에 대해 모종의 지배권을 행사하려 한다는 점은 분명히 알 수 있다. 이런 사실은 에블라의 왕들이 마리의 왕실에 "선물"(조공으로 읽어야 함)로 금과 은을 주기적으로 보냈음을 시사하는 에블라 행정 문서로 뒷받침된다. 적어도 에블라의 가장 강력한 왕이었던 에브리움의 재위 기간까지는 그렇게 했던 것 같다.[33] 같은 종류의 다른 문서를 보면 이 두 나라의 관계가 항상 나쁘지만은 않았음을 알 수 있다. 마리의 수많은 예술가와 장인이 에블라에서 일하고 있었다. 이 두 도시는 다양한 생산품을 서로 교환하고 있었다. 여기에는 자기들이 쓰기 위한 목적도 있었지만, 지중해 연안 및 아나톨리아를 남부 메소포타미아 및 아랍-페르시아 만과 이어 주는 "교역 중계" 역할도 있었다.[34]

마리-에블라 전쟁의 연대를 설정하는 것은 불가능하다. 이 두 나라의 군주와 수메르 도시국가의 군주 사이에 공시성共時性을 확립할 수 없기 때문이다. 또한 그들의 재위 순서와 기간, 그들의 직함이 갖는 의미, 심지어 그들의 실존마저도 확실하지 않기 때문이다. 그러나 너무 복잡해서 여기서 논의할 수는 없지만, 마리의 이블룰-일, 에블라의 아레눔, 그리고 라가시의 에안나툼이 거의 비슷한 시기(기원전 약 2460~2400년)에 살았다고 볼 만한 이유가 있다.

에안나툼은 모든 적에 대항하여 사자처럼 싸운다. 그는 엘람인의 무리를 수메르에서 쫓아내고, 그들과 동맹한 도시들을 약탈하거나 초토화하고, 마리를 정복하고, 우르와 우루크를 점령하고, 키시에서 아크샤크의 군주인 주주Zuzu를 몰아낸 후 "라가시의 엔시라는 직책에 키시의 루갈이라는 직책을 더한다." 에안나툼의 말을 문자 그대로 받아들이면, 그는 한때 수메르 전체뿐만 아니라 아마 그 너머까지 다스리게 되었을 것이다. 그러나 에안나툼에 대해 우리가 가장 잘 알고 있는 업적은 이 위대한 전쟁에 관한 것이 아니다. 그 전쟁은 순전히 지역적인 분쟁으로서, 구-에딘나라 불리는 접경 지역에 대해 라가시와 움마 사이에 벌어졌던 해묵은 다툼이다. 예전에 메실림이 이 두 나라 경계에 비석을 건립함으로써 이 다툼을 중재한 적이 있었다.[35] 아마 당시의 혼란을 이용하여,

> 움마의 엔시였던 우슈는 자신의 호언장담에 따라 행동한다. 그는 이 기념비를 옮기고 라가시 평원을 향해 진군한다.

그러자 라가시의 병사들은 자기네 군주의 지휘 아래 가죽 투구를 쓰고 창으로 무장하고 큰 방패를 들고 빽빽하게 열을 지어 나아가 전투를 벌여 승리를 거둔다. "닌기르수의 그물"은 적에게 달려들고 스무 기의

봉분 아래에 시체들이 쌓인다. 움마의 주민은 반란을 일으켜 자기들의 우두머리를 살해한다. 이 도시의 새로운 엔시 에나칼레가 평화 협정에 서명한다. 국경은 고정되어 경계석과 신전으로 둘러싸인 경사면의 형태로 뚜렷하게 설정된다. 메실림의 비문은 제자리에 다시 놓인다. 에안나툼은 "독수리 비석"이라 불리는 웅장한 비석(루브르 박물관이 자랑하는)을 세워 자신의 승리(아니, 그보다는 움마의 신 샤라에 대한 닌기르수 신의 승리)를 기념한다.[36]

에안나툼의 죽음(기원전 약 2425년) 이후의 시대는 혼돈의 시대이다. 우루크의 엔인 엔-샤쿠시-안나와 아다브의 루갈인 루갈-안네-문두가 차례로 키시와 니푸르를 점령하고 수메르의 종주로 이름을 날린 것 같다.

독수리 비석의 일부분

라가시에서는 움마와의 분쟁이 다시 불붙어 에안나툼의 동생인 에난나툼 1세와 그 아들 엔테메나의 시대에 두 번이나 움마의 엔시들이 국경을 넘어와서 기르수의 밭을 약탈한다. 엔테메나는 이들을 격퇴하고 정복했으면서도 불안했던지 우루크의 엔이면서 동시에 우르의 루갈인 루갈-키니셰-두두■라는 강력한 이웃과 "형제의 조약"을 맺는다. 이런 조약에 관해서는 원뿔형 점토에 기록된 것으로 적어도 46점 이상이 알려져 있다. 약 30년 후 정변이 일어나 우르-난셰가 세웠던 왕조가 몰락하고 라가시의 권좌는 사제 가문이 차지하게 되지만 이 가문은 나중에 개혁가 우루-이님기나에게 쫓겨난다. 그 당시 루갈자게시■라는 움마의 엔시가 출현하여 두 세기에 걸친 패배를 설욕하게 된다. 그는 기르수를 향해 진군하여 이 도시를 점령하고 약탈하고 불사른다.

> 움마인[루갈자게시]은 경사면-국경을 불살랐다. 그는 안타수라(신전)를 불사르고 그곳에서 은과 청금석을 약탈했다. 그는 티라스 궁에서 죽이고, 압수-반다에서 죽이고, 엔릴 신전에서 죽이고, 우투 신전에서 죽였다. … 움마인은 라가시를 파괴했기 때문에 닌기르수에게 죄를 지은 것이다! 움마의 엔시 루갈자게시의 여신 니다바여, 이 죄를 그의 머리에 돌리소서!

그러나 익명의 토판 위에 적힌 이 저주는 즉각적으로 효력이 나타나지 않는다. 루갈자게시는 라가시 다음에 우르와 우루크를 점령하고, 그 후에 수메르 전체를 정복한 후 그 너머로 나아갔다. 여기에 관해서는 루갈자게시가 니푸르에서 엔릴에게 헌정한 여러 방해석方解石 항아리에

■ "자신의 목적을 향해 돌진하는 왕."
■ "성소를 가득 채우는 왕."

빼곡히 적혀 있는 긴 명문을 보면 잘 알 수 있다.

모든 나라의 왕 엔릴이 루갈자게시에게 이 나라의 왕권을 주고, 이 나라 앞에서 그의 정당성을 증명하고, 모든 (다른) 나라가 그를 섬기게 하고, 해 뜨는 곳에서 해 지는 곳까지 모든 나라가 그의 법에 복종하게 했다. 그때 그[엔릴]는 아래 바다[아랍-페르시아 만]에서 티그리스와 유프라테스를 지나 위 바다[지중해]까지 그[루갈자게시]에게 안전한 길을 허락했다. 나라들은 평화롭게 살았고 백성은 즐거운 가운데 밭에 물을 댔으며 수메르의 모든 왕조와 모든 나라의 군주가 우루크에서 그의 주권의 법에 복종했다.

몇 년 전이었다면 이런 말을 단순히 허풍으로 여겼을 것이다. 그러나 에안나툼 시대의 마리와 라가시의 예를 곰곰이 생각해 볼 필요가 있다. 이 시대 고대 근동에는 아직 강력한 조직을 갖춘 권력이 존재하지 않았다. 따라서 수천의 부하를 거느린 결단력 있는 지도자라면 누구나 힘을 사용하고 도시와 나라 사이의 경쟁 구도를 이용하면서, 비록 일시적이긴 하지만, 명실상부한 "제국"을 만들어낼 수 있었을 것이다.[37] 루갈자게시의 제국은 24년(기원전 2340~2316년)밖에 지속되지 못하고 무너지게 된다. 이 공격을 성사시킨 사람은 메소포타미아의 셈족 신출내기, 아카드의 사르곤이었다.

09 아카드인들

우리는 수메르의 문화적 영향력이 북부 메소포타미아로, 특히 유프라테스 강을 따라 키시에서 마리로, 그리고 마리에서 에블라로 퍼져나가는 것을 살펴보았다. 젬데트 나스르 시대부터 감지되었던, 기름얼룩처럼 퍼지는 이 움직임은 고대 왕조 시대에 이르러 예술, 문자, 문학에서 동시에 뚜렷이 드러난다. 그러나 수메르의 문화가 서기관, 예술가, 학자, 상인 이외에 다른 방법으로 전파되었음을 시사하는 증거는 전혀 없다. 거의 네 세기 동안 수메르의 군주들은 서로 다투었다. 흔히 자기들 내부에서 다투었는데, 그 목적은 침입자들을 몰아내거나 남부 메소포타미아의 다른 도시국가 위에 자기네 주도권을 확립하려는 것이었다. 그들이 가진 야망은 키시를 점령하거나 니푸르의 군주로 인정받는 것, 그리고 어떤 경우에는 아래 바다[아랍-페르시아 만]의 접근을 확보하는 것이 전부였던 것 같다. 많은 점에서 북부 메소포타미아는 그들에게 외국으로 인식되었다.

그러나 기원전 24세기 말에 북서부를 향한 루갈자게시의 전격적인 군사작전은 키시의 셈족들이 머지않아 다시 시도할 팽창 정책의 신호탄이 된다. 몇 년 안에 사르곤과 그의 후계자들은 수메르 전역을 복속시키고 티그리스와 유프라테스 유역을 정복하고 북부 시리아를 침공하고 에블라를 쓰러뜨리고 엘람을 지배하고 아랍-페르시아 만에서 원정을 수행하여 오만까지 이르면서 명실상부한 제국을 창건하게 될 것이다.[1] 메소포타미아의 두 부분은 비로소 타우루스에서 파르스의 산지까지, 자그로스에서 지중해까지 이르는 하나의 지역 안에 통합될 것이다. 당시 사람들의 관점에서 이 지역은 광대한 지역으로 사실상 세계 전체였다. 이 점에서 우리는 사르곤의 막내아들 나람-신이 자신을 스스로 샤르 키브라트 아르바임*shar kibrat arba'im*, 즉 "네 지역의 왕"이란 직함으로 부른 것을 이해할 수 있다. 이 네 지역은 "높은 곳"(북부), "낮은 곳"(남부), 해 뜨는 곳, 해 지는 곳이다. 이 셈족의 제국, 즉 아카드 제국은 한 세기(어림잡아 기원전 2300~2200년)밖에 지속되지 못하지만 결코 잊히지 않을 선례를 만들어낸다. 자기들에게 유리하도록 메소포타미아의 통일성을 재편하는 것, 이 지역을 사방으로 가로지르는 모든 교역로를 지배하는 것, 서방의 시리아 지역으로 향하는 문을 여는 것 등은 앞으로 이천 년 동안 수많은 수메르, 아시리아, 바빌로니아 군주들의 꿈이요 최고의 목적이 될 것이다.

우리가 이미 여러 차례 언급했었고 이제 역사 속으로 화려하게 등장하는 이 셈족에 관해 좀 더 자세히 살펴볼 때가 되었다.

셈족

"셈의"sémitique라는 표현은 서로 밀접하게 연관된 여러 언어를 묶어서 가리키기 위해 1781년 독일의 철학자 슐뢰저Schlözer가 처음 사용했다.[2] 얼마 지나지 않아, 이 언어들을 사용했거나 여전히 사용하고 있는 사람들을 일상적으로 "셈족"Sémites이라 부르게 되었다. 이 두 단어는, 노아의 아들이며 함과 야벳의 형제인 셈이라는 이름에서 비롯된 것으로, 성서에 따르면 셈은 아시리아인, 아람인, 히브리인의 선조다. 현존하는 셈어 중 가장 널리 퍼져 있는 언어는 아랍어이며 그 다음으로 에티오피아어와 히브리어가 있다. 아카드어와 그 방언(고대 아카드어, 아시리아어, 바빌로니아어) 및 서西셈어라 불리는 언어들(에블라어■, 아무루어, 가나안어, 페니키아어, 모압어)은 오래전부터 사어死語였지만, 아람어는 살아남아서 상당히 변형된 형태로 여러 동방 교회의 전례 언어로 사용되고 있으며 레바논과 북부 이라크에 있는 소규모 집단의 방언으로도 남아 있다. 소멸했든 살아 있든 이 모든 언어는 수많은 공통된 특징이 있어서 아주 긴밀한 관계를 지닌 어족語族을 이루고 있다.[3] 이들의 주요한 특징 하나는 동사를 비롯한 수많은 명사와 형용사가 대개 세 자음으로 이루어진 어근에서 파생된다는 점이다. 이 자음들에 단모음 혹은 장모음이 결합됨으로써 어근이 표현하는 일반적 개념이 구체화되고 조정된다. 예를 들어, 아랍어로 어근 *k t b*는 "쓰기"라는 모호한 개념을 표현한다. "그가 썼다"는 *kataba*라 하고 ("쓰다" 역시 이렇게 표현되는데, 그것은 아랍어에 부정사가 없기 때문이다), "그가 쓴다"는 *yiktib*, "이것이 쓰여 있다"는 *maktub*, "쓰는 사람"은 *kâtib*, "책"은 *kitâb*이라 한다. 마찬가지로 아카드어에서 *ikashad* "그가 정복한다", *ikshud* "그가 정복했다", *kashâdu* "정복하다", *kâshid* "정복자"는 모두 "접근"이란 개념에서 확장된 "정복"이란 개념을 표현하는 어근 *k sh d*에서 파생된다.■

고대에 셈족은 근동近東이라고 하는 분명한 경계를 이루는 지역에

■ [역주] 저자의 분류와 달리, 일반적으로 에블라어는 아카드어와 더불어 동(東)셈어로 분류된다.

■ [역주] "*sh*"는 하나의 자음을 나타내며 영어의 "*sh*"와 비슷하게 발음되었을 것으로 추정된다. 이 자음은 "*š*"으로 음역하는 것이 일반적이다.

거주하였다. 이 지역은 바다와 산으로 경계를 이루고 있었으며 기본적으로 아라비아 반도, 시리아-팔레스타인, 그리고 메소포타미아를 포함한다. 따라서 예전에는 셈족을 한 인종으로 여기는 관행이 지배적이었다. 그 후 "인종"이라는 개념이 과학적으로 오류임이 밝혀지면서, 이들을 같은 유형의 언어뿐만 아니라 같은 기질, 같은 풍속 및 관습, 같은 종교적 신념을 공유하는 민족들로 구성된 동질 집단으로 여기게 되었다. 더 나아가, 아주 오랫동안 퍼져 있는 이론에 따르면 셈족은 원래 위에 정의된 지역의 지리적 중심, 즉 광활한 시리아-아라비아 사막을 발상지로 하는 유목민이었다고 한다. 이곳에 살던 셈족이 여러 시대에 걸쳐 잇따른 "물결"을 이루면서 쏟아져 나와 주변 지역에 정착하게 되었다는 것이다. 기원전 제4천년기에는 아카드인이 중앙 메소포타미아로 나왔고, 기원전 제2천년기에는 아무루인이 시리아와 메소포타미아로, 가나안인이 시리아-팔레스타인으로, 기원전 12세기에는 아람인이 비옥한 초승달 지대 주변으로 나왔으며, 마지막으로 아랍인이 기원후 7세기에 나왔다.[4]

이 이론은 지금에 와서는 케케묵은 이론이 되었다. 지난 40년 동안 이루어진 고기후학古氣候學 연구를 종합해 보면, 아라비아 반도의 중앙부도 그렇고 메소포타미아와 시리아-팔레스타인 사이에 놓인 삼각형 모양의 땅 역시 구석기시대 말부터 지금처럼 건조한 사막이었음을 알 수 있다. 기원전 제8천년기와 기원전 제3천년기 사이에 강우 사례는 아라비아의 산악 지역, 홍해 주변, 그리고 오만 만灣 지역에만 거의 집중되어 있었다.[5] 떼를 지어 다른 지역을 침공할 만큼 많은 주민이 이런 사막에서 먹고살 수는 없었을 것이다. 실제로 모든 것을 고려해 볼 때 근동 지방에서 오랜 옛날 비교적 인구가 조밀했던 유일한 지역은 터키, 레반트, 메소포타미아, 이란 외에는 없었을 것이며, 헤자즈, 예멘, 오만 등 광활한 시리아-아랍 사막 주변에 있는 지역에도 사람이 조금밖에 살지 않았을 것이다. 게다가 이 광활한 사막 지역에서 (몹시 가난하게라도) 생존하기 위해서는 물이 있는 곳과 빈약한 목초지를 찾아 계절에 따라 이주하면서 엄청나게 먼 거리를 옮겨 다닐 수 있어야 한다. 그런데 알다시피 기원전 12세기(단봉낙타가 근동 지방에 퍼지기 시작한 시기[6]) 전에 유목민들은 염소와 양을 길렀고 유일한 탈것은 당나귀였다. 따라서 그들의 이동의 자유는 현대의 베두인들보다 훨씬 더 제한되어 있었으며, 그들은 다양한 면적의 띠 모양의 지역에서만 이동할 수 있었다. 그것은 250밀리미터 등우량선等雨量線의 범위 안에 있는 산기슭일 수도 있고 강과 하천을 따라 이어질 수도 있으며, 때로는 도시화된 지역에 둘러싸인 지역일 수도 있었다. 이 모두가 목초지와 경작지의 경계를 이루는 지역이었다. 이런 방식은 "폐쇄적" 유목으로 중앙아시아의 "개방적" 유목과 대조된다.

이러한 띠 모양의 지역, 그리고 거기에 둘러싸인 지역 안에서 전통적으로 부족 단위로 조직된 유목민은 도시민 및 농민과 지속적으로 접촉하면서 이들과 더불어 "이형二形 사회"를 이루고 있었다.[7] 도시의 권력이 유목민에게 모종의 지배력을 행사하는지 그렇지 않은지에 따라 유목민과 정주민定住民 사이의 관계는 다양한 양상을 띨 수 있었다. 대부분은 사회의 두 구성원이 공생 관계로 살았다. 목축업자는 도시나 마을 어귀에 있는 시장에서 농부를 만나 자기 생산품(아직 도살하지 않은 가축, 유제품, 양모, 가죽)을 곡물, 콩류, 과일, 제조품과 맞교환한 후 겨우 몇 킬로미터밖에 떨어져 있지 않은 자기네 가축 떼를 향해 돌아가곤 했다. 때로 유목민들은 개인적으로 자기 부족을 떠나 노동자나 용병으로 일하기도 했다. 어떤 경우에는 당국에서 어떤 씨족이나 부족에게, 소금기 증가로 경작에 적합하지 않게 된 땅을 빌려 주는 일이 있었고, 어떤 부족, 씨족, 혹은 가족은 한 해 중 일부는 농사를 짓고 일부는 목축에 종사하면서 반半 유목민이 되는 일도 있었다. 정치적 격변기에 도시 권력이 약해

지면 부족이나 부족 연맹은 크고 작은 규모의 영토를 차지하고 자기네 우두머리를 세워 그곳에 정착하곤 했다.

따라서 유목민의 정착은 느리고 불연속적인 현상이었다. 강한 저항에 부딪혀 여러 차례 중단되기도 했고 일부 부족들이 자발적으로 혹은 어쩔 수 없이 다시 유목 생활로 돌아감으로써 상쇄되기도 했다. 정착 과정은 물결처럼 사방으로 퍼져나간 것이 아니라 목초지에서 경작지를 향한 연속적인 움직임의 양상을 띠었다. 따라서 셈어를 사용하는 사람들의 요람은 비옥한 초승달 지대와 아라비아 반도의 주변 지역에서 찾아야 한다. 우리가 생각하기에 그들은 선사시대부터 그곳에 살았지만 어떤 특정 시기에 이르러 우리에게 알려진 것이다. 때로 자기들이 작성한 문서에서 알려지기도 했고(에블라인과 우가리트의 가나안인의 경우가 그렇다) 때로 정주민의 문서에서 이름으로 기원을 추측할 수 있는 고립된 개인이나 인종적, 정치적 실체로 나타나면서 알려지기도 했다(아카드인, 아무루인, 아람인, 이슬람화 이전 아랍인의 경우가 그렇다).

고대 근동의 유목민 대부분이 셈어를 사용한 것은 사실이지만, 그렇다고 이 언어를 사용하는 모든 사람이 유목민이었다고 할 수는 없다. 대체로 셈족을 규정하는 특성("열정적이고 조급하고 불안하며 감정적인 기질"[8], "유일신론적이고 신화에 반대하며 의식에 반대하는 종교 관념"[9], 부족 조직을 본떠 만든 사회정치적 개념)은 기본적으로 셈족 유목민에게만 해당하며 대부분 특정한 생활 방식에 기인한다. 그런데 아람인과 아랍인은 원래 유목민이었던 것 같지만, 모든 아무루인이 유목민이었던 것 같지는 않으며, 에블라인과 아카드인이 유목민이었다는 증거는 전혀 없다. 오히려 모든 것을 종합해 보면 이 두 민족은 오랜 옛날부터 유프라테스 중류와 남부 메소포타미아에 정착해 있었음을 알 수 있다. 남부 메소포타미아에서 이들은 수메르인과 긴밀히 접촉하면서 그들의 생활양식, 풍습, 종교를 공유했으며 그들에게 쐐기문자를 빌려 와 자기 언어에 적용했다. 이 적용은 그다지 쉽지 않았다. 왜냐하면 두 언어는 프랑스어와 중국어가 다른 것만큼이나 서로 달랐기 때문이다. 그들은 또한 수많은 수메르어 단어를 받아들여 "아카드어화"하였지만(*dub* "토판"은 *tuppu*[*m*]이 되었고, *damgar* "상인"은 *tamkâru*[*m*]이 되었다), 수메르인은 *hazi* "도끼", *shám* "가격", *súm* "양파"와 그 외의 몇몇 아카드어 어휘만을 차용했다.

고대 왕조 시대를 지나면서 셈족은 점차 키시 지역(나중에 사르곤이 세웠던 왕도의 이름을 따서 아가데 또는 아카데[아카드]라는 지역명을 갖게 되었다)에서 다수를 차지하게 된 것 같다. 그러나 이들은 수메르의 본거지에서도 발견된다. 기원전 2550년경부터 슈루파크 문서집에 인용된 여러 사람과 더불어 아부 살라비크 문서를 수메르어로 쓴 서기관의 약 절반이 셈어 이름을 갖고 있다. 우르의 왕실 묘지의 유명한 닌*nin*이었던 푸-아비("아버지의 입"), 기원전 2480년경에 이 도시를 다스렸던 메스키아그눈나의 부인, 그리고 일부 학자들의 견해에 따르면, 루갈자게시의 아버지도 그러하다.[10] 또한 이 시대 수메르 문서 중 어디에서도 키시의 셈족을 유목민으로 묘사하지 않는다는 점을 강조해야겠다. 이 두 주민들 사이의 친분 관계는 언제나 논쟁의 대상이 되었지만 많은 아시리아학 학자들은 이들 사이에 서로 적대감이 없었다는 결론을 내린다.[11] 아카드인에 대한 수메르인의 태도가 변하는 것은 자기네 출신이 아닌 왕이 총독을 파견하고 언어를 강요하는 상황에 직면하여 문화적 정체성에 위기를 느끼는 순간 외에는 없을 것이다. 그러나 이런 "심한 변덕"은 순간적일 뿐이다. 아득한 옛날부터 유프라테스 하류에 친밀하게 섞여 살던 두 민족 사이에 지속적인 적대감이 있었음을 시사하는 증거는 그 후로 전혀 없을 것이다.

아카드의 사르곤

아카드 왕조의 초대 왕인 사르곤의 통치는 동시대인들에게 깊은 인상을 남겼고, 그 때문에 그는 늘 전설의 후광에 둘러싸여 있었다. 예를 들어 기원전 7세기의 한 문서에는 그의 출생과 유아기가 모세를 비롯한 다른 영웅들이 겪었던 놀라운 사건을 떠올리게 하는 방식으로 표현되어 있다.

> 나의 어머니는 대사제였다. 나의 아버지는 누구인지 모른다. 나의 아버지의 형제들은 산에서 야영한다. 내가 태어난 도시는 아주피라누■이며 유프라테스 강변에 있다.
>
> 대사제였던 나의 어머니는 나를 임신하고 비밀리에 나를 세상에 태어나게 했다. 어머니는 나를 골풀로 엮은 바구니에 눕히고 그 입구를 역청으로 봉했다. 어머니는 나를 강물에 던졌고 나는 거기서 나올 수 없었다.
>
> 강은 나를 실어갔다. 강은 나를 물 긷는 자 아키에게로 데려갔다. 물 긷는 자 아키는 양동이를 물에 담그다가 나를 (강에서) 끌어냈다. 물 긷는 자 아키는 나를 자기 아들로 입양하고 나를 길렀다. 물 긷는 자 아키는 나를 자신의 정원사가 되게 했다.
>
> 내가 여전히 정원사였을 때 이슈타르 여신이 나에게 사랑을 베풀었다. 그리하여 나는 56년 동안 왕권을 행사했다.[12]

이것은 기껏해야 아주 잘 꾸며낸 이야기라고 볼 수밖에 없다. 그러나 좀 더 믿을 만한 자료[13]에 따르면 나중에 스스로 샤루-킨Sharru-kîn, 즉 "정

■ 이 이름은 "사프란(의 도시)"를 의미하는 것 같다.

당한 왕"이란 이름을 붙이게 될 (아마 정당한 왕이 아니었기 때문에) 사람은 실제로 평민 출신이었다. 정원사였던 사르곤은, "술집 여주인"-여왕인 쿠-바바의 막내아들이며 키시의 왕인 우르-자바바의 종이 되었다가 술 따르는 사람의 지위까지 올랐다.[14] 이때 그는 자신의 은인에 대항하여 반란을 일으켰는데, 방법은 알 수 없지만, 그를 권좌에서 몰아내고 강력한 루갈자게시가 다스리고 있는 우루크를 향해 진군했다. 기습 공격으로 우루크를 점령한 사르곤은 성벽을 허물고 자기 적수를 마주했다. 50명의 엔시를 휘하에 거느리던 루갈자게시는 여기서 패하고 사로잡혔다. 사르곤은 그를 쇠고리에 묶어 니푸르에 있는 "엔릴의 (신전) 문"으로 끌고 가서 자신의 승리를 기념하면서 동시에 자신의 왕위 찬탈을 인정받았다. 그 후 그는 우르, 라가시, 움마를 차례로 점령하였다. 사르곤은 라가시의 항구인 에닌키마르에서 상징적인 행동을 함으로써 아랍-페르시아 만의 요충지를 수중에 넣은 사실을 강조하려 했다. 이 행동은 나중에 다른 여러 군주가 다른 나라에서 반복하게 될 행동이다. "그는 자기 무기를 바다에 씻었다."

"(수메르) 나라의 왕"과 "키시의 왕"이 된 사르곤은 키시에서 명성을 떨치며 지내는 것에 만족할 수도 있었지만, 자신의 통치로 새로운 시대가 열렸음을 알리기 위해 키시에서 멀지 않은 곳에 새로운 도시 아카데(또는 아가데)를 건설했다. 이 도시는 메소포타미아의 왕도王都 중 유일하게 그 위치를 알 수 없다.[15] 사르곤은 만灣에서 약 300킬로미터 떨어진 이 도시를 "멜루하의 선박, 마간의 선박, 그리고 딜문의 선박"이 정박하는 큰 하항河港으로 만들었다. 다른 변화도 있었다. 수메르어를 완전히 몰아내지는 않았지만 아카드어가 문서 기록에 점점 더 많이 사용되었고 "연명"年名이라는 연대 기록 체계가 도입되었다(2장 참고). 그러나 이 새로운 군주는 자기 백성의 감정을 정면으로 거스르지 않으려 했다. 정복당한 루갈과 엔시가 원래의 직책을 그대로 유지하게 하면서 새로 만들어진 자리에 아카드인 총독을 파견했던 듯하다. 또한 수메르인의 신앙과 종교 기관은 조심스럽게 존중되었다. 사르곤은 자신을 스스로 "아눔이 기름 부은 자"와 "엔릴의 대리인"으로 선언했고 자신의 친딸 엔헤두안나(이난나에게 바치는 아주 아름다운 찬가와 기도문을 저술한 시인[16])를 우르의 달 신 난나(아카드어로는 신Sîn)의 최고 여사제로 임명하였다. 그가 만들어 낸 이 새로운 전통은 그의 후계자들이 계승했으며 바빌로니아의 마지막 왕 나보니두스에게까지 이어진다.

수메르에 대한 주도권을 확립한 사르곤은 자신의 왕국을 위협하는 두 세력, 에블라와 아완을 무력화하기 위해 그들의 영토에 대한 공격을 감행했다. 유프라테스 강을 따라 북부 시리아까지 진행된 이 원정에 관해서는 거의 아무것도 알려진 것이 없다. 다만 아카드 왕의 말에 따르면, 그가 투틀[17]에 이르러 유프라테스 중류 지방과 에블라의 위대한 신 다간 앞에 엎드려 경배했으며, 다간은 "그에게 마리, 야르무티[18], 에블라를 비롯하여 삼나무 숲과 은산銀山에 이르기까지 모든 북쪽 나라를 주었다"고 한다. 삼나무 숲과 은산은 아마누스 산맥과 타우루스 산맥을 가리키는 것이다. 마리나 에블라 모두 파괴되지 않은 듯하며 정복자는 조공과 충성 맹세만으로 만족했던 것 같다. 이 산지에 접근하면서 그는 목재와 금속 공급을 확보하게 되었다. 그 후로 목재와 금속은, 유프라테스 강을 이용해 거의 55킬로미터마다 배치된 왕의 관리의 감시 아래 아가데의 부두까지 옮겨졌다. "시리아 전쟁"은 (아마 실제와 달리) 행군 훈련에 지나지 않은 것으로 보인다. 반면, 아완 왕국과 그 동맹국인 와라흐셰 왕국을 무너뜨리기 위해 사르곤은 두 차례의 원정을 감행해야 했다. 이 두 이웃 왕국은 이란 남서부 산악지대에 있었는데, 그중에 좀 더 강한 아완은 "총독"의 지배를 받는 속국을 주변에 거느리고 있었다. 나중에 아완은 다른 도시국가와 함께 엘람 동맹에 가담할 것이다. 여러 차례 힘겨운 전투 끝에 두 적국의 군주들은 정복되지만 폐위되지는 않았고 그들의 명문을 기록할 때 아카드어를 사용하도록 회유되거나 강요받았던 것 같다. 정복자들은 몇몇 도시를 약탈하고 엄청난 약탈물을 가져갔다. 사르곤은 엘람의 중심지인 수사에 들어갔다. 그는 자신의 "부왕副王"으로 하여금 카르케 강가에 있는 이 거대한 상업 촌락을 왕도의 지위로 격상시키도록 허락해 주었다. 이렇게 함으로써 그는 아완을 약화시킨다고 생각했겠지만, 엘람의 왕이 언젠가 아카드 왕조의 쇠퇴에 일조할 것이며 앞으로 다가올 시대에 수사라는 이름이 메소포타미아인에게 흔히 패배와 치욕의 동의어가 되리라고는 꿈에도 상상하지 못했을 것이다.

현존하는 가장 사실적인 자료인 사르곤의 명문은 여기에서 멈춘다. 티그리스 강을 따라 올라가는 이라크 북부 지역 원정에 관해서는 아무런 암시가 없다는 점이 특이하다. 이 지역을 정복하고 교화시킨 공적은 그의 후계자들에게 돌려야 한다. 그렇지만 다양한 시기에 쓰인 수많은 연대기, 문학 작품, 징조徵兆 모음집에 나오는 다른 전쟁에 관한 상세하고 시적인 묘사는 어떻게 이해해야 하는가? 『전쟁의 왕의 서사시』라 불리는 이야기에 보면 사르곤이 푸루샨다 왕의 수탈에서 자기 상인들을 보호하기 위해 아나톨리아 심장부까지 공격해 들어가는데, 이 경우 어디에서 역사가 끝나고 어디에서 전설이 시작되는가?[19] 또한 어느 징조 기록과 자기 제국의 범위에 대해 스스로 주장하는 지리적 목록에 나오듯 그가 "서쪽 바다"를 건너 키프로스와 크레타에도 "자기 형상을 세웠다"는 말을 진짜로 믿을 수 있는 것일까?[20] 이 위대한 정복자에 관한 기록은 그의 나라 사람들의 상상력을 끊임없이 자극하였다. 그들이 볼 때,

"이제 나처럼 되고 싶은 왕이 있다면 누구든 내가 밟은 땅을 그도

밟을 것이니라!"[21]

라고 말했던 이 군주는 그런 업적을 이룰 만한 충분한 능력이 있었다. 그러나 극단적인 맹신을 조심해야 하는 것처럼 극단적인 회의도 경계해야 한다. 이 이야기 중 일부(특히 아나톨리아 원정)에는 아마 일말의 진실이 있는 듯하다.

사르곤의 통치는 적어도 55년 동안 지속되었다(기원전 2334~2279년). 후대의 바빌로니아 연대기[22]에 따르면, "노년에 온 나라가 그에 대항하여 반란을 일으키고 그를 아가데에 가두었다." 그러나 늙은 사자는 여전히 발톱과 이를 갖고 있었다. "그는 나와서 전투를 벌여 그들을 무찔렀다. 그는 그들을 넘어뜨리고 그들의 거대한 군대를 허물어뜨렸다." 얼마 후에 "수바르투(북부 메소포타미아에 사는 민족들을 통칭하는 말이다)가 전력全力을 동원해 공격함으로써 사르곤은 다시 무기를 들 수밖에 없었다. 사르곤은 함정을 파서 그들의 큰 군대를 무찌르고 그들의 소유물을 아가데로 보냈다."

아카드 제국

이 모든 일은 사르곤이 죽자마자 발생할 대반란의 서곡에 지나지 않았다. 그의 아들이자 후계자인 리무시는 자신의 이름인 "들소"에 아주 잘 어울릴 정도로 잔혹하게 이 반란을 진압했다. 이번에는 수메르인이 반란을 일으킨 것이었다. 이 반란은 우르의 루갈인 카쿠가 주동이 되어 라가시, 움마, 아다브, 자발람, 카잘루[23]의 엔시들이 함께 일으켰다. 반란의 원인에 대한 기록은 없지만, 세금을 무겁게 하고 장거리 원정에 수메르 남자들을 동원한 일을 비롯해 우르와 라가시가 아가데 때문에 항만세를 받지 못하게 된 일 등이 반란과 무관하지 않았을 것이다. 엘람은 반란을 틈타 아카드의 멍에를 떨쳐 버리려 했고 리무시는 와라흐셰의 왕을 치는 원정을 벌여야 했다. 물론 리무시가 자랑하는 전사자 만 칠천 명과 포로 사천 명이라는 숫자는 심한 과장인 듯하지만 와라흐셰의 왕에게 심각한 패배를 안겨 준 것은 분명했다. 그러나 리무시의 권위는 자신의 측근에게조차도 도전을 받았던 것 같다. 한 징조 기록에서는 7년간(기원전 2278~2270년)의 통치 이후에 "그의 종들이 자기들의 쿠누쿠*kunukku*로 그를 죽였다"고 한다. 이 아카드어 단어는 보통 실린더-인장과 봉인된 토판을 가리키지만 이 문맥에서는 아마 다른 의미로 사용된 것 같다.[24]

리무시를 이어 마니슈투수(기원전 2269~2255년)가 왕이 되었다. 그의 이름이 "누가 그와 함께 있는가?"인 것으로 보아 리무시의 쌍둥이 동생이었는지도 모른다. 수메르인은 억제되어 조용했지만, 남서부 이란에 있는 안샨 왕국에는 새로 즉위한 왕이 새로 개입할 필요가 있었다. 현대의 시라즈Shirâz[25] 주변에 있었던 듯한 이 나라는 페르시아 만 연안의 부시르Bushir 옆에 있는 셰리훔이라는 나라와 동맹을 맺고 있었다. 그러나 가장 놀랍고, 우리 생각에 가장 중요한 사건은 (사상 최초의) 아랍-페르시아 만을 통한 해상 원정이었다. 왕은 이에 관해 다음과 같이 말한다.

> 키시의 왕 마니슈투수는 안샨과 셰리훔을 점령한 후 배를 타고 아래 바다를 가로질러 갔다. … 바다 건너편에 있는 서른둘이나 되는 도시들이 전쟁을 위해 동맹을 맺었다. 그러나 그는 승리하고 그들의 도시들을 점령하고 그 왕자들을 죽이고 은광銀鑛에 이르기까지 (…)을 제거했다. 그는 아래 바다 저 너머에 있는 산지에서 검은 돌을 가져왔다. 그는 그것들을 배에 싣고 아카데 부두에 정박시켰다. 그는 자기 조각상을 만들어 엔릴에게 헌정했다. 나는 샤마시와 아바

의 이름으로 이것이 거짓말이 아님을 맹세한다. 이건 진짜 사실이 다![26]

이 "바다 저 너머에 있는 산지"는 온갖 광석과 "검은 돌"(섬록암)이 풍부한 오만의 산지였을 가능성이 많다. 이 원정의 이유는 당시의 정치적 상황으로 짐작할 수 있다. 사실 사르곤의 죽음 이후 에블라 왕국(그 속국들을 포함하면 카부르 강과 아나톨리아까지 뻗어 있었을 것이다)이 자유를 회복했었다. 동쪽으로는, 우르키시(니시빈 근처)와 나와르(아마도 텔 브라크의 고대 지명인 듯하다) 사이에 있는 모든 지역을, 기원전 제2천년기에 이르러 중요한 역할을 하게 될 한 민족이 점유하고 있었다. 이들은 후리인이다(14장을 보라). 좀 더 동쪽으로는, 술라이마니야 주변에 있는 이라크의 쿠르디스탄 지역에 룰루비인이 견고하게 정착해 있었다. 또한 구티인이 소小자브 강과 디얄라 강 사이에 자리 잡고 있었던 것 같다. 그 너머에는 와라흐셰, 아완, 안샨이 엘람 산지 전역을 차지하고 있었다. 그러니 해방된 민족, 정복당한 적이 없는 민족, 혹은 배신할 것 같은 민족 등이 타우루스와 자그로스 너머 아나톨리아, 아르메니아, 이란에서 메소포타미아로 넘어오는 모든 길목을 실질적으로 장악하고 있었던 것이다. 이것은 메소포타미아가, 전통적으로 금속과 석재 혹은 준보석을 공급하는 원천에서 실질적으로 차단되어 있었다는 것을 의미한다. 이 심각한 문제를 해결하는 방법은 둘밖에 없다. 하나는 교역로를 다시 열기 위해 북부와 동부에서 전투를 벌이는 것이고, 다른 하나는 접근 가능한 단 하나의 원천을 사용하는 것이다. 이 원천은 수백 년의 왕래 과정에서 알려진 마간, 즉 오만이다. 마니슈투수는 두 번째 해결책을 택했던 것이다.

그를 계승한 나람-신("신의 사랑을 받은 자")은 첫 번째 해결책인 전투를 택했고 이를 성공적으로 수행함으로써 머지않아 명실상부한 "네 지역의 왕"으로 자신을 선포할 수 있었다. 더 나아가 그는 통치 후반기에 자신의 이름 앞에 신을 나타내는 한정사인 별 기호를 붙였다. 사람들은 그를 "아가데의 신"이라 불렀고 그의 이름을 걸고 맹세했다. 물론 아주 옛날에 우루크의 두 왕 루갈반다와 길가메시가 신격화된 일이 있었다. 그러나 그것은 그들이 죽고 한참 지난 후의 일이었다. 나람-신은 자기가 살아 있을 때 스스로 이 일을 함으로써 자신의 후계자들과, 더 나아가 우르 3왕조의 여러 왕 및 이신과 라르사의 왕들 대부분이 따르게 될 관습을 창시했다. 과대망상증일까? 아마 그럴 수도 있다. 그러나 아시리아나 바빌로니아의 "황제" 중 그 누구도 자신을 신으로 여기지 않았음을 기억하자. 신의 직함은 신성한 결혼 의식에서 두무지의 역할을 하는 왕들에게만 국한되었다는 주장도 있고, 나람-신이 말을 잘 듣지 않는 속국의 왕들을 복종하게 하려고 이 방법을 고안해 냈다는 주장도 있다. 또한 왕권이 신적인 근원을 갖고 있고 왕들이 종종 자기를 신 혹은 여신의 아들이라 주장하다가 자연스럽게 자신을 신격화하는 방향으로 서서히 변화했을 수도 있다. 그러나 이것은 모두 가설에 불과하며, 이 현상의 정확한 의미는 알 수 없다는 점을 인정해야겠다.[27]

나람-신은 자신이 조부 사르곤과 기질이 같다는 사실을 과시하면서 사르곤과 마찬가지로 전설의 영웅이 되었다. 그는 오랜 통치 기간(기원전 2254~2218년)에 메소포타미아 주위 사방에서 자주 군사 작전을 전개하였다. 서쪽에서 그는 "다간 신 덕분에 아르만(현재의 알레포?)과 에블라를 초토화하고 삼나무 산 아마누스를 정복하였다." 그의 명문에 이 원정을 종종 언급한다는 사실과 텔 마르디크에서 찾아낸 기원전 약 2250년으로 추정되는 화재의 흔적[28]은 이 이야기의 사실성을 뒷받침한다. 또한 나람-신 왕이 아가데와 경쟁 관계에 있던 이 큰 왕도 – 에블라를 파괴

나람-신의 승전 기념비 중 일부분

한 사실을 얼마나 중요하게 생각했는지 알 수 있다. 이 승리로 도시 에블라가 완전히 끝장난 것은 아니지만(폐허에서 곧 재건된다) 적어도 에블라의 왕실 문서로 알려진 왕조는 끝난다. 한편, 지나가는 길에 있던 마리의 사르곤 이전 시대 궁전 역시 파괴되었던 것 같다.[29] 북쪽에서는 후리인에 대항하는 원정이 있었던 것 같다. 그 사실은 디아르바크르 근처 피르 후사인에 있는 나람-신의 비문, 니네베에서 나온 청동 두상, 그리고 모술 근처에서 최근에 발견된 청동 조각상을 보면 알 수 있다. 또한 카부르 강 유역 중심부 텔 브라크에 나람-신의 "궁전"이 있다는 사실은 왕이 이 중요한 국경 지역에 얼마나 공을 들였는지 알 수 있게 해 준다.[30] 좀 더 동쪽에서, 룰루비인을 상대로 싸워 승리를 거둔 일은 나람-신의 통치기에 있었던 가장 중대한 일 중 하나일 것이다. 술라이마니야 남쪽에 있는 다르반드-이 가우르Darband-i Gawr의 암각巖刻 기념비뿐만 아니라, 메소포타미아 조각의 걸작으로 수사에서 발견되어 오늘날 루브르에 있는 그 유명한 승전 기념비 역시 이 승리를 기념하고 있다.[31] 이 승전 기념비를 보면, 나람-신은 신들이 쓰는, 뿔 달린 왕관을 쓰고 활과 곤봉과 단검으로 무장한 채 자기 보병대의 선두에서 나무가 우거진 가파른 산을 기어오르면서 적들의 시체를 발로 짓밟고 있다. 그의 앞에는 룰루비인의 왕인 사투니가 그에게 목숨만 살려 달라고 간청하고 있다. 신들이 상징물(별과 원반형 태양)로 전락한 사실은 의미가 있다. 신들의 승리가 아니라 왕의 승리라는 것이다. 분명 중요했을 다른 원정들도 왕의 명문과 더불어 징조 기록과 연대기에 언급되어 있는데, 이 원정들은 북부 시리아와 티그리스 강 하류에서 있었던 것 같다. 마지막으로, 비교적 후대의 연대기에 나오는 이야기이긴 하지만, 나람-신은 마간으로 가서 그 왕 만누단누를 사로잡았다. 그가 반란을 일으켰기 때문인 것 같다. 이 원정의 사실성은 아카드 왕의 이름과 "마간에서 온 전리품"이란 진술이 기록

되어 있는 여러 돌 항아리를 보면 알 수 있다.[32]

이 영광스러운 통치기는 재앙에 준하는 사건으로 끝난 것 같다. 『나람-신의 쿠타 신화』[33]라는 이름으로 알려진 기원전 제2천년기 문서를 보면, 이 왕은 룰루비인의 왕 안누바니니와 그의 일곱 아들의 무장 부대를 맞아 나라가 위험에 처하자 "불안과 방황과 슬픔이 가득하여 번민하고 신음"했지만 결국 승리했다고 한다. 또한 "압제를 일삼고 신들을 섬길 줄 모르는 민족" 구티인의 공격을 두 차례 물리쳤던 듯하다. 여기서 또다시 허구와 실제가 혼합되어 있어 신중한 판단이 요구되지만, 나람-신이 아카드 왕조의 마지막 위대한 군주였다는 사실은 부인할 수 없을 것이다. 그가 죽자마자 제국의 국경에서 압력이 위험 수위까지 증가했다. 그가 살아 있을 당시 엘람은 말을 잘 들었고 수사의 힘 있는 총독 푸주르-인슈시나크는 자기 종주宗主의 이름으로 구티인에 맞서 싸우기까지 했었다. 그러나 나람-신의 아들 샤르-칼리샤리("모든 왕 중의 왕")의 통치기에 이르러 푸주르-인슈시나크는 독립을 선언하면서 아카드어를 버리고 엘람어를 채택했다. 또한 이웃한 두 도시국가를 점령함으로써 자신의 영토를 확대하고 아카드 왕국의 심장부까지 침범했을 뿐만 아니라 "네 지역의 왕"이라는 직함으로 자신을 장식하기까지 했다. 또한 샤르-칼리샤리는 바사르 산(마리 근처에 있는 제벨 비슈리)에서도 싸워야 했다. 여기서 맞서 싸운 마르투MAR.TU, 즉 아무루인은 메소포타미아 역사상 이때 처음으로 등장하는 셈족으로서 메소포타미아 역사에서 머지않아 중요한 역할을 하게 될 것이다. 기원전 2193년에는 아마 궁중 혁명이 일어난 듯하다. 샤르-칼리샤리가 사라지면서 아카드 왕국은 건설될 때처럼 빠른 속도로 와해된다. 한때 왕도의 무질서가 너무 심해서 수메르 제왕 목록은 단순히 이렇게 말한다.

누가 왕이었나? 누가 왕이 아니었나? 이기기가 왕이었나? 나니움이 왕이었나? 이미가 왕이었나? 엘룰루가 왕이었나? 이들 네 명이 왕으로 3년간 통치하였다.[34]

엘룰루와 다른 아카드의 사이비 왕 두 명은 짤막한 명문을 남겼다. 그것은 캄캄한 혼란 속에 남긴 흔적이었다. 구티인이 메소포타미아를 정복함으로써 수메르인은 거의 한 세기 동안 그들의 야만스러운 이름을 발음하는 법을 배우게 될 것이다. 인키슈시, 이니마바케시, 이게샤우시, 야를라가브… 그러나 수메르인은 자기네가 재난에 책임이 있다고 생각하지 않았다. 아름답고 긴 수메르 시 『아가데의 저주』[35]는 엔릴의 신전과 니푸르를 유린한 나람-신의 신성 모독 행위에 책임을 전가하면서 이 때문에 엔릴이 분노했다고 한다.

어떤 통제도 견디지 못하는 구티움
지적 능력은 사람과 같지만, 그 생김새와 초보적인 언어는 개와 같다.
엔릴은 그들을 산지에서 나오게 했다.
메뚜기 떼처럼 많은 수로 그들은 땅을 뒤덮었다.

아카드의 비상과 추락은 앞으로 등장할 모든 메소포타미아 제국의 운명에 대한 완벽한 영상影像을 제공한다. 전격적인 정복, 그 후 억눌린 민족의 반란, 국경에서 이루어진 끊임없는 전쟁, 궁중 반란, 마지막으로, 티그리스와 유프라테스 사이에 축적된 부에 현혹되어 산지나 초원에서 나온 전사들의 최후의 일격. 이 전사들은 오늘은 구티인이고, 내일은 엘람인과 아무루인이며, 나중에는 히타이트인, 카슈인, 메디아인, 페르시아인이 될 것이다. 아카드 시대는 비록 짧았지만 새로운 시대를 열었으며 메소포타미아뿐만 아니라 근동 지방 대부분에 지울 수 없는 흔적을 남겼다. 수메르-아카드 문명은 티그리스 강을 따라 자그로스 계곡까지 스며들었다. 디얄라 강 유역, 아수르, 가수르(후대의 누지로서 키르쿠크에서 멀지 않다), 샤가르 바자르, 텔 브라크 등지에서 발견된 경제 문서가 증명하듯 아카드어는 북부 메소포타미아와 그 주변 민족들의 공용어로 채택되었다. 바그다드에서 하마단으로 가는 길에 있는 사르-이 풀 Sar-i Pul 근처에서 발견된 룰루비의 왕 안누바니니의 암각 기념비는 아카드어로 작성되었고, 후리인 "우르키시와 나와르의 왕" 아리센이 새긴 동판銅版도 그러했고, 수사의 총독 겸 엘람의 부왕副王인 푸주르-인슈시나크의 명문도 마찬가지였다.[36] 더 나아가 아카드의 지배가 사라진 후에도 후리와 엘람의 왕들은 자기들의 언어를 표현하기 위해 쐐기문자를 보존하게 된다. 게다가 메소포타미아와 아랍-페르시아 만 지역 사이의 교역 관계는 강화되고 확장되었다. 이제 교역 관계는 멜루하, 즉 인더스 계곡까지 포함하게 된다. 하라파와 모헨조-다로 발굴 결과에 따르면 이 시대에 이곳에서 위대한 문명이 꽃피고 있었다. 이 문명을 대표하는 유물, 특히 도장들이 이라크에서 발견되었다.[37]

제국의 중심지, 남부 메소포타미아에서는 아카드의 영향력이 여러 방식으로 드러났다. 먼저 예술 분야에서는 세공술과 조각술에서 고상한 현실주의가 나타났으며, (사르곤보다는 나람-신을 표현한 듯한 니네베의 멋진 청동 두상[38]에서 볼 수 있는) 사실적인 인물 조각이, 조금 부자연스럽고 어느 정도 상투적이었던 고대 왕조 시대의 인물상을 대체했다. 또한 이 영향력은 쐐기문자에서도 나타난다. 쐐기문자가 이렇게 아름다웠던 적은 없었다. 아카드의 지배가 수메르 도시국가의 사회-경제 체제를 바꾸어 놓은 것 같지는 않지만 아카드와 그 주변 지역에서 나온 문서(특히 노예, 밭, 동물, 다른 재산의 매매 계약서)를 보면 남쪽보다는 사유

니네베에서 발견된 청동 두상
아카드 시대의 왕 사르곤, 마니슈투수, 또는 나람-신을 표현한 것으로 보인다.

재산이 더 중요한 역할을 하는 체제였음을 엿볼 수 있다. 마지막으로, 여러 증거에 따르면 왕권은 종교적인 권한과 분명히 분리되어 있으며, 왕은 더는 신들의 겸손한 대리인이 아니라 최고 지도자였다. 가족, 대신들, 장군들을 거느리고 자신의 정복으로 얻은 경제적 능력을 바탕으로 방대한 영토를 매우 합법적인 방법으로 획득한 왕[39]은 마치 기사단을 거느린 중세의 봉건 영주처럼 통치했다. 티그리스와 유프라테스 사이에서 뭔가 심한 변화가 일어났다. 그래서 아카드인의 간주間奏 이후 수메르인이 우위를 되찾았을 때조차도 완전히 고대의 제도와 관습으로 되돌아가지는 못하게 된다. 많은 점에서 우르의 왕들은 사르곤과 그 후계자들이 설계해 둔 본보기를 따르게 될 것이다.

10 우르 왕국

고대 사가들은 아카드 제국이 몰락한 것이 구티인 때문이라 생각하지만 실제로 구티인의 역할은 수많은 요인 중 하나에 지나지 않았다. 그런데 우리는 이 구티인에 관해 아무것도 모른다. 수메르 제왕 목록에 따르면 "구티움의 무리"에는 21명의 왕이 있었고 모두 합해 91년 40일을 다스렸다고 하지만, 이 중 단 한 명만 짤막한 명문을 남겼을 뿐이다. 그래서 일부 현대 사가들은 그들이 메소포타미아를 통치한 기간을 40~50년으로 줄인다.[1] 문서 자료가 이들에 관해 어떻게 말하든 간에 그 수가 그다지 많지 않은 듯한 이 침략자들은 아수르에 있는 이슈타르의 신전과 텔 브라크에 있는 나람-신의 궁전을 파괴하고 디얄라 강 하류를 약탈했고, 아가데까지 점령한 듯하다(사실 최근 출간된 상당히 긴 명문에 따르면 그들의 왕 중 하나이며 제왕 목록에 처음 나오는 에리두-피지르는 아카드를 보호하기 위해 쿠르디스탄의 룰루비인과 후리인에 대항하여 싸웠다고 한다[2]). 그러나 이들은 수메르 지방에 대한 명목상의 종주권으로 만족했다. 따라서 수메르의 도시 중 대부분은 자유로웠으며, 나중에 살펴보겠지만, 상당한 번영을 누리기도 했다. 그러나 수메르인 사이에는 독립 정신과 아울러 아주 강렬한 인종적, 문화적 공동체성이 유지되고 있었던 것 같다. 기원전 2120년경에 우루크의 루갈인 우투-헤갈이 "뱀,

산의 전갈 구티움"에 대항하여 진군하기로 결심하자 도시 전체가 "한 사람처럼 그를 따랐을" 뿐만 아니라 다른 도시들도 그와 함께 했다. 구티의 왕 티리칸은 휴전 협상을 시도했지만 수포로 돌아갔다. 그의 사절단에게 수갑이 채워졌다. 어디선가 전투가 벌어졌고, 이 전투 후에 그의 장군들은 포로가 되었다. 티리칸은 움마 북쪽에 있는 두브룸으로 피신했지만 이곳 주민들은 "엔릴이 선택한 자"가 우루크의 왕임을 알고 티리칸을 사로잡아 우루크의 왕에게 넘겨주었다.

> 티리칸은 우투-헤갈의 발아래 엎드렸다. 우투-헤갈은 그의 목덜미를 밟고 … 수메르에 왕권을 복원했다.[3]

길가메시 시대부터 네 왕조가 거쳐 가면서 수많은 부침浮沈을 거듭해 온 위대한 도시 우루크는 이렇게 해서 단시일에 남부 메소포타미아 전체의 지배 도시가 되었다. 우투-헤갈은 11년간 통치(기원전 2123~2113년)했고, 그의 고관 중 하나(친아들일 수도 있다)이며 우르의 총독인 우르-남무가 그를 폐위했다. 4년 뒤 우르-남무는 니푸르에서 왕위에 올랐고 "우르의 왕, 수메르와 아카드의 왕"이란 직함을 차지했다. 이리하여 메소포타미아 역사상 가장 번창한 시대 중 하나인 우르 3왕조가 세워졌다. 우르-남무와 그 후계자들은 자기들이 계승한 아카드 제국을 일부 복원했을 뿐만 아니라, 거의 한 세기 동안 이 지역에 평화와 명성과 풍요를 안겨 주었고, 자기들의 고유한 언어를 중용하면서 수메르 문화의 부흥을 도모했다.

우르-남무와 구데아

아카드 시대와 비교했을 때 우르 3왕조 시대(우르 III 또는 신新 수메르 시대라고도 불림)는 역사적 성격을 띤 왕의 명문이 비교적 빈약하다. 이런 결점이 있긴 하지만 당대의 행정 문서와 계약서에 나오는 "연명"年命으로 어느 정도 보충된다. 그러나 우르-남무 통치기의 토판은 드물고 당시 연명도 그다지 관심을 끌 만한 것이 없기 때문에 우르-남무가 자기 왕국을 공고히 하고 확장하기 위해 어떻게 싸웠는지에 관해서는 정보가 아주 부족하다. 구티가 갑자기 무너지고 그에 이어 우투-헤갈이 물에 빠져 죽은 후 거의 완벽한 정치적 공백이 만들어졌다. 움마의 엔시와 몇 차례 치열한 다툼 끝에 메소포타미아 대부분이 순식간에 우르-남무의 손에 들어왔으리라 추측할 수 있다.

18년 동안 이어진 우르-남무■의 치세(기원전 2112~2095년) 대부분에 관해서는 평화로운 활동이 기록되어 있지만 그런 활동이 중요하지 않거나 긴급하지 않은 것은 아니었다. 이런 활동에는, 질서와 번영을 다시 확립하는 일, 상벌을 공정하게 하는 일, 만사를 주관하는 수메르의 신들을 공경하는 일 등이 포함된다. "나라 안에 공평을 확립하고", 그렇게 함으로써 "저주와 폭력과 다툼을 없애는" 것을 염두에 둔 이 왕(아니면, 최근 발견된 어떤 토판에서 시사하는 것처럼 그의 아들 슐기였을 수도 있다[4])은 지금까지 알려진 것 중 가장 오래된 "법령" 모음집을 공포했는데, 그중 우리에게 남아 있는 것은 불행히도 온전히 보전되지 못한 두 건의 자료밖에 없다. 그것은 니푸르에서 발견된 심하게 파손된 토판과 우르에서 나온 단편 둘이다.[5] 그러나 이 "법전" 가운데 남아 있는 얼마

■ "남무 여신의 전사." 표어문자 UR는 도시 우르와 아무런 관계도 없다.

안 되는 자료는 무척 흥미롭다. 이 자료를 보면 법전의 창시자가 청동으로 부피 측정의 척도*silà*를 만들게 했으며 은의 마누와 시클루■의 무게를 표준화했음을 알 수 있다.[6] 한편 은은 구티 시대 이후 금전적 척도의 역할을 하고 있었다. 그는 과부와 고아와 가난한 자를 부자의 탐욕에서 지켜 주었으며 배우자를 무조건 내보내는 일을 막아 주었다. 마지막으로, 다른 사람의 종을 강간하는 일, 거짓 증언, 명예 훼손, 구타와 상해 등과 같은 일부 범죄와 범법 행위에 대해서는 후대의 함무라비 "법전"이나 히브리 법처럼 사형이나 신체 절단형을 선고하지 않고 은으로 보상하도록 했다. 당시 사회가 우리 생각보다 훨씬 문명화된 사회였다는 증거다. 이 "법령들" 일부와 우르-남무의 명문에 따르면 그는 농업을 발전시키고 여러 큰 수로를 파게 했으며 우르를 큰 교역항으로 만들어 풍요롭게 했다. 또한 파괴되고 손상된 요새를 재건하면서 수많은 신전을 건축하거나 재건했고, (특히 우르, 우루크, 라르사, 니푸르에서는) 신전에 지구라트를 덧붙여 지었음을 알 수 있다. 지구라트는 계단이 있는 피라미드로 여러 세기에 걸쳐 재건되고 수리되고 증축됨으로써 오늘날에도 여전히 메소포타미아의 많은 유적지 중에 가장 눈에 띄는 요소로 남아 있다.[7]

지구라트 중에 가장 잘 보존된(최근에 복구되기 전에도 잘 보존되어 있었다) 것은 우르의 지구라트다.[8] 말린 벽돌로 지어졌지만 구운 벽돌을 역청으로 붙인 두꺼운 외장면으로 덮인 이 지구라트는 아랫부분이 가로 60.5미터에 세로 43미터다. 우르 3왕조 시대 당시 세 단으로 구성되어 있었는데, 올라갈수록 단은 작아지고 높이는 낮아졌으며 꼭대기에는 신전이 있었다. 삼중으로 이루어진 계단으로 오를 수 있었는데, 위에 올라

■ [역주] 마누와 시클루는 당시 무게 측정 단위이다.

가면 지금도 고대 도시 전체를 발아래 내려다볼 수 있으며 수평선 쪽에는 오늘날 뾰족하게 되어 있는 에리두 지구라트의 꼭대기가 보인다. 첫 단과 둘째 단의 절반 정도만 남은 이 피라미드는 윗부분이 잘린 높이가 여전히 약 20미터 정도에 이른다. 조화로운 비율, 아래에서 봤을 때 느껴지는 첫째 단의 급경사, 표면을 장식하는 부벽扶壁, 그리고 모든 선이 약간 오목하다는 사실 때문에 이 육중한 건물은 놀랍게도 가볍다는 인상

우르의 지구라트

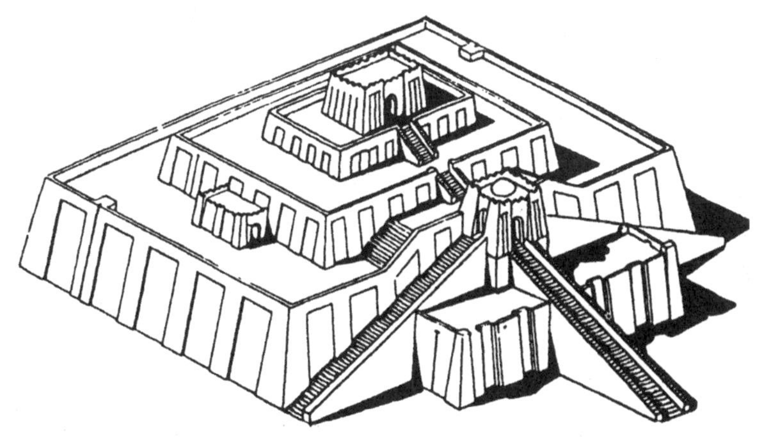

우르 3왕조 시대의 우르 지구라트
레너드 울리 경의 재구성. 『우르 발굴』(*Ur Excavations*) V, 1939

을 준다. 다섯 개씩 모여 있는 수많은 구멍이 내벽에 뚫려 있다. 이 구멍은 테라스에 심은 나무로 이루어진 숲이 빨아들인 습기를 배출하는 기능을 했을 것으로 추정된다. 우르의 지구라트는 거대한 기단基壇(가로 140미터, 세로 135미터) 위에 놓여 있다. 이 기단은 이중벽으로 둘러싸여 있으며, 이 이중벽 안에 방들이 있다. 이곳으로 가기 위해서는 아치 모양의 문이 있는 아담한 건물을 통과해야 했는데, 이 건물은 문서 보관소와 법정, 즉 두블라마Dublamah의 기능을 동시에 했던 것 같다. 지구라트는 근처 건물에 그림자를 드리우고 있었다. 북서쪽 면에는 달 신 난나의 신전이 연결되어 있었다. 아래쪽에 넓은 공간을 차지하고 있는 난나의 큰 뜰 주위에는 창고와 사무실이 있었고, 이곳에서는 신전에 바치는 봉헌물과 납부금의 기록과 보관이 이루어지고 있었다. 수많은 방과 뜰을 지닌 거대한 에기파르에는 왕실 혈통을 지닌 최고 여사제와 그 측근들이 살고 있었다. 에눈마흐는 난나와 그의 배우자 닌갈을 위한 이중 신전인 동시에 보물 보관소였다. 에후르사그는 신전 직원과 신격화된 슐기 왕의 거주지였다. 마지막으로 서쪽으로는 지구라트가 도시를 둘러싼 성벽 위로 솟아 있으면서 유프라테스 강에 반사되고 있었다.

메소포타미아 다른 도시에 있는 지구라트들의 보존 상태는 조금씩 차이가 있다. 또한 이 지구라트들은 지면의 평면도(정사각형 혹은 직사각형), 규모, 방향, 주변에 둘러 있는 신전과의 관계에서 서로 차이가 있지만 전반적인 형태는 기본적으로 동일하다. 그래서 이런 질문을 제기하지 않을 수 없다. 이상하게도 중앙아메리카의 계단식 피라미드를 떠올리게 하는, 근동에서는 메소포타미아와 엘람의 일부 유적 외에는 없는 이 거대한 계단식 피라미드는 왜 만든 것일까?[9]

메소포타미아 고고학의 개척자들은 처음에는 "칼데아" 천문학자들의 관측소라고 생각하기도 했고 "벨의 사제들이 모기 없이 시원한 밤을 보내기 위한" 탑이었을 것이라는 터무니없는 생각을 하기도 했다. 신의 무덤 혹은 이집트의 경우와 같이 왕의 무덤이라는 생각도 있었지만 발굴이 이루어진 지구라트나 비바람에 침식된 지구라트 어디에서도 묘실이 드러나지 않았다. 언어 분석 역시 도움이 되지 않는다. *ziqquratu*(*m*)(수메르어로는 *u*$_6$*-nir*)라는 단어는 "높이 건축하다", "높이다", "솟아오르게 하다" 등의 의미를 지닌 *zaqaru* 동사에서 나왔기 때문이다. 그러나 두 가지 점은 확실하다. 먼저, 지구라트는 고대 왕조 시대, 그리고 아마 그보다 훨씬 전부터 햇볕에 말린 벽돌로 만든 거대한 건물의 형태로 나타난다. 다음으로, 지구라트는 신전과 연결되어 있어서, 어떤 사람들은 지구라트가 우루크와 젬데트 나스르 시대 신전의 기단에서 비롯되었다고 생각한다. 실제로 우르 3왕조 시대의 지구라트는 대개 기단을 포함하고 있다. 따라서 이 피라미드에 종교적인 의미가 있었다는 사실에 대해서는 논쟁의 여지가 없다. 그렇지만 어떤 종교적 중요성이란 말인가? 지구라트에 관련된 문서 자료는 분명하지 않아 여러 해석의 가능성이 있기 때문에 많은 가설이 제기되었다. 어떤 사람들은, 원래 산에 살았을 것으로 추정되는 수메르인이 이제 자기 거주지가 된 이 평평한 메소포타미아 지방에서 예전에 자기 신을 숭배했던 장소인 산봉우리를 재현하고 싶어 한 것으로 보았다. 또 어떤 사람들은, 지구라트를 제단이나 높게 만든 신의 왕좌 혹은 우주적인 상징물(별, 지상의 산)이라 생각했다. 다른 사람들의 주장은 좀 더 설득력이 있는데, 이들에 따르면, 지구라트는 일상적인 숭배 의식이 이루어지는 "아래의 신전"을, 왕과 최고 사제가 신과 마주할 수 있는 더 친밀한 어떤 의식(신성한 결혼과 같은)에만 사용되는 "위의 신전"과 이어주는 거대한 계단이었다. 모든 것을 고려해 볼 때 지구라트에 대한 가장 훌륭한 정의는 아마 바벨탑(바빌로니아의 지구라트)에 관해 성경에 나오는 정의, "꼭대기가 하늘에 닿는 탑"일 것이다.

우리 고딕 성당이 "돌로 만든 기도"이듯 신심이 깊은 수메르인의 정신세계에서 올라갈수록 뾰족해지는 이 거대한 구조물은 "벽돌로 만든 기도"였을 것이다. 지구라트는 지상에 내려오라고 신들을 초청하고, 거기서 신들과 만나기 위해 하늘을 향해 올라가도록 사람들을 초청했다.

메소포타미아 여기저기에서 우르-남무나 그 후계자들의 이름이 새겨진 봉헌 벽돌이 발견된다. 이 벽돌은 우르 3왕조 시대에 신전이나 지구라트를 건설하는 것은 왕의 특권이었으며 총독의 지위로 전락한 지역의 엔시가 할 수 있는 일은 아니었음을 알 수 있게 해 준다. 그러나 텔로(기르수)로 옮겨가서 30여 년 정도 거슬러 올라가면 이곳에서 특별한 일이 일어났음을 확인할 수 있다.

우리는 위에서, 고대 왕조 시대 말에 루갈자게시가 기르수를 약탈하고 불살랐으며, 아카드 시대 전체에 걸쳐 이 도시가 완전한 암흑에 싸여 있었다는 사실을 언급했다. 그러나 구티 지배의 전성기였던 기원전 2155년경에 이르러 우르-바바라는 사람이 라가시의 엔시가 되었는데, 이 사람은 기르수를 폐허에서 일으켜 세우고 자신의 도시국가에 과거의 영광과 광채를 회복하는 과업을 이루기 위해 혼신의 노력을 기울였다. 이 재건 사업은 그의 가족이 이어나갔는데, 특히 그의 사위 구데아(기원전 2141~2122년)■가 계속 추진했다. 구데아는 그를 표현한 멋진 조각상들로 유명한데 그중 일부가 오늘날 루브르 박물관에 전시되어 있다. 그는 또한 아주 길고, 무척 시적인 수많은 명문으로도 유명하다.[10]

구데아는 도시국가 라가시 안에 열다섯 개의 신전을 건축하게(아니, 재건하게) 했는데, 그중 기르수의 수호신 닌기르수의 거주지였던 에닌누만큼 정성과 비용을 들인 곳은 없었다. 점토로 만든 큰 원기둥 둘과

■ "부름 받은 사람"이란 의미를 가진 이름.

그의 조각상 중 일부에 새겨진 명문에서 그는 자신이 왜, 그리고 어떻게 에닌누를 건축했는지 설명하고 있다.[11] 이 과정에서 그는 메소포타미아 신전 건립을 둘러싼 복잡한 의식에 관해 소중한 정보를 전해 주고 있다. 신전을 짓겠다는 결정은 군주가 심사숙고한 행위로 묘사되지 않고 신의 바람에 대한 응답으로 묘사된다. 이것은 수메르 종교 사상의 특징이다. 여기서 신의 바람은 신비스러운 꿈의 형태로 표현된다.

> 깊은 꿈 가운데 갑자기 한 남자가 나타났다. 그의 키는 하늘에 이르렀고 그의 키는 땅에 닿았다. … 그의 오른쪽과 그의 왼쪽에는 사자獅子들이 누워 있었다. 그는 나더러 자기를 위해 신전을 지으라고 했지만 나는 그의 심장(=바람)을 이해하지 못했다. … 갑자기 한 여자가 나타났다. 이 여자는 누가 아닌가? 이 여자는 누구인가? … 그

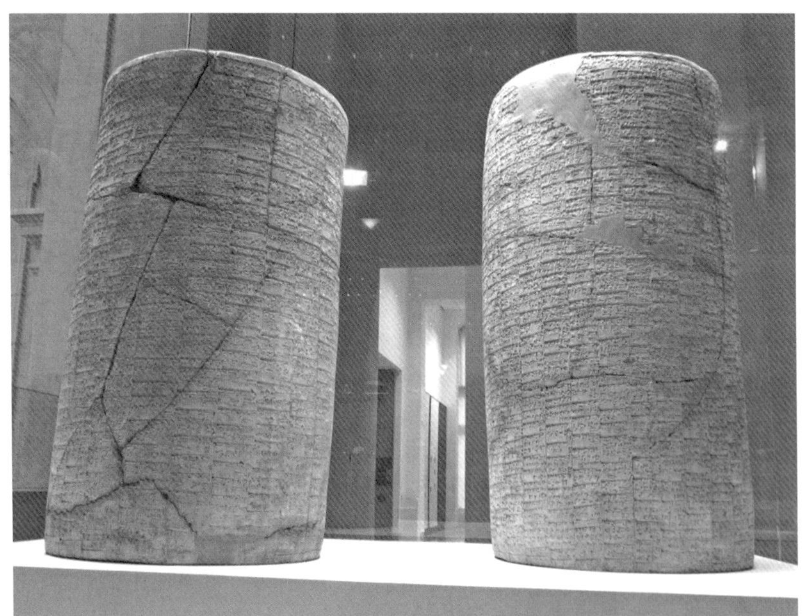

점토로 만든 큰 원기둥 둘에 새겨진 구데아의 명문

> 여자는 손에 빛나는 금속으로 만든 갈대를 쥐고 있었다. 하늘의 아름다운 글씨가 쓰인 토판을 들고 생각에 잠겨 있었다. …

혼란스럽고 당황한 구데아는 먼저 자기 "어머니"인 가툼두그 여신에게 격려를 받은 후 배를 타고 "꿈의 해석자"인 난셰 여신의 조언을 구하러 간다. 난셰는 그에게 그 남자는 닌기르수 신이며, 그 여자는 지식의 여신 니사바라고 설명해 준다. 또 닌기르수에게 "빛나는 금속과 청금석으로 장식된" 수레를 바치고 그를 위해 그의 상징물을 조각하라고 조언해 준다.

> 그러면 하늘처럼 측정할 수 없는, 엔릴의 아들 닌기르수의 지혜가 너의 마음에 평화를 줄 것이다. 그분께서 너에게 그의 신전 도면을 계시할 것이고 위대한 명령을 내리는 전사께서 너에게 그 신전을 짓게 하실 것이다.

구데아가 순종하자 다른 꿈에서 닌기르수가 그에게 자신의 바람을 분명하게 표현한다. 그는 그 일을 시작하기만 하면 된다. 구데아는 라가시의 시민을 "한 어머니의 아들처럼" 통합하고 각 가정에 평화를 정착시킨 후 필요한 세금을 징수하고, 도시를 정화하고, 거룩한 구역의 경계를 정하고, 신전의 도면을 작성하고, 벽돌의 주형을 설계하고, "최적의 장소에서" 진흙을 가져오고, 기초를 정화하고, 첫 벽돌을 제작하여 머리 위에 이고 가서 내려놓는다. 이 모든 일에는 기도와 헌주와 제사가 함께 이루어진다. 그러고 나서 엘람과 수사의 장인을 데려오고 마간과 멜루하의 목재를 가져온다. 엔시가 몸소 "그 누구도 들어가지 못한 산지에 있는" 위쪽 지방으로 가서 삼나무를 잘라 유프라테스 강에 "뱀처럼" 띄워 보낸다. 키마시[12]에서는 그에게 구리, 금가루, 은을 보냈고 멜루하에서는

구데아 좌상

반암斑巖을 보냈다. 금은金銀 세공인, 대장장이, 보석 세공인, 그리고 당연히, 석공에게 일을 시킨다. 1년 만에 신전이 건설된다. 멋지게 꾸며진 신전은 엄숙한 의식을 거치면서 닌기르수의 조각상을 받아들일 준비가 되었다.

구데아는 의기양양하게 말한다. "신전에 대한 존경심이 전국에 가득하다. 신전에 대한 두려움은 외국에도 있다. 에닌누의 광채가 겉옷처럼 세상을 뒤덮는다."

이 멋진 신전 중 지금 남아 있는 것은 사실상 아무것도 없다. 대개 불법적인 발굴에서 나온 그의 조각상 30여 점이 없었다면 구데아가 과장하고 있는 것으로 생각될 정도다.[13] 마간에서 온, 정성스럽게 윤을 낸 단단하고 검은 섬록암으로 다듬은 이 조각상들 대부분은 세련된 선, 절제된 세부 묘사, 감각적 표현으로 제작되어 세계 조각사에서 특별한 자리를 차지하고 있다. 기르수의 신전들이 이런 걸작을 포함하고 있는 상황에서 그들의 가구와 장식과 재료의 질이 떨어질 것이라고 상상하기는 어렵다.

조용히 앉아 있는 젊은 남자가 입술에 가벼운 미소를 머금고 가슴 앞에 손을 모으고 무릎에 신전 도면 혹은 눈금자를 얹고 있다. 머지않아 사라질 운명을 지닌 한 인물에 대한 가장 아름다운 본보기를 보여주고 있다. 이 완벽한 수메르의 엔시는 경건하고 정직하고 해박하고 고대 전승에 충실하며 자기 민족에게 헌신적이며 자기 도시에 대한 애정과 긍지로 충만할 뿐만 아니라, 이 경우에는 정말 예외적으로, 평화롭기까지 하다. 수많은 구데아의 명문을 봐도 안샨 지방에서 단 한 번 이루어진 군사 원정만을 언급하기 때문이다. 라가시 신전 건축에 사용된 목재, 금속, 돌 등이 강제로 뺏은 것이 아니라 사들인 것이라는 데에는 거의 의심의 여지가 없다. 라가시의 엔시가 벌인 거대한 교역 사업을 보면, 한 세기 동안 아카드의 지배를 받은 후, 이론적으로 구티움이란 “야만인들”의 지배 아래에 있으면서도 수메르 도시국가 중 적어도 하나는 믿기 어려운 번영을 이루어냈다는 사실을 확인할 수 있다.

슐기, 아마르-신, 그리고 수메르 제국

우르-남무는 “깨진 단지처럼 전장에 버려져” 죽었다. 어디에서 어떤 전쟁을 하다 죽었는지는 알 길이 없다. 어느 장문의 시는 우르에서 진행된 그의 장례식과 더불어 그가 저승에 있는 신들과 반신半神들의 호의를 사기 위해 무덤으로 가져갔던 보물에 관해 묘사하고 있다.[14] 그의 아들 슐기(“귀족 청년”)가 그를 계승하여 48년(기원전 2094~2047년)을 다스렸다. 이 오랜 재위 기간의 전반부에 관해서는 자료가 별로 없지만, 아마 왕국의 정치, 군사, 행정 분야를 재정비하고 수메르 여러 도시에 많은 신전(이 중 일부는 우르-남무가 기초를 놓은 듯하다)을 짓는 일이 주로 이루어졌던 것 같다. 그러나 슐기 24년부터는 전적으로 두 전선戰線에서 일련의 전쟁이 벌어진다. 이 두 전선은 이라크 쿠르디스탄 전선과 이란 남서부 전선이다.

쿠르디스탄 전쟁은 가장 긴 전쟁으로 적어도 열한 차례의 군사 작전이 이루어졌을 것이다.[15] 군사 행동의 무대는 티그리스 강의 지류인 아드헴과 대大자브 사이에 있는, 샤슈룸(심샤라), 우르빌룸(현재 모술 동쪽에 있는 에르빌), 그리고 하르시(아마도, 투즈 쿠르마틀리)를 잇는 삼각 지대로서 그 가운데에는 주요 요새인 시무룸이 있었는데, 이 요새의 위치는 에르빌과 키르쿠크 사이 알툰 쾨프뤼 근방인 듯하다. 왕도에서 멀리 떨어져 있는 이 지역을 차지하려는 우르 왕의 집착은 이 지역에 룰루비인, 그리고 무엇보다 후리인이 살고 있었다는 이유 외에는 설명할 방법이 없다. 후리인은 당시 매우 강력했으며 디얄라 유역을 위협하면서, 티그리스 강을 거슬러 아르메니아까지 올라가는 큰 교역로를 지배하고 있었던 것이다. 세 차례의 "후리 전쟁" 중 어느 휴전 기간에 티그리스 강 약간 동쪽에 "병합되지 않은 땅의 성벽"*bàd mada* 이라는 장성長城 이 건설된 것은 아마 후리인들의 침입에 대항하기 위해서였던 것 같다. 세 번에 걸쳐 정복되고 다시 정복된 시무룸은 슐기 44년(기원전 2051년)에 이르러서야 완전히 정복되어 수메르 행정 구역의 중심지로 변모하게 되었다.

이란 쪽의 상황은 좀 더 용이했다. 구티인이 그 만만찮은 푸주르-인슈시나크의 통치를 끝내자 엘람은 메소포타미아보다 더 심각한 혼란에 빠져들었던 것이다.[16] 당시 엘람 연맹을 지휘한다고 주장하는 루리스탄의 왕들(시마슈키 왕조)은 별로 힘이 없었기 때문에 슐기가 이를 이용하여 이 지역에 자신의 영향력을 행사하였다. 슐기는 재위 18년에 와라흐셰의 군주에게 자기 딸을 아내로 줌으로써 이 나라와 동맹 관계를 확고히 하였다. 10년 후에는 수사를 다시 차지한 후 그곳에 수메르인 총독을 세우고 엘람의 최고신 인슈시나크의 신전을 건립하기도 했다. 재위 32년에는 다른 딸을 안샤의 총독과 결혼하게 했지만 자부심 강한 이 지역 사람들이 반란을 일으키는 것을 막을 수는 없었다. 안샨을 복속시키는 데에는 두 번(재위 34년과 35년)의 군사 작전이 더 필요했다. 마지막으로 슐기는, 뛰어난 전사였던 이란의 산지山地 주민을 일종의 "외인부대"로 조직함으로써 제국에 편입된 땅의 동부 국경을 지키게 했다.

슐기는 나람-신의 본을 따라 "네 지역의 왕"이란 직함을 택하고 자기를 신으로 섬기게 했다. 그를 위한 찬가가 지어졌고 그를 위한 신전도 건립되었다.[17] 사람들은 그의 조각상 아래 정기적으로 헌물을 바쳤고 수메르 달력 중 한 달이 "슐기 신"이라는 이름을 갖게 되었다. 용맹한 전쟁

사령관, 능숙한 외교가, 뛰어난 조직가, 문예 애호가(슐기는 서기관의 학술을 배웠으며 우르와 니푸르에 학교를 세웠고 우리는 이 학교들 덕분에 많은 수메르 문학 작품을 알게 되었다)였던 이 위대한 왕은, 암살 때문인지 전염병에 걸려서인지 알 수 없지만, 세상을 떠나고 신에게 어울릴 만한 무덤에 매장되었다. 우르 왕실 묘지 근처 성역聖域 경계에 위치한 이 무덤은 두 층으로 된 장엄한 무덤으로, 지금도 각 층의 끝이 뾰족한 높은 원형 지붕을 볼 수 있다.

슐기의 아들 아마르-신■은 9년(기원전 2046~2038년)밖에 다스리지 못했다. 그는 아수르에 뛰어난 총독을 임명함으로써 이 도시를 제국에 편입하는 한편, 쿠르디스탄으로 두 차례, 엘람 산지로 한 차례 군사 작전을 수행했다. 사기 아버지와 마찬가지로 그도 자신을 신격화했고 아무 거리낌 없이 자신을 "나라의 태양 신"이라 선포했다. 세 징조 기록을 읽어 보면, 그가 신발 때문에 생긴 (감염된) 물집 때문에 죽었음이 확인된다.[18] 그는 슐기와 같은 능에 매장되었다. 그런데 불행히도 이 두 무덤은 고대에 도굴되었다.

수메르 제국■은 슐기와 아마르-신의 시대에 정점에 달한다. 경계를 정확히 말하는 것은 어렵지만 수메르 제국은 세 지역으로 구분할 수 있다. 주변 지역에 있는 일부 독립국은 우르-남무가 마리에서 시작한 결혼 동맹 정책[19]으로 어느 정도 우르 왕의 영향권 안에 들어온다. 마찬가지로 멀리 떨어진 곳에 있는 다른 지역은 대개 그 나라에서 태어난 민간인 총독(엔시) 혹은 군인 총독(수메르어로는 샤긴, 아카드어로는 샤카나쿠)의 지시를 받는다. 수사나 아수르의 경우가 이러했다. 그러나 문서에

■ "신(Sîn) 신의 송아지." 예전에 부르-신(Bûr-Sin)이라 읽혔던 이 이름은 수메르어 철자법에 따라 흔히 아마르-수엔(Amar-Suen)으로도 쓴다.

■ "제국"이란 단어와 개념은 고대 근동에 결코 존재하지 않았다.

언급되는 에블라, 구블라(비블로스로도 불리며 현대 레바논 해안에 있는 제바일), 그리고 마리까지도 우르 왕에게 예속되었을 가능성은 거의 없다.[20] 북부 메소포타미아는 문서에 분명하게 나타나지 않지만(인용된 수많은 도시와 나라의 위치도 정확히 알 길은 없다) 우르-남무 재위 기간 중 텔 브라크에 나람-신의 궁전을 재건한 사실로 보아 이 지역에 수메르인이 있었음을 알 수 있다. 마지막으로, 제국의 중심지(수메르, 아카드, 디얄라 강 유역)에서는 예전의 영토적 통일성이 지속되었지만, 과거의 도시국가는 이제 지방 행정 구역이 되었다. 우르 외에는 루갈이 없었으며 엔시는 단순히 관할 구역을 통치하도록 왕이 임명한 행정가로 전락했다. 엔시는 질서를 유지하고 사법권을 행사하고 종주가 명령한 대형 토목 공사를 시행하며 세금과 납부금 징수를 감독하면서 자기들 몫을 챙겼다. 일부 도시나 지역에는 군사 지도자가 있었다. 이처럼 우르 제국은 조직이 잘 정비되어 있었다. 그러나 이런 조직이 제국의 급속한 몰락을 막지는 못했다.

슐기는 이 광대한 영토의 여러 부분을 서로 연결하기 위해 도로망을 정비하고 하루 동안 갈 수 있는 거리마다 숙박소를 두어 그곳에서 여행자들이 지위 고하에 따라 차등적으로 식량을 받을 수 있게 했다. 이 여행자 가운데에는 고위 관리, "사자"使者, *lú-kasa*$_4$, 그리고 병사들과 근위병을 거느린 수칼*sukkal* 이 있었다. 수칼이라는 단어는 일반적으로 "심부름꾼"으로 번역되지만 실제로는 왕의 감독, 즉 현지 행정이 잘 기능하는지 확인하는 임무를 띤 지방 감찰사에 가깝다. 이들의 책임자인 수칼마흐*sukkalmah* 가 중앙 정부에서 왕의 직속으로 "총재"라는 최고 직책을 차지하고 있는 것은 바로 이런 이유 때문이다.

우르 3왕조의 가장 특징적인 제도는 발라*bala*, 문자적인 의미는 "교대" 제도이다. 이에 따르면 수메르와 아카드의 각 엔시가 매달 돌아가면서 보통

양이나 소와 같은 동물로 나라에 납부금을 낸다. 이 모든 납부금은 셀루시-다간(때로 푸즈리시-다간이라고 읽힘)이라는 큰 규모의 중앙 집중국으로 모여든다. 이곳은 오늘날의 드레헴으로서 니푸르에서 몇 킬로미터 떨어져 있다. 이곳에 모인 납부금 중 일부는 그 어느 때보다 더 중요한 수메르의 종교적 중심지가 된 니푸르로 보내고 일부는 우르로 보낸다.[21] 멀리 떨어진 행정 구역과 수메르의 감독을 받는 나라에서는 은, 가축, 가죽 등 다양한 물건으로 이루어진 조공*gun*을 바친다. 그러나 이 조공이란 단어는 외교적인 선물을 지칭할 수도 있다. 이렇게 이해하면 마리, 에블라, 구블라에서 온 "조공"을 쉽게 설명할 수 있다.[22] 물론 모든 출납은 서기관이 꼼꼼히 기록한다.

이 드레헴 문서는 우르, 니푸르, 기르수, 움마에서 나온 문서와 더불어 어마어마한 행정 문서 자료집을 이루고 있다. 거의 삼만 오천 점의 문서가 출간되었으며, 아마 여전히 그만한 규모의 자료가 박물관, 대학, 개인 소장품 사이에 잠들어 있을 것이다. 이렇게 많은 문서라면 적어도 우르 3왕조 시대 수메르 지역의 당시 사회-경제 체제에 관해서는 낱낱이 알려줄 수 있을 것으로 생각할 수도 있을 것이다. 그러나 몇몇 계약서, 판결문, 편지를 제외하면 이 문서 대부분은 국가 기관(신전, 중앙 집중국, 생산 조직)에서 나온 회계 문서이며 개인이나 왕실 문서집에서 나온 것이 아님을 알아야 한다. 따라서 문서들은 이 기관들에 대해서는 많은 정보를 알려 주지만 나머지에 관해서는 어둠 속에 남겨 둔다. 게다가 다루어야 할 문서조차도 양이 너무 많고 일부 수메르 단어들의 의미가 불확실할 뿐만 아니라 이런 작업이 유발하는 방법론의 문제가 있어서 지금까지 그 누구도 활용 가능한 자료 전체를 통합하여 일관성 있게 집대성하려는 시도를 하지 못했다. 이 일은 아직도 역사학자들이 바라고 기대하는 일이다.

이 문서를 보면, 국가 조직이 서서히 발전하다가 고대 왕조 시대에 신전과 궁전을 중심으로 결집한 후 계속 이어지면서 강화된다는 전체적인 인상을 받게 된다. 메소포타미아 "통로"에서 아랍-페르시아 만까지 이르는 전체 남부 메소포타미아는 이 점에서 볼 때, 엔릴을 최고신으로, 우르를 왕도로, 그리고 루갈을 군주로 삼고 있는 거대한 수메르 "도시국가"에 불과하다. 루갈은 소위 "세습적"[23] 권력을 행사한다. 이 권력은 그의 개인적인 자질과 엔릴이 그에게 위임한 권한에 기반을 두고 있으며 이를 제한할 수 있는 것은 전통에 대한 존중 외에는 없다. 이러한 전통의 존중은 엔시와 샤긴의 왕조를 지속할 수 있게 해 줄 뿐만 아니라 지방 재판관이 왕의 판결을 파기할 수 있게 해 주기도 하기 때문이다. 모든 큰 결정은 왕이 내린다. 왕은 수칼마흐를 매개로 자신이 주인으로 있는 거대한 왕국의 업무를 긴밀하게 통제한다. 이론적으로 보면 엔릴의 이름으로 모든 재산과 온 땅을 소유한 왕은 실제로는 아주 작은 우르 시내에 있는 "생계 농지" 외에는 사용할 수 없었던 것 같다. 반면 궁전은 곳곳에서 납부금, 공물, 온갖 선물을 받아 군주와 왕실과 조정에 상당한 소득을 확보해 줄 수 있었다. 사실 이 소득 중 대부분은 제국 전역에서 이루어지는 신전 건립과 수로 공사 및 다른 대형 토목 공사에 재정을 지원하기 위해 사용되었다.

전 시대와 마찬가지로 곡물 생산지는 신전에서 경작하고 관리한다. 신전 직원은 그 수가 많았으며, 감독, 회계원, 서기관을 주위에 거느린 "총감독"*shabra*의 지휘를 받는다. 땅의 삼분법("전용 농지", 임대 농지, 생계 농지)은 여전히 존재한다. 생산량은 상당하다. 기르수에서는 아마르-신 2년에 거의 255,000헥토리터의 밀을 수확한다. 목축업 분야는 농업 분야보다 기록이 많이 남아 있지 않지만 엄청난 가축 떼가 있었다는 사실은 알려져 있다. 이 분야 역시 국가에서 관리한다. "산업" 분야도 마찬가지다. 그런데, "산업"이란 용어는 메소포타미아의 유일한 자원이었던 농업과 목축업의 생산물 가공만을 가리키며 금속 가공은 여전히 수공업 규모로 이루어진다.[24] 가죽, 섬유, 밀가루를 생산하는 대규모 공장들은 국가의 조직으로서 자급자족하고 있었다. 그것은 생산 작업장과 그 안에 있는 수많은 노동자(대부분 여성)가, 전체의 기능과 유지에 필요한 작업장이나 직원들과 가까이 있었기 때문이다. 몇몇 숫자를 보면 이들의 규모를 짐작할 수 있다. 우르에서 나온 문서를 보면, 한때 거의 2000톤의 양털이 왕실 창고에 들어왔으며 기르수 한 곳에서 15000명의 여성이 섬유 산업에 종사하고 있었다.[25] 같은 지역에 있는 어느 곡물 가공 시설에는, 제분소(곡식을 손으로 빻는 곳)와 제빵 공장뿐만 아니라 맥아 제조소, 맥주 양조장, 돼지우리, 기름 압착실과 더불어, 구운흙, 엮은 갈대, 가죽으로 맷돌, 유발乳鉢, 그릇을 만드는 작업장이 함께 있다. 이 시설에는 1000명 이상이 고용되어 있고(그중 134명의 숙련 노동자와 858명의 일반 노동자가 있는데, 이 중 남자가 86명, 여자가 669명, 청소년이 103명이다) 한 해에 1100톤의 밀가루를 공급한다. 이런 규모의 생산 시설은 우르 3왕조 시대에만 볼 수 있다.

개인 자격으로 활동하는 상인과 사업가도 아마 있겠지만[26] 국내외의 상업은 "자본"을 제공하는 국가가 거의 모든 것을 통제하고 있으며 "상인"damgar 대부분은 중개인 역할을 하는 관리에 불과하다. 사치품은 왕실이 직접 외국에서 사들인다. 여전히 귀한 은은 주로 교환의 척도로 사용되지만 가끔은 "통화"로 사용되기도 한다. 고위 관리들은 은을 모으는데, 궁전의 허가 없이는 이를 유통할 수 없다.

우르 3왕조 시대 수메르 사회는 두 개의 축을 중심으로 질서가 잡혀 있다. 그 하나는 중앙 정부와 지방 정부[27]인데, 이 안에는 숫자로 보면 별로 많지 않지만 수칼마흐부터 촌장*hazannum*에 이르는 다양한 계급의 관리들이 있다. 둘째로 거대한 생산 시설이 있어서 주민 대다수를 고용하여 먹여 살린다. 이 시설에는 다양한 행정 직원이 많이 있고, 기술력이 없는 시대라 그만큼 노동자들이 더 많이 필요하다. 남자*gurush* 와 여자*gemé* 가 작업반으로 조직된 이 노동력에는 전문 노동자와 비전문 노동자가 있다. 일부는 상시 혹은 장기 고용 상태이고 일부는 계절적이거나(추수 때나 갈대 혹은 대추야자 수확기) 일시적인(수로 건설과 유지, 선박 예인, 수비 보루 건설) 업무를 위해 고용되어 있다. 일부 대형 공사에는 부역 가능한 병사들인 에렌*erén* 을 활용할 수 있고, 더 나아가 모든 주민을 동원할 수도 있다. 노예*arád* 는 수가 많지 않으며 전적으로 전쟁 포로 가운데서 충원된다.[28] 전쟁 후에 포로를 죽이지 않으면 이들 포로는 에렌의 무리나 구루시*gurush* 의 작업반에 편입된다. 그들의 아내나 아이들은 신전에 "바쳐지거나" 거대한 공장에 고용인이나 직원으로 배치된다. 사회에 흡수된 이들은 다른 일꾼과 똑같은 권리를 누리며 자유를 얻을 수도 있다.

과거와 마찬가지로 "급여"는 연, 월, 일 단위로 배당되었으며 그 성격이나 규모는 성, 연령, 개인의 사회적 지위 등에 따라 변한다.[29] 예를 들어, 비전문 노동자의 최소 배당은 한 달에 약 20리터의 보리와 1년에 3.5리터의 기름과 2킬로그램의 양모이다. 여기에다가 아내와 아이들이 받는 좀 적은 배당과 계절에 따라 비정기적으로 받는 대추야자, 콩류, 양념, 물고기, 육류와 의복이 있다. 작업반장인 동시에 일종의 농사 전문가인 엔가르*engar* 는 거의 두 배를 받는다. 게다가 그는 생계 농지를 소유하고 있고 이따금 종려나무가 있는 자그마한 정원도 갖고 있어서 여기서 과일과 채소를 재배하고 거위와 염소를 키운다. 이런 식으로 얻은 잉여 생산물을 모아서 종 한두 명을 사고, 아이들을 위해 집을 사고, 아내에게 보석을 선물하는 데에 사용할 수 있다. 그러니까 수메르와 아카드의 주민 대부분은 아주 수수하게 살았으며 많은 이들은 겨우 생존하는 정도였다. 갑자기 사용해야 할 비용이 생기거나 수입과 지출을 맞추기 위해 대출을 받아야 하는 경우가 종종 있었는데, 그럴 때면 그들은 공공 대부 기관이나 사설 대부업체를 이용한다. 이자율이 너무 높아서(보리의 경우 33%) 몹시 가난한 사람은 빚을 다 갚을 때까지 아이들이나, 심지어 아내까지도 종살이를 시킬 수밖에 없다.

우르, 니푸르, 기르수의 보통 사람이 자기가 살고 있는 사회에 대해 어떤 생각을 했는지는 알 수 없을 것이다. 일반인은 때로 부자와 권력자의 착취와 불의에 희생되기도 했지만[30] 그 체제에 톱니바퀴로서 잘 적응했던 것 같다. 그것은 그가 다른 체제에 대해 전혀 몰랐고 그에게는 이 체제가 신들이 세운 질서였기 때문이다. 각 개인의 삶뿐만 아니라 수메르의 번영과 풍요도 보장해 주는 거대한 경제 조직은 슐기와 아마르-신의 시대에 큰 말썽 없이 잘 굴러갔던 것 같다. 우르의 루갈은 광대한 영토에서 순종과 존경을 받는 근동 지방의 가장 강력한 군주였다. 당대 사람들이 보기에 이 거대한 왕국은 워낙 잘 정비되어 있어서 거의 무너뜨릴 수 없는 건물처럼 보였다. 그러나 왕에게 정보를 알려 주던 수칼과 먼지로 덮인 사막 길을 순찰하던 병사는 무장한 다수의 유목민 부족들이 이미 진군을 시작했다는 사실을 알고 있었다. 이 부족들은 아주 가까운 미래에 아무도 막을 수 없는 격류激流를 이루게 될 것이다.

우르의 몰락

눈에 띄게 고요했던 제국의 서부 국경에 심각한 위협의 신호가 처음으로 감지된 것은 아마르-신의 아우이며 후계자인 슈-신(기원전 2037~

2029년)■의 재위 기간이다. 전임자들과 마찬가지로 이 새로운 우르의 루갈 역시 몇몇 신전을 수리하고 이란에서 군사 작전을 수행했는데, 이 전쟁에서 일곱 나라를 약탈했다고 자랑한다. 게다가 그는 시마눔(이라크 최북단에 있는 도시인 듯하다)의 왕을 구하러 달려가야 했다. 이 왕은 자기 아들을 슈-신의 딸과 결혼시켰었는데 반란이 일어나자 왕위에서 쫓겨난 것이었다. 결국 반란자들은 유배되었고 이들을 수용하기 위해 니푸르 근처에 한 "도시"를 건설하는데 이것이 최초의 포로 "수용소"였다.[31] 그러나 슈-신 4년과 그 다음 해를 나타내는 표현은 조금 충격적이다. "우르의 루갈 슈-신 신伸께서 '티드눔을 쫓아내는' (성벽이라 불리는) 마르투MAR.TU 성벽을 건축하셨다." 실측도를 제작한 전문가 중 한 명에 따르면 이 장성은 적어도 275킬로미터에 이른다. 이 장성은 물이 차 있는 해자垓字로 둘러싸여 있었고 오늘날 바그다드 북쪽 어디에선가 티그리스와 유프라테스 사이를 이어 주고 있었다.

수메르어 마르투MAR.TU 및 아카드어 티드눔*Tidnum*과 아무룸*Amurrum*은 동의어로서 지역과 민족에 동시에 적용된다.[32] 지역으로 말하면 유프라테스 중류의 서쪽, 강에서 지중해까지 뻗어 있는 광활한 지역이다. 아무룸은 또한 방위로 서쪽을 가리키기도 한다. 이 지역에 살고 있으며 우리가 아무루인이라 부르는 사람들은 서셈어를 사용하는데, 이 언어는 에블라어와 분명히 구분되지만 가나안어와는 아주 가깝다. 의성어와 아카드어에서 차용한 몇몇 표현 외에는 이 언어에 대해 알려진 것이 없다. 우르 3왕조 시대에 아무루 부족은 두 집단으로 나뉘어 있다. 오래전부터 시리아 중부(오론테스 강 유역, 레바논, 안티레바논)에 정착해 살았던

■ "신(Sîn)에게 속한 사람." 슈-수엔(Shu-Suen)으로도 적히며 예전에는 기밀-신(Gimil-Sîn)이라 읽혔다.

것 같은 한 집단은 이때에 이르러 전격적으로 팽창한다. 이들은 점차 북부 시리아와 팔레스타인을 점령하는데, 그 과정에서 심각한 동요를 불러일으킨다(14장을 보라). 다른 집단은 유목민의 삶을 유지하면서 팔미라와 마리 사이에 있는 시리아 사막을 두루 돌아다니는데, 자기네 가축 떼에게 메소포타미아 초원에서 풀을 뜯어 먹이기 위해 종종 유프라테스 강을 건넌다. 그런데, 아주 가까이에 있는 이 두 번째 집단의 아무루인은 고대 왕조 시대부터 수메르인에게 알려져 있었다. 개인적으로 알려질 때도 있었는데, 수메르인의 도시에 이주해 와서 주민과 섞여 살았고 가끔은 중요한 지위를 차지하기도 했다. 이들은 자기들의 서셈어 이름을 그대로 사용하고 있었으며 문서 자료에서 "마르투 아무개"라고 언급되기도 한다. 또, 한데 묶어 "유목민들"로 알려질 때도 있었는데, 그 풍습이 야만스럽다고 여겨져 경멸과 풍자의 대상이 된다.

> 곡물을 알지 못하는 마르투 … 집도 도시도 알지 못하는 마르투, 북쪽 초원의 거친 사람들 … 송로松露■를 파내고 … (땅을 갈기 위해) 몸을 굽히지 않으며 날고기를 먹고 평생 집 없이 살다가 죽어서도 (규정에 따라) 묻히지 못하는 마르투 … 야생 동물의 본능을 가진 약탈 민족 마르투 … [33]

얼마 전만 하더라도, 마을을 약탈하고 나그네와 대상을 강탈하는 이 야만인들을 상대로 포로와 당나귀를 되찾기 위해 군대가 파견되었으며,

---

■ 여기서 송로는 사막의 습한 분지에서 겨울에 자라는 천연 송로(수메르어 *gurun-kur*, 아카드어 *kam'atu*)를 의미하며 오늘날 미식가들에게 즐거움을 주는 먹을거리와는 관련이 없다.
[역주] 프랑스어 원문에 나오는 "truffe"은 송로를 의미하기도 하고 초콜릿과 버터를 섞어 만든 과자를 가리키기도 한다.

우리가 앞서 보았듯이 샤르-칼리샤리는 마르투를 추격하여 제벨 비슈리에 있는 그들의 방어 진지까지 진격하기도 했다. 그러나 이제 역할이 반전된다. 아마 시리아에 사는 동족의 성공에 고무된 듯한 이 유목민은 일제히 공격을 시작하고 이에 수메르인은 수세에 몰리게 된다.

슈-신 "신伸"을 이어 기원전 2028년에 이르러 더는 "신"이 아닌 그의 아들 이비-신Ibbi-Sîn■이 왕위에 오른다.[34] 그는 재위 3년에 시무룸을 상대로 "일상적인" 원정을 수행한다. 그리고 2년 후 시마슈키 왕들의 권력이 증가하는 것을 견제하려는 헛된 희망을 품고 자기 딸을 루리스탄의 작은 왕국 자브샬리의 왕자와 결혼시킨다. 정확한 날짜를 알 수 없는 어느 날 그는 "폭풍우처럼" 몰아쳐 수사, 아담투, 안샨을 "하루 만에" 복속시킨다. 그러나 이 무훈武勳은 훨씬 더 극적인 현실을 숨기고 있다. 사실 이비-신이 왕위에 오르자마자 제국은 분열되고 붕괴되기 시작한다. 이런 사실은 연대가 기록된 토판에서 이비-신의 "연명"이 사라지고, 그 대신 이제 군주가 된 지방 엔시들의 "연명"이 나타나는 것을 보면 잘 알 수 있다. 이 현상은 이비-신 2년에 디얄라 하류의 에슈눈나에서 시작되어 수사(3년), 라가시(5년), 움마(6년)로 이어진다. 나중에 데르(티그리스 동부 바드라 근처)가 그들의 본을 따르게 된다.

이 넓고 비옥한 지방 행정 구역들을 상실함으로써 수메르의 경제는 극심한 타격을 입게 된다. 생계는 빈곤해졌고 물가는 폭등했다. 몇 년 전에 은 1세겔이면 보리 1구르(122.4리터)를 살 수 있었는데 이제는 5실라(4.25리터)밖에 못 사게 되었다. 기원전 2017년에 마르투가 장벽을 무너뜨리고 수메르의 심장부로 뚫고 들어왔을 때 우르에는 기근이 들었다.

■ "신(Sîn)이 불렀다." 이 이름은 아카드어이며 그의 어머니 이름 아비-심티(Abi-simti) 역시 아카드어다.

그러자 이비-신은 고위 관리이며 마리 출신인 이슈비-에라를 보내 이신과 카잘루에서 곡식을 사 오게 한다. 이슈비-에라는 임무를 수행하고 자기 왕에게 편지를 쓰면서, "15년 동안 그의 궁전과 그의 도시의 굶주림을 해결하기에 충분한" 보리를 확보했다고 한다. 그러나 마르투가 모든 길을 봉쇄하고 있고 자기는 이신에 갇혀 있다고 덧붙이면서, 왕에게 이 양식을 우르로 수송할 선박을 보내 달라고 요청한다. 우리는 이비-신이 어떤 대답을 했는지 모른다. 그러나 이슈비-에라에게는 유혹이 너무 컸던 것 같다. 그는 스스로 독립을 선언한다(기원전 2017년). 그 후 충성스러운 카잘루의 엔시 푸주르-누무슈다가 우르의 왕에게 보낸 글에 따르면, 이슈비-에라는 니푸르를 점령하고 엔릴에게서 "나라의 목자직"을 얻고 지역 내에 질서를 회복한 후 (아마 엘람의 도움으로) 여러 이웃 나라와 싸워 이긴다. 이비-신은 푸주르-누무슈다에게 답신을 보내면서, 엔릴이 "수메르의 그루터기도 안 되는 아무것도 아닌 사람에게" 왕권을 주었다고 한탄하면서 잘 견디라고 당부한다. 아마 언젠가 마르투가 엘람인을 무너뜨리고 이슈비-에라를 사로잡게 될 것을 기대한 것 같다.

그러나 이 소원은 실현되지 않는다. 재위 20년(기원전 2009년)부터 왕국은 사실상 둘로 나뉜다. 한 편에는 우르의 이비-신이 있고 다른 편에는 이신의 이슈비-에라가 있다. 더 부강한 것은 이슈비-에라다. 그는 마르투를 즉각 쫓아내거나 재물을 주고 설득하여 떠나게 한다. 그때 엘람이 북부 사람들(수바르투) 및 수Su(아마 수사인을 가리키는 듯하다)와 동맹을 맺고 개입한다. 재위 22년(기원전 2007년)에 그들은 시마슈키의 왕인 킨다투의 지휘 아래 티그리스 강을 건너 우르를 향해 진군한다. 이비-신은 자기 도시에 숨어서 포위 공격을 견뎌 낼 준비를 하지만 이슈비-에라가 그들을 물리쳐 준다. 그들은 3년 후(기원전 2004년)에 다른 우두머리의 지휘 아래 다시 돌아와 수메르 전체를 약탈한다. 우르-남무가 "빛나는 산처럼 높게" 만든 우르의 성벽 아래 며칠 동안 머무르던 이들은 도시를 공격하여 빼앗고 약탈하고 방화한 뒤 떠나가면서 약간의 주둔군을 남겨 둔다. 불쌍한 이비-신은 포로가 되어 "자신이 맹금猛禽처럼 날아가 파괴했던 도시들이 있는 안샨 지방의 오지까지"[35] 끌려가 그곳에서 죽게 된다. 많은 세월이 흐른 후 우르가 폐허를 복구한 뒤에도 사람들은 여전히 우르의 파괴를 기억하며 그 사건을 국가적 재난으로 슬퍼하게 될 것이다.[36] 그 슬픔은 어쩌면 당연한 것이다.

> 오, 아버지, 난나여. 이 도시는 폐허가 되었습니다.
> 도기 파편이 아니라 주민들이 경사면을 채웠습니다.
> 성벽은 무너졌고 사람들은 신음합니다.
> 평소에 사람들이 거닐던 장엄한 성문 아래 시체들이 누워 있었습니다.
> 나라의 축제가 열리던 길에는 시체 더미가 쌓여 있었습니다.
> 우르, 그곳에 있던 강한 자와 약한 자 모두 기근으로 죽었습니다.
> 아버지와 어머니는 자기들의 거처에서 불꽃에 사로잡혔습니다.
> 어머니 무릎에 누워 있던 아이들은
> 물고기처럼 물에 휩쓸려갔습니다.
> 도시에서 아내가 버려졌고, 아이가 버려졌고, 재물이 흩어졌습니다.
> 오, 난나여. 우르는 파괴되었고 주민은 흩어졌습니다.

11 여러 아무루 왕국

기원전 2000년이 되기 직전에 우르가 몰락한 것은 메소포타미아 역사에 결정적인 전환점이 된다. 이 사건은 단순히 한 왕조와 왕국을 넘어 한 종족과 사회 유형의 종말을 고한다. 엘람인들은 자기들이 정복한 도시에서 너무 일찍 내몰리는 바람에 성공의 결실을 거두지 못했고, 여기서 진정한 정복자는 셈족이 되었다. 먼저는 이신의 아카드인이었고 그 다음은 아무루인이었다. 재난이 일어난 후 한 세기도 지나지 않아 아무루인은 분열된 수메르와 아카드 곳곳에 왕국을 세워나간다. 이 군주 중 일부는 우르 3왕조 시대부터 끊임없이 메소포타미아에 침투했던 마르투의 우두머리들이었을 것이다. 그러나 많은 경우 우리가 보고 있는 이 사람들은 수메르 왕을 섬기던 전직 관리이거나, 아니면 현재 아랍의 대규모 부족의 족장처럼, 오래전부터 도시에 살던 부족의 우두머리로 수메르-아카드 문화에 젖어 있던 사람들이었던 것 같다.[1]

셈족의 득세는 인종, 언어, 정치, 사회에 굉장한 변화를 가져오게 될 것이다. 인구수에서 밀리고, 심리적인 압박까지 받게 된 듯한 수메르인은 아카드어 이름을 갖게 되고 구분이 사라지면서 사실상 점차 "사라져간다." 그들의 언어는 구어에서 더는 사용되지 않고, 중세의 라틴어처럼 교양인, 학자, 사제의 언어로 변모한다. 게다가 아무루인은 자기네 언어와 동족 관계에 있는 언어라 아카드어를 더 쉽게 받아들이고, 아카드어는 계속 발전하여 "고대 바빌로니아어"라 불리는 고전적 형태로 그 절정에 도달하게 된다. 이와 동시에 남부 메소포타미아는 그때까지 별로 중요하지 않던 도시를 왕도로 삼은 크고 작은 아카드와 아무루 왕국으로 분할된다. 이로써, 고대 수메르 도시국가와 이를 모방한 우르 3왕조 시대 지방 행정 구역의 흔적은 모두 지워져 버린다. 예전처럼 새로운 군주들은 자기가 왕권을 차지한 것이 자기 민족 신(자기 부족의 신이 아니라 자기 왕도의 신이라는 사실에 주의하라)의 호의 덕분이라고 주장하기는 하지만, 니푸르의 엔릴이 선택하지 않으면 누구도 수메르와 아카드를 다스릴 수 없다는 원칙은 폐기된다. 물론 어떤 왕은 자기가 "엔릴의 사랑을 받은 자" 혹은 "엔릴이 지지하는 자"라고 쉽게 말하지만 이것은 단지 비유에 지나지 않는다. 단지 그들의 신체적, 도덕적 성격과 그들의 업적, 영향력, 카리스마가 그들의 권력을 정당화한다. 결국, 이들은 모두 반란 세력이거나 과거의 "족장"으로서 혼자 힘으로 자기들의 영토를 정복한 것이었다.

이런 정치-종교적 개념의 변화는 경제와 사회 조직에 반영된다. 거의 우르 3왕조 시절만큼이나 많은 여러 문서(법률, 왕의 칙령, 계약서, 판결문, 편지, 행정 문서)를 보면 이런 변화가 감지된다. 이 시대의 문서는 우르 3왕조 시절과는 성격이 다르며 신전 문서 보관소보다는 국가 행정 문서 보관소나 개인 소장 자료에서 나오는 경우가 훨씬 많다.[2] 이론적으로 왕국의 땅은 늘 신들에게 속하는 것으로 여겨지지만 왕이 많은 부분을 차지하고 있으며 자기 소작인이나 농업 노동자들에게 경작하게 한다. 또한 땅을 자기 가족이나 대신들 혹은 자기 "종들"(관리나 궁전의 직원)에게 나눠 주는데, 이들은 기본적으로 도시 사람이라 다시 그 땅을 임대한다. 따라서 사회는 대지주, 중지주, 소지주를 비롯해 인구 대부분을 차지하는 임대 경작자로 구성되어 있음을 알 수 있다. 일부 사회 집단, 특히 군사들은 왕에게서 복무의 대가로 생계 농지를 받아 현물로 세금을 낼 뿐만 아니라 임무를 받아 경작되지 않은 땅을 개간하고 그 용익권用益權을 가짐으로써 사실상 "개척자들"이 된다.

오랜 기간 분열된 이 메소포타미아에서 나라와 나라 사이에 교역[3]이 이루어진다. 메소포타미아 경계에 있는 나라나 아랍-페르시아 만의 항구를 이용할 수 있는 나라는 다른 나라와 관계를 맺으면서 (마리는 시리아와, 아수르는 아나톨리아와, 에슈눈나는 엘람과, 라르사는 딜문과 관계

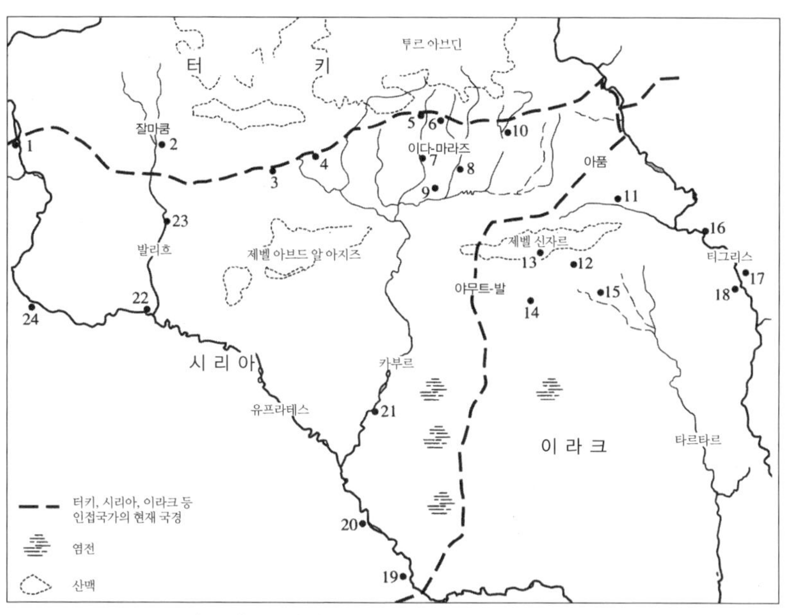

상부 메소포타미아의 주요 도시(제2천년기 초반)

1. 카르케미시 (제라블루스)
2. 하란
3. 텔 할라프
4. 나후르 ? (텔 페케리예)
5. 텔 아무다
6. 우르키시 ? (텔 모잔)
7. 아슈나쿰 ? (샤가르 바자르)
8. 카하트 (텔 바리)
9. 나와르 / 나가르 (텔 브라크)
10. 셰나 / 슈바트-엔릴 (텔 레일란)
11. 라자마 (텔 알-하와)
12. 카라나
13. 쿠르다
14. 안다리크
15. 카타라 (텔 알-리마)
16. 니누아 (니네베)
17. 에칼라툼 ? (텔 하이칼)
18. 아수르 (칼라아트 셰르카트)
19. 마리 (텔 하리리)
20. 테르카 (텔 아샤라)
21. 사가라툼 ? (텔 수와르)
22. 투툴 (텔 비아)
23. 잘파 (텔 함맘 알-투르크만)
24. 에마르 (메스케네)

를 맺으면서) 무거운 통행세를 징수한다. 메소포타미아의 나라들 사이에 발생한 많은 전쟁의 목표는 중개자들을 제거하는 것이었던 듯하다. 이 중개자들은 비싼 통행세를 요구하면서 원한다면 언제든 목재와 금속 등 필수 자재의 공급을 끊을 수 있었던 것이다. 외국에서 온 상인들은 티그리스 강과 유프라테스 강 사이를 왕래한다. 지역상인 탐카루*tamkâru*는 정부의 대리인으로 나라를 대신해 일하지만 자신을 위해서도 일한다. 모든 큰 도시에는 협회*kârum*가 조직되어 있어서 상인들이 자본을 모아 위험과 이익을 함께 나누면서 돈벌이가 잘되는 상거래에 참여한다. 상인들은 당국에서 선금을 받고 궁전에서 사용하지 않는 것을 모두 사들여 비싼 가격에 재판매하고 빚에 찌든 사람들에게 융자를 허락해 준다. 이렇게 해서 상인들은, 보리와 (점점 더 많이 사용되는) 은으로 이루어진 "총통화"의 상당 부분을 손에 넣을 정도로 부유해진다. 그들은 또한 당시 사회에서 중요하고도 복잡한 역할을 감당하기도 한다. 기원전 17세기 말에 이르러 이들은 자기들이 빌려 준 자본의 이자와 더불어 농업 관련 임대료와 세금을 (목축 관련 임대료와 세금과 아울러) 징수하게 될 것이다.

산업에 관해서는 훨씬 정보가 적지만 우르 3왕조 시대의 방식을 따랐던 것 같다. 그러나 생산 시설은 훨씬 작았고 급여를 받는 장인이 있는 작업장의 수가 증가한다. 마지막으로, (이것은 가장 중요한 변화인데) 신전과 국가가 이제 분리된다. 거대한 신전은 자기 고유한 영역만을 보존하고 있을 뿐 곡물 생산지 전역에 대한 예전의 지배력을 상실하고 메소포타미아 경제에서 주요한 역할을 하지 못하게 된다. 이제부터 신전은 단순히 "평범한 지주, 평범한 경작자와 납세자"[4]일 뿐이다. 군주가 법령으로 경제 체제를 지휘하고 "사회 정의"를 실현하려고 노력하는 동안 사제들은 신들을 섬기는 일에 만족한다. 이 아주 오래된 수메르의 신들은 모든 대혼란을 이기고 살아남았던 것이다.

물론 이 모든 일이 하루아침에 일사불란하게 일어난 것은 아니다. 특히 남부 메소포타미아는 아주 오랫동안 우르 3왕조 시대와 아주 유사한 사회-경제 체제를 보존하고 있었던 것 같다.[5] 우리가 알듯이 이 지역에서 함무라비의 통치기에 이르기까지 왕의 명문에 사용된 공식 언어는 수메르어다. 한편 메소포타미아 남부보다 도시화가 덜 이루어져 있고 전통이 다른 북부 지방은 농경 사회에 기반을 두면서 반유목민 부족을 포함하는 봉건 체제를 이루고 있다.[6] 이곳에서 왕의 명문은 전적으로 아카드어로 기록되었다.

메소포타미아에서 우르 3왕조 시대의 뒤를 이은 시대는 고대 바빌로니아 시대라 불린다. 이 시대는 우르의 몰락(기원전 2004년)부터 히타이트의 바빌론 점령(기원전 1595년)에 이르기까지 네 세기에 걸쳐 있으며 전통적으로 두 시기로 구분된다. 이신-라르사 시대라 불리는 첫 시기는 약 200년간 지속되는 아주 복잡한 시대다. 남부 메소포타미아는 처음 거의 한 세기 동안 초기 이신 왕들의 보호 아래 비교적 평화로웠다. 그 후 라르사의 강력한 왕들이 등장함으로써 인접한 이 두 경쟁국은, 우르를 차지하고 수메르와 아카드의 주도권을 쥐기 위해 전쟁을 벌이게 된다. 이 와중에 여러 지역에서 아무루 도시국가가 형성되는데, 그중 하나가 바빌론이다. 같은 시대에 북부 메소포타미아에서 아수르, 에슈눈나, 마리, 에칼라툼의 군주들 (시리아의 알레포와 카트나의 군주들을 포함하여) 역시 이 지역을 가로지르는 큰 교역로를 지배하기 위해 자기들끼리 싸우는데, 여기서 일시적으로 승리한 것은 에칼라툼의 왕이었던 아무루인 샴시-아다드다. 기원전 1792년에는 함무라비가 바빌론의 왕이 된다. 몇 년 후 함무라비는 군사력과 외교력을 동시에 사용하면서 마침내 메소포타미아 전역의 주인이 됨으로써 두 번째로 셈족 "제국"을 건설하게 된다. 불행히도 이 제국은 오래가지 못한다. 이 위대한 군주와 그 후계자들의 통치시기를 바빌론 1왕조 혹은 바빌론 I이라 부른다.

이신, 라르사, 바빌론

비교적 후대의 왕조 목록[7]에 따르면 라르사 왕국은 이슈비-에라가 이신에서 독립을 선언하기 8년 전(즉 기원전 2025년경) 나플라눔이라는 이름을 가진 아무루인이 창건했지만, 지금까지 이 군주나 그의 뒤를 이은 첫 세 명의 후계자에 관해서는 어떤 명문이나 어떤 연명도 발견되지 않았다. 이들은 단순히 이 왕조의 조상이었을까, 아니면 최근 출간된 어느 문서에서 시사하듯, 라르사가 오랫동안 이신의 속국이었던 것일까?[8] 이 두 왕도에서 현재 발굴이 진행 중인데 언젠가 토판이 출토되면 이 질문에 답이 나올지도 모르겠다.[9]

이신 왕국 안에는 이슈비-에라의 손에 일찌감치 넘어온 니푸르 외에도 중요한 종교적 중심지 두 곳이 있었다. 그것은 우루크와 에리두였다. 이슈비-에라는 재위 20년(기원전 1998년), 즉 우르 몰락 후 6년째 되는 해에 우르에 주둔해 있던 엘람 주둔군을 몰아낸다. 이로써 그의 후계자들은 "우르의 왕, 수메르와 아카드의 왕"이라는 직함을 가질 수 있게 된다. 이들의 무훈에 대해 우리가 아는 것은 거의 없다. 단지, 슈-일리슈(기원전 1984~1975년)는 우르의 신이었던 달 신 난나/신^{Sîn}의 신상을 현재 알려지지 않은 방식으로 엘람에서 되찾아 왔고, 이딘-다간(기원전 1974~1954년)은 티그리스 강 동편 자그로스 산맥의 지맥^{支脈} 기슭에 있는 도시 데르[10]를 점령했으며, 그의 아들 이슈메-다간(기원전 1953~1935년)은 당시 작은 독립국의 왕도였던 키시를 공격했다가 실패했다는 사실만 알 수 있을 뿐이다.

앞서 보았듯이 이슈비-에라는 마리 태생의 아카드인이었다. 그래서 그의 계승자 중 두 명의 이름에 마리의 (또한 에블라의) 최고신이며 곡물의 신인 다간이 등장하는 것이다. 그러나 이 셈족 사람들은 자기들이 진정으로 우르의 수메르 왕들을 계승했다고 생각하면서 그렇게 행동했다. 이 때문에 심지어 일부 역사가들은 이신 1왕조를 단순히 우르 3왕조의 연장선상에 있는 것으로 취급하기도 한다. 이신의 왕들은 모두 자기를 신격화했으며 이 "신적인" 왕들을 위해 지어진 찬가 서른네 편이 남아 있는데 그중 열다섯 편은 이슈메-다간에 관련된 것이다.[11] 많은 왕이 신성한 결혼 의식에 참여했으며, 몇몇은 자기 딸을 우르에 있는 난나의 최고 사제로 임명했다. 그들은 이신에 거주하면서도 마치 슐기나 아마르-신이 품었을 법한 열정을 가지고 고도古都를 재건하고 장식했다. 그들은 딜문과의 교역 관계를 다시 시작하고 마르투 유목민의 공격에 대비하여 도시의 방어 시설을 강화했으며 그들의 선임자들이 끈질기게 추진했으나 종종 실패했던 결혼 동맹 정책을 이어받아 시행했다.[12] 예술의 영역에서 (특히 "봉헌 장면"[13]이라 일컬어지는 장면이 주로 나오는 세공술의 영역에서) 이 시대는 전 시대와 아무런 차이가 없으며, 우르와 니푸르에서 발견된 위대한 수메르 문학 작품 대부분이 이 시대에 기록했거나 베껴 적은 것이라는 점은 아무리 강조해도 지나치지 않다. 저 유명한 수메르 제왕 목록도 마찬가지이다. 이 목록은 "역사의 여명"까지 거슬러 올라가는 수메르 왕들의 긴 계보에 자기들을 넣고 싶어 하는 아카드인 군주들의 바람을 잘 드러내 준다. 남부 메소포타미아의 지배적인 두 인종이 어느 정도까지 긴밀하게 융합하여 같은 문명을 공유했는지 이만큼 잘 보여 주는 사례도 없을 것이다. 이 시대의 수메르를 보면 황제들을 제외하고 모든 것이 로마풍이었던 로마 제국의 쇠퇴기가 떠오른다.

이신의 우위권은 리피트-이슈타르(기원전 1934~1924년)의 치세 기간까지 심각한 장애물 없이 이어졌던 것 같다. 리피트-이슈타르는 이슈메-다간의 아들로서 "법전"의 저자인데, 이 법전 중 40여 조항과 서문 및 맺음말이 지금까지 전해져 온다.[14] 이 법령은 기본적으로 종, 혼인법, 상속, 과세 토지에 관한 제도, 그리고 선박, 소, 과수원의 임대 계약과 일부 가벼운 범법 행위를 다루고 있어서 당시 사회 구조가 어땠는지 이해하게 해 준다. 우르-남무 법령과 마찬가지로 이 법령도 수메르어로 기록되어 있으며, 가벼운 범법 행위는 단순한 배상금으로 벌하고 있다. 그런데 이 평화로운 입법 군주는 통치 말기에 무시무시한 적과 충돌한다. 이 적은 전사로서 그 이름만 들어도 큰 북소리가 들리는 것 같은 느낌이 든다. 그는 다름 아닌 라르사의 다섯 번째 왕 군구눔인데, 이 왕은 나중에 라르사 왕국의 명실상부한 설립자로 여겨진다. 군구눔(기원전 1932~1906년)은 이미 엘람에서 군사 작전을 전개함으로써 시마슈키 왕조의 쇠퇴에 일조한 바 있다. 재위 8년이 되자 그는 이신의 왕을 공격하고 우르를 점령한다. 이후 몇 년에 걸쳐 데르, 수사, 라가시, 그리고 아마 우루크까지도 지배하게 된 것 같다. 이리하여 라르사는 남부 메소포타미아의 절반과 아래 바다로 향하는 통로를 차지하게 되었다.

이신의 관점에서 항구와 영토의 상실은 재난이었으며 왕가의 약화를 더 심화시키게 된다. 사실 리피트-이슈타르는 군구눔이 우르를 차지한 해에 죽었고 우르-니누르타(아마 수메르인이었던 것 같다)라고 하는 왕위 찬탈자가 그 자리를 차지했으나 그 역시 기원전 1896년에 라르사의 아비-사레에게 패하고 살해당했다. 아비-사레의 아들 수무-엘(기원전 1894~1966년)은 자기 아버지의 적극적인 정책을 이어받아 키시와 카잘루의 군주들과 싸우고, 이신의 왕이며 또 다른 왕위 찬탈자인 에라-이미티라는 경쟁자에게서 니푸르를 빼앗았다.

에라-이미티의 죽음에 관해 이야기를 좀 해야겠다. 왜냐하면 이 죽음이 우리에게 메소포타미아의 어느 이상한 관습의 가장 오래된 예를 보여주기 때문이다. 이따금 불길한 징조가 있어서 왕이 신들의 분노를 두려워할 때 그는 말하자면 직을 내려놓고 일반인을 "대리왕"*shar puhi*으로 왕위에 앉혔다. 이 사람은 명실상부한 희생양으로서 얼마 동안 통치한 후에 처형되어 성대한 의식과 함께 땅에 묻혔다.[15] 그런데 카슈 시대(기원전 15세기)에 쓰인 바빌로니아 연대기의 저자는 다음과 같이 말한다. 그는 아마 자극적인 세부 사항을 좋아했던 것 같다.

> 에라-이미티 왕은 엔릴-바니라고 하는 정원사를 대리왕으로 자기 왕위에 앉히고 그의 머리 위에 왕관을 씌웠다. 에라-이미티가 너무 뜨거운 죽을 삼키다가 궁전에서 죽자 엔릴-바니는 왕위를 차지하고는 돌려주려 하지 않았고, 이리하여 군주가 되었다.[16]

덧붙여 말하자면, 이 운 좋은 정원사는 신격화되었고 적어도 두 편의 찬가가 그를 위해 지어졌다. 그는 왕도와 그 인근 지역으로 영토가 축소된 이신 왕국을 24년(기원전 1860~1837년) 동안 통치하게 되었다. 그동안 라르사에서는 누르-아다드가 자기를 위해 궁전을 건축하고 그의 아들 신-이디남은 디얄라 강 유역을 정복하고 티그리스 강을 따라 아수르 부근까지 밀고 올라갔다. 그러나 이제 남부 메소포타미아의 이 두 경쟁국은 공통의 적을 갖게 되었으니, 그것은 바로 바빌론이었다.

이신의 초기 왕들은, 아무루 부족들이 티그리스와 유프라테스를 따라 유랑하면서 점점 그 수가 늘어날 때 이들을 어느 정도 성공적으로 통제했었다. 그러나 기원전 1900년 가까이 이르자 이 유목민들은 남부 메소포타미아의 심장부까지 침범하기 시작했고 이신과 라르사의 분쟁을 이용하여 일리프, 마라드, 말굼, 마슈칸-샤피르, 그리고 심지어 우루크에 이르기까지 여러 도시를 점령했다. 이리하여 소규모 왕국이 여럿 세워졌고 그들의 분쟁은 그렇지 않아도 만연한 혼란을 가중시켰다. 수무-엘이 라르사의 왕위에 오른 기원전 1894년에는 수무-아붐이라는 아무루 군주가 유프라테스 강 좌안左岸에 위치한 작은 도시에 자리 잡았다. 이 도시는 키시와 아가데에서 20킬로미터 정도 떨어져 있었으며 이미 강조했듯이 상업적이고 전략적인 중요성이 있던 메소포타미아 "통로"에 있었다. 이 도시는 우르 3왕조 시대의 문서에 처음으로 등장한다. 거기에 따르면 이곳은 당시에 엔시가 다스리면서 발라*bala* 체제에 편입되어 분담금을 내고 있었지만 아무런 정치적인 역할도 하지 않았다. 이 도시의 이름은 수메르어로는 *Kà-dingir-ra*라고 하며 아카드어로는 *Babilim*이라 했는데 이 두 단어는 모두 "신의 문"이라는 뜻이 있다. 우리는 그리스어 이름을 따서 이 도시를 바빌론Babylon이라 부른다. 바빌론의 수호신은 아마르-우투였는데 아카드어로는 마르두크라 한다. 그는 원래 시파르의 태양신 샤마시의 영향권 아래에 있는, 엔키 가문의 보잘것없는 신이었으나 언젠가 엔릴과 경쟁하게 될 것이었다. 바빌론의 초기 왕들은 아마 이 도시를 거대한 나라의 왕도로 만들 결심을 했던 듯하지만 자기들의 열정을 신중하게 자제하였고 반세기 이상을 보낸 다음에야 아카드 지역을 정복한다. 수메르의 진정한 요충지인 니푸르를 탐내고 있던 이 왕들은 새로운 라르사 왕조의 첫 번째 왕의 저항에 부딪히게 되었다.

이라크 남동부 티그리스 강과 자그로스 산맥 사이에는 사막에 가까운 초원이 펼쳐져 있는데, 그곳에 살던 유목민 혹은 반유목민이었던 아무루 부족의 이름을 따서 당시에는 야무트발이라 불렀다. 그들의 우두머리는 기원전 19세기라는 이 상황에서 쿠두르-마르두크라는 엘람어 이름을 갖고 있었다. 그것은 아마 그의 가족이 오랫동안 엘람 왕을 섬겼기 때문인 듯하다. 기원전 1835년경 티그리스 강 건너편에서 기회를 엿보고 있던 쿠두르-마르두크는 상황이 자기에게 유리하다고 판단했다. 그 어느 때보다 이신과 라르사 사이의 전쟁이 치열하여 니푸르가 이편에서 저편으로 왔다 갔다 했던 것이다. 게다가 라르사의 신-이키샴은 야무트발에 적대적인 부족의 우두머리였던 카잘루의 왕에게 자신의 왕도를 내 주어야 했고 이것은 개입할 수 있는 좋은 구실이 되었다. 우리는 무슨 일이 일어났는지 정확히 알지 못한다. 그러나 기원전 1834년에 쿠두르-마르두크는 티그리스 강을 건넜고 마스칸-샤피르[17]에 정착하여 살면서 라르사의 지배자가 되었다. 그는 라르사를 자기 아들 와라드-신에게 맡기고 그와 협력하여 나라를 다스렸다. 이 공동 지배 아래, 그리고 림-신(기원전 1822~1763년)[18]의 통치기에 이 왕국은 마침내 오랜 평화기를 누리고 그와 더불어 엄청난 경제, 문화, 종교의 부흥을 경험하게 될 것이다. 그것이 가능했던 것은 이 신출내기들이 오래전부터 잘 알고 있던 문명을 주저 없이 받아들이고 우르와 이신의 왕으로 행세했기 때문이다. 그들은 재건 사업에 힘을 다했고 (적어도 아홉 개의 신전과 열두 개의 다른 기념물이 우르에 건립되었다) 경작지를 확보하기 위해 바다까지 이르는 대형 수로들을 팠다. 또한 수메르의 문학과 예술을 장려했으며, 물론 자기를 신격화했다. 그러나 이신이 여전히 독립국으로 남아 있고 바빌론의 힘이 강한 상황에서 수메르의 평화는 그리 오래갈 수 없었다. 기원전 1809년에 림-신은 바빌론의 신-무발리트가 지휘하는 위력적인 연합군과 싸워야 했으며, 그의 긴 통치 기간 중 재위 30년(기원전 1793년)에 이르러서야 마침내 이신을 점령하고 라르사의 오랜 숙적을 해치울 수 있었다. 얼마 후 함무라비가 바빌론의 왕위에 올랐다.

여기서 우리는 잠시 남부를 뒤로하고 메소포타미아 북쪽 절반으로 시선을 돌려야겠다. 그곳에서 우르의 몰락 이후 많은 사건이 발생했다. 여기서도 우리는 맹렬한 전투를 치르고 있는 "싸우는 나라들"을 만나게 되겠지만 이 분쟁의 문화적 배경과 동기는 현저히 다를 것이다.

에슈눈나와 아수르

우바이드 시대에 작은 마을로 시작한 에슈눈나(텔 아스마르)는 고대 왕조 시대는 길게 이어지는 여러 신전과 눈이 큰 숭배자들의 소상小像 덕분에 아주 잘 알려져 있으나, 아카드 시대는 잘 알려지지 않고 있다. 구티인이 약탈했던 에슈눈나는 우르 3왕조 시대에 이르러 지방 행정 구역의 중심 도시로, 그리고 당시 디얄라 강 유역을 중심으로 한 인구 밀집 지역에서 가장 중요한 도시로 나타난다. 디얄라 강에서 약 15킬로미터 떨어진 지점에 위치한 이 도시는 두 개의 중요한 교역로의 교차점에 있었다. 하나는 "메소포타미아 통로"에서 자그로스 산맥을 가로질러 이란 고원까지 가는 길(현재 바그다드에서 테헤란으로 가는 길)이고 다른 하나는 티그리스 강 동쪽을 지나가면서 북부 메소포타미아와 엘람을 잇는 길이다. 또한 이 도시는 문화적, 정치적 영향의 삼중 흐름을 경험하고 있었다. 무엇보다 중요한 것은 수메르-아카드의 영향이지만 엘람과 후리(에슈눈나의 신 티슈파크는 아마도 후리의 신 테슈프와 같은 신인 듯하다)의 영향도 만만치 않았다. 따라서 에슈눈나가 우르 3왕조의 왕들과 결별한 최초의 지방 도시 중 하나라는 사실은 그다지 놀랍지 않다. 우리가 알기에, 독립을 향한 여정은 신속하고 용이했다. 이비-신 2년(기원전 2026년)에 분리 독립을 이룬 후 "강력한 왕, 와룸 지방의 왕"이란 직함을 가진 일루슈-일리아 때부터 에슈눈나의 군주들은 자기들을 "티슈파크의 종"이라 불렀으며 자기들 나름의 고유한 연명으로 연대를 기록했다. "신적인" 슈-신에게 봉헌된 신전은 제의가 중지되고 궁전에 편입되

었지만, 이 궁전은 안타깝게도 보존 상태가 그다지 좋지 않다.[19]

아카드어 이름 또는 어원이 불분명한 이름을 가진 이 초기 왕들은 지체하지 않고 자기들의 영토를 옛 경계 너머로 확장했다. 아무루인은 다른 지역과 마찬가지로 이 지역에서도 소동을 일으켰는데, 이 왕들은 이를 이용하면서 투투브(카파제)라는 중요한 도시를 포함해 디얄라 유역 전체를 점령하고 북쪽으로 키르쿠크 근방까지 밀고 올라갔다. 일부 아시리아학 학자들은 이들 왕 중 한 명이었던 빌랄라마(기원전 1980년경)가 법령 모음을 편찬했다고 생각하는데[20] 이 법령은 아카드어로 기록되었고 그중 60여 조항이 보존되어 있다. 그러나 현재 이 연대는 적어도 한 세기 정도 낮춰야 한다. 이렇게 되면 이 "법전"은 공통점이 많은 함무라비 법전과 비슷한 시기에 놓이게 된다. 주목할 만한 점은, "에슈눈나 법령"이 에슈눈나가 아니라 샤두품에서 발견되었다는 점이다. 샤두품은 오늘날 바그다드 근교에 있는 언덕 텔 하르말로서 1945년과 1949년 사이에 이라크 고고학자들이 발굴했다.[21] 에슈눈나 왕국 농업 지역의 행정 중심지인 이 소박한 마을에서는 이 "법전" 외에도 편지, 계약서, 경제 문서, 연명 목록, 아주 흥미로운 수학 토판 등이 나왔다. 이 사실에서 당시 문화의 확산에 대해 많은 것을 알 수 있다.

빌랄라마의 통치 이후 재난의 시기가 뒤따랐다. 에슈눈나는 데르의 군대에 약탈당하고 키시의 왕과 싸워 패하면서 영토 대부분을 상실했다. 그러나 나중에 아무루 군주들이 세운 왕조에서 왕국은 번영의 시대를 회복했다. 이발-피-엘 1세(기원전 1860년경)와 더불어 새로운 팽창의 시대가 시작되었다. 그는 유프라테스 유역의 라피쿰, 티그리스 유역의 아수르, 에르빌 평원의 카브라, 카부르 유역의 아슈나쿰을 점령했다. 이 도시들의 위치를 볼 때 에슈눈나의 군주들은 티그리스 유역 전체와 북부 자지라를 점령하고 유프라테스 중류에 교두보를 확보함으로써, 그들의 왕도로 집결되어 대체로 수사 방향으로 향하는 모든 교역로를 지배하고 싶어 했다. 그러나 이 도시들을 장악한 것은 일시적일 뿐이었다. 정복했다 잃어버린 영토를 회복하려는 에슈눈나의 마지막 군주들의 끈질긴 노력은 실패로 끝났다. 그러나 우리는 에슈눈나 왕국이 기원전 18세기 초 메소포타미아 역사에서 중요한 역할을 했다는 사실을 곧 알게 될 것이다.

아시리아 왕국은 메소포타미아를 비롯한 근동 지방 전체의 역사에서 기원전 13세기부터 점점 더 중요한 역할을 하게 될 것이다. 따라서 이 나라의 출현과 발전에 대해서 설명하는 것이 좋겠다.[22] 이 나라 이름의 기원이 된 도시 아수르Assur[23](좀 더 정확히 하면 아슈르Ashshur)■는 농사보다는 양을 치기에 더 적합한 초원 지역에 있었지만 전략적으로는 최고의 위치를 차지하고 있었다. 모술에서 남쪽으로 약 100킬로미터 떨어진 곳에, 티그리스 강 우안右岸을 굽어보는 제벨 마쿨에서 뻗어 나온 삼각형 모양의 바위투성이 돌출 지대에 건설된 아수르는 맹렬하게 흐르는 티그리스 강이 양쪽 측면을 감싸고 있으며 다른 한쪽 면에는 강력한 요새가 있다. 뿐만 아니라, 남부 메소포타미아와 북부 메소포타미아, 수메르-아카드와 이라크 쿠르디스탄, 그리고 아르메니아와 아나톨리아를 잇는 직통 도로들을 굽어보고 있었다. 아수르는 고대 왕조 시대에 건설된 후 수메르의 문화적 영향을 곧바로 받았다. 초기의 이슈타르 신전 두 곳과 그 내용물을 보면 이에 관해 잘 알 수 있다. 아수르는 아카드의 왕 나람-신에게 정복당했고 그 후에 아마르-신의 시대에 우르 3왕조의 지방 행정구역으로 변모한다. 기원起源까지 거슬러 올라가는 것으로 주

■ 쐐기문자 문서에서 도시, 왕국, 수호신을 모두 *Ash-shur*라고 쓴다. 우리는 혼동을 피하기 위해 도시를 언급할 때에는 *Assur*라는 철자를 사용하고, 신을 언급할 때는 *Ashur*, 그리고 전통적인 명칭인 *Assyrie*는 왕국을 언급할 때에만 사용한다. [역주] 본 역서에서는 이 셋을 각각 "아수르", "아슈르", "아시리아"로 옮긴다.

장하는 아시리아 제왕 목록[24]의 네 판본이 남아 있긴 하지만, 수메르와 아카드의 왕들과 정확한 동시대성이 확보되지 못했기 때문에 기원전 19세기 이전 아시리아 군주들의 절대 연대를 확립하는 것은 무척 어렵다. 이 제왕 목록 서두에는 열일곱 명의 왕이 등장하는데 그중 일부의 이름은 이상하고(투디야, 우슈피아, 키키아, 아키아) 그 기원을 잘 알 수 없다. 왕들은 "천막에 살았다"고 하는데 이 표현에 따르면 이들이 도시 근처에 천막을 치고 살던 부족장이었음을 알 수 있다. 아카드 시대 말에 구티인과 룰루비인이 폐허로 만든 아수르를 점령한 것은 바로 이 "왕들" 중 마지막 몇 사람인 것 같다. 그 후, 명확하지는 않지만 아마 우르 3왕조의 몰락기에 푸주르-아슈르라는 사람이 나타나는데, 이 사람은 전형적인 아카드어 이름을 가진 아홉 군주(사르곤이란 이름도 있었다)의 계보에서 시조가 된다. 이들은 "왕"*sharrum*이라는 직함 대신 아슈르 신의 이시아쿰*ishiakkum*(수메르어 엔시에 해당하는 아카드어 형태), 와클룸*waklum*, 또는 "지도자"라는 직함을 사용한다. 이 왕 중 네 명은 아슈르, 아다드, 이슈타르의 신전과 도시의 성벽을 건설하고 보수한 사실을 언급하는 명문을 남겼다. 그 가운데 하나인 일루슈마는 우르, 니푸르, 데르 등의 도시에서 아카드인들의 "구리를 깨끗하게" 하고 "그들의 자유를 확립"했다고 한다. 그러나 이 표현의 정확한 의미와 이 표현이 암시하는 수메르 지방 침공의 실재에 관해서는 많은 논쟁이 이루어지고 있다.[25] 나중에(14장) 이 아수르 군주들이 주석과 구리를 아나톨리아와 교역함으로써 부를 획득한 사실이 언급될 것이다. 따라서 일루슈마가 남부의 아카드인에게 엄청난 구리를 판매함으로써 그들을 엘람과 같은 "달갑지 않은" 원산지에서 독립하게 해 주었을 가능성도 배제할 수 없다.

그러나 오랫동안 "고대 아시리아 제국"이라 불린 왕국의 진정한 설립자는 푸주르-아슈르의 후손이 아니라 유프라테스 중류의 마리, 티그리스의 에칼라툼, 그리고 카부르 동쪽 지류의 슈바트-엔릴에 살고 있던 아무루 부족의 족장들이었다. 바로 이 세 도시에서 "족장"의 아들들이 왕이 되어 나중에 아시리아가 될 지역을 포함한 메소포타미아 북부 전체의 정치와 경제를 지배했다. 역량 있는 세 군주(야흐둔-림, 샴시-아다드, 짐리-림)가 차례로 획득하고, 확장시키고, 다스리고, 지켰던 넓고 풍요로운 왕국은 겨우 반세기 남짓(기원전 1820~1761년)밖에 지속되지 못했지만 고고학적으로나 금석학적으로 너무나 대단한 자취를 남겼기 때문에, 모든 면에서 이처럼 깊고 자세한 연구가 이루어진 왕국이나 제국은 고대 근동에 없다고 주저 없이 말할 수 있다. 마리를 덮고 있던 텔 하리리에서 첫 발굴이 이루어진 1933년 8월부터 이 특별한 유적지에서는 이 시기에 해당하는 다수의 훌륭한 궁전과 신전뿐만 아니라 수많은 문서(약 20,000점의 토판과 단편)가 출토되었다. 프랑스와 벨기에의 전문 아시리아학 학자들은 이 문서를 가능한 한 일찍 해독하고 번역하고 분석하고 연대를 정하고 출간하려고 바삐 움직이고 있다. 이 학자들은 아주 활동적인 고고학자들과 더불어 일하고 있으며, 그 외에도 심샤라, 텔 알-리마, 텔 레일란처럼 다른 유적지에서 출토된 거의 비슷한 시기의 문서들도, 양은 적지만 아주 중요하기 때문에 다른 아시리아학 학자들이 이 문서들을 연구하고 있다.[26] 이 모든 이들의 노력 덕분에 우리는 이제 마리, 상부 메소포타미아 왕국, 그리고 그 주변의 수많은 나라에 관해 많은 것을 알게 되었다. 이 정보는 오늘날 너무 방대하고 복잡해서 "모든 시대"를 다루는 이 책의 틀 안에서는 개략적으로 살필 수밖에 없다. 좀 더 "구미가 당기는" 독자들은 이 학자들이 쓴 뛰어난 논문들을 참조하기 바란다. 이 논문들은 발행 부수가 많은 역사와 고고학 분야 전문 정기간행물에 점점 더 자주 출판되고 있다.

마리와 상부 메소포타미아 왕국

우리 독자들은 아마 우리가 마리에 관해 논의하다가 기원전 2250년경에 멈췄던 것을 기억할 것이다. 그때 아카드의 나람-신 왕이 북부 시리아로 가는 길에 마리에 있던 "사르곤 이전" 시대의 궁전을 파괴한 것으로 추측된다. 그 후 3세기 동안 마리는 샤카나쿠*shakkanakku*(문자적으로 "군사적 총독")라 불리는 총독들이 관리하게 될 것이다. 이들은 처음에 이 직함을 자기들의 지배자인 아카드인에게서 받았지만 왕으로 행동할 때에도 계속 사용한다.[27] 이 긴 시기에 관해 우리는 거의 아무것도 모른다. 단지, 아필-신이라는 총독-왕이 우르 3왕조의 창시자인 우르-남무에게 자기 딸을 시집보낸 사실만 알고 있다. 글자가 새겨진 인장의 날인 흔적에 관한 연구와 최근에 발견된 두 점의 왕조 목록을 보면 우르 3왕조의 몰락 이후에도 샤카나쿠가 거의 150년 동안 계속해서 다스렸음을 알 수 있다. 이 시대에 관련해 마리에는 총독들의 조각상이 여럿 있고 지역 방언으로 기록된 약 500점의 행정 토판이 남아 있다. 최근의 발굴에서는 "위대한 거주지"라 불리는 아름다운 건물 아래에서 둥근 천장의 묘실들이 있는 큰 무덤이 발견되었다.

샤카나쿠가 사라진 때와 우리가 알고 있는 첫 마리 왕이 나타난 때 사이에는 메울 수 없는 공백이 존재한다. 그래서 학자들은 이 공백이 상부 메소포타미아에서 아무루 부족들이 정착하는 시기에 해당한다는 가설을 세웠다. 이런 과정에서 대혼란, 특히 왕도 마리의 변화가 있을 수밖에 없었을 것이다. 실제로 마리 자료 중 많은 문서를 보면 이 지역 대부분은 당시에 하나인*Hanû*이라 불리는 아무루인이 점령하고 있었다. 이들은 크게 두 부족으로 나뉘었다. 한 부족은 베네-야미나*Bene-Iamina*, 즉 야미나인(문자적으로는 "오른쪽의 아들들", 즉 남쪽의 아들들)이었고 다른 한 부족은 베네-시마알*Bene-Sima'al*, 즉 시마알인(문자적으로는 "왼쪽의 아들들", 즉 북쪽의 아들들)이었다.[28] 야미나인의 대다수는 마리 서쪽 초원에서 가축 떼와 함께 옮겨 다니며 사는 반유목민이고 몇몇 씨족은 유프라테스 강변이나 카부르 강의 지류 아래 지역에 있는 도시나 마을에 살았다. 반면 시마알인 대부분은 중소 규모의 "왕국"을 이루며 카부르 삼각 지대에 무리지어 정착해 사는데, 그 가운데 투르 아브딘 산기슭에 있는 이다-마라즈라는 비옥한 지역이 포함되어 있으며 그 최북단에는 오늘날 터키의 도시 마르딘이 있다.

이 지역에만 적어도 열두 "왕도"가 있으며, 신자르 평원에 사는 안다릭, 카타라(텔 알-리마[29]), 카라나의 강력한 군주들은 더 강한 왕들을 감히 "형제"라 불렀다. 자지라 동부와 티그리스 상류 연안 역시 아무루인이 아카드인 및 후리인과 섞여 살고 있었다.

기원전 1820년경에 이르러, 시마알의 우두머리이지만 거의 아무것도 알려지지 않은 야기드-림은 같은 부족 집단에 속한 다른 우두머리 한 명과 더불어 우호적인 관계를 맺는다. 이 사람은 에칼라툼[30]의 일라-카브카부였다. 그러나 알 수 없는 이유로 이 동맹은 오래가지 못한다. 일라-카브카부는 자신의 옛 친구를 공격하고 그의 요새를 파괴한 후 그의 아들 야흐둔-림을 감옥에 가둔다. 몇 년 후 에칼라툼의 왕은 죽고 그 왕위는 아들 중 한 명이었던 샴시-아다드■에게 돌아간다. 야기드-림이 언제 어떻게 세상을 떠났는지, 그리고 그의 아들이 언제 자유를 얻었는지에 관한 기록은 없지만 기원전 1815년이 되자 당시에 테르카에 살고 있었던 듯한 야흐둔-림은 마리를 점령하고 "마리와 하나인의 지방의

■ "아다드 신은 나의 태양이다." 이 이름은 흔히 삼시-아두(Samsi-Addu)로 적히는데 이것은 아무루어 형태다. 아다드는 폭풍우의 신이다.

왕"이란 직함을 가진다. 새로운 군주는 이 부유한 고도古都의 명성을 이용하고, 아마 자신의 카리스마도 발휘하면서 상부 지방에 있는 다수의 작은 나라들에 대해 보호권을 행사하게 된다. 오래지 않아 서쪽으로 투툴(유프라테스 강과 발리크 강의 합류 지점에 있는 텔 비아)까지 확장된 영토의 지배자가 된 야흐둔-림은 이제 충분히 큰 나라의 왕이 되었다. 그러자 두 군주가 서로 경쟁적으로 그와 동맹을 맺으려 한다. 한 사람은 얌하드(시리아 북서부 전체를 지배하는 알레포 왕국)의 왕으로 야흐둔-림의 딸과 결혼하였고, 다른 사람은 에슈눈나의 왕이었다. 얌하드의 왕은 야미나인의 반란을 진압하기 위해 군대를 파견함으로써 야흐둔-림을 돕는다. 한편 라피쿰에서 마리 근처까지 유프라테스 중류 지방을 장악하고 있었던 에슈눈나의 왕은 야흐둔-림의 보호자 역할을 자처하고 그에게 도시 하나를 통째로 팔기도 한다. 특별히 그는 자기 문화의 한 요소를 전수해 준다. 야흐둔-림의 재위 기간에 마리의 서기관들은 자기 지역 방언 대신 고전적인 형태의 바빌로니아어를 사용하고 에슈눈나의 쐐기 문자 형태를 자기 것으로 받아들인다. 야흐둔-림은 마리와 테르카의 성벽을 재건하고 자기 이름을 지닌 도시를 창건하고 자기 왕도 안에 태양신 샤마시를 위해 큰 신전을 건립한다. 그러고 나서 자만심 때문인지 다른 이유에서인지 모르겠지만 북부 시리아로 가는 원정대를 조직하여 지중해로 간다. 샤마시 신전의 기초에 놓인 커다란 벽돌들 위에 새겨 놓은 긴 명문[31]에 따르면, 그는 자신이 목적을 달성하고 "대양"에 호화로운 제물을 바치고 군사들로 하여금 바다에 몸을 담그게 하고 높은 산지(아마, 아마누스 산맥 혹은 레바논 산맥)에서 엄청난 양의 삼나무와 회양목을 벌목하여 마리로 옮기게 했다고 기록하고 있다. 게다가 그는 지중해 연안에 사는 주민에게 계속해서 조공을 바치게 한다. 이 모든 일은 그 지역에 살던 아무루 부족장들의 심기를 건드렸고, 결국 이들은 같은 해에 그를 공격한다. 이 지역의 지배자이며 알레포의 왕인 수무-에푸흐도 물론 이들을 돕는다. 야흐둔-림은 이 시리아의 군주를 비롯해 모든 적을 무찌르고 도시 하나를 파괴했다고 자랑한다. 다른 문서를 보면, 나중에 에칼라툼의 왕 샴시-아다드가 "카부르 삼각 지대"의 동부 지역, 즉 카하트 지방을 침공한다. 야흐둔-림이 가서 나가르(텔 브라크) 성문에서 그를 쫓아낸다. 그러나 야흐둔-림은 20년 정도 통치한 후 기원전 1796년에 알 수 없는 상황에서 죽는다. 그의 아들이며 후계자인 수무-야맘은 2년도 채 못 되는 기간을 왕위에 있었는데 서른다섯 점의 행정 토판 외에는 아무것도 남기지 않았다.[32] 후대에 기록된 어느 편지에 따르면, 아마 샴시-아다드에게 매수되었을 법한 자기 신하들에게 살해당한 것 같다. 이때부터 샴시-아다드는 마리 왕국의 지배자가 되었으며, 왕국을 차지하기 전에 궁전의 물품에 대해 자세한 목록을 만들게 한다.

얼마 지나지 않아 에슈눈나의 왕 나람-신이 군대를 이끌고 티그리스 강 유역으로 진군하자 샴시-아다드는 에칼라툼을 버리고 바빌론으로 피난을 가고, 바빌론의 왕이었던 신-무발리트는 그에게 은신처를 제공한다. 좀 더 세월이 지난 후 그는 자기 왕도를 되찾는데, 도중에 명성이 높은 도시 아수르를 점령한다. 그는 자기 아들 이슈메-다간을 에칼라툼의 부왕副王으로 임명하고 다른 아들 야스마흐-아다드에게 마리와 그 영토를 맡긴다. 자신은 여기저기 떠돌다가 마침내 유서 깊은 도시 셰흐나에 정착하고 그 도시 이름을 슈바트-엔릴("엔릴 신의 거주지")로 개명한다. 이곳은 오늘날의 텔 레일란[33]으로 카부르 강의 여러 지류 중 동쪽에 있는 두 지류 사이에 놓여 있다. 그의 주된 과업은, 외교력으로든 무력으로든, 수많은 하나인*Hanû* 군주들에게서 복종을 얻어내고 상부 메소포타미아 전역에 걸쳐 자신의 권력을 굳건히 하는 것이었다. 그는 아주 성공적으로 이 일을 수행했는데, 이에 따라 그의 왕국의 경계는(실제로 경계가 존재했다면) 북쪽으로는 오늘날 시리아와 터키를 이라크와 분리하는 경계와 대체로 일치하며 유프라테스 강을 따라 대만곡 부근에서 라피쿰(바그다드 서쪽에 있는 라마디 근처) 근방까지 이어지다가 동쪽에서 디얄라 강을 따라 올라가서 자그로스 산기슭까지 나아간다. 이 광대한 영토는 흔히 "고대 아시리아 제국"이라 불렸지만 요즘에는 "상부 메소포타미아 왕국"이라 부르는 경향이 있다. 실제로 이 시대에 도시 아수르와 그 영토는 사실상 역사에서 그다지 중요한 역할을 하지 않는다. 샴시-아다드는 아시리아 태생이 아니고 스스로 "아시리아의 왕"이라 선포한 적이 없다. 그가 연대를 표시하기 위해 아시리아의 리무*limu* 체계를 받아들이긴 했으나 아시리아의 달력이나 아슈르 신 숭배를 마리에(그리고 다른 어느 곳에도) 강요하지 않았고 그의 명문은 모두 고대 아시리아어가 아니라 바빌로니아어로 기록된다. 사실 이 위대한 군주는 실제로는 그렇지 않았으나 그 명성이 너무 대단했기 때문에 후세 사람들이 저 유명한 아시리아 제왕 목록을 조작하여 그에게 중요한 자리를 내어 준 것이었다.[34]

샴시-아다드의 통치는 메소포타미아 역사에서 사료가 많은 편인데, 이것은 이 군주의 공식적인 명문 때문이 아니다. 사실 그의 명문은 그다지 많지도 않고 별로 흥미롭지도 않다. 이렇게 사료가 많은 것은 오히려 역사학자들이 기대할 수 있는 가장 정확하고 신뢰할 만한 문서 자료 덕분이다. 그것은 바로 샴시-아다드가 그의 아들들과, 그리고 야스마흐-아다드가 그의 형제 및 다른 군주들과 주고받은 편지와 여러 고위 관리들이 왕에게 올린 보고서다. 마리의 궁전에서 발견된 왕실 문서 보관소에서 모두 합쳐 300여 점의 토판이 나왔다. 이 편지들은 대개 날짜가 기록되어 있지 않아서 시대순으로 분류하기는 어렵지만, 이 왕들과 총독들의 일상적인 활동 및 슈바트-엔릴, 마리, 에칼라툼의 왕실과 이들 주위에 있던 여러 민족, 부족, 나라 사이의 관계를 생생한 빛으로 비춰 준다. 더 나아가, 이 문서의 다른 장점에 결코 뒤지지 않는 장점을 하나 말하자면, 이 자료가 세 군주의 심리적인 윤곽을 드러내 준다는 점이다. 처음으로 우리는 단순한 이름만으로 존재하는 인물이 아니라 장단점을 가진 살아 있는 인물을 마주하게 된 것이다.

아버지가 가장 어려운 지역(티그리스와 쿠르디스탄의 경계 지역)을 맡긴 이슈메-다간은 아버지와 마찬가지로 타고난 전사로서 언제나 싸우러 나갈 준비가 되어 있었으며 자신의 승리를 자랑스럽게 아우에게 알렸지만 ("우리는 시마나헤에서 싸웠고, 그 후에 내가 그 나라 전부를 점령했다. 기뻐하여라!"[35]) 가끔은 아우를 자기 보호 아래 둠으로써 실수를 모면하게 해 주기도 했다.

> 왕께 편지를 쓰지 마라. 내가 사는 지역은 (왕도에서) 가깝다. 네가 왕께 쓰고 싶은 것을 나에게 써 보내라. 그러면 내가 너에게 조언해 주겠다.[36]

이렇게 한 이유는 마리를 다스리는 야스마흐-아다드가 유약한 인물로 유순하고 순종적이긴 했지만 게으르고 부주의하며 비겁하기도 했기에, 요컨대 좀 성숙하지 못했기 때문이다. 실제로 아버지는 그에게 다음과 같이 꾸중한다.

> 너는 여전히 어리고 너의 턱에는 수염이 없구나. 성숙한 나이가 된 지금도 너는 집안을 일으키지 못했구나. … [37]

또 이렇게도 말한다.

> 너의 형이 여기서 승리를 일구어내는 동안 너는 거기서 여자들 사이에 누워 있구나. 자, 이제 남자답게 군대를 거느리고 카타눔으로 가거라! 너의 형이 큰 이름을 냈던 것처럼 너도 네 나라에서 큰 이름을 내어라![38]

한편, 샴시-아다드는 위대한 왕으로 나타난다. 현명하고 신중하고 교활하며 아주 세세한 일까지 모두 감시하면서 때로는 해학이 가득하다. 자기 아들들에게 조언하고 꾸중하고 칭찬하는데, 야스마흐-아다드보다 성숙한 군주였다면 참기 어려웠을 만큼 아주 강력한 통제력을 마리에 대해 행사한다.

지방 총독들이 흔히 마주해야 하는 문제가 여럿 있었는데 그중 두 가지를 언급해야겠다. 첫째, 속국의 왕들 사이의 분쟁이나 전쟁이 있을 때 중재해서 조정해야 하고, 이들이 중앙 권력에 대항하여 반란을 일으키면 진압해야 한다. 둘째, 일부 유목민 부족들은 태생적으로 규율이 없는데 특히 야미나인이 심하다. 이 유목민들은 여러 씨족으로 나뉘어 있고 카부르 강이나 유프라테스 강을 따라 끊임없이 이동하고 있으며 언제든 약탈할 준비를 하고 있다. 이들은 모든 통제를 벗어나려 하며 인구 조사와 군대 징집을 교묘하게 피하고 경우에 따라서는 겁도 없이 적국에 도움을 준다. 수투인Sutû은 유프라테스 강의 남서부에서 유랑 생활을 하는데 편지와 보고서를 보면 이들은 도시와 야영지와 대상을 공격하기 때문에 군사력을 동원해 막아야 할 고질적인 불한당으로 묘사된다. 이 외에도 이슈메-다간은 티그리스 강 너머에서 흔히 투루쿠인Turukkû과 다툼을 벌인다.[39] 이들은 자그로스에 사는 사람들로서 룰루비인이나 구티인보다 더 위험했던 것 같다. 특히 이들이 티그리스 강을 넘어 이다-마라즈와 다른 지역을 약탈할 때에 그러했다. 이들을 억제하기 위해서 이슈메-다간은 자기 아들을 그들의 우두머리인 자지야의 딸과 결혼시키는 등 외교적인 노력을 기울이기도 했으나 대개 그들과 맹렬히 싸워야 했다.

샴시-아다드와 그의 "형제들" 즉 이웃에 있는 큰 나라의 왕들과의 관계는 대체로 적대적이다. 그의 재위 기간이 일련의 전쟁으로 점철되어 있다고 말해도 좋을 것 같다. 전쟁은 길기도 하고 짧기도 했으며 인명 피해도 다소간 있었다. 그런데 그는 이런 전쟁에 잘 대비하고 있었다. 주로 잘 훈련된 하나인*Hanû*으로 구성된 중형 규모의 군대를 요새에 배치해 두었고, 기원전 제1천년기 아시리아인이 사용했던 것만큼 완성도 높은 포위 공격용 기구를 제공해 주었다.[40] 이런 전쟁은, 다른 나라에서 무척 탐내는 이 왕국을 방어하기 위해, 그리고 무엇보다, 벌이가 잘 되는 중계 무역에 이용되는 큰 교역로들에 대한 지배를 확보하거나 유지하려는 바람 때문에 일어난다. (이 교역로들은 이란을 아나톨리아 및 바빌로니아와 이어 주고, 시리아를 아랍-페르시아 만과 이어 주며, 유프라테스강 유역을 지중해와 이어 주는데, 이 세 길 중 두 번째 길과 세 번째 길의 교차점에 마리가 있다.) 키프로스와 크레타를 향해 열린 우가리트항을 지배하던 얌하드(수도는 할라브, 오늘날의 알레포)의 왕 수무-에푸흐 및 그 후계자 야림-림이, 오랜 옛날부터 이집트와 교역하던 레바논 해안의 구블라(비블로스) 항을 지배하던 카트나[41]의 이슈히-아다드와 대립하게 된 것도 바로 이런 종류의 분쟁 때문이었을 가능성이 매우 높다. 이 분쟁의 관건이 무엇이었는지는 분명하지 않으나 샴시-아다드가 카트나를 지지하기로 결정했다는 사실은 알려져 있다. 어느 명문에 보면 샴시-아다드가 "대해 연안에 있는 라반 땅(레바논)"에 비석을 세웠다고 선언한다.[42] 그렇다고 해서 그가 타드모르(팔미라)와 카트나를 거쳐 마리와 구블라로 갔음이 증명되지는 않는다. 다른 자료를 보면 샴시-아다드가 여러 차례에 걸쳐 이슈히-아다드에게 군대를 파견했으며 이슈히-아다드가 자기 딸 벨툼을 마리의 부왕인 야스마흐-아다드에게 시집보내 마리에 살게 했음을 알 수 있다. 더 나아가 샴시-아다드는 알레포 왕을 겨냥한 연합군을 조직하는데, 여기에는 야스마흐-아다드와 그의 장인 외에도 유프라테스 대만곡(카르케미시)과 약간 더 북쪽(우르슘, 하슘)에 있는 소규모 왕국의 군주들이 포함되어 있다. 수무-에푸흐는 이 메소포타미아 왕국의 영토 안에서 일련의 소요 사태를 일으킴으로써 응수한다. 그가 죽은 후 (기원전 1781년에) 그의 후계자인 야림-림 역시 똑같은 정책을 지속했으며, 특히 카트나 남부의 몇몇 도시에서 반란을 선동한다. 샴시-아다드는 여기에 대응하여 20,000명의 군사를 다마스쿠스 부근까지 갔다가 돌아오게 한다. 그는 또한 카르케미시의 왕 아플라한다[43]의 지지를 받는다. 아플라한다는 "대왕"과 계속해서 좋은 관계를 유지하게 될 것이다. 그는 샴시-아다드에게 고급 포도주, (필요한 경우) 곡물, 보석, 얇은 직물 등을 보내고 "그가 원하는 것은 무엇이든" 주겠다고 제안하면서 구리 광산을 바친다.

샴시-아다드는 알레포-카트나 분쟁에서 중요한 역할을 함과 동시에 자신의 왕국 동부에서 에슈눈나와 맞서 싸워야 했다. 에슈눈나는 때로 북쪽의 아수르와 에칼라툼 방향으로, 때로 북서쪽 마리 방향으로 여러 차례 영토 확장을 시도한다. 기원전 1781년, 나람-신을 계승한 에슈눈나의 왕 다두샤가 너무 위협적이라 생각한 샴시-아다드는 선제공격을 감행하여 디얄라에 이른 후 북쪽으로 거슬러 올라간다.[44] 그는 먼저 아라프하(현대의 키르쿠크)를 점령하고 거기서 그 지역 신들에게 많은 희생제물을 바친 후, 현재 루브르 박물관에 있는 그의 비문[45]에 묘사되어 있듯이 소小자브 강을 건너 카바라를 정복한다. 카바라는 견고하게 방어된 도시로 니네베 동쪽에 펼쳐져 있는 비옥한 대평원의 관문이었던 것 같다. 또한 그는 우르벨(에르빌) 지방의 모든 요새화된 도시를 점령하고 곳곳에 자기 주둔군을 설치한다. 투루크인은 이 상황을 이용하여 전쟁을 시작해 큰 피해를 끼친다. 쿠르디스탄 지역의 중심지 슈샤라는 상황이 너무 혼란스러워 되찾을 가망이 없는 것으로 여겨진다. 그 해 말에 샴시-아다드는 자기 영토로 돌아와 한때 적이었던 에슈눈나와 화해한다. 이것은 최근 텔 아스마르(에슈눈나)에서 발견된 다두샤의 비석에서 확인되는 것 같다. 여기서 다두샤는 에르빌의 왕 분누-에슈타르를 상대로 한 전쟁에 관해 언급하면서 정복한 땅을 샴시-아다드에게 주었다고 선언한다.[46] 그 후 얼마 지나지 않아 다두샤는 카브라를 되찾은 후 죽는다. 그의 뒤를 이어 이듬해 이발-피-엘 2세(기원전 1779~1766년)가 왕위에 오른다. 이 해에 샴시-아다드는 동부 전선의 전쟁을 중단하고 서쪽에서 알레포의 팽창에 대응한다. 이발-피-엘은 그에게 평화 조약을 제안하고 그를 위해 군대를 파견하기도 한다. 기원전 1776년에는 잘마쿰(하란 지역)과 에마르 지역에서 힘겨운 전투가 여러 차례 있었다. 이듬해(기원전 1775년), 노쇠한 상부 메소포타미아 대왕국의 창시자는 20여 년(기원전 1796~1775년)에 걸친 수많은 전쟁을 치르며 지친 나머지 숨을 거둔다. 야스마흐-아다드는 마리에 몇 주간 더 머무른 후 자기 궁전을 떠나 사라진다. 반면 그의 형 이슈메-다간은 여전히 아수르의 왕으로 살아 있다.

이 시기 전반에 걸쳐 샴시-아다드는 같은 시대에 살았던 바빌론의 왕 신-무발리트(기원전 1812~1793년) 및 함무라비(기원전 1792~1750년)와 좋은 관계를 유지했다. 신-무발리트는 사실상 아무 일도 하지 않았고 함무라비는 말굼(바그다드 남쪽 티그리스 강변 어딘가에 있다), 라피쿰, 샬리비(라마디 근처 유프라테스 강변)를 합병하는 것으로 만족했는데(적어도 이 단계에서는 그랬다), 이런 일은 "대왕"이나 그 아들들에게 아무런 불안 요소도 되지 못했다. 마리 문서를 보면, 어떤 시기에는 이 관계가 우호적이었다. 예를 들어 샴시-아다드는 함무라비에게 자기 명령에 따라 베껴 적은 토판을 보낸다. 또한 야스마흐-아다드에게 투루크

포로 한 명을 자기에게 보내라고 하는데 그것은 "바빌론 사람"의 요청에 따라 이 포로를 그에게 넘겨주기 위해서다. 마리의 부왕副王은, 바빌론으로 가다가 알 수 없는 이유로 마리에 억류된 대상隊商을 서둘러 풀어주어 가게 한다.[47] 단지 한 통의 편지가 불안의 그림자를 드러내 준다. 야스마흐-아다드는 "바빌론 사람"이 품고 있는 적대적인 계략에 관한 정보를 입수하지만 이에 관해 조사해 본 그의 관리는 그를 안심시킨다.

> 그러니 내 주의 마음은 불안해하지 마시기 바랍니다. 그 바빌론 사람은 결코 내 주에 대해 나쁜 짓을 저지르지 않을 것입니다.[48]

약 14년 후 함무라비가 마리를 점령하고 파괴할 것이라고 당시에는 아무도 짐작하지 못한다.

12 함무라비

함무라비■는 루브르에 있는 아름다운 비석에 기록된 "법전"으로 유명하지만 다른 여러 면에서도 역사학자들의 관심을 끌고 있다. 자신의 경쟁자인 네 명의 대군주를 무찌른 함무라비는 거의 300년 동안 참혹한 전투로 깊이 갈라지고 찢긴 메소포타미아를 몇십 년 동안이나마 자신의 홀 아래 통일하는 업적을 이룸으로써 다른 아무루 왕국에 대한 자기 왕국의 우위권과, 아카드인과 수메르인에 대한 아무루인의 우위권을 확고히 했다. 바빌론은 위대한 수도로, 마르두크는 가장 위대한 신으로 단번에 등극했고 오랫동안 그 지위를 유지한다. 더구나 43년에 걸친 그의 긴 통치 기간(기원전 1792~1750년)에는, 서셈족이 수용하고 발전시킨 수메르-아카드 문명이 꽃피었으며, 기원전 19세기에 시작되어 기원전 16세기 초 바빌론 1왕조가 갑자기 끝날 때까지 지속될 심도 있는 문화적 발전이 그 절정에 이르렀다.

이 문화적 발전은 근본적으로 예술, 언어, 문학, 철학에 영향을 미친다. 아카드와 우르 3왕조 시대의 조각과 바로 연결되는 간결하고 강렬한

■ 우리는 오랜 전통을 따라 함무라비(Hammurabi)라고 쓰고 있다. 점점 더 많이 사용되고 있는 현대의 철자법은 함무라피(Hammurapi)로서 그 의미는 "함무, 즉 암무신(서셈족의 신)께서 치료하신다"이다.

아름다움을 지닌 공식적 조각품[1]은 여전히 형식에 매여 있지만, 자연스러움, 곡선, 종교적 주제와 결합된 세속적 주제의 출현이라는 특징을 지닌 "민중" 예술도 태동한다. 몇몇 작품들을 떠올려 보자. 몇몇 청동 소상(무릎을 꿇고 있는 "라르사의 숭배자"나 더는 경직되어 있지 않고 걷는 모습을 하고 있는 네 면을 가진 이스칼리의 신), 몇몇 비석이나 환조(꽃향기를 맡는 여신, 전사의 두상, 포효하는 사자의 두상), 종려나무에 올라 대추야자 열매를 따는 사람들, 마리 궁전의 화려한 프레스코화에 등장하는 비상하려는 새, 그리고 무엇보다 일상적인 삶의 모습(사슴 사냥, 일하는 목수, 시장의 원숭이 조련사, 소를 타고 가는 농부, 강아지에게 젖 먹이는 어미 개)을 표현하는 수많은 테라코타 판이 생각난다.[2] 메소포타미아에서 어느 시대에도 예술이 이처럼 생동감 있고 자유로웠던 적은 없었다.

함무라비의 시대는 또한 아카드어가 고전적 완성도에 도달한 순간이다. 문법에서뿐만 아니라 물리적 형태에서도 우아한 필체를 갖추었고 글자가 전체적으로 깔끔하며 토판에 쓰일 때에도 서로 충분한 간격을 띄우고 있다. (고대인도 자주 베껴 적었던 저 유명한 "법전"은 바빌로니아어를 배우는 초심자들뿐만 아니라 모든 아시리아학 연구자들에게 교본 역할을 해 왔다.) 앞으로 왕들 명문 대부분에서 유일한 언어로 사용되고[3] 서신과 모든 사법 문서와 행정 문서에 사용될 "고대 바빌로니아어"는 진정한 문서 언어가 되는데, 그 "활력과 생기는 그 이후로 다른 것과 결코 견줄 수 없었다."[4] 물론 서기관들은 이신-라르사 시대처럼 지금도 위대한 수메르 작품을 베끼고 있지만 이제는 그것을 번역하기도 했다. 아니면 차라리 자기들이 사용하는 셈어의 특징을 흔적으로 남기면서 자유롭게 각색하기도 하고 독창적인 작품을 만들어 내기도 한다. 바로 이런 활동 덕분에 에타나, 안주(신성을 지닌 폭풍의 새로서 엔릴에게서 운명의 토판들을 훔쳐간다[5])와 같은 전설이나 『아트라하시스』, 『길가메시 서사시』와 같은 신화처럼 여러 경탄할 만한 작품이 우리에게 남아 있는 것이다. 이런 작품은 이 시대에 처음으로 기록된 후 메소포타미아 문명의 마지막 시대까지 다소간 변경되면서 재생산된다.

마지막으로, 이 시기는 개인적 종교가 확립되는 순간이다. 여기에 대해서는 작은 상像이나 봉헌판에 나오는 수많은 신이나 귀신의 초상, 무척 아름다운 기도와 "신들에게 드리는 편지", 길모퉁이의 신전 등으로 잘 알 수 있다. 그러나 "개인은 신에게 소중하고, 신은 그를 친히 깊이 사랑한다"[6]고 하더라도, 인간은 악과 죽음이라는 가장 중요한 문제에 대해 의심하고 질문하며 곰곰이 생각하기 시작한다. 자기를 둘러싼 세상에 대한 호기심으로 가득한 인간은 자신의 지식을 다듬고 분류하고, 자신의 지성을 사용하며, 자신의 미래를 예측하려 한다. 이 때문에 캬슈 시대에 이르러 최고조로 발달할 "지혜 문학"이라는 문학 장르의 초기 형태가 이때 등장한다. 또한 이 때문에 과학적 문서가 급격히 증가하는데, 여기에는 글자와 단어 목록, 이중 언어 사전, 약 처방, 수학 문제, 무엇보다 "미래에 관한 학문" 즉 점술에 관한 온갖 종류의 글이 있다. 이 모든 것은 완벽히 새로운 영역은 아니었지만 적어도 지금까지 개발되지 않았던 영역이다.

국가 원수 겸 유명한 입법자 함무라비의 통치기는 이처럼 많은 변화를 경험하면서 외교와 군사 분야에서 큰 성공을 거두고 행정, 종교, 사법 분야에서 중요한 개혁을 이룬 시기였다. 따라서 이 시대에만 한 장을 할애해도 괜찮을 것 같다. 다른 이들은 아무런 망설임 없이 이 시대에 대해 한 권의 책을 쓰기도 했다.[7]

국가 원수

함무라비는 기원전 1792년에 왕위에 오르면서 자기 아버지 신-무발리트에게서 소박한 규모의 왕국을 상속받는다. 길이 약 150킬로미터에 폭 60킬로미터의 땅으로 시파르부터 마라드까지[8] 유프라테스 강을 따라 뻗어 있으며 대체로 고대 국가 아카드에 해당하는 지역이다. 이 왕국은 훨씬 더 강한 왕들이 다스리는 훨씬 더 큰 나라들로 둘러싸여 있다. 남쪽으로는 수메르 지방 전체를 라르사의 왕 림-신이 다스리고 있다. 그는 두 해 전(기원전 1794년) 이신을 점령하고 그 도시에 있던 경쟁 왕조의 종말을 고했다. 북쪽으로는 상부 메소포타미아 왕국이 가로막고 있다. 마지막으로 동쪽으로는 자그로스 산맥에 이르기까지 디얄라 남쪽 티그리스 강 좌안 전부를 에슈눈나 왕국이 점령하고 있다. 에슈눈나는 엘람의 지지를 받는 다두샤가 여전히 다스리고 있다. 엘람에서는 우르의 몰락 이후 점점 쇠퇴의 길을 걸었던 시마슈키 왕조가 기원전 1850년경에 패망하고 그 대신 호전적인 군주들의 가문이 들어서 있었는데 이들은 언제든 메소포타미아에 개입할 준비가 되어 있었다.[9]

바빌론의 여섯 번째 왕은 영토를 확장하겠다고 자신의 선임자들만큼이나 굳게 결심하고 있었지만 그 첫발을 내딛기 전에 5년 동안 참고 기다린다. 그 후 자신의 권력이 충분히 견실하고 자신의 군대가 충분히 강하다고 느낀 함무라비는 세 방향으로 공격을 전개한다. 먼저 남쪽으로 가서 라르사 왕에게서 이신을 빼앗고 우루크와 우르까지 점령한다(기원전 1787년). 동쪽으로 가서 티그리스 강을 건너 아무트발에서 전투를 벌이고(기원전 1786년), 2년 후에 이 지역의 관문 도시인 말굼의 "군대와 주민을 짓밟는다." 마지막으로 서쪽으로는 유프라테스 강변에, 시파르보다 상류에 있는 라피쿰을 차지한다(기원전 1783년). 그 후로는 그의 통치에 관련된 연명[10]에서 그의 전과戰果에 대한 언급이 전혀 없다. 함무라비는 신전을 건축하고 장식하며 수로를 파는 데에 모든 시간을 쏟은 것 같지만, 그렇다고 해서 자기 주변에서 일어나는 일, 특히 북부에서 일어나는 일에 무관심하지는 않았으며, 만약을 대비해 시파르와 같은 국경 도시들을 요새화한다.

놀라운 것은 림-신이나 기원전 1779년에 다두샤를 계승한 이발-피-엘 2세가 바빌론 왕의 맹렬한 공격에 반응하지 않았다는 사실이다. 여러 정황에서 생각해 볼 때 바빌론 왕이 샴시-아다드(동부 전선)와 이발-피-엘(서부 전선)의 지시 아래 이들을 대리하여 싸운 것이 아닐까 하는 생각이 든다.[11] 그러나 기원전 1775년에 갑자기 닥친 샴시-아다드의 죽음은 정치적인 판도를 뒤바꾸어 놓는다.

이 사실이 알려지자 샴시-아다드가 창건하고 많은 공을 들여 유지한 왕국은 와해되고 십여 명의 속국 왕들이 독립을 되찾는다. 바로 이때 짐리-림■이라고 하는 사람(자기는 야흐둔-림의 아들이라고 하지만 실제로는 그의 조카였던 듯하다[12])이 알레포의 왕 야림-림의 도움을 받아 마리의 왕위에 오른다. 그는 샴시-아다드의 광대한 왕국이 아니라 통치하기에 좀 더 적합한 야흐둔-림의 왕국을 재건하기 시작한다. 짐리-림은 유프라테스 강 중류와 카부르 강 유역(카부르 "삼각 지대"가 포함됨)을 차지하고 있었던 반면 티그리스 강 유역과 자그로스 산기슭은 여전히 이슈메-다간의 영토로 남아 있었던 것이다. 그러나 자신들을 스스로 자유민이라 생각하는 주민을 다시 손에 넣는 일은 조용히 진행되지 않는다. 짐리-림이 왕위에 오른 지 2년이 지난 기원전 1773년에 몇몇 야미나 부족이 반란을 일으키는데, 그의 군대가 이들을 상대로 수개월 동안 전

■ "림 신(시리아의 신으로 태양신이었던 듯함)은 나의 보호자다."

쟁을 치른 후에야 마침내 카부르 하류의 사가라툼과 두르-야흐둔-림에서 승리를 거두게 된다. 이듬해나 그 전에 바로 이 "상부 지방"에서 핵심 도시들이 반란을 일으킨다. 이 도시들은 거대한 목초지의 중심에 있던 카하트(텔 바리[13])와 좀 더 동쪽에 있던 아주 중요한 길의 분기점 아슐라카다. 이번에도 이 두 도시를 되찾는 데에 여러 차례 전쟁을 치러야 했다. 이 지역에 있던 힘없는 왕들은 두려운 나머지 나후르(텔 할라프에서 가까운 텔 페케리예)에 모여서 짐리-림을 자기들의 주군과 "형제"로 인정할 것에 동의한다. 근동 지방에서 그렇게 흔히 이용되던 결혼 동맹 정책을 마리의 왕 짐리-림이 이용한 것은 아마 이 시기인 것 같다. 그는 자신의 여러 딸을 여러 왕에게 한 명씩 신부로 줌으로써 이다-마라즈와 다른 지역의 일부 왕들을 진정시키려 한다.[14] 나중에는 왕 자신이 알레포 왕의 딸 시브투와 결혼하고 그를 총애받는 왕비로 삼는다.

기원전 1771년에 모든 것이 고요해지자 에슈눈나의 왕 이발-피-엘은 두 부대를 동원하여 마리의 주둔군을 공격한다. 한 부대는 유프라테스 강을 따라 마리 근처까지 가고 다른 부대는 티그리스 강을 따라 에칼라툼 방향으로 가서 에칼라툼과 슈바트-엔릴을 점령한다. 짐리-림은 지체하지 않고 반격했다. 에슈눈나인들은 제벨 신자르 산의 남쪽 기슭에 있는 안다리크에서 패하고, 이듬해 중엽쯤에 두 왕은 평화 조약에 서명하지만 짐리-림은 "에슈눈나 사람"의 우위권을 인정해야 했다. 그러나 마리 왕이 이 문서를 문자 그대로 충실히 이행했을 가능성은 거의 없다.[15]

몇 해 동안 평화가 있었는데 그 사이 짐리-림은 속국들과 관계를 개선함으로써[16] 자신의 권력과 영향력을 확고히 하면서 평화기 사업에 전력한다.[17] 하항河港으로서 마리의 기능을 회복시키고 카부르 강을 준설하고 돌로 둑을 쌓고 몇몇 도시의 신들에게 왕좌를 만들어 바쳤을 뿐만 아니라 신전과 더불어 온 세상이 경탄하는 궁전을 확장하고 장식하려고 애썼던 것 같다. 도시 마리는 지중해에서 아랍-페르시아 만으로 가는 중간에 위치해 있으며, 남부에서 북부 메소포타미아로 가는 많은 길과 시리아에서 이란 고원으로 가는 많은 길의 교차점에 있다. 이러한 마리는 여러 세기에 걸쳐 많은 돌발 사건을 이겨내면서 주로 강과 육지를 통과하는 온갖 물품에 대해 통행세를 부과함으로써 부유해졌다.[18] 마리는 재정적으로, 군사적으로 부강한 왕국의 왕도가 되었다. 마리에 사는 군주는 자신의 부와 관대함을 기꺼이 과시한다. 마리에 머무르는 모든 고위급 여행자들은 그의 손님으로서 선물을 받는다. 그 대가로 그들은, 몸소 다스리면서 자기 나라와 주변 왕국에서 일어나는 일에 대한 정보를 얻고 싶어 하는 이 왕의 마음에 들 만한 말을 해 준다. 이런 왕의 성격 때문에 편지(현대 역사가들에게 무척 유용한 토판들)를 들고 다니는 심부름꾼이 끊임없이 오가고 마리의 대사가 (또한 첩자가) 모든 나라 왕실에 파견돼 있는 것이다.[19] 짐리-림은 근동의 위대한 군주들의 "가문"의 구성원인데, 이 군주들 사이의 지위는 속국의 수에 달려 있다. 그의 관리 한 명이 이 사실을 그에게 상기시켜 준다.

> 자기 혼자서 강력한 왕은 없습니다.
> 열 명에서 열다섯 명의 왕을 바빌론의 왕 함무라비가 거느리고 있습니다.
> 라르사의 왕 림-신도 그렇고 카트나의 왕 아무트-피-엘 역시 그렇습니다. 얌하드(알레포)의 왕 야림-림은 스무 명의 왕을 거느리고 있습니다.[20]

기원전 1765년 짐리-림은 동맹을 강화하기 위해 자신의 장인 야림-림을 방문하기로 결심한다. 그는 자기 경호원들과 종들을 대동하고 마리에서 알레포까지 긴 여정을 떠나면서 일상적인 짐뿐만 아니라 왕실의 보물이 담긴 상자도 가지고 간다. 당대에 유행한 이 관습은 동료의 마음을 사로잡고, 혹시나 궁전에서 발생할 도난 사건을 미리 방지하기 위함인 듯하다.[21] 야림-림은 자기 아내와 함무라비라고 하는 아들을 거느리고 그를 맞이하러 온다. 두 군주는 화려한 선물을 주고받은 후 헤어진다. 그러나 마리의 왕은 알레포의 속국의 왕도인 우가리트[22]로 가서 알려지지 않은 이유로 한 달 동안 머무른다. 아마 그는 상인들과 그들의 통역관들과 더불어 사업상의 회견을 하는 데에 관심이 있었는지도 모른다.

지중해 해안■에 머물러 있던 그는, 두려워하던 에슈눈나의 왕 이발-피-엘이 죽고 엘람인들이 그의 수도를 점령한 후 한 부대는 북쪽으로 가서 이미 에칼라툼과 슈바트-엔릴을 빼앗았고 다른 한 부대는 바빌론으로 향하고 있다는 소식을 접한다. 짐리-림은 서둘러 마리로 돌아와 함무라비와 조약을 맺는다. 함무라비는 마리와 알레포 군대의 도움으로 남부 메소포타미아의 히리툼에서 엘람인들을 무찌른다. 살아남은 엘람인들은 수사로 퇴각한다. 바빌론 왕은 자기 명문에서 자기 자신(그리고 자기 신)에게만 승리를 돌린다.

> 마르두크의 사랑을 받는 지도자는 엘람을 비롯해 수바르투, 구티움, 에슈눈나, 말굼이 큰 규모로 소집한 군대를 와라흐셰의 국경에서 무력으로 무찌른 후 수메르와 아카드의 기초를 튼튼히 했다.[23]

이듬해 함무라비는 자신이 가장 소중히 여기던 꿈을 이룬다. 그것은 라르사를 합병한 것이다. 기원전 1765년 함무라비는 늙은 왕 림-신이

■ [역주] 우가리트는 지중해 연안에 있던 항구 도시였다.

군대를 보내 자기 영토의 일부를 침공하고 약탈했다고 주장하면서 그와 관계를 단절했었다. 기원전 1764년에는 도시국가 라르사의 아주 남쪽으로 침투해 그 왕도 주변을 포위한다. 이 포위 공격에는 여섯 달 동안 사만 명의 군사가 동원되었는데 그중 이천 명은 함무라비의 요청으로 마리에서 파견한 군사들이었다. 마침내 라르사는 무너지고(기원전 1763년) 림-신은 달아나지만 자기 아들들과 더불어 체포되어 바빌론으로 끌려간 후 사라진다. 그의 오랜 왕도는 타격을 받지 않고 단지 성벽만 파괴된다.[24]

기원전 1762년에 바빌론에 대항하는 새로운 동맹이 결성되는데, 여기에는 에슈눈나 외에도 수바르투와 구티움(여기서는 "상부 지방"과 자그로스의 민족들로 해석할 것), 티그리스 유역 어딘가에 있는 만키숨이 참여한다. 함무라비는 "그들의 군대를 거꾸러뜨릴" 뿐만 아니라 티그리스 강을 따라 "수바르투 경계까지" 진군한다. 이 세 번의 연속적인 승리에 도취한 함무라비가 아카드 왕들이 이루었던 위대한 정복을 꿈꾸게 된 것일까? 아니면 이제는 함무라비가 너무 위협적이라 판단한 짐리-림이 함무라비에 대항하여 말굼의 지배자와 동맹을 맺었던 것일까? 원인이야 어쨌든, 한 해 후 함무라비는 자기가 가장 소중하게 생각했을 친구를 상대로 싸우러 간다. 마리를 향해 진군한 것이다. 함무라비의 군대는 마리로 침투해 성벽을 파괴하고 아름다운 궁전을 약탈한 후 철저히 파괴한다. 짐리-림은 영원히 사라져 버리는데 어디로 갔는지, 어떻게 되었는지 알 수 없다. 그 후 그의 왕국은 곧 분할된다. 텔 레일란에서 나온 문서에 따르면 왕국의 북부는 알레포의 왕(이 사람의 이름도 함무라비다)이 합병했고 유프라테스 강 유역에 하나Hana라 불리는 작은 왕국이 테르카를 왕도로 형성되었음을 알 수 있다.[25] 그러나 이제 촌락으로 전락한 마리의 이름은 셀레우코스 시대까지도 여러 문서 여기저기에 등장한다.

아수르는 함무라비의 손에 들어왔던 것 같다. 그것은 함무라비 36년(기원전 1757년)에 티그리스 동부 원정에서 승리한 때일 수도 있고, 아니면 함무라비 38년(기원전 1755년)에 "아누와 엔릴이 주신 능력으로" 수바르투 지방에 이르기까지 "그의 모든 적"을 무찔렀을 때일 수도 있다. 에슈눈나는 기원전 1756년에 점령했는데, 아마도 "인위적으로 일으킨 홍수"의 도움을 받은 듯하다.[26]

이처럼 10년 동안 계속된 전쟁에서 함무라비는 모든 경쟁자를 제거하고 현재 이라크의 남쪽 절반 전부, 적어도 카부르 강의 합류 지점까지 이르는 유프라테스 강 유역, 그리고 니네베까지 이르는 티그리스 강 유역 및 아마 그 너머까지를 포함하는 거대한 왕국을 건설하기에 이르렀다.[27] 그러나 이 왕국(어떤 사람은 제국이라 부를 수도 있다)은 아주 일시적이었으며 아마 이런 이유 때문에 이 위대한 군주의 이름은 메소포타미아의 전승에서 사르곤이나 나람-신의 반열에는 결코 오르지 못했다.

입법자

마지막 승리를 거둔 후 4년 후에 죽은 함무라비는 상부 메소포타미아의 정복 영토를 일관성 있는 총체로 조직할 시간도 없었고 아마 수완도 없었던 것 같다. 왕의 문서는 마리 정복으로 끝나는데 그 후에 상부 메소포타미아에 관한 정보는 별로 없다. 그러나 바빌론의 왕은 속국의 왕을 매개로 다스리는 것에 만족했을 것 같다. 아수르의 경우가 그랬다. 이슈메-다간이 기원전 1741년까지 왕위에 머물러 있었던 것이다. 에슈눈나의 경우 이발-피-엘의 후계자 실리-신이 샤룸*sharrum*(왕)의 직함을 버리고 자기 나라의 이샤쿰*ishakkum*(총독)이란 직함을 가졌고, 카타라도 현지의 왕이 함무라비에게 조공을 바쳤을 뿐만 아니라 바빌로니아인 총독이 파견되어 있었던 것으로 보아 상황이 비슷했던 것 같다. "하나Hana의 왕들"이라 불리는 지역 왕조의 초기 군주들도 함무라비와 시대가 같을 수 있으며 그의 감독 아래 있었던 것 같다.[28] 북부에서는 문서 자료가 드문 반면 남부 메소포타미아에 관해서는, 함무라비와 라르사에 주재하던 두 관리 사이에 주고받은 서신[29]을 비롯해 라르사, 시파르, 우르, 니푸르와 몇몇 도시에서 나온 행정, 경제, 사법에 관련된 토판들 덕분에 상당한 문서 자료가 남아 있는 편이다. 이제는 속국이나 지방 행정 구역의 문제가 아니라, 바빌로니아 왕국이 아랍-페르시아 만 연안까지 확장된 것이었다.

이제부터는 이곳을 바빌로니아라 불러도 시대착오적이라는 비난을 받지 않을 것이다. 이 지역에 우르 3왕조의 왕들이 세워 놓은 지방 행정 구역 체제는 기원전 제2천년기 초부터 와해되었고 그 대신 이신과 라르사 왕국(나중에는 라르사 왕국만 남았다)과 수많은 도시국가의 체제로 대체되었다. 도시국가 중 어떤 것은 아주 작아서 한 도시와 그 주변 지역 정도의 규모밖에 되지 않았다. 이 도시국가들을 흡수하고 라르사를 정복한 바빌론의 왕은 두 행정 체제만을 상속한다. 각 도시에서 이 두 체제가 나란히 지속적으로 기능하게 될 것이다. 하나는 신전의 행정 체제이고 다른 하나는 도시의 행정 체제이다. 다시 말하자면 종교 체제와 시정 체제이다. 이 중 시정 체제는 공공질서를 확보하고 판결을 내리고 세금을 징수하기 때문에 훨씬 더 중요하며, 시장*rabiânum*, 부시장 또는 촌장*hazannû*, "장로들", 부유하고 영향력 있는 시민의 모임*puhrum*, "상업 회의소"*kârum*를 이룬 재력 있는 상인들, 그리고 시에서 일하는 다양한 직원들로 이루어져 있다.[30] 함무라비는 이 효율적이고 유용한 기본 구조에 손을 대지 않으려 하지만, 모든 실제적인 권력을 자기 손안에 집중시키려는 목표를 갖고 상당한 규모의 개혁을 실행에 옮긴다. 함무라비는 어느 정도 중요성을 띤 각 도시에 총독이나 장관을 임명할 뿐만 아니라, 특히 공식적으로 왕의 영토를 관리하는 임무를 띤 직속 중하위급 관리들을 임명한다. 그는 이들로 하여금 왕의 명령을 집행하게 하고 그 지역의 필수적인 자원(농경, 목축, 어업, 수자원)을 확보하도록 함으로써 일부 분쟁을 첨예하게 만든다.[31] 함무라비는 그곳에 직업 군인으로 구성된 주둔군 외에 현장에서 충원된 징집병들과 주로 외국인으로 이루어진 용병을 배치한다. 이 군대는 만약에 있을 반란을 진압하고 전쟁 때 왕의 군대에 보충병을 제공할 임무를 띠고 있기도 했지만 공공 공사를 위해 대규모 부역을 징집하여 관리하는 임무도 띠고 있다. 이들은 와킬 아무리 *wakil amurri*, 즉 "아무루인들의 감독"이라 불리는 고위 관리의 지시를 받고 있다. 이 직함을 보면 정복에서 이 부족들이 얼마나 중요한 역할을 했는지 잘 알 수 있다. 함무라비는 국내의 상업과 국제 교역을 장려하기 위해 카룸 *kârum* 에 예전보다 더 많은 민사 사법권을 주고 와킬 탐카리 *wakil tamkari*, 즉 "상인들의 감독"에게 이 조직을 대표하도록 한다. 마지막으로, 함무라비는 통치 중반에 신전 재판관들을 자신의 통제 아래로 끌어들임으로써 이 중앙 집권 시도를 완성한다. 이 재판관들은 자기들의 실린더-인장에다 더는 "이러저러한 신의 종"이라 하지 않고 "함무라비의 종"이라고 새기고 있다.[32]

이 정치체제에서 가장 놀라운 점은 관리들이 여러 기능을 수행한다는 점, 그들이 여러 가지 명확하지 않은 책임을 동시에 맡는다는 점, 군대 외에는 계급이 거의 없다는 점, 명확한 직함은 없으면서 군주와 가까운 고위 관리들이 이따금 개입하는 점, 그리고 군주가 아주 세세한 부분까지 관심을 기울이는 점 등이다. 이미 짐리-림 시대 마리에서 운영되던 체제에서 발견된[33] 이런 특성은 아무루 왕국들이 가진 고유의 특성인 것 같다. 아마 이것이 "유목민의 유전적 특성"일는지도 모른다. 이 아무루 군주들은 자기네 유목민 조상이 부족을 통솔하던 방식으로 자신의 영토를 관리하고 있었던 것이다.

아무루인이 권력을 잡아도 메소포타미아 여러 신 가운데 충격은 전혀 없었다. 그들의 부족명의 기원이 된 신 아무루는 아다드와 유사한 산과 폭풍우의 신으로 신전이 있고 실린더-인장에도 나타났지만[34] 왕의 제의 대상이 되지 못하는 부차적인 신이다. 엘과 함무도 마찬가지다. 이들은 전형적인 서셈족의 신이며 군주나 다른 몇몇 사람의 이름에 포함되어 있지만 그 외에는 거의 알려지지 않았다. 사실 함무라비의 백성이나 함무라비조차도 셈어 이름을 가진 수메르의 신들을 계속해서 숭배했으며 이 부분에서 주목할 만한 현상은 이 신들 중 한 신의 지위가 향상된다는 점뿐이다.

함무라비는 단순히 기원전 제3천년기까지 거슬러 올라가는 일반적인 전통을 따라 자신의 명문에서 자기 도시의 신 마르두크에게 승리와 능력을 돌리지만, 아누와 엔릴의 우위권을 인정하면서 자신이 신전을 건축해 주었던 도시들의 수호신에게 경의를 표하기도 한다. "법전"의 서문에 보면 마르두크는 다른 위대한 신들, 즉 이기기Igigi 사이에 나타나지만, 함무라비에게 "모든 사람 위에 전능함"을 부여하고 "영원한 왕권"을 수여함으로써 그를 이 위치까지 올려놓은 것은 아누와 엔릴이다. 물론 거의 알려지지 않은 작은 신을 단번에 신들 가운데 세 번째 줄에 올려놓는 데에는 담력이 필요했을 것이다. 그러나 "종교 개혁"이 있었다 하더라도 그 개혁은 당분간 문체를 바꾸는 수준에 머무른다. 그것은 무엇보다 함무라비가 수메르와 아카드의 거대한 신전에 있는 유력한 사제들의 심기를 건드려서는 안 되었기 때문이다. 바빌론 이외의 지역에 지어진 몇몇 마르두크 신전은 소박한 건축물이며, 다른 면에서도 이 신이 당시에 아주 큰 인기를 누린다거나 공식적인 제의에서 큰 중요성을 띤다는 증거는 전혀 없다.[35] 몇 세기를 기다려 카슈 시대 말과 "혼란의 시대"(17장)에 이르러서야 마르두크가 엔릴과 경쟁하면서 『창조 서사시』에서 자리를 차지하게 될 것이다.

나라 안에 법을 선포하기 위해
악과 타락을 제거하기 위해
강한 자가 약한 자를 압제하지 않도록 하기 위해
백성 가운데 태양처럼 나타나 나라를 비추기 위해

함무라비가 선포한 유명한 "법전"이 예전처럼 "세상에서 가장 오래된" 것으로 여겨질 수는 없다. 오늘날에는, 우루-이님기나의 개혁 외에도 우르-남무와 리피트-이슈타르가 조인한 법령 모음과 에슈눈나 왕국에서 만들어진 법령 모음도 있기 때문이다. 그러나 함무라비 "법전"은 가장 완전하고 온갖 정보가 가장 풍부하여 잠깐 언급하는 것 이상으로 다룰 만한 가치가 있다.[36] 다만 두 가지 사실을 미리 말해 둬야겠다. 먼저, 지금까지는 단순한 배상의 대상이 되던 경범죄에 대해 사형으로 벌하고 서셈족 고유의 법인 듯한(구약성서에도 나옴) "동형보복법同形報復法"을 메소포타미아에 도입한 점에서 함무라비 "법전"은 주요 사법 개혁으로 등장한다. 그러나 이것이 함무라비의 조상이나 다른 아무루인 군주의 업적이 아니고 함무라비의 업적이라는 증거는 전혀 없다. 둘째로, 이 "법전"은 앞서 공포된 다른 "법전들"과 마찬가지로, 고대 로마 판례집이나 유스티니아누스 법전 혹은 나폴레옹 민법전에서 볼 수 있듯이 논리적으로 정돈된 법률 조항을 모아 놓은 완벽한 자료집이 결코 아니다. 그래서 우리는 "법전"이라는 단어를 계속 인용 부호로 묶어 놓았던 것이다. 사실 메소포타미아의 법은 언제나 판례에 기반을 둔 관습법으로서 여러 세기에 걸쳐 풍속과 사회의 변화에 발맞추기 위해 군주들의 개입으로 수정되었다. 왕이 왕위에 오른 후 제일 처음 했던 일 중 하나는 메샤룸 *mêsharum* 칙령을 공포하는 것이었다. 이 단어는 정의正義를 의미하지만 이 문맥에서는 상당수의 결정을 포함하기도 한다. 경제 문제를 해결할 목적을 가지고 특정 사회 계층을 짓누르는 빚이나 채무를 면제하고 일부 소비물자, 생산품, 혹은 용역의 가격을 결정하는 것이다. 함무라비의 네 번째 계승자인 암미-사두카의 칙령은 메샤룸의 전형적인 본보기다. 나머지 사항에 관해 새로 등극한 왕은 일반적으로 전임자들이 시행한 법령을 채택했다. 그러나 모종의 착취를 바로잡고 싶은 생각이 들 때도 있었고 판례에서 침묵하거나 모순되거나 시대 상황에 맞지 않는 개별 사건에 관해 결정을 내려야 할 때도 있었다. 이런 "왕의 판결"*dînât sharrim*은 왕의 특권이자 의무였다. 전통적으로 군주는 신들 앞에서 도덕적 의미의 정의에 책임이 있었다. 이리하여 군주의 판결은 앞으로 올 왕들에게 본보기가 되도록 하려고 통치 초기가 아니라 말기에 수집했고 신전에 세워진 비석에 새김과 동시에 재판관들을 위해 토판에 베껴 적었다.[37]

함무라비 "법전"은 바로 이 두 형태로 우리에게까지 전해 내려왔다. 비석 중 하나는 원래 시파르에 있는 샤마시 신전에 세워졌는데 기원전 12세기에 엘람인들이 전리품으로 수사로 가져갔다가 1901년 프랑스인들의 발굴 도중에 그곳에서 발견되어 루브르 박물관으로 옮겨졌다. 현무암으로 다듬어 윤을 낸 2.25미터의 비석은 불규칙한 원추형이다. 위쪽 부분에 있는 저부조에는 함무라비가 "올린 손 자세"라는 기도 자세로 묘사되어 있고 함무라비 앞 왕좌에 신이 앉아 있다. 이 신은 아마 태양과 정의의 신 샤마시인 것 같다.[38] 비석의 나머지 부분은 거의 전부 비문으로 뒤덮여 있다. 이 비문은 아름다운 필체로 새겨져 있으며 고대의 양식을 따라 세로 행으로 배치되어 있다. 긴 서문에서 함무라비는 자신을 스스로 칭송하며 왕국 내 여러 도시에서 이루어진 경건한 일들을 열거한다. 그에 이어 적어도 282개 조항의 법[39]이 중요한 주제별로 묶여서 나오는데 이 주제 배열 순서는 상당히 혼란스럽다. 여기에는 거짓 증언, 절도, 은닉에 대한 처벌 규정, 노동, 재산, 상거래, 결혼, 이혼, 상속, 입양, 신전에 헌신한 여자의 지위에 관련된 법 조항, 사람에게 가한 신체적 상해에 대한 징벌 규정, 농업, 급여, 임대료에 관련된 사법적 문제, 그리고 바빌로니아와 외국에서 노예를 사는 일 등이 포함되어 있다. 장문의 후기에서는 소송에 연루된 "피압제자"가 "자기의 사건을 보고 마음이 후련해지도록" 사람들에게 부탁해 비문을 읽어 볼 것을 권한다. 미래의

함무라비 법전의 비석 윗부분

왕들에게는 이 법령을 지키라고 간청한다. 또한 누구든 이 기념비를 훼손하거나 "법의 왕"이 확립한 법을 변경하는 자는 신의 벌을 받기를 기원한다. 여기서 이 모든 법률 조항을 분석하는 것은 분명 불가능한 일이다. 우리는 일반인들이 관심이 있을 만한 몇 가지 사실을 기록하는 것으로 만족하려 한다.

"법전"에서는 세 종류의 사회 계층을 구분한다. 그것은 아윌룸*awīlum*, 무슈케눔*mushkênum*, 그리고 와르둠*wardum*이다. 아윌룸이라는 단어는 단순히 "사람"을 의미하며 "법전"의 일부 조항에서는 그런 의미로 읽힐 수 있다. 다른 조항에서 이 단어는 좀 더 구체적인 의미를 지니면서 "자유인", "귀족", "지도층 인사" 등으로 번역되었다. 와르둠은 노예로서, 외국에서 사 올 수도 있었고 예전처럼 빚을 갚을 능력이 없는 사람이나 전쟁 포로 가운데서 충원되기도 했다. 노예는 어느 정도 권리를 누린다. 노예는 자유를 얻거나 입양될 수 있으며 자유인의 딸과 결혼할 수도 있다(175~176항). 그러나 노예는 머리 타래 하나를 제외하고 머리를 밀었고 주인의 재산이었으며 법에 따르면 그가 도망가도록 돕거나 숨겨 주는 사람은 누구든 사형에 처해진다(15~16항). 무슈케눔은 아윌룸과 노예 사이 계층이지만 이들의 정확한 정체는 더는 알기 어렵다.[40] 그들이 하위 관리였는지, 아니면 왕의 백성 중에서, 상속인에게 넘겨줄 수만 있고 양도할 수 없다는 조건으로 토지와 가옥을 왕에게서 받고 그 대가로 부역이나 군역 등 어떤 의무를 수행해야 했던 사람들인지는 (일쿰*ilkum*이라 불리는 제도) 아무도 알 수 없다.

사회의 이 세 계층 사이의 차이는 "법전"의 처벌 규정에 분명하게 드러난다.[41] 예를 들어 임신한 여자가 맞아서 유산한다면 그 여자를 때린 사람은 그 여자가 노예인지, 무슈케눔의 딸인지, 아윌룸의 딸인지에 따라 각각 2, 5, 10세겔을 치러야 한다. 만약 그 여자가 죽는다면, 노예인 경우 가해자는 은 3분의 1미나(66그램)를 "달아" 주어야 하지만 다른 두 경우에는 처형된다(209~214항). 마찬가지로 누구든 아윌룸의 눈을 상하게 하거나 뼈나 이를 부러뜨리면 그 사람의 눈을 상하게 하거나 뼈나 이를 부러뜨리지만, 똑같은 상해에 대해서 희생자가 무슈케눔이라면 은 1미나를 내고 노예라면 그 몸값의 절반을 낸다(195~199항). 가장 놀랍고 현대인이 보기에 가장 심각한 사실은, 범죄의 종류가 아닌 희생자의 지위에 따라 조율되는 이런 무시무시한 처벌이 실수로 발생한 손해에도 적용된다는 점이다. 수술 후에 어떤 아윌룸이 죽거나 눈을 잃게 되면 수술한 의사의 손목을 잘랐다. 만약 운 나쁜 환자가 무슈케눔의 노예라면, 눈을 잃으면 의사가 그 몸값의 절반을 치르고 죽으면 새로운 노예를 제공해 준다(218~220항). 잘못 지어진 집이 무너져 집주인과 그 아들이 죽으면 그 불운한 석공이나 그 아들이 죽음을 당한다. 만약 사고로 노예만 죽는다면 석공은 다른 노예를 제공해 주어야 한다(229~231항). 사실, 실제 판결을 담은 토판에 이런 종류의 과실에 대해 이와 유사한 선고가 내려진 경우가 나오지 않는 점으로 미루어 볼 때 이런 선고는 실제로 거의 내려지지 않았을 것 같다. 그러나 이런 문서들이 많지 않다는 점도 고려해야 한다.

그러나 다른 여러 면에서 함무라비 "법전"은, 어떻게 보면 제정자에게 명예가 될 만한 정의正義를 보여 준다. 특히 가족에 관한 법은 여자와 어린이를 버림받음, 노역, 가난에서 보호하기 위한 가상한 노력을 보여 준다. 여기서도 징벌이 때로 너무 심할 때가 있는데, 그럴 때 관용을 베풀거나 정상을 참작해 형을 경감해 준다. 여자가 부정을 저지르면 사형을 받지만 남편이 아내를 용서해 주고 왕이 그 정부情夫를 용서해 주면 그들은 "한데 묶여 강에 던져짐"(129항)을 모면할 수 있다. 남편이 가정을 버리고 아내가 먹을 것이 없어서 "다른 사람의 집에 들어가면" 그 여자에게는 죄가 없다(134항). 여자가 잘못된 행동을 하면 남편은 그 여자에게 아무것도 주지 않고 일방적으로 이혼할 수 있지만(141항), 만약 아내가 임신하지 못한다는 이유로 이혼하면 "그는 그 여자의 테르하툼*terhatum* 총액에 해당하는 은을 그 여자에게 주고 그 여자가 자기 아버지 집에서 가져온 지참금*sheriqtum*을 돌려줄 것이다"(138항).[42] 아내가 중병에 들면 남편은 다른 여자를 맞이할 수 있으나 아픈 여자를 "자기가 살아 있는 한" 자기 집에서 돌봐야 한다(148항). 가장이 죽은 경우 그 재산은 아이들이 나눠 가진다. 그러나 홀로 남은 그의 아내는 그 재산에 대한 용익권用益權을 갖고(171항), 남편이 자기에게 준 집, 밭, 과수원, 가구를 자유롭게 처분할 수 있다(150항). 여자가 죽으면 지참금은 그 여자의 아버지에게 돌려주는 것이 아니라 그 여자의 아이들에게 물려준다(162항). 비슷하지만 좀 더 복잡해 보이는 여러 규정에 따르면 정실부인에게서 태어난 아이들은 첩이나 노예에게서 난 아이들과 다른 특별한 대우를 받는다. 다른 여러 규정을 보면 타당한 이유 없이 아이들의 상속권을 빼앗는 일은 금지된다.

이것이 이 "법전"의 주요 법령 중 일부를 간략히 요약한 것이다. 이 "법전"은 길고 문체가 우아하며, 무엇보다도, 힘겹고 잔혹한 동시에 고도로 세련된 한 시대를 조명해 주기 때문에 지금도 여전히 유명하다. 왕이 직접 받아쓰게 한 것은 아니더라도 왕의 명령으로 그의 생애 말년에 작성된 이 "법전"은 그의 길고 영광스러운 통치기를 마무리 짓는 것 같다. 자기 작품 전체를 감탄하며 바라보던 이 노인은 다음과 같이 자랑스럽게 선포할 수 있었다.

> 나는 북쪽과 남쪽에서 적들을 없애 버렸다.
> 나는 전쟁을 끝냈다.
> 나는 나라에 행복을 안겨 주었다.

나는 정착민들이 푸른 초장에 편히 쉬게 하였다.
나는 그 누구도 그들을 괴롭히지 못하게 하였다.
나는 정직한 홀笏을 가진 구원의 목자다.
나의 은혜로운 그림자가 도시 위에 드리워 있다.
나는 수메르와 아카드 사람들을 품었고,
나를 보호하는 여신(이슈타르) 덕분에 그들은 번영하였다.
나는 이들을 언제나 평화로 다스렸고,
나의 지혜로 그들을 보호하였다.[43]

13 함무라비의 시대

시간이 흐르면서 정치 무대에 펼쳐지는 장면과 서서히 변화하는 사회경제적 배경은 분명 흥미로운 볼거리다. 그러나 이제는 연이어 등장하는 연대와 이름을 잠시 멈추어야 할 때가 된 것 같다. 전쟁, 왕국, 왕조를 제쳐놓고 일상의 소소한 사건, 당시 사람들이 살았던 집, 신전, 궁전을 살펴볼 때가 된 것이다. 그런데 이런 건물들은 벽이나 기초 부분 혹은 땅에 흩어져 있는 유물 몇 점 외에는 남아 있는 것이 없는 경우가 흔하다. 선사先史를 연구하는 학자들은 이런 보잘것없는 유적들로 과거의 일상을 재구성하려 하지만, 문서가 있어서 도움을 주는 경우라면 이런 재구성 작업이 얼마나 더 쉽고, 정확하고 생생하겠는가![1]

메소포타미아에서 함무라비의 시대(좀 더 정확히 하자면 그의 통치기를 포함하는 200년의 기간, 기원전 1850~1650년)는 양질의 금석학 자료와 고고학 자료가 풍부하게 남아 있는 특별한 시기다. 물론 남부 메소포타미아의 거대한 왕도들에 관해 아직 알려진 것은 거의 없다. 이신과 라르사는 비밀을 드러내기 시작하고 있고, 바빌론은 오늘날 지표면 아주 가까이에 지하수층이 있어서 신新바빌로니아 층(기원전 609~539년) 아래로 뚫고 들어갈 수 없었기 때문에 18년간의 발굴은 이 거대한 도시의 표면을 긁는 정도에 그쳐야 했다.[2] 그러나 다른 지역에서 일하던 고고학자들은 운 좋게도 마리, 텔 아스마르, 카파제, 텔 하르말, 우르, 아수르, 텔 알-리마 등지에서 놀라울 정도로 잘 보존된 궁전, 신전, 개인 주택을 발굴했다. 문서 자료의 경우, 십여 개의 유적지에서 여러 종류의 문서 수천 점이 나왔다. 어쩔 수 없는 자료의 공백이 있긴 하지만 서로 보완하면서 명확하게 해 주는 이런 정보가 있기 때문에, 기원전 18세기 메소포타미아는 중세 초기 유럽 어느 나라보다 더 잘 알려져 있다고 선언하더라도 전혀 과장이 아니다. 이 기회를 이용해 신전과 궁전의 긴밀한 관계 안으로, 그리고 위대한 함무라비와 동시대(혹은 비슷한 시대)에 "평범한 바빌론인"이 살았던 집 안으로 깊이 들어가 보려 하지 않는다면 유감스러운 일이 아닐 수 없을 것이다.

신전 안에 사는 신

신전은 문자적으로 "집"(수메르어로는 *é*, 아카드어로는 *bîtum*), 즉 신의 지상 거주지를 가리킨다. 따라서 그 형태나 규모나 장식의 정도는 신의 중요성에 따라 달라진다. 우르에 있는 엔두르사그의 신전과 같은 일부 신전들은 여러 건물 사이에 끼워져 있는 제실祭室에 지나지 않는다. 다시 말해, 제단과 벽감壁龕과 아울러 신상을 세울 받침대를 갖추고 있으면서 길을 향해 열려 있는 마당일 뿐이다. 텔 하르멜에 있는 하니와 니사바의 신전[3]과 같은 신전들은 중간 규모의 건물로서 독립적이거나 주변에 있는 집들에 연결되어 있고 때로 도시의 성벽에 연결되어 있기도 하며, 적어도 하나의 마당과 여러 방을 갖추고 있다. 마지막으로, 주요 신들의 신전은 여러 마당과 방을 갖춘 거대한 복합 건물을 이루고 있다.[4] 여기에는 흔히 신들의 배우자 및 다소 연관성이 있는 부차적인 신들을 위한 제실이 포함되어 있다. 이 거대한 신전들 대부분은 계단으로 접근할 수 있는 약간 높은 대 위에 놓여 있다. 도시 수호신의 신전은 지구라트와 등을 맞대고 있거나 지구라트와 아주 가까운 곳에 있다.

이 거대한 신전은 모두 몇몇 건축학적 특징을 공통으로 갖고 있다. 오랜 전통에 따라 벽은 돌출부와 박혀 있는 반원기둥으로 장식되어 있다. 어떤 경우 이 반원기둥은 종려나무 가지를 떠올리게 하는 나선형 무늬로 장식되어 있다.[5] 정문을 비롯해 어떤 경우에는 회랑과 모든 방까지도 독창적인 기술을 따라 보통 아치형으로 만들어져 있는데, 이 기술은 훨씬 더 최근 것이라고 오랫동안 생각되었다.[6] 이따금 포효하는 사자들을 양쪽에 배치해 둔 신전 입구는 거대한 마당*kisalmâhum*으로 이어지며, 이 마당 주변에 있는 방들은 숙소, 서기관 학교, 작업실, 사무실, 그리고 제물을 비롯한 신전 토지와 가축 떼에서 나온 생산물이 쌓여 있는 창고로 이용된다. 큰 축제가 열릴 때 행렬을 이루며 떠나는 신상들이 모이는 곳이 바로 이곳이다. 그러나 대부분은 이 마당은 다양한 이유로 신전 주위에 모여든 수많은 사람에게 개방되어 있다. 우리는 이곳을 텅 빈 조용한 공간이 아니라 제사장들, 신전 직원들, 서기관 수련생들, 심부름꾼들, 제물과 식료품을 나르는 사람들이 눈부신 근동의 태양 빛 아래 바삐 오가는 시끌벅적한 곳으로 상상해 볼 수 있다.

건물의 다른 한 부분은 신전 수장고, 도서관, 그리고 아마 사제들의 숙소로 이용된 듯한데, 그 중심에 마당 하나가 더 있다. 키살마훔*kisalmâhum*보다 작고 조용한 이 마당은 연속으로 이어진 두 방(문간방과 전실前室)을 거쳐, 성소의 핵심부이며 종교의식이 진행되는 지성소인 신상 안치소로 연결된다. 신상 안치소 깊숙한 곳 벽감에 받침돌이 있고 이 받침돌 위에 있는 단에 나무로 만들어 금을 입힌 신상이 올려 있어서 흐릿한 빛 가운데 어렴풋이 빛나고 있다. 신(남신 혹은 여신)은 일반적으로 앉아 있으며 뿔이 있는 왕관을 쓰고 무거운 보석이 달린 수놓은 옷을 입고 있다.[7] 꽃병과 구운흙으로 만든 향로가 그 발아래 놓여 있다. 이 신상 안치소와 전실의 바닥과 벽은 돗자리, 직물, 양탄자, 더 나아가 벽면 모자이크와 벽화로 뒤덮여 있다. 들보는 삼나무로 만들어졌고 문짝 역시 삼나무로 만들어졌으나 때로 구리나 청동을 덧입혔다. 이 두 방의 가장자리에는 흙으로 만든 긴 의자가 이어져 있는데 그 위에는 신들과 숭배자들의 소상小像, 왕의 비석, 다양한 봉헌물이 놓여 있다. 신성한 식사 용도로 만든 탁자, 헌주에 사용하는 단지, 청동이나 귀금속으로 만든 상징물이 가구를 보완해 준다.[8] 마당에는 제단과 정화수 대야가 있다. 신전 구석구석에 토판, 원뿔, 명문이 새겨진 실린더가 벽 안이나 바닥 아래 묻혀 있어서 당시에 "토대 매장품埋藏品(dépot de fondation)" 역할을 했다. 이곳이 신성한 영역, 즉 템메눔*temmenum* 임을 인증하면서 그 영역의 경계를 설정하는 것이었다.[9]

상像의 형태로 몸을 입은 신은 살아 있는 왕처럼 대접받는다.[10] 사람들은 그의 앞에 엎드리고 그에게 간청하고 그를 찬양하는 노래를 부른다. 그뿐 아니라 그의 옷을 갈아입히고 장신구를 갈아 주고 향기 나는 기름을 뿌리며, 그의 입을 "열고" 깨끗이 닦은 다음 음식을 먹인다. 신전의 재력에 따라 하루에 두 번에서 네 번 정도 식사가 제공되는데 식단에는 육류, 가금류, 생선, 빵과 과자, 꿀과 과일, 물, 우유, 맥주, 꿀물, 포도주 등이 포함되어 있다. 꾸며낸 이야기에서는 신이 휘장 뒤에서 이 음식을 "먹는다"고 하지만, 식사에 참여하는 사람들은 물론 사제와 신전 직원이다. 매일 치러지는 이 의식*dullum* 외에 성결 의식과, 특별한 일이 있을 때 진행되는 의식도 있다. 예를 들어 신전에 있는 청동 팀파논 덮개를 교체하는 의식에서 세부 사항이 규정되어 있는데, 여기에 따르면 덮개 재료인 가죽을 제공할 소의 오른쪽 귀에는 수메르어로, 왼쪽 귀에는 아카드어로, 갈대를 입에 대고 속삭이듯 기도해야 한다.[11] 그리고 연중 축제, 계절 축제, 월별 축제가 있는데, 월별 축제는 그 수가 많고 날짜는 도시마다 다르다.[12] 이때 사람들은 신상을 밖으로 가지고 나가 군중 앞에 보여 주고 수레나 가마 혹은 배에 태워 끌고 다닌다. 이때 피가 제단 위에 흐르고 고기 굽는 냄새가 향 냄새와 뒤섞이며, 북, 피리, 수금, 리라, 시스트럼, 심벌즈 소리와 함께 찬양, 기도, 시에 가락을 붙인 장중한 노래가 여느 때와 달리 성소 안에 울려 퍼진다. (최근 연구에 따르면 이 노래는 동방 교회의 의식용 노래나 그레고리 성가와 유사했던 것 같다.[13])

신전 행정의 맨 위에는 샹가*shanga* 라는 중요한 사람이 있는데 함무라비 시대에는 왕이 샹가를 임명한 듯하다. 그 아래에는 감독*shatammû* 과 서기관*tupsharru* 이 있어서 곳간과 창고에 들어가고 나오는 모든 물품은 물론 하급 직원(관리인, 청소 감독, 심지어 이발사까지)과 노예를 감독하고 기록으로 남겨 둔다. 신전의 경작지는 이샤쿠*ishakkû* (수메르 직함인 엔시의 아카드어 형태로서 엔시보다는 확실히 격하된 지위!)가 관리하며 농업 노동자들과 전체 주민 중에서 동원한 부역꾼들이 일한다.

성직자는 정의하기 훨씬 어렵다. 그것은 우리가 갖고 있는 "사제"의 개념이 바빌론인의 개념과 다르기 때문이기도 하고, 이 분야에 대한 우리의 지식에 여전히 큰 공백이 있기 때문이기도 하다.[14] 이론적으로는, 성직자의 우두머리인 최고 사제는 에눔*enum* 이다. 이 단어는 수메르어 엔*en* 에서 나왔고 그 여성형은 엔툼*entum* 이다. 논리적으로는 엔툼이 여신을 섬기는 신전의 최고 여사제이겠지만, 실제로 우리가 아는 바로는 우르에 있는 신Sîn 의 신전의 최고 여사제는 왕의 딸이었다. 최고 사제의 기능은 상당히 모호하며 일부 신전은 전적으로 샹가가 운영했던 듯하다. 실제로 가장 중요한 사제는 우리갈룸*urigallum* 으로서 원래는 "부사제"를 의미했으나 나중에는 셰슈갈루*sheshgallu*(수메르어 SHESH.GAL, “큰형”)라는 이름으로 신년 대축제에서 가장 중요한 역할을 수행하게 된다(24장을 보라). 제사를 담당하는 사제들(아마 문서에 등장하는 “신전에 들어가는 사람*êrib bîti*”으로 불리는 사람들인 듯하다)은 계층화된 것이 아니라 전문화되어 있다. 우리가 아는 사람들로는 파시슘*pashîshum*(“기름을 붓는 사람”), 주술사이며 정화사인 마슈마슘*mashmashum*, 세정 의식을 주재하는 람쿰*ramkum*(“씻는 사람”), 헌주를 붓는 니샤쿰*nishakum*, 그리고 곡하는 사람으로서 다른 기능도 수행하면서 비밀스러운 기술을 갖고 있던 칼룸*kalûm*이 있으며, 이 외에도 잘 알려지지 않은 사람들이 있다. 이 사제들은 조사助事들의 도움을 받는데, 이 조사들 가운데에는 제물을 바치는 사람*nash patri*(“검을 들고 다니는 사람”), 노래하는 사람, 악사 등이 있다. 아시푸*âshipum*(악귀를 쫓는 사람)은 일부 제의 의식에 참여하기는 하지만 주로 대중, 특히 병자를 대상으로 일하기 때문에 엄밀히 말해 사제라 할 수 없다. 꿈을 해석하는 샤일룸*sha'ilum*이나 바룸*barûm*, 즉 점쟁이도 마찬가지였다. 다양한 형태의 점술이 일상생활의 일부가 되어 있는 사회에서 바룸은 무척 바빴고 부유했다. 사제들과 그에 준하는 사람들은 유복하고 교양과 지식을 갖춘 집안 출신이었다. 이 사람들은 결혼했고 그들의 직업은 흔히 아버지에게서 아들에게로 대물림되었다.

여신의 신전에 관련된 여사제에 관해서는 사실상 아무것도 모른다는 점을 인정해야 한다. 그러나 온갖 형태의 사랑을 주재하는 여신 이슈타르의 신전에서 노래와 춤과 무언극(여자들과 여장남자들이 연기했다)을 포함한 외설스러운 의식과 난잡한 성행위가 행해졌다는 사실은 분명하다. 우리가 보기에는 충격적이지만 바빌로니아인이 보기에는 신성한 이런 의식에는 아신누*assinnû*, 쿨루우*kulu'u*, 또는 쿠르가루*kurgarru*라 불리는 남자들(모두가 수동적인 동성애자들이었고 일부는 거세된 남자였을 수도 있다)과 더불어, 그리스와 로마의 고전 작가들이 "창녀"라는 포괄적인 단어로 한데 묶어 규정하는 여자들이 참여한다. 남성 동성애자들이 비공식적으로 그들의 "전문직"을 수행하듯 진짜 창녀들 *harmâtu, kezrêtu, shamhâtu* 역시, 엔키두를 유혹했던 창녀처럼 술집과 주막에 드나들 듯 신전 주변에 자주 나타나기만 할 뿐이다. 단지 "이슈타르에게 헌신한 여자들" *ishtarêtu* 과 "성별된 여자들" *qashshâtu* 만 여성 사제단에 참여할 수 있었던 것 같다.[15]

이와 마찬가지로 "헌신"하고 "성별"된 여자들이 또 있었는데 그 목적은 정반대였다. 이들은 나디투 *nadîtu* (문자적으로는 "방치된 여자")이며, 그중 한 집단(시파르에 있는 샤마시의 나디투 집단)에 관해서는 깊은 연구가 이루어졌다.[16] 이들은 좋은 가문 출신의 여자들로서 출산이 금지되었으며 남들이 결혼할 나이에 공동체 *gagû* 에 들어가 평생 그곳에서 살았다. 이 공동체를 "수도원"이라 부르는데 이것은 잘못된 표현이다. 신전과는 상당히 피상적인 관계를 맺고 있던 이 여자들은 수녀도 사제도 아니었고, 오히려 집과 토지를 사들여 빌려주고 경작하게 함으로써 부를 축적한 뛰어난 여류 사업가들이라 할 수 있다. 이들이 죽으면 그 재산이 가족에게로 돌아갔던 점으로 미루어 보건대, 바빌론 1왕조에만 있었던 이 특이한 제도는 딸이 결혼함으로써 거대한 세습 재산을 잃게 되는 것을 제한하려는 목적이 있지 않았을까 생각된다.

신전 관련 인사들은 성직자든 아니든 "제단"과, 상당한 규모의 "신성한 밭"과, 많은 경우 개인 자격으로 소유한 토지 덕분에 먹고 산다. 이들은 다른 사람들과 빈번하게 접촉하며 살긴 하지만 (일부는 부역에 참여하거나 병역을 수행하기도 한다) 자기들 나름의 규칙과 관습을 갖고 존경받으며 살면서 분리된 작은 세계를 형성하고 있다. 그러나 신전이 수메르의 사회와 경제 전반을 통제하던 시대는 오래전에 지나갔다. 루갈,

엔시, 우르 왕의 시대보다 지금에 이르러 이 지역 모든 활동의 축, 즉 삶의 중심으로 훨씬 더 중요해진 것은 궁전이다.

궁전 안에 사는 왕

궁전*ekallum*("큰 집")의 건축학적 발전은 고대 바빌론 시대의 특징에 속한다. 군주의 손에 권력을 집중하기 위해, 강한 중앙 집중적 행정의 필요를 채우기 위해, 그리고 명성에 대한 욕구 때문에 왕의 거주지(지금까지는 꽤 수수한 규모였던 건물)는 접견실, 거실, 집무실, 사무실 등을 갖춘 거대한 종합 단지로 변모했다. 또한 요새화한 성벽에 둘러싸여 있었다. 분명 보안상의 이유 때문일 것이다. 성채이며 저택 겸 행정 중심지였던 궁전은 도시 한가운데 있는 축소판 도시가 되어가는 경향이 있다.[17]

아무루 왕들의 거주지 가운데 마리의 궁전보다 좋은 예는 없을 것이다.[18] 발견 당시 보존 상태가 상당히 좋았던 마리 궁전은 그 규모(길이 200미터, 폭 150미터, 면적 2.5헥타르)로 보나 사려 깊고 조화로운 배치, 장식의 아름다움, 건축 수준으로 보나 놀라운 건축물이다. 이것을 "고대 동양 건축의 보배"라고 하는 것은 당연하다.[19] 시리아 해안 도시 우가리트의 왕은 자기 아들을, "짐리-림의 집"을 방문하는 단 하나의 목적을 위해 아무 망설임 없이 600킬로미터의 먼 거리를 여행하게 했다. 그 정도로 고대에 이 궁전의 명성은 대단했다.[20]

궁전의 벽은 두께가 2~15미터였으며 돌로 만든 기초 위에 놓여 있었다. 망루가 있어서 든든히 방어되고 있었으며 문은 북쪽에 하나밖에 없었다. 문 안으로 들어가는 방문객은 먼저 초병들이 있는 현관을 지난 후 앞뜰에 이르러 탈것과 수행원을 남겨두고 지그재그 형태의 복도를 지나 거대한 "영빈정迎賓庭"(1617제곱미터)으로 나오면서 경탄을 금치 못했다. 이 뜰은 나무를 심어 놓았을 것으로 추정되는 중앙부 외에는 커다란 구운 벽돌로 포장되어 있었다. 방문객은 뜰 건너편에 둥글게 만든 세 단 층계를 마주하게 되는데, 그 뒤로 "접견실"의 넓은 공간이 있었다. 접견실은 높고 깊었으며 프레스코화로 장식되어 있었다. 영빈정 서쪽 벽에 있는 문을 통과하여 L자 모양의 복도를 지나면 또 하나의 큰 뜰(754제곱미터)이 나온다. 고고학자들이 "106번 뜰"이라 부르는 이 뜰은 흰 벽을 돋보이게 하는 아름다운 작품으로 유명하며, 직물로 만든 덮개를 나무 기둥으로 받쳐 덮어서 비와 무더위를 막았다. 생생한 색채를 지닌 프레스코화는 그 일부가 남아 있어서 당시 공식적인 제의 의식을 보여준다. 제물로 바치기 위해 끌려가는 황소 한 마리가 그려져 있고, "즉위도"라 불리는 세 폭짜리 그림도 있는데 여기서는 이슈타르가 내미는 지팡이와 원형 물건을 왕이 만지고 있으며, 행운의 물을 풍성하게

'짐리-림의 집' 프레스코화

쏟아 붓는 여신들, 지나가는 동물들, 그리고 대추야자 열매 수확 장면 등이 그려져 있어서 풍요를 상징하고 있다.[21] 이 뜰 안쪽에는 길고 넓게 평행한 두 방이 두 문으로 연결되어 있다. 첫째 방에는 단이 하나 있는데 이 단의 각 측면에는 계단이 있다. 거기서 멀지 않은 바닥에서 "물을 뿜는 단지를 든 여신"■을 새긴 아름다운 상이 함무라비 군대의 공격으로 목이 잘린 채 발견되었다. 아마 이 상이 그 단 위에 있었던 듯하다.[22] 두 번째 방에 들어가면 웅장한 계단 위에 높게 설치된 연단으로 다가갈 수 있으며, 반대편 끝에는 석고로 만든 포석이 있어서 왕좌가 있었던 자리임을 알려 준다.

이 두 방과 106번 뜰은 궁전의 가운데를 차지하면서 "그 중심과 존재 이유"를 형성하고 있다.[23] 왕과 관련된 의식과 큰 잔치는 왕좌가 있는 큰 방에서 이루어지기 때문이다. 이 거대한 건축물의 다른 부분은 기능적으로 네댓 구역으로 나눌 수 있을 듯하다. 1) 접견 구역("영빈정"과 부대 건물). 2) 중앙 핵심부를 삼면으로 둘러싸고 있는 거주 구역으로 남서쪽에 있는 "왕의 집"과 북서쪽에 있는 "제2의 집(아마 부녀자들의 거주지)"을 포함하고 있다. 이 두 "집"에는 각각 주거 시설, 행정 시설, 그리고 창고와 직원 숙소 시설이 있다. 3) 남동쪽 모퉁이에는 신전 구역이 있는데 이곳의 신전들은 기원전 제3천년기의 신전들 위에 건설되었다. 4) 마지막으로 창고와 부속 건물 구역이 궁전의 여러 부분에 분포되어 있으며 특히 남쪽 경계에 있다. 여러 뜰과 방은 좁은 복도로 서로 연결되어 있었는데, 그나마 보안상의 이유로 복도가 그다지 많지 않았다. 비교적 난간 기둥의 수가 많은 점이나 다른 건축학적 지표를 보면

■ [역주] 이 신상은 내부에 물이 통과할 수 있는 좁은 공간이 있어서 이곳을 통과한 물이 신상의 손에 들려 있는 단지의 주둥이를 통해 솟아나도록 만들었다.

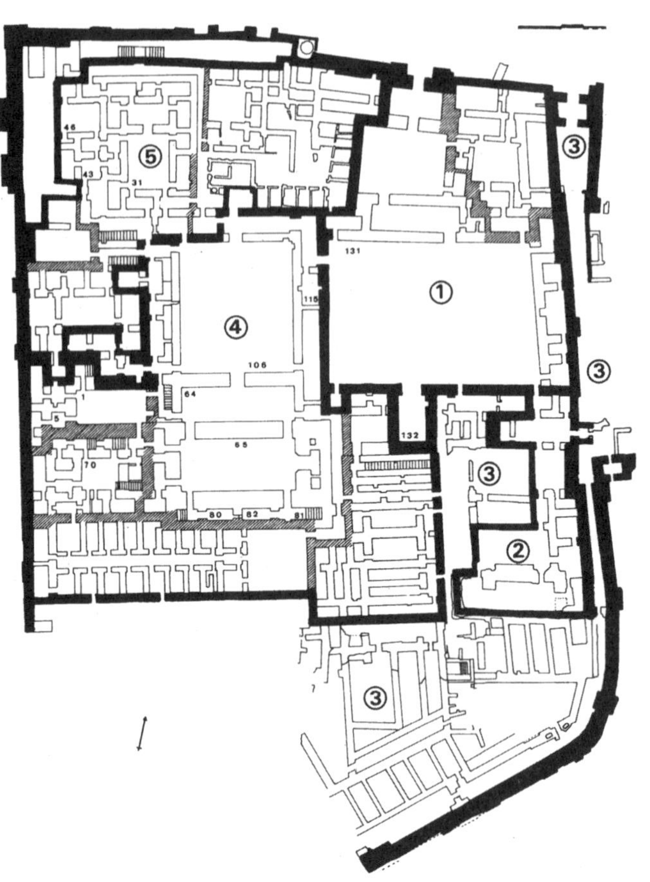

주요 구역을 따라 나눈 기원전 제2천년기 마리 궁전의 도면
① 접견 구역, ② 신전들, ③ 창고와 부속 건물, ④ 왕의 집,
⑤ 제2의 집, 아마 부녀자들의 집인 듯함
J.-Cl. Margueron, *Les Dossiers de l'Histoire et Archéologie*, 80, 1984, p. 39.

주거 구역의 주요부가 적어도 2층으로 이루어져 있었음을 알 수 있다.

"짐리-림의 집"의 건축술은 도면 못지않게 놀라웠다. 벽은 대체로 두꺼웠으며, 말린 큰 벽돌에 진흙을 여러 차례 입히고 회반죽을 두껍게 칠해서 쌓아 올렸다. 건물 여러 곳에는 벽 윗부분에 틈이나 둥근 구멍, 심지어 통로가 뚫려 있어서 채광과 통풍을 확보했다. 여러 방과 뜰에는 구운 벽돌이 바닥에 깔려 있었다. 두 개의 욕실이 있었는데 그중 한 곳에서는 구운흙으로 만든, 오늘날과 비슷하게 생긴 욕조 둘이 있었다. 두 욕실에는 변기가 있었고 욕실 바닥과 벽 아랫부분은 역청을 입혀 방수 처리를 했다. 구운 벽돌로 만든 지하 물길과 도기로 만들어 역청으로 덮은 도관이 10미터 깊이까지 여기저기에 박혀 있어서 물이 흘러갈 수 있게 해 주었다. 이 하수도 시설이 얼마나 잘 고안되었던지 발굴 도중 어느 날 폭우가 내렸지만 빗물 때문에 우려했던 재해는 일어나지 않고 몇 시간 안에 배수가 이루어졌다.[24]

가구류는 마리를 파괴한 화재 때 불탔거나 그냥 부서져 가루가 되어 사라졌기 때문에 왕좌, 의자, 식탁, 왕의 침대 등에 관해서는 아무것도 알 수 없다. 반면, 왕이 무엇을 먹었는지는 대충 알려져 있다. 지금까지 베일에 가려져 있던 바빌로니아의 요리라는 주제에 관해 연구한 보테로 교수 덕분이다.[25] 이 연구는 놀라운 결과를 도출했다. 함무라비 시대부터(오늘날 알려진 다섯 개의 문서 중 넷이 기원전 1800~1700년 사이의 것이다) 음식을 요리하고 "장식하는"(당시에 이 표현을 즐겨 사용했다) 기술이 아주 발달해 있었고 요리사*nuhatimmum*는 능숙한 예술가였다. 사실 다양한 식료품, 익히는 방법(물 혹은 때로 기름 섞은 물, 증기, 화덕, 재나 숯)과 사용된 도구들, 한 요리에 여러 식재료를 섞는 요리 과정의 복잡성, 미묘한 맛의 추구, 그리고 먹음직한 외양을 보면 놀라지 않을 수 없다. 짐리-림의 종들이 식탁에 차려놓은 것으로는 먼저 여러 종류의 육류(소, 양, 염소, 사슴, 가젤), 물고기, 새, 가금류가 있었다. 이런 것들은 물론 석쇠나 불에 굽기도 했지만 도자기 냄비에 끓이거나 청동 솥에 넣어 약한 불로 굽기도 했으며 풍부한 양념을 넣은 소스를 곁들였는데 그중에 마늘이 주종을 이루었다. 그 외에도 솜씨 있게 요리한 채소, 수프, 다양한 치즈, 생과일 혹은 말리거나 절인 과일, 온갖 크기와 형태로 만들어 향을 넣은 과자 등이 있었다. 이 모든 요리에는 여러 종류의 맥주와 시리아산 포도주가 곁들여졌다.[26] 숫자에 관한 자료(조리 양과 시간에 관한 자료)가 없고, 특히 요리 재료의 아카드어 이름의 의미를 모르기 때문에 오늘날 이들 요리를 다시 만들어 내는 것은 불가능하다. 다시 만들어 봐도 어떤 요리는 우리 입맛에 전혀 맞지 않을 테니 오히려 다행스러운 일인지도 모른다. 어쨌든 현대 "터키-아랍" 요리의 기원이 된 것이 분명한 이런 세련된 요리법은 기원전 제2천년기 초에 메소포타미아인이 이룬 문명의 수준이 얼마나 높았는지를 보여주는 새로운 증거다.

전시戰時 사령관으로서 전투 결과에 대해 신들 앞에 책임을 졌던 왕은 몸소 군대를 이끌고 전쟁에 참여하면서 생명의 위협을 감수했다. 그러나 왕은 원정이 없을 때도 무척 바쁘게 지냈다. 신성한 인물로서 왕은 왕도의 여러 신전에서 행해지는 주요한 제의 의식에 참여해야 했고, 국내 여러 신전에서 이루어지는 건축 공사에 관해 건축 전문가들과 의견을 나눠야 했다. 국가의 수장이라면 어느 시대에나 그렇듯이 그 역시 외교 사절과 고위 방문객들을 맞이했다. 때로는 다른 나라의 군주를 맞이하기도 했으며, 이들에게 숙소를 제공하고 향연을 베풀었다. 또한 자신의 지방 행정관, 고위 관리 및 왕실의 고관들과 이야기를 나누었다. 최고 재판관으로서 왕은 백성들의 탄원에 귀를 기울이고, 수많은 분쟁을 해결해야 했다. 마지막으로, 엄청난 양의 서신을 받아쓰고 읽게 했으며■, 문서로 명령과 결정을 내리고 조언을 해 주었음을 알 수 있다. 정치, 외교, 군사, 사법, 경제 등의 폭넓은 활동에서뿐만 아니라 일상생활의 영역에서도 그랬다. 여기서 우리는 이런 일상생활의 영역에 관한 문서에 관심을 둔

■ [역주] 당시 서신의 형식을 보면 서신을 보낼 때 왕이 서기관에게 내용을 불러 주고 받아 적게 했으며 왕에게 온 서신 역시 신하가 읽어 준 것을 알 수 있다. 미주 31을 보라.

다. 짐리-림의 통치기뿐만 아니라 "아시리아 중간 통치기"에 나온 수많은 서신 중 몇몇 예를 살펴보겠다.

아버지가 축출된 후 야스마흐-아다드에게 맡겨진 야흐둔-림의 딸들은 "여자들이 되었다." 그러자 샴시-아다드는 자기 아들에게 편지를 써서 그 여자들을 슈바트-엔릴로 보내 음악을 배우게 할 것을 제안한다. 마리에서 제작된 짐수레는 에칼라툼 것보다 품질이 좋았다. 이슈메-다간은 자기 아우에게 마리 짐수레와 더불어 목수를 보내 달라고 요구한다. 날아다니는 메뚜기 떼가 테르카에 얼마 전부터 출몰했는데 잦아들 기미가 보이지 않는다. 그러자 이 도시의 행정관이었던 키브리-다간은 메뚜기를 잡아 전부 자기 상관인 짐리-림에게 보낸다. 짐리-림은 오늘날 아랍인과 마찬가지로 이런 귀하고 맛있는 음식을 좋아한다.[27] 같은 도시 테르카에 살고 있던 한 주민은 다간 신과 대화를 나누는 꿈을 꿨다. 다간은 그에게 야미나의 족장들을 "어부의 갈고리로" 잡아 짐리-림에게 넘겨주겠다고 약속했다. 그는 이 꿈을 지역 관리에게 이야기하고, 그 관리는 즉각 왕에게 보고한다.[28] 야킴-아두라고 하는 사가라팀Sagaratim의 행정관은 곳간에서 사자 한 마리를 잡았다고 적어 보낸다. 사자를 먹이느라 지친 데다, 어떻게 처분할지 결정해 달라는 청원에 대해 왕의 대답이 없자 그는 이 사자를 나무로 만든 우리에 넣어 왕에게 배편으로 보낸다. 토막 난 아이의 시체가 마리 근처에서 발견되었다. 궁전 직원인 바흐디-림은 조사가 순조롭게 진행되고 있다고 문서로 확인해 준다. 아시리아 왕궁의 여종이 달아났다. 그러자 샴시-아다드는 야스마흐-아다드에게 그 여종을 찾아보라고 명령한다. 만약 찾지 못하면, 그 여종을 보았다는 소문이 있는 요리사를 심문할 테니 그를 보내라고 한다. 하란 근처 나후르에서 전쟁 때문에 발이 묶인 듯한 한 여자는 전투가 중지되자 무척 지루해 하며 짐리-림에게 간청한다. "저를 데려오라고 임금님께서 편지를 써 주시길 원합니다. 그러면 제가 지금 못 뵙게 된 임금님의 모습을 다시 뵐 것입니다." 이에 더하여 아주 실제적인 내용을 덧붙인다. "추신: 임금님께서 제가 보낸 토판에 대해 답장을 보내 주시길 바랍니다."[29] 짐리-림의 딸 중 몇 명은 마리의 속국에 시집을 가서는 자기들의 새로운 지위에 대해 신랄하게 불만을 쏟아내고 서로 싸우기도 한다. 그들을 달래야 하고 그들의 다툼을 중재해야 한다.[30] 이처럼 이 서신들은 단순하면서 전반적으로 명료한 문체로, 아첨까지는 아니지만 공손하게 기록되었으며 한결같이 다음과 같은 관용적인 표현으로 시작한다. "아무개에게 이렇게 말해라. 이처럼 X가 말한다. …"[31] 서른일곱 세기를 거슬러 올라가는 이 서신을 읽다 보면 이 사람들과 같이 사는 느낌을 받으며, 그들의 문제와 공감하고, 그들의 근심과 즐거움을 공유하게 된다. 마리 궁전과 그 풍부한 문서가 시간을 거슬러 올라가는 놀라운 도구가 된다는 사실을 아무도 부정하지 않는다. 그러나 우리는 또 하나의 도구가 존재한다는 사실을 알게 될 것이다. 이 도구는 그다지 화려하지는 않지만 아마 효과면에서는 뒤지지 않을 것이다.

집 안에 사는 주민

메소포타미아 발굴은 언제나 비용이 많이 들었고, 이 때문에 역사 유적지를 조사하는 고고학자들은 일반적으로 신전과 궁전 같은 중요한 건물에 노력을 집중했다. 이런 건물들은 건축학적이고 미적인 관심의 대상이 될 뿐만 아니라 명문과 문서 모음집을 배출할 가능성이 많이 있었기 때문이다. 고대 바빌론 시대의 개인 가옥을 체계적으로 조사한 유적지는 한 손에 꼽을 정도밖에 되지 않는다.[32] 기원전 제2천년기 초 "평균적인 바빌론 사람"의 삶의 배경을 알기 위해서는 마리를 떠나 유프라테스 강을 따라 거의 천 킬로미터를 내려가 우르까지 가야 한다. 우르는 현장에서 발견된 토판과 더불어 한 동네 전체의 유적이 풍부한 정보를 제공해 주는 유일한 유적지이기 때문이다. 영미 발굴단이 1930~1931년에 8000제곱미터 면적에서 도로와 가옥들을 발굴했는데, 신전 구역과 성벽 사이에 있는 이 도로와 가옥들은 다행히 무척 잘 보존되어 있었다. 반세기 넘도록 악천후에 노출되었지만 오늘날까지 너무나 또렷하게 과거를 떠올리게 해 주기 때문에 폼페이나 헤르쿨라네움과 비교하고 싶은 충동이 바로 생겨날 정도다.[33] 약간의 상상력(이런 곳에서는 허용될 수 있을 것이다)만 있다면 이 도로와 가옥에 사는 사람들의 모습을 떠올릴 수 있을 것 같다.

거리*sûqu*는 겨울에는 진흙투성이가 되고 여름에는 먼지투성이가 되며, 쓰레기가 일상적으로 버려지지만 아무도 줍지 않기 때문에 지저분하여 그다지 매력이 없다. 다양한 규모와 형태의 가옥들이 촘촘하게 들어선 주택 단지들 사이로 여러 갈래의 길이 무계획적으로 굽이치고 있다. 창문이 없는 가옥에는 낮고 좁은 문만 있다. 그러나 여기저기 작은 가게들[34]이 시장을 이루거나 거주지 사이에 둘러싸여 있어서 이 단조로운 풍경에 즐거운 느낌을 주고 있다. 중동의 도시라면 어디에나 있는 "수크"■의 가게들과 마찬가지로 이들 가게에도 거리를 향해 열려 있는 바닥 깊은 방 하나가 있고 가게 뒷방이 있다. 여기에서 무엇을 팔았을까? 알 수는 없지만 아마 도기류, 도구, 의복, 식품 등을 팔았을 것 같다. 아니면 이 가게들은 이발소, 구둣방, 양복점, 세탁-수선실이 아니었을까? 이 시대의 어느 문서에서는 이런 가게의 주인과 까다로운 손님 사이

■ 수크는 아라비아의 시장을 가리킨다.

의 분쟁에 관해 이야기해 주고 있다.[35] 그 외에도 가마의 불그스름한 빛이 대장간을 밝혀 준다. 좀 더 먼 곳에는 화로와 빵 굽는 화덕을 갖춘 "음식점"의 벽돌로 만든 계산대가 있다. 길 가던 행인들은 이 음식점에 들러, 선 채로 양파나 오이, 또는 치즈 한 조각을 먹거나, 말린 생선 위에, 베트남의 누옥맘과 유사하며 이곳에서는 시쿰*shiqqum*[36]이라 불리는 소스를 끼얹어 먹었다. 거기서 몇 발짝 더 가면 구운흙으로 만들어 출입구 측면에 드리운 저부조가 있어서 그곳이 신전임을 알 수 있다. 뜰 안으로 들어가 제단 위에 한 줌의 대추야자 열매나 밀가루를 올려놓고 벽감 안에서 미소 짓는 여신에게 짧은 기도를 올리는 것은 잠깐의 일이지만 지속적인 보호를 보장한다.

이 거리나 골목에는 다니는 사람이 거의 없다. 우르 발굴을 지휘한 영국 고고학자 레너드 울리 경은 더 좋은 이름이 없어 이 거리와 골목을 "게이 거리" Gay Street, "파테르노스테르 거리" Paternoster Row, "교회 골목" Church Lane 등으로 명명했지만 시파르의 거리들처럼 "이슈타르 거리", "아키툼*akîtum* 거리", "슈-닌순 거리"(슈-닌순은 부유한 재산가임), 또는 "궁전 소속 여자 노예의 집 거리"[37] 등의 특색 있는 이름을 지어 줬으면 더 좋았을 뻔했다. 거리는 좁아서 짐수레는커녕 짐을 가득 실은 나귀도 지나갈 수 없다. 가끔 지나가는 사람들은 태양을 피해 벽에 바짝 붙어서 걷지만, 이른 아침이나 늦은 오후에는 길가메시 이야기를 낭송하는 사람이(없을 이유가 없지 않은가?) 있어 "베이커 광장"에 사람들이 모여든다. 포근한 공기는 아이들의 웃음소리와 함성에 떨리고 있다.

이 중 한 문(예를 들어 "소시민"의 전형적인 주택인 "게이 거리 3호"의 문)을 밀고 들어가면 뜻밖의 기쁨이 우리를 기다리고 있다. 집은 서늘하고 안락하며 밖에서 예상했던 것보다 크다. 두세 계단을 내려가(거리의 높이가 해를 거듭할수록 높아졌기 때문이다), 항아리가 갖추어진 아주 작은 현관에서 발을 씻고, 악운을 막아 주는 훔바바(후와와)의 가면으로 둘러싸인 또 하나의 문을 지난 후 마당으로 들어간다. 마당은 포장되어 있고 그 가운데에는 배수관이 열려 있다. 따라서 마당은 물을 많이 부어 씻을 수 있고 폭우가 내려도 침수되지 않는다. 건물 벽은 흙 반죽을 바르고 회를 칠했지만, 윗부분은 말린 벽돌로 되어 있고 상인방까지 이르는 아랫부분은 구운 벽돌을 진흙 반죽으로 세심하게 이어 붙였음을 알 수 있다. 나무 기둥이 떠받치고 있는 발코니가 마당을 둘러싸면서 이 마당을 두 층으로 나뉘고 있다. 위층에는 주인 가족이 살고 1층은 아랫사람과 방문객이 사용한다. 1층에 있는 어느 방에는 이중 화덕과 항아리, 사발, 접시, 냄비, 맷돌 등의 용품이 가득 들어차 있어서 이곳이 부엌임을 알 수 있다.[38] 한 여자가 부엌일을 맡아서 한다. 비록 식사가 왕의 세련된 음식과 비교할 수는 없겠지만 그렇다고 우리가 흔히 떠올리는 희멀건 죽과 비교할 수 없음은 분명하다. 또한 1층에는 하인들의 방, 창고, 화장실을 겸한 욕실도 있다. 마당 깊숙한 곳에는 손님을 맞이하는 긴 사각형 방이 있었는데, 이 방은 터키와 아랍의 오래된 집에 있는 디완 *diwan*에 해당한다. 오늘날 2층이 사라지면서 함께 사라진 가구류 중에는 나무나 엮은 갈대로 만든 보관함과 탁자와 의자, 양털 매트리스에 가죽 천을 입힌 침대, 그리고 방석, 양탄자, 돗자리 등이 있다.[39] 기름등잔으로 불을 밝히고 겨울에는 화로로 난방을 한다.

이런 유형의 집은 바그다드, 알레포, 혹은 다마스쿠스의 오래된 구역을 방문했던 사람이라면 누구나 잘 알고 있을 것이다. 근동 지방의 기후와 풍습에 완벽하게 적응된 이런 집은 수천 년 동안 변하지 않고 남아 있었던 것이다. 그러나 우르에 있는 여러 주택에서는 오래전에 사라져 버린 부속건물이 발견된다. 어떤 부속건물의 바닥 아래에는 둥글게 만든 (때로는 여러 개의) 무덤이 발견된다. 가족 중 성인이 "자기 운명을 향해 가게 됨"에 따라 이곳에 매장되었고 어린아이들은 항아리 안에 별도로 매장되었다. 다른 부속건물에는 제단을 갖춘 특별한 방과 일종의 막힌 벽난로(향을 피우는 용도?)가 있었다. 이 방은 "개인 신"을 섬기는 가정의 신당으로 해석되었다. 이 해석이 정확하다면 당시에 대중 종교가 번성했다는 가설에 힘을 실어 주는 논거가 된다.

이 집들에서 발견된 물건, 토판, 그리고 시설은 집주인의 직업에 관해 값진 정보를 제공해 준다. 예를 들어, "가게 거리Store Street 3호"의 바닥에서 발굴된 회반죽을 입힌 2미터 깊이의 큰 통 내벽에는 여전히 곡식 알갱이가 붙어 있었는데, 이것을 근거로 주인이 보리를 파는 상인이었음을 추측해 볼 수 있다. "옛 거리Old Street 1호"에는 에아-나시르라는 사람이 살았다. 그의 토판을 보면 그의 주된 활동은 딜문에 가서 구리를 사오는 것이었는데, 대부분 공적인 업무였던 것 같다. "넓은 거리Broad Street 1호"에는 이그밀-신이라는 사제 또는 서기관이 살고 있었다. 그는 자기 집을 학교로 개조했는데, 바닥에 놓여 있는 약 200점의 토판을 보면 그가 종교적 토판과 역사적 토판을 받아쓰게 했으며 산수도 가르쳤음을 알 수 있다. 신전과 궁전 외에 개인이 어느 정도 운영권을 가진 학교가 존재했음을 확인해 준다. 이 외의 다른 문서들에도 이런 학교에 관한 흥미롭고 재미있는 내용이 나온다. 이것들을 보면 수업 시간, 과제, "산책", 그리고 학생들에게 내린 몽둥이 체벌에 관해 알 수 있을 뿐만 아니라, 자기 아들이 더 좋은 점수를 받도록 하려고 일부 아버지들이 선생에게 다소 비밀스럽게 압력을 가했다는 사실도 발견하게 된다.[40]

우리가 방금 묘사한 구역은 (우르 전체도 마찬가지다) 기원전 1850년경에 건설되었으며, 라르사의 림-신(기원전 1822~1763년)의 통치기에 번영의 절정에 이른 것 같다. 고고학자들에 따르면 이곳은 함무라비의 라르사 정복 이후 빈곤 단계로 진입했다. 이러한 쇠퇴는, 그나마 남아있던 바레인(딜문)의 중계를 통한 마간의 구리 수입을 포함해 아랍-페르시아 만 지방과의 교역이 전면적으로 중단되었기 때문이라고밖에 설명할 길이 없다.[41] 이 교역이 왜 중단되었는지는 알 수 없지만, 가장 그럴듯한 가설은 함무라비가 북부 시리아의 중개로 아나톨리아나 키프로스에서 구리를 들여왔기 때문이라는 것이다. 이처럼, 바빌론의 정복은 메소포타미아 최남단에 평화를 안겨주었지만 동시에 이 지역을 황폐화하기도 했다. 이 평화마저도 그다지 오래가지 못하고 기껏해야 20여 년밖에 이어지지 못했다. 함무라비의 죽음 이후 그 어느 때보다 치열한 전쟁이 다시 확산되고 예전부터 큰 항구였던 우르는 엄청난 타격을 받았던 것이다. 그러나 이런 순전히 지역적인 전쟁은 머지않아 닥칠 정치적 격변에 비하면 상대적으로 부차적인 사소한 사건이었다. 이 격변은 메소포타미아뿐만 아니라 근동 전체에 영향을 미치게 될 것인데, 이에 관해 이해하기 위해서는 여섯 세기 정도를 거슬러 올라가야만 한다.

❙ 약어 목록 ❙

AAA	*Annals of Archaeology and Anthropology*, Liverpool.
AA(A)S	*Annales archéologiques (arabes) de Syrie*, Damascus.
AAO	H. Frankfort, *The Art and Architecture of the Ancient Orient*, Harmondsworth, 1954.
AASOR	*Annual of the American Schools of Oriental Research*, New Haven, Conn.
ABC	A. K. Grayson, *Assyrian and Babylonian Chronicles*, Locust Valley, N.Y., 1975.
ABL	R. F. Harper, *Assyrian and Babylonian Letters*, London/ Chicago, 1892~1914.
AfO	*Archiv für Orientforschung*, Graz.
AJA	*American Journal of Archaeology*, New Haven, Conn.
AJSL	*American Journal of Semitic Languages and Literature*, Chicago.
AM	A. Parrot, *Archéologie mésopotamienne*, Paris, 1946~1953.
ANET[3]	J. B. Pritchard (Ed.), *Ancient Near Eastern Texts Relating to the Old Testament*, Princeton, N.J., 1969, 3rd ed.
Annuaire	*Annuaire de l'Ecole pratique des Hautes Etudes: Sciences historiques et philologiques*, Paris.
AOAT	*Alte Orient und Altes Testament* (series), Neukirchen-Vluyn.
ARAB	D. D. Luckenbill, *Ancient Records of Assyria and Babylonia*, Chicago, 1926~1927.
ARI	A. K. Grayson, *Assyrian Royal Inscriptions*, Wiesbaden, 1972~1976.
ARMT	*Archives royales de Mari*, traductions, Paris, 1950~.
BaM	*Baghdader Mitteilungen*, Berlin.

BASOR	*Bulletin of the American Schools of Oriental Research*, New Haven, Conn.
BBS	L. W. King, *Babylonian Boundary Stones*, London, 1912.
Bi. Or.	*Bibliotheca Orientalis*, Leiden.
Bo. Stu.	*Boghazköy Studien*, Leipzig.
CAH^3	*Cambridge Ancient History*, Cambridge, 3rd ed.
EA	J. A. Knudzton, *Die El-Amarna Tafeln*, Leipzig, 1915.
HCS^2	S. N. Kramer, *L'Histoire commence à Sumer*, Paris, 1975, 2nd ed.
IRSA	E. Sollberger and J. R. Kupper, *Inscriptions royales sumériennes et akkadiennes*, Paris, 1971.
JAOS	*Journal of the American Oriental Society*, New Haven, Conn.
JCS	*Journal of Cuneiform Studies*, Cambridge, Mass.
JESHO	*Journal of the Economic and Social History of the Orient*, Leiden.
JNES	*Journal of Near Eastern Studies*, Chicago.
JRAS	*Journal of the Royal Asiatic Society*, London.
JSS	*Journal of Semitic Studies*, Manchester.
King, *Chronicles*	L. W. King, *Chronicles concerning Early Babylonian Kings*, London, 1907.
MAOG	*Mitteilungen der Altorientalischen Gesellschaft*, Leipzig.
MARI	*Mari: Annales de recherches interdisciplinaires*, Paris.
MDOG	*Mitteilungen der deutschen Orient-Gesellschaft*, Leipzig, then Berlin.
MDP	*Mémoires de la délégation en Perse*, Paris.
MVAG	*Mitteilungen der vorderasiatisch-ägyptischen Gesellschaft*, Berlin.
NBK	S. Langdon, *Die neubabylonischen Königsinschriften*, Leipzig, 1912.
OIC	*Oriental Institute Communications*, Chicago.

OIP	*Oriental Institute Publications*, Chicago.
PKB	J. A. Brinkman, *A Political History of Post-Kassite Babylonia*, Rome, 1968.
POA	P. Garelli and V. Nikiprowetzky, *Le Proche-Orient asiatique*, Paris, 1969~1974.
PSBA	*Proceedings of the Society of Biblical Archaeology*, London.
RA	*Revue d'assyriologie et d'archéologie orientales*, Paris.
RAI	*Rencontre assyriologique internationale*
RB	*Revue biblique*, Jerusalem/Paris.
Religions	R. Labat, A. Caquot, N. Sznycer, M. Vieyra, *Les Religions du Proche-Orient asiatique*, Paris, 1970.
RGTC	*Répertoire géographique des textes cunéiformes*, Wiesbaden, 1974~.
RHA	*Revue hittite et asiatique*, Paris.
RIM	*Royal Inscriptions of Mesopotamia*, Toronto.
RIMA	*Royal Inscriptions of Mesopotamia: Assyrian Periods*, Toronto.
RISA	G. A. Barton, *The Royal Inscriptions of Sumer and Akkad*, New Haven, Conn., 1929.
RLA	*Reallexikon der Assyriologie*, Berlin, 1937~1939, 1957~.
SAA	*State Archives of Assyria*, Helsinki.
SKL	T. Jacobsen, *The Sumerian King List*, Chicago, 1939.
UE	*Ur Excavations*, London, 1927~.
UET	*Ur Excavations Texts*, London, 1928~.
UVB	*Uruk Vorlaüfige Berichte* (= *Vorlaüfiger Berichte über die... Ausgrabungen in Uruk-Warka*), Berlin, 1930~.
VDI	*Vestnik Drevney Istorii* (*Journal of Ancient History*), Moscow.
Wiseman, *Chronicles*	D. J. Wiseman, *Chronicles of Chaldaean Kings*, London, 1956.
WVDOG	*Wissenschaftliche Veröffentlichungen der Deutschen Orient-*

Gesellschaft, Leipzig, then Berlin.

ZA *Zeitschrift für Assyriologie*, Berlin. 달리 언급이 없는 경우 여기에 인용된 간행본은 새로운 총서(Neue Folge)에 속한다.

ZZB D. O. Edzard, *Die zweite Zwischenzeit Babyloniens*. Wiesbaden, 1957.

▌미주▌

1장

1 메소포타미아의 자연지리학에 관한 종합적 연구가 없으므로 일반 지리에 관한 전반적인 개론이나 W. B. Fisher의 저서 *The Middle East*, London, 1978, 7th ed.을 참조하라. 역사지리학에 관해서는 1977년부터 출판되고 있는 *Tübinger Atlas des Vorderen Orients*, Wiesbaden의 부록 총서 *Répertoire géographique des textes cunéiformes* (RGTC)을 참조할 수 있다. M. Roaf, *Atlas de la Mésopotamie et du Proche-Orient Ancien*, Brepols, 1991은 뛰어난 책이며 아주 유용하다.

2 동물상(動物相)에 관해서는 E. Douglas Van Buren, *The Fauna of Ancient Mesopotamia as represented in Art*, Rome, 1939; B. Landsberger, *The Fauna of Ancient Mesopotamia*, Rome, 1960 (문헌학적 연구); F. S. Bodenheimer, *Animal and Man in Bible Lands*, Leiden, 1960; B. Brentjes, *Wildtier un Haustier im alten Orient*, Berlin, 1962를 보라. 식물상(植物相)에 관해서는 R. Campbell Thompson, *A Dictionary of Assyrian Botany*, London, 1949 (문헌학적 연구); M. Zohari, *Geobotanical Foundations of the Middle East*, 2 vols., Stuttgart, 1973; E. Guest *et al.*, *Flora of Iraq*, Baghdad, 1966; M. B. Rowton, "The woodlands of ancient western Asia," *JNES*, 26, 1967, pp. 261~277을 보라.

3 K. W. Butzer, *Quarternary Stratigraphy and Climate of the Near East*, Bonn, 1958; *CAH*[3], I, 1, pp. 35~62; J. S. Sawyer (Ed.), *World Climate from 8000 to 0 B.C.*, London, 1966; W. Nützel, "The climate changes of Mesopotamia and bordering areas, 14000 to 2000 B.C.," *Sumer*, 32, 1976, pp. 11~24; W. C. Brice (Ed.), *The Environmental History of the Near and Middle East since the last Ice Age*, New York/London, 1978.

4 이 이름과 시대에 따른 의미에 관해서는 J. J. Finkelstein, "Mesopotamia," *JNES*, 21, 1962, pp. 73~92를 보라.

5 Herodotus, II, 5. 이 구절을 쓴 사람은 실제로는 밀레토스의 헤카테우스였을 것이다.

6 기원후 1세기에 대(大)플리니우스의 *Natural History*, VI, 31, 13에서 윤곽이 드러나는 이 이론은 J. de Morgna의 *MDP*, 1, 1900, pp. 4~48에서 체계화되었다.

7 G. M. Lees and N. L. Falcon, "The geographical history of the Mesopotamian plains," *Geographical Journal*, 118, 1952, pp. 24~39. 이 문제에 관한 최근 자료는

C. E. Larsen, "The Mesopotamian delta region: a reconstruction of Lees and Falcon," *JAOS*, 45, 1975, pp. 43~47에 수집되어 있다.

8 M. Sarnthein, "Sediments and history of the post-glacial transgression of the Persian Gulf and north-west Gulf of Oman," *Marine Geology*, 12, Amsterdam, 1971; W. Nützel, "The formation of the Arabian Gulf from 14000 B.C.," *Sumer*, 31, 1975, pp. 101~109.

9 G. Roux, "Recently discovered ancient sites in the Hammar Lake district," *Sumer*, 16, 1960, pp. 20~31.

10 T. Jacobsen, "The water of Ur," *Iraq*, 22, 1960, pp. 174~185에 나오는 지도. 이 주제는 R. C. McC. Adams, *Heartland of Cities*, Chicago, 1981, pp. 1~26에서 자세히 다루어진다.

11 P. Buringh, "Living conditions in the lower Mesopotamian plain in ancient times," *Sumer*, 13, 1957, pp. 30~46; R. C. McC. Adams, "Historic patterns of Mesopotamian agriculture," in T. E. Downing and McC. Gibson, *Irrigation's Impact on Society*, Tucson, Ariz., 1974, pp. 1~6.

12 T. Jacobsen and R. C. McC. Adams, "Salt and silt in ancient Mesopotamia," *Science*, 128, 1958, 1251~1258. 기원전 18세기의 휴경 중단에 관해서는 15장, 미주 6을 보라.

13 M. Ionides, *The Regime of the Rivers Euphrates and Tigris*, London, 1939.

14 S. N. Kramer, *The Sumerians*, Chicago, 1963, pp. 105~109; pp. 340~342; *HCS*^{2}, pp. 88~90.

15 이 문제에 관한 세부 사항으로는 J.-L. Huot, *Les Sumérien*, Paris, 1989, pp. 91~98을 보라.

16 V. H. Dawson, *Dates and Date Cultivation in Iraq*, Cambridge, 1923; B. Landsberger, *The Date-Palm and its By-Products according to Cuneiform Sources*, Graz, 1967; D. Coquerillat, *Palmeraies et Cultures de l'Eanna d'Uruk*, Berlin, 1968.

17 J. Laessøe, "Reflections on modern and ancient oriental waterworks," *JCS*, 7, 1953, pp. 5~26; M. S. Drawer, "Water supply, irrigation and agriculture," in C. Singer, E. J. Holmyard and A. R. Hall (Ed.), *A History of Technology*, London, 1955.

18 R. Ellison, "Diet in Mesopotamia," *Iraq*, 43, 1981, pp. 35~43에 따르면 메소포타미아 여러 시대의 영양 섭취는 하루 평균 3495칼로리에 이르렀다.

19 C. P. Grant, *The Syrian Desert*, London, 1937.

20 이 지역의 훌륭한 지리 연구로는 L. Dilleman, *La Haute Mésopotamie orientale*, Paris, 1962, pp. 1~128이 있다.

[21] 이 지역에 관해서는 A. M. Hamilton, R*oad through Kurdistan*, London, 1958, 2nd ed.; R. J. Braidwood and B. Howe, *Prehistoric Investigations in Iraqi Kurdistan*, Chicago, 1960, pp. 12~17을 보라.

[22] W. Thesiger, "The marshmen of southern Iraq," *Geographical Journal*, 120, 1954, pp. 272~281; *The Marsh Arabs*, London, 1964.

[23] 최근 지구화학자인 J. Connan과 그의 "아키텐의 요정" 연구진은 크로마토그래피 분석법을 개발함으로써 고고학적 역청의 기원을 확인하는 것을 가능하게 해 주었다. 예를 들어 그들은 미이라의 향에 들어 있는 역청이 사해에서 온 것인지 메소포타미아(히트 지방)에서 온 것인지 증명할 수 있었다. 중요한 전문 자료. *La Recherche* (Paris), 229, 1991, pp. 152~159; 238, 1991, pp. 1503~1504에 있는 개관.

[24] 메소포타미아의 외부 교역 관련: A. L. Oppenheim, "The seafaring merchants of Ur," *JAOS*, 74, 1954, pp. 6~17; W. F. Leemans, *Foreign Trade in the Old Babylonian Period*, Leiden, 1960; K. Polanyi, C. A. Arensberg and H. W. Pearson (Ed.), *Trade and Market in Early Empires*, New York, 1957, pp. 12~26; *Trade in the Ancient Near East*, London, 1977; *Iraq* 39, 1977의 논문 모음.

[25] R. J. Forbes, *Metallurgy in Antiquity*, Leiden, 1950; H. Limet, *Le Travail du métal au pays de Sumer*, Paris, 1960; J. D. Muhly, *Copper and Tin*, Hamden, Conn., 1973; K. R. Maxwell-Hyslop, "Sources of Sumerian gold," *Iraq*, 39, 1977, pp. 84~86.

[26] J. E. Dickson, J. R. Cann and C. Renfrew, "Obsidian and the origin of trade," in *Old World Archaeology*, San Francisco, 1972, pp. 80~88; G. Hermann, "Lapis-lazulli: the early phases of its trade," *Iraq*, 30, 1968, pp. 21~57.

[27] 이 도로들과 관련해서는 다음을 볼 것: J. Lewy, "Studies in the historic geography of the ancient Near East," *Orientalia*, 21, 1952, pp. 1~12; pp. 265~292; pp. 393~425; A. Goetze, "An Old Babylonian itinerary," *JCS*, 7, 1953, pp. 51~72; W. W. Hallo, "The road to Emar," *JCS*, 18, 1964, pp. 57~88; D. O. Edzard and G. Franz-Szabo, "Itinerare," in *RLA*, V, pp. 216~220. 또한 *RA*, 52, 1958에 있는 L. Le Breton, P. Garelli, T. Jacobsen의 논문들을 보라.

[28] 슈바트-엔릴은 카부르 강 동부 유역에 있는 텔 레일란으로 확실히 확인되었다. 에마르는 프랑스 조사단이 발굴했다: D. Beyer (Ed.), *Méskéné-Emar: dix ans de travaux*, Paris, 1982 (참고 문헌 목록도 함께 있음).

[29] 문서들이 말하는 메소포타미아-딜문-마간-멜루하의 교역 관련: A. L. Oppenheim, 위의 미주 24; I. J. Gelb, "Makkan and Meluhha in early Mesopotamian source," *RA*, 64, 1970, pp. 1~8; E. C. L. During-Caspers, "Harrapan

trade in the Arabian Gulf," *Mesopotamia*, 7, 1972, pp. 167~191; "Coastal Arabia and the Indus valley in protoliterate and Early Dynastic eras," *JESHO*, 22, 1979, pp. 121~135. 최근에 아라비아, 아랍 에미리트, 오만에서 이루어진 발굴에 대한 개관으로는 D. T. Potts의 저서, *The Arabian Gulf in Antiquity*, vol. I, Oxford, 1990 (방대한 참고 문헌)을 보라.

2장

1 진정한 의미의 고고학 서적(주어진 한 지역이나 한 나라의 발굴 결과에 대한 종합 연구)은 무척 드물다. G. Contenau, *Manuel d'archéologie orientale*, Paris, 1927~1947, 4 vols.과 A. Perrot, *Archéologie mésopotamienne*, Paris, 1946~1953, 2 vols.은 시대에 뒤쳐진 것이며 실제로 찾기도 어렵다. Seton Lloyd의 *The Archeology of Mesopotamia*, London, 1978은 우리가 보기에는 너무 간결하다. 반면 메소포타미아의 예술에 관한 저서는 다수이며, 뛰어난 경우도 흔히 있다. 프랑스어 저서로는, A. Parrot, *Sumer*, Paris, 1981, 2nd ed.; *Assur*, Paris, 1969, 2nd ed.; P. Amiet, *L'Art antique du Proche-Orient*, Paris, 1977; J.-Cl. Margueron, *Mésopotamie*, Paris, 1965; L. Laroche, *Merveilles du monde, Moyen-Orient*, Paris, 1979; B. Hrouda, *L'Orient ancien*, Paris, 1991 등이 있고, 영어 저서로는, H. Frankfort, *The Art and Architecture of the Ancient Orient* (약자로 *AAO*), Harmondsworth, 1954; Seton Lloyd, *Art of the Ancient Near East*, London, 1960 등이 있으며, 독일어 저서로는, E. Strommenger and M. Hirmer, *Fünf Jahrtausende Mesopotamien*, München, 1962 (프랑스어 역, *Cinq Millénaires d'art mésopotamien*, Paris, 1964) 등이 있다.

2 쐐기문자 문서에 나오는 아르빌룸 혹은 에르빌룸을 떠올리게 하는 이름을 가진 에르빌(고전 작가들이 아르벨라라 불렀던)과 고대의 아라프하인 키르쿠크 등은 현대 도시가 텔의 꼭대기를 차지하고 있어서 분명한 역사적 흥미가 있음에도 불구하고 발굴되지 못하고 있다.

3 아카드어 단어 틸루에서 온 것이다. 아시리아 왕의 명문에는 "내가 이 도시를 텔(틸루)과 폐허 더미(카르무)로 만들었다"라는 표현이 자주 발견된다.

4 이 방법들에 관해서는, A. Parrot, *AM*, II, pp. 15~78; Sir Mortimer Wheeler, *Archaeology from the Earth*, London, 1956; Seton Lloyd, *Mounds of the Near East*, Edinburgh, 1962를 보라.

5 그러나 자그마한 텔이 거대한 보물을 숨기고 있을 수도 있다. 텔 하르말이 그런 경우였다. 이 텔은 바그다드 근교에 있는 작은 언덕이었는데 당시까지 알려지지

않았던 어떤 "법전"과 아주 흥미로운 많은 문서가 여기서 배출되었다(11장과 22장을 보라). 고고학적 발굴이 점점 더 비용이 많이 들게 되면서 때로 어떤 지역에 대해서는 "청소"라 부를 수 있는 방법이 사용되기도 한다. 이 방법은 벽(혹은 기초)이 보일 때까지 표층만 제거함으로써 신속하고 적은 비용을 들여 일종의 도시 "설계도면"을 확보하고 정말 발굴할 가치가 있는 지역을 식별할 수 있게 해 준다. 북부 이라크에 있는 텔 타야가 이런 경우이다(J. Curtis [Ed.], *Fifty Years of Mesopotamian Discovery*, London, 1982, fig. 57 and 58).

6 M. B. Rowton, *CAH*[3], I, 1, pp. 194~197. 수메르의 발라에 관해서는 10장을 보라. 리무 목록은 A. Ungnad, "Eponymen," *Reallexikon der Assyriologie* (*RLA*), II, pp. 412~457과 *ARAB*, II, pp. 427~439에 있다.

7 이 문서의 개정된 완전한 목록은 D. O. Edzard and A. K. Grayson, "Königlisten und Chroniken," *RLA*, VI, pp. 77~135에 있다.

8 *ANET*[3], pp. 269~271.

9 *ANET*[3], p. 271.

10 *RLA*, II, pp. 428~429; *ARAB*, II, p. 433.

11 T. Jacobsen, *The Sumerian King List*, Chicago, 1939. 그 이후 출간된 단편에 관한 서지 사항은 *ABC*, p. 269에 있다.

12 F. Schmidtke, *Der Aufbau der babylonischen Chronologie*, Münster, 1952. 프톨레마이오스 연대기는 S. M. Burstein, *The Babyloniaca of Berosus*, Malibu, Calif., 1978, p. 180에 수록되어 있다.

13 *AM*, II, pp. 332~438에 나와 있는 A. Parrot의 요약을 보라.

14 Sidney Smith, *Alalakh and Chronology*, London, 1940에서 제안한 연대.

15 아카드 왕조 이후로 우리가 사용하는 연대는 A. L. Oppenheim, *Ancient Mesopotamia*, Chicago, 1964, pp. 335~352에 있는 J. A. Brinkmann의 연대이다. 고대 왕조 시대에 관해서는 R. W. Ehrich (Ed.), *Chronologies in Old World Archaeology*, Chicago, 1965, pp. 167~179에서 제안한 연대를 채택했다.

16 W. F. Libby, *Radio-Carbon Dating*, Chicago, 1955. 이 방법의 기술, 한계, 문제점에 관한 세부 사항은 C. Renfrew, *Before Civilization*, Harmondsworth, 1976, pp. 53~92; pp. 280~294에 나와 있다. 근동 지방의 상대 연대 목록은 P. Singh, *Neolithic Cultures of Western Asia,* London and New York, 1974, pp. 221~227; J. Mellaart, *The Neolithic of the Near East*, London, 1975, pp. 283~289; D. and J. Oates, *The Rise of Civilization*, Oxford, 1976, 부록에 나온다.

17 이 방법들과 방사성 탄소 측정법에 관한 핵심 내용은 *Dossiers de l'archéologie*, Fontaine-lès-Dijon, 39, 1979, pp. 46~81에 나온다.

18 S. A. Pallis, *Early Exploration in Mesopotamia*, Copenhagen, 1954. 또한 *AM*, I,

pp. 13~168을 보라. 여기에 인용된 여러 유적에 대한 참고 문헌은 본문에서 이 유적들에 대해 언급할 때 해당 주석에 기록될 것이다.

19 Xenophon, *Anabasis*, III, 4; Strabo, *Geographica*, XVI, 5.

20 메소포타미아 고고학을 개척한 이 사람들의 영웅담이 Seton Lloyd, *Foundations in the Dust*, London, 1980에 놀랄 만큼 잘 기록되어 있다.

21 쐐기문자 해독의 역사에 관해서는 C. Bermant and M. Weitzman, *Ebla, an Archaeological Enigma*, London, 1979, pp. 70~123; B. André-Leicknam, "Le déchiffrement du cunéiforme," in *Naissance de l'Ecriture*, ouvrage collectif (Exposition au Grand Palais en 1982), Paris, 1979, pp. 360~368; C. B. F. Walker, *Reading the Past Cuneiform*, London, 1987, pp. 48~52; J. Bottéro and M. J. Stève, *Il était une fois la Mésopotamie*, Paris, 1993, pp. 13~59를 보라.

22 S. N. Kramer, *The Sumerians*, Chicago, 1963, p. 15.

23 종합 연구서인 J. C. Margueron (Ed.), *Le Moyen Euphrate*, Leiden, 1980을 제외하면 이 여러 발굴은 각각 여러 논문과 저서에서 독립적으로 발표되었다. J. N. Postgate는 London에서 출판된 학술지 *Iraq*에서 "Excavation"이라는 표제하에 결과를 요약해 주었다.

3장

1 H. Field, *Ancient and Modern Man in Southwestern Asia*, Coral Gables, Calif., 1956.

2 R. J. Braidwood and B. Howe, *Prehistoric Investigations in Iraqi Kurdistan*, Chicago, 1960.

3 R. Solecki, *Shanidar, the Humanity of Neanderthal Man*, London, 1971.

4 H. E. Wright Jr., "Geologic aspects of the archaeology of Iraq," *Sumer*, 11, 1955, pp. 83~90; "Climate and prehistoric man in the eastern Mediterranean," in Braidwood and Howe, *op. cit.*, pp. 88~97.

5 M. L. Inizan, "Des indices acheuléens sur les bords du Tigre, dans le nord de l'Iraq," *Paléorient*, 11, 1985, pp. 101~102.

6 Naji el-'Asil, "Barda Balka," *Sumer*, 5, 1949, pp. 205~206; H. E. Wright Jr. and B. Howe, "Preliminary report on soundings at Barda Balka," *Sumer*, 7, 1951, pp. 107~110; Braidwood and Howe, *op. cit.*, pp. 31~32, pp. 61~62, pp. 164~165.

7 D. A. E. Garrod, "The Palaeolithic in Southern Kurdistan: excavations in the caves of Zarzi and Hazar Merd," *American School of Prehistoric Research*, Bulletin 6,

New Haven, 1930.

[8] *Sumer*, 8 (1952)부터 17 (1961)까지 나오는 예비 보고서. 또한 R. Solecki, "Prehistory in Shanidar valley, northern Iraq," *Science*, 139, 1963, pp. 179~193과 위의 미주 3에 인용된 저서를 보라.

[9] E. Trinkhaus, "An inventory of the Neanderthal remains from Shanidar Cave, northern Iraq," *Sumer*, 23, 1977, pp. 9~47; G. Kurth, "Les restes humains wûrmiens du gisement de Shanidar, N-E Iraq" *Anthropologie*, 64, 1980, pp. 36~63.

[10] A. Leroi-Gourhan, "The flowers found with Shanidar V, a Neanderthal burial in Iraq," *Science*, 190, 1975, pp. 562~564.

[11] D. Perkins Jr., "Prehistoric fauna from Shanidar," *Science*, 144, 1964, pp. 1565~1566; R. Solecki, *Science*, 139, 1963, pp. 184~185.

[12] D. A. E. Garrod, *op. cit.*, 위의 미주 7; Braidwood and Howe, *op. cit.*, pp. 57~60.

[13] K. V. Flannery, "Origin and ecological effects of early domestication in Iran and the Near East," in P. J. Ucko and G. W. Dimbleby (Ed.), *The Domestication and Exploitation of Plants and Animals*, London, 1969, pp. 73~100.

[14] 근동 지방의 중석기와 신석기에 관한 주요 저서로는 2장 미주 16에 인용된 P. Singh, J. Mellaart, D. and J. Oates의 책들이 있다. 간결하지만 아주 정확한 요약으로 J.-P. Grégoire, "L'origine et le développement de la civilisation mésopotamienne du IIIe millénaire avant notre ère," in *Production, Pouvoire et Parenté dans le monde méditerranéen*, Paris, 1981, pp. 27~101을 보라.

[15] R. Solecki, *An Early Village Site at Zawi Chemi Shanidar*, Malibu, Calif., 1980.

[16] D. Ferembach, "Étude anthropologique des ossements humains protonéolitiques de Zawi Chemi Shanidar (Irak)," *Sumer*, 26, 1970, pp. 21~64.

[17] Braidwood and Howe, *op. cit.*, pp. 27~28, 50~52.

[18] M. Van Loon, "The Oriental Institute excavations at Mureybit, Syria," *JNES*, 27, 1968, pp. 264~290; J. Cauvin, *Les Premiers Villages de Syrie-Palestine du IXe au VIIe millénaire avant J.-C.*, Lyon/Paris, 1978; "Les fouilles de Mureybet (1971~1974) et leur signfication pour les origines de la sédentarisation au Proche-Orient," *AASOR*, 24, 1979; O. Aurenche, in J.-Cl. Margueron (Ed.), *Le Moyen Euphrate*, Strassbourg, 1980, pp. 33~53.

[19] J. Mellaart, *The Neolithic of the Near East*, London, 1975, pp. 46~47.

[20] F. Hole, K. V. Flannery, J. A. Neely and H. Helbaek, *Prehistory and Human Ecology in the Deh Luran Plain: an Early Village Sequence from Khuzistan, Iran*, Ann Arbor, 1969.

[21] V. G. Childe, *New Light on the Most Ancient East*, London, 1952, 2nd ed., p.

23.

22 Braidwood and Howe, *op. cit.*, pp. 26, 38~50, 63~66, 170~173, 184.

23 P. Mortensen, *Tell Shimshara: The Hassuna Period*, Copenhagen, 1970.

24 근동 지방의 흑요석 주산지 두 곳, 즉 아나톨리아(아지괼, 치프트리크)와 아르메니아(넴루드 다그, 빙괼)는 분광 분석으로 구분할 수 있다. Cf. J. E. Dickson, J. R. Cann and C. Renfrew in *Old World Archaeology*, San Francisco, 1972, pp. 80~88.

25 R. M. Munchaev, N. Y. Merpert, N. D. Bader, "Archaeological studies in the Sinjar valley, 1980," *Sumer*, 43, 1984, pp. 32~53.

26 D. Schmandt-Besserat, "The use of clay before pottery in the Zagros," *Expedition*, 16, 1974, pp. 11~17.

27 J. R. Harlan and D. Zohary, "Distribution of wild wheat and barley," *Science*, 153, 1966, pp. 1075~1080; J. R. Harlan, "A wild harvest in Turkey," *Archaeology*, 20, 1967, pp. 197~201.

28 M. Van Zeist, *Science*, 140, 1963, pp. 65~69에서는 자그로스 산맥 동사면에 있는 제리바르 호수의 꽃가루 연구로 이곳이 기원전 11000년경 황량한 초원의 환경이었으며 그 이후에 떡갈나무와 피스타치오 숲이 되었다는 결론에 이르렀다. 그러나 이 결과를 자그로스 산맥 서사면에 확대 적용하거나 심지어 근동 지방의 나머지 지역에까지 적용하는 것은 위험천만한 일일 것이다.

29 L. R. Binford, "Post-Pleistocene adaptations," in S. R. and L. R. Binford (Ed.), *New Perspectives in Archaeology*, Chicago, 1968, pp. 313~342.

30 이 주제에 관해서는 J. Cauvin, *Les Premiers Villages...*, *op. cit.*, pp. 139~142에 나오는 관련된 지적을 보라.

4장

1 Seton Lloyd and Fuad Safar, "Tell Hassuna," *JNES*, 4, 1945, pp. 255~289.

2 T. Dabbagh, "Hassunan pottery," *Sumer*, 21, 1965, pp. 93~111.

3 M. E. L. Mallowan, "The prehistoric sondage at Nineveh, 1931~32," *AAA*, 20, 1933, pp. 71~186.

4 R. J. and L. Braidwood, J. C. Smith and C. Leslie, "Matarrah, a southern variant of the Hassunan assemblage," *JNES*, 11, 1952, pp. 1~75.

5 위의 3장 미주 23을 보라.

6 1969년부터 러시아 탐사단이 발굴했다. 1973년까지 나온 결과에 대한 개관으로,

N. Y. Merpert and R. M. Munchaev, "Early agricultural settlements in the Sinjar plain, northern Iraq," *Iraq*, 35, 1973, pp. 93~113; "The earliest levels at Yarim Tepe 1 and Yarim Tepe 2 in northern Iraq," *Iraq*, 46, 1987, pp. 1~36을 보라.

7 D. Kirkbride가 *Iraq*, 34 (1972)부터 37 (1975)까지 쓴 예비 보고서. 또한 D. Kirkbride, "Umm Dabaghiyah," in J. Curtis (Ed.), *Fifty Years of Mesopotamian Discovery*, London, 1982, pp. 11~21을 보라.

8 러시아 야림 테페 발굴단이 발굴했다. 요약은 *Iraq*, 35, 1973, p. 203; 37, 1975, p. 66; 38, 1976, p. 78; 39, 1977, pp. 319~320에 있다.

9 1956년부터 1965년까지 지속되다가 중단된 후 1976년에 재개된 일본의 발굴. 예비 보고서는 *Sumer*, 12 (1957)부터 22 (1966)까지, 그리고 33 (1977)에 있다. 최종 간행물은 N. Egami *et al.*, *Tulul eth-Thalathat*, Tokyo, 1959~1974, 3 vols.이다.

10 H. de Contenson and W. J. Van Liere, "Premier sondage à Bouqras," *AAAS*, 16, 1966, pp. 181~192; P. A. Akkermans, H. Fokkens and H. Waterbolk, "Stratigraphy, architecture and layout of Bouqras," in J. Cauvin and P. Sanlaville (Ed.), *Préhistoire du Levant*, Paris, 1981, pp. 485~501.

11 H. Herzfeld, *Die Ausgrabungen von Samarra*, V, Berlin, 1930.

12 *Sumer*, 21 (1965)부터 26 (1970)에 있는 B. Abu es-Soof, K. A. el-'Adami, G. Wahida and W. Yasin의 예비 보고서. 농업에 관해서는 H. Helbaek, "Early Hassunan vegetable food at es-Sawwan, near Samarra," *Sumer*, 20, 1964, pp. 45~48을 보라. 결과에 대한 개관은 J. Mellaart, *The Neolithic of the Near East*, London, 1975, pp. 149~155에 나온다. C. Bréniquet의 비평적 검토, "Tell es-Sawwan, réalités et problèmes," *Iraq*, 53, 1991, pp. 75~90.

13 J. Oates, "The baked clay figurines from Tell es-Sawwan," *Iraq*, 28, 1966, pp. 146~153. Cf. A. Parrot, *Sumer*, 2nd ed., fig. 115~118.

14 R. du Mesnil du Buisson, *Baghouz, l'ancienne Corsôtê*, Leiden, 1948; R. J. and L. Braidwood, J. G. Smith, and C. Leslie, "New chalcolithic material of Samarran type and its implication," *JNES*, 3, 1944, pp. 47~72.

15 *Sumer*, 22, 1966, pp. 51~58; 25, 1969, pp. 133~137; *Iraq*, 31, 1969, pp. 115~152; 34, 1972, pp. 49~53에 있는 J. Oates의 예비 보고서. 같은 저자의 "Choga Mami," in *Fifty Years of Mesopotamian Discovery*, pp. 22~29. D. and J. Oates, *The Rise of Civilization*, London, pp. 62~68에는 무척 아름다운 사진들이 있다.

16 M. Freiherr von Oppenheim, *Der Tell Halaf*, Leipzig, 1931; *Tell Halaf*, I, *Die prähistorischen Funde*, Berlin, 1943.

17 M. E. L. Mallowan and C. Rose, "Prehistoric Assyria: the excavations at Tall Arpachiyah, 1933," *Iraq*, 2, 1935, pp. 1~78; M. E. L. Mallowan, *Twenty-five Years*

of Mesopotamian Discovery, London, 1968, pp. 1~11; J. Curtis, "Arpachiyah," in *Fifty Years...*, *op. cit.*, pp. 30~36.

18 M. E. L. Mallowan, "The excavations at Tall Chagar Bazar and an archaeological survey of the Habur region," *Iraq*, 3, 1936, pp. 1~86; 4, 1937, pp. 91~117; *Twenty-five Years...*, *op. cit.*, pp. 12~23; J. Curtis, "Chagar Bazar," in *Fifty Years...*, *op. cit.*, pp. 79~85.

19 A. Speiser and A. J. Tobler, *Excavations at Tepe Gawra*, Philadelphia, 1935~1950, 2 vols.

20 M. E. L. Mallowan, *Twenty-five Years of Mesopotamian Discovery*, pp. 39~41 and fig. 16.

21 J. Mellaart, *Earliest Civilizations of the Near East*, London, 1965, pp. 94~97 and fig. 80, 84~86.

22 T. E. Davidson and H. McKerrell, "The neutron activation analysis of Halaf and 'Ubaid pottery from Tell Arpachiyah and Tepe Gawra," *Iraq*, 42, 1980, pp. 155~167.

23 H. R. Hall and C. L. Woolley, *Al-'Ubaid* (*UE* I), London, 1927.

24 Fuad Safar, Mohammed Ali Mustafa and Seton Lloyd, *Eridu*, Baghdad, 1982.

25 J. Mellaart, *The Neolithic of the Near East*, pp. 170~172; D. and J. Oates, *The Rise of Civilization*, p. 122.

26 라르사와 같은 시기에 프랑스 탐사단이 발굴한 텔 엘-오우에일리에 관해서는 J.-L. Huot *et al.*, *Larsa et Oueili: Rapport préliminaire*, Paris, 1983을 보라. 이라크의 텔 아바다 발굴에 관해서는 Sabah Abboud Jasim, "Excavations at Tell Abada, a preliminary report," *Iraq*, 45, 1983, pp. 165~185를 보라.

27 H. Lenzen, *UVB*, 9, 1938, pp. 37f.; 11, 1940, pp. 26f.; C. Ziegler, *Die Keramik von der Qal'a Haggi Mohammed*, Berlin, 1953.

28 D. Stronach, "Excavations at Ras al-'Amiyah," *Iraq*, 23, 1961, pp. 95~137; "Ras al 'Amiya," in *Fifty Years...*, *op. cit.*, pp. 37~39.

29 D. T. Potts, *The Arabian Gulf in Antiquity*, vol. I, Oxford, 1990, pp. 56~58.

30 Y. Calvet, "La phase Oueili de l'époque d'Obeid," in J. L. Huot (Ed.), *Préhistoire de la Mésopotamie*, Paris, 1987, pp. 129~139.

31 J. Oates, "Ur and Eridu, the prehistory," *Iraq*, 22, 1960, pp. 35~50; M. E. L. Mallowan, *CAH*[3] I, 1, pp. 327~328.

32 주요한 "조사" 결과가 R. C. McC. Adams, *Land behind Baghdad: a History of Settlement on the Diyala Plains*, Chicago, 1965; R. C. McC Adams and H. J. Nissen, *The Uruk Countryside*, Chicago, 1972; McG. Gibson, *The City and Area*

of Kish, Miami, 1972에 출간되었다. 이 작업에 관한 뛰어난 분석 연구와 종합 연구로 R. C. McC. Adams, *Heartland of Cities*, Chicago, 1981이 있다.

5장

1 하부 메소포타미아의 도시화에 관해서만 다룬 주요 연구로는 R. C. McC Adams, J. Oates and T. Young in P. P. Ucko, R. Tringham and G. W. Dimbleby (Ed.), *Man, Settlement and Urbanism*, London, 1972를 들 수 있다. 또한 F. Hole, "Investigating the origins of Mesopotamian civilization," *Science*, 153, 1966, pp. 605~611; M. B. Rowton, *The Role of Watercourses in the Growth of Mesopotamian Civilization* (*AOAT*, I), Neukirchen-Vluyn, 1969; McG. Gibson, "Population shift and the rise of Mesopotamian civilization," in C. Renfrew (Ed.), *The Explanation of Cultural Changes: Models in Prehistory*, London, 1973을 보라. 더불어 H. J. Nissen, *Grundzüge einer Geschichte der Frühzeit des vorderen Orients*, Darmstadt, 1983을 보라.

2 이 이론은 우루크 시대에 하부 메소포타미아의 북부에서 남부로 주거 밀집 지역이 이동했고 (R. C. McC. Adams, *Heartland of Cities*, Chicago, 1981, p. 70) 다른 이주민이 있었을 가능성을 전제로 한다. 실제로 쿠지스탄 역시 인구 유입을 경험했다(*ibid.*).

3 R. C. McC. Adams and H. J. Nissen, *The Uruk Countryside*, Chicago, 1972.

4 도시화에 관한 다양한 지역적 모델이 J.-P. Grégoire, *Production, Pouvoir et Parenté*, Paris, 1981, pp. 58~67에 아주 명료하게 요약되어 있다.

5 Seton Lloyd, "Uruk pottery," *Sumer*, 4, 1948, pp. 39~51; B. Abu es-Soof, "Note on the late prehistoric pottery of Mesopotamia," *Sumer*, 30, 1974, pp. 1~9.

6 독일 발굴단의 발굴(1912~1913, 1928~1939 그리고 1953년 이후). 예비 결과가 발표된 총서는 그 제목이 길어 흔히 *Uruk vorlaüfige Berichte* (*UVB*)라고 줄여서 부른다. 일부 개별적인 측면들이 *Ausgrabungen der Deutschen Forschungsgemeinschaft in Uru-Warka*라는 총서에 속한 저서들에서 다루어진다. 영어로 된 훌륭한 요약은 R. Noth, "Status of Warka excavations," *Orientalia*, 26, 1957, pp. 185~256이다. 또한 *AM*, I, pp. 331~354와 II, pp. 212~236을 보라.

7 H. Lenzen, "Die Architektur in Eanna in der Uruk IV Periode," *Iraq*, 36, 1974, pp. 111~128. Cf. M. Beek, *Atlas of Mesopotamia*, London, 1977, p. 33, fig. 53.

8 Seton Lloyd and Fuad Safar, "Tell Uqair," *JNES*, 2, 1943, pp. 131~158.

9 H. Lenzen, *UVB*, XXIII, 1967, p. 21; J. Schmidt, "Zwei Tempel der Obeid-Zeit

in Uruk," *BaM*, 7, 1974, pp. 173~187.

10 이라크 발굴단의 발굴. B. Abu es-Soof와 I. H. Hijara의 예비 보고서가 *Sumer*, 22 (1966), 23 (1967), 29 (1973)에 있다.

11 독일 발굴단의 발굴. H. Heinrich *et al.*의 예비 보고서가 *MDOG*, 101 (1969)부터 108 (1976)에 있다. 종합 연구: E. Strommenger, *Habuba Kabira, eine Stadt von 5000 Jahren*, Mainz, 1980.

12 Seton, Lloyd, "Iraq Government soundings at Sinjar," *Iraq*, 7, 1940, pp. 13~21.

13 P. Amiet, *La Glyptique mésopotamienne archaïque*, Paris, 1980, 2nd ed. 고대 근동의 세공술에 대한 훌륭한 개관으로 D. Collon, *First Impressions: Cylinder Seals in the Ancient Near-East*, London, 1987을 보라.

14 J. G. Février, *Histoire de l'écriture*, Paris, 1959, 2nd ed.; M. Cohen, *La Grande Invention de l'écriture et son évolution*, Paris, 1958, 2 vols.; I. J. Gelb, *A Study of Writing*, Chicago, 1952; *Pour une théorie de l'écriture*, Paris, 1973. 전시회 안내서인 "Naissance de l'écriture," Paris, 1982는 아주 잘 만들어져 있다. 또한 C. B. F. Walker, *Reading the Past: Cuneiform*, London, 1987을 보라.

15 A. Falkenstein, *Archaische Texte aus Uruk*, Leipzig, 1936. 숫자만 기록되어 있는 같은 시기의 토판들이 카파제(*OIC*, 20, 1936, p. 25)와 하부바 카비라(*AfO*, 24, 1973, p. 17)에서 발견되었음을 기억하라. 우루크가 이 시기에 하부 메소포타미아의 행정 수도였다는 가설이 H. J. Nissen, "The context of emergence of writing," in J. Curtis (Ed.), *Early Mesopotamia and Iran: Contact and Conflict 3500~1600 B.C.*, London, 1993, pp. 54~71에서 제기되었다.

16 D. Schmandt-Besserat, *An Archaic Recording System and the Origin of Writing*, Malibu, Calif., 1977.

17 E. Mackay, *Report on Excavations at Jemdet Nasr, Iraq*, Chicago, 1931; H. Field and R. A. Martin, "Painted pottery from Jemdet Nasr," *AJA*, 39, 1935, pp. 310~318. 좀 더 최근의 발굴로는 R. J. Matthews, *Iraq*, 51, 1989, 225~248; 52, 1990, pp. 25~40을 보라. 이 문화의 성격에 관련된 최근 논쟁이 U. Finkbeiner and W. Röllig (Ed.), *Gamdat Nasr: Period or Regional Style?* Wiesbaden 1986으로 출간되었다.

18 단지: I. E. Heinrich, *Kleinfunde aus den Archaischen Tempelschichten in Uruk*, Leipzig, 1936, pl. 2, 3, 38; A. Parrot, *Sumer*, 1981, 2nd ed., fig. 101, 102; T. Jacobsen (*The Treasures of Darkness*, Yale, 1976, pp. 24, 43)은 단지에 있는 남성 인물을 두무지 신으로 보며 전체 장면을 이 신과 이난나 사이의 "신성한 결혼"의 서막으로 본다(6장을 보라). 여자의 머리: *UVB*, XI, 1940, pl. 1, 21, 32; A. Parrot, *Sumer*, 2nd ed., 표제 왼쪽 페이지 그림, fig. 121.

19 P. Merrigi, *La Scrittura Proto-Elamica, Rome*, 1971~1974, 2. vols. P. Amiet, *Elam*,

Auvers-sur-Oise, 1966에 나오는 예. 메소포타미아 조각과 원-엘람 조각의 비교를 위해서는 A. Parrot, *Sumer*, 1960, fig. 93~98 A, 102~104를 참조하라.

20 A. Falkenstein, "Zu den Tontafeln aus Tartaria," *Germanica*, 43, 1965, pp. 269~273; M. S. F. Hood, "The Tartaria Tablets," *Antiquity*, 41, 1967, pp. 99~113; C. Renfrew, *Before Civilization*, London, 1973, pp. 73~74, pp. 193~194.

21 K. Frifelt, "Jemdat Nasr graves in the Oman," *Kuml*, 1970, pp. 376f.

22 W. A. Ward, "Relations between Egypt and Mesopotamia from prehistoric times to the end of the Middle Kingdom," *JESHO*, 7, 1974, pp. 121~135; I. E. S. Edwards, in *CAH*[3], I, 2, pp. 41~45.

23 1937~1938년에 이루어진 영국의 발굴: M. E. L. Mallowan, "Excavations at Brak and Chager Bazar, Syria," *Iraq*, 9, 1947, pp. 1~259; *Twenty-five Years of Mesopotamian Discovery*, London, 1956, pp. 24~38; D. Oates, "Tell Brak," in J. Curtis (Ed.), *Fifty Years of Mesopotamian Discovery*, London, 1982, pp. 62~71. 발굴은 1976년에 재개되었다.

24 이 주제에 관한 주요 연구는 T. Jones, *The Sumerian Problem*, New York, 1969에 수록되어 있다. 또한 *AM*, II, pp. 308~331을 보라.

25 B. Landsberger, "Die Sumerer," in *Ankara Fakültesi Dergisi*, 1, 1943, pp. 97~102; 2, 1944, pp. 431~437; 3, 1945, pp. 150~159. Cf. S. N. Kramer, *The Sumerians*, pp. 40~43. 이 사람들을 "수바르인"이라고 부르자는 제안도 있었다(I. J. Gelb, "Sumerians and Akkadians in their ethnolinguistic relationship," *Genava*, 8, 1960, pp. 258~271); 다른 이들은 이들을 "우바드인"이라 생각하기도 했다(S. N. Kramer, *op. cit.*).

26 비슷한 의견이 M. E. L. Mallowan, *CAH*[3], I, 1, p. 344; C. J. Gadd, *CAH*[3], I, 2, pp. 94~95; J. Oates, *Iraq*, 22, 1960, p. 46; D. and J. Oates, *The Rise of Civilization*, p. 136; R. Braidwood, *The Legacy of Sumer*, p. 46; McG. Gibson, *ibid.*, p. 56에 다소간 명시적으로 표현되었다.

27 H. Frankfort, *The Birth of Civilization in the Near East*, London, 1954, p. 50, n. 1.

6장

1 메소포타미아의 종교에 관해서만 다룬 주요 연구 가운데 E. Dhorme, *Les Religions de Babylonie et d'Assyrie*, Paris, 1945; J. Bottéro, *La Religion babylonienne*, Paris, 1952; S. N. Kramer, *Sumerian Mythology*, New York, 1961,

2nd ed.; W. H. P. Römer, "The Religion of Ancient Mesopotamia," in J. Bleeker and G. Windengren (Ed.), *Historia Religionum*, I, Leiden, 1969; R. Jestin, "La Religion sumérienne," and J. Nougayrol, "La Religion babylonienne," in H. C. Puech (Ed.), *Histoire des religions*, I, Paris, 1970; J. Van Dijk, "Sumerisches Religion," and J. Laessøe, "Babylonisches und Assyrisches Religion," in J. P. Asmussen and J. Laessøe (Ed.), *Handbuch der Religionsgeschichte*, I, Göttingen, 1971; H. Ringgren, *Religions of the Ancient Near East*, London, 1973, pp. 1~123; T. Jacobsen, *The Treasures of Darkness: a History of Mesopotamian Religion*, London, 1976 등을 들 수 있다. 프랑스어 저서 중 최근에 나온 가장 종합적인 것은 J. Bottéro and S. N. Kramer, *Lorsque les Dieux faisaient l'Homme*, Paris, 1989이다. J. Black and A. Green, *Gods, Demons and Symbols*, London, 1992는 메소포타미아 종교의 모든 측면에 대한 가장 유용한 사전이다.

2 J. Bottéro, "Les divinités sémitiques anciennes en Mésopotamie," in S. Moscati (Ed.), *Le Antiche Divinità Semitiche*, Rome, 1958; J. J. M. Roberts, *The Earliest Semitic Pantheon*, Baltimore/London, 1972.

3 J. Van Dijk, in S. S. Hartman (Ed.), *Syncretism*, Stockholm, 1970, p. 179.

4 수메르어와 아카드어 문서의 뛰어난 번역으로 R. Labat, A. Caquot, M. Sznycer and M. Vieyra, *Les Religions du Proche-Orient* (줄여서 *Religions*으로 인용됨), Paris, 1970; J. B. Pritchard (Ed.), *Ancient Near Eastern Texts Relating to the Old Testament*, Princeton, 1969, 3rd ed. (*ANET*^{3}); A. Falkenstein and W. von Soden, *Sumerische und Akkadische Hymnen und Gebete*, Stuttgart, 1953; S. N. Kramer, *L'histoire commence à Sumer*, Paris, 1975, 2nd ed. (*HCS*^{2}); M. J. Seux, *Hymnes et Prières aux dieux de Babylonie et d'Assyrie*, Paris, 1976이 있다. J. Bottéro and S. N. Kramer, *Lorsque les Dieux faisaient l'Homme*, Paris, 1989.

5 W. G. Lambert, "The historical development of the Mesopotamian pantheon," in H. Goedicke and J. J. M. Roberts (Ed.), *Unity and Diversity*, Baltimore/London, 1975, p. 192.

6 E. Cassin, *La Splendeur divine*, Paris, 1968.

7 H. Vorländer, *Mein Gott* (*AOAT*, 23), Neukirchen-Vluyn, 1975. 다른 곳에서는 위대한 신들 중 하나일 수도 있는 이 개인적인 신은 우르 3왕조 시대의 실린더-인장에 흔히 모습을 드러낸다.

8 T. Jacobsen, *The Treasures of Darkness*, p. 20.

9 Hymne à Enlil: *ANET*^{3}, p. 575; *HCS*^{2}, pp. 111~114.

10 *me*의 목록은 J. Bottéro, *Dictionnaire des Mythologies*, II, 1981, pp. 102~114와 S. N. Kramer, *The Sumerians*, p. 116에 나온다.

11 신화 "엔키와 세계 질서": S. N. Kramer, *Sumerian Mythology*, pp. 59~62; *The Sumerians*, pp. 172~183; *HCS*[2], pp. 115~117. J. Bottéro and S. N. Kramer, *Lorsque les Dieux...*, *op. cit.*, pp. 165~188.

12 W. W. Hallo and Van Dijk, *The Exaltation of Inanna*, New Haven/London, 1968 (cf. *ANET*[3], pp. 579~582). 또한 이슈타르에게 드리는 찬미와 기도가 R. Labat, *Religions*, pp. 227~257과 M. J. Seux, *Hymnes et Prières*에 수집되어 있다.

13 S. N. Kramer, *The Sacred Marriage Rite*, Bloomington, 1969; *Le mariage sacré* (J. Bottéro의 프랑스어 역), Paris, 1983. 또한 J. Renger, "Heilige Hochzeit," *RLA*, IV, pp. 251~259를 보라. 주요 문서는 *ANET*[3], pp. 637~645; S. N. Kramer, *HCS*[2], pp. 156~167; T. Jacobsen, *The Treasures of Darkness*, pp. 25~47에 있다.

14 D. Reisman, "Iddin-Dagan's sacred marriage hymn," *JCS*, 25, 1973, pp. 185~202.

15 수메르어 판본은 *ANET*[3], pp. 52~57에 나옴; cf. S. N. Kramer, *Sumerian Mythology*, pp. 83~96; *HCS*[2], pp. 156~167. 아시리아 판본은 *ANET*[3], pp. 106~109; J. Bottéro and S. N. Kramer, *Lorsque les Dieux...*, pp. 275~300, 318~330.

16 R. Graves, *The Greek Myths*, Harmondsworth, 1955, I, p. 70; H. Ringgren, *Religions of the Ancient Near East*, p. 136.

17 이 신화들에 관해서는, A. Heidel, *The Babylonian Genesis*, Chicago, 1959; P. Garelli, *Sources orientales: la naissance du monde*, Paris, 1959; S. G. F. Brandon, *Creation Legends of the Ancient Near East*, London, 1963을 보라.

18 W. Thesiger, *Geographical Journal*, 120, 1954, p. 176.

19 S. N. Kramer, *Sumerian Mythology*, pp. 30~41; *The Sumerians*, pp. 112~113; *HCS*[2], pp. 101~103.

20 R. Labat, *Le Poème babylonien de la Création*, Paris, 1935; *Religions*, pp. 36~70 (우리 인용 자료); A. Heidel, *op. cit.*; *ANET*[3], pp. 60~72; pp. 501~503; J. M. Seux in J. Briend (Ed.), *La Création du monde et de l'homme d'après les textes du Proche-Orient*, Paris, 1981, pp. 7~40; W. G. Lambert, "Kosmogonie," *RLA*, VI, pp. 218~222. J. Bottéro and S. N. Kramer, *Lorsque les Dieux...*, *op. cit.*, pp. 602~679.

21 T. Jacobsen, *The Treasures of Darkness*, p. 256, n. 332.

22 수메르 전승에 따르면 인간은 하늘이 비옥하게 만들어 준 땅에서 "풀처럼" 돋아났거나(J. Van Dijk, *Acta Orientalia*, 28, 1964, pp. 23~24), 어느 여신이 진흙으로 빚었다(엔키와 닌마흐 신화: S. N. Kramer, *Sumerian Mythology*, pp. 68~72; *HCS*[2], p. 126). 이 중 두 번째 방법의 창조만 바빌론 전승에서 전해진다.

23 S. N. Kramer, "Man and his God," *ANET*[3], pp. 589~591; *The Sumerians*, pp. 125~129.

[24] A. L. Oppenheim, *Ancient Mesopotamia*, pp. 176, 182.

[25] M. J. Seux, *Hymnes et Prières aux Dieux de Babylonie et d'Assyrie*, Paris, 1976. 신의 이름이 포함된 수메르인의 이름은 H. Limet, *L'Anthroponymie sumérienne dans les documents de la Troisième Dynastie d'Ur*, Paris, 1968에 있다.

[26] W. G. Lambert, *Babylonian Wisdom Literature*, Oxford, 1960, pp. 96~107; R. Labat, *Religions*, p. 346~349.

[27] 길가메시, 고대 바빌로니아 판본, III, iv, 6~8: *ANET*^{3}, p. 79; R. Labat, *Religions*, p. 164.

[28] 이 주제에 관해서는 J. Bottéro, "La mythologie de la mort en Mésopotamie ancienne," in B. Alster (Ed.), *Death in Mesopotamia*, Copenhagen, 1980, pp. 25~52를 보라.

[29] S. N. Kramer, "The death of Ur-Nammu and his descent to the Netherworld," *JCS*, 21, 1967, pp. 104~122.

[30] W. G. Lambert, *Babylonian Wisdom Literature*, pp. 21~56; *ANET*^{3}, pp. 596~600; R. Labat, *Religions*, pp. 328~341. 메소포타미아의 악의 문제에 관해서는, *Dictionnaire des mythologies*, II, Paris, 1981, pp. 56~64에 나오는 J. Bottéro의 기사를 보라.

[31] 우리가 여기서 다룰 수 없었던 메소포타미아 점술이라는 방대한 주제에 관해서는 *La Divination en Mésopotamie ancienne et dans les régions voisines*, Paris, 1968에 있는 J. Nougayrol, A. Falkenstein, G. Dossin, A. Finet, C. J. Gadd, A. K. Grayson, 그리고 A. L. Oppenheim의 논문들과 더불어 A. Caquot and M. Leibovici, *La Divination*, Paris, 1968과 특히 J. Bottéro, "Symptôme, Signes, Ecriture," in R. Guidieri (Ed.), *Divination et Rationalité*, Paris, 1974, pp. 70~196을 보라. 같은 저자의 *Mésopotamie, l'Ecriture, la Raison et les Dieux*, Paris, 1987, pp. 157~169도 보라.

[32] 신년 축제에 관한 이러한 해석은 *The Intellectual Adventure of Ancient Man*, Chicago, 1977, 2nd ed.에 표명된 T. Jacobsen과 H. Frankfort의 견해에 많은 영향을 받았다.

7장

[1] S. N. Kramer, "The Babel of tongues: a Sumerian version," in W. W. Hallo (Ed.) *Essays in Memory of E. A. Speiser*, New Haven, 1968, pp. 108~111.

[2] S. N. Kramer, "Enki and Ninhursag: a Paradise myth," *ANET*^{3}, pp. 37~41. 성서의

낙원과 접촉점에 관해서는 *HCS*[2], pp. 168~173을 보라.

3 특히 B. Alster, "Dilmun, Bahrain, and the alleged paradise in Sumerian myth and literature," in D. T. Potts (Ed.), *Dilmun, New Studies in the Archaeology and Early History of Bahrain*, 1983, pp. 39~75.

4 *ANET*[3], pp. 101~103; R. Labat, *Religions*, pp. 287~294; S. A. Picchioni, *Il Poemetto di Adapa*, Budapest, 1981.

5 G. Roux, "Adapa, le vent et l'eau," *RA*, 55, 1961, pp. 13~33. 이 신화에 관한 최근의 주석적 연구 가운데는 P. Xella, "L'inganno di Ea nel mito di Adapa," *Oriens Antiquus*, 13, 1973, pp. 257~266; G. Buccellati, "Adapa, Genesis and the notion of the faith," *Ugarit Forschungen*, 5, 1973, pp. 61~66 등을 들 수 있다.

6 T. Jacobsen, "Primitive democracy in ancient Mesopotamia," *JNES*, 2, 1943, pp. 159~172; "Early political development in Mesopotamia," *ZA*, 52, 1957, pp. 91~140, 이 글은 W. L. Moran (Ed.), *Towards the Image of Tammuz*, Cambridge, Mass., 1970, pp. 132~156; pp. 366~396에 다시 실림.

7 이 주제에 관해서는 특히 두 차례의 토론회에서 나온 다음 결과물을 보라. *La Voix de l'opposition en Mésopotamie*, Bruxelles, 1973, 그리고 *Les Pouvoirs locaux en Mésopotamie et dans les régions adjacentes*, Bruxelles, 1980.

8 T. Jacobsen, *The Sumerian King List*, Chicago, 1939.

9 바트-티비라는 텔로 가까이에 있는 텔 메다인(혹은 메디나)과 동일시되었다(V. E. Crawford, *Iraq*, 22, 1960, pp. 197~199). 라라크는 아마 쿠트 엘-이마라 근처에 있는 텔 엘-윌라야였을 것이다(*Sumer*, 15, 1959, p. 51). 슈루파크는 디와니야에서 남동쪽으로 약 65킬로미터 지점에 있으며 1902~1903년에 독일인들(H. Heinlich and W. Andrae, *Fara*, Berlin, 1931)이, 그리고 1931년에 미국인들(E. Schmidt, *Museum Journal*, 22, 1931, pp. 193~245)이 발굴한 텔 파라이다

10 *Gilgamesh*, IX, 97~196. Bottéro의 번역. 이 주제 전반에 관해서는 A. Parrot, *Déluge et Arche de Noé*, Neuchâtel, 1953; E. Sollberger, *The Babylonian Legend of the Flood*, London, 1971, 3rd ed.; J. Bottéro, "Le plus vieux récit du Déluge," *L'Histoire*, 31, 1981, pp. 113~120을 보라.

11 일반적으로, 소(小)자브 강 유역에 있는 2612미터에 달하는 자그로스 산맥의 봉우리 피르 오마르 구드룬(Pir Omar Gudrun)과 동일시 된다.

12 여러 수메르와 아카드 문서에 나타난 대홍수에 관한 암시에 관해서는 W. G. Lambert and A. R. Millard, *Atra-hasis, the Babylonian Story of the Flood*, Oxford, 1969, pp. 25~28을 보라.

13 A. Falkenstein, "Zur Flutschicht in Ur," *BaM*, 3, 1964, pp. 52~64; C. J. Gadd, "Noah's Flood reconsidered," *Iraq*, 26, 1964, pp. 62~82. 니네베와 텔로(기르수)에

서 발견된 퇴적물에 대해서는 훨씬 자료가 부족하다.

14 R. L. Raikes, "The physical evidence for Noah's Flodd," *Iraq*, 28, 1966, pp. 52~63.

15 M. Civil, "The Sumerian Flood Story," in W. G. Lambert and A. R. Millard, *Atra-hasis*, pp. 138~145. 지우수드라는 "장수(長壽)의 삶"을, 우트나피슈팀은 "그가 (영원한) 삶을 찾았다"를 의미한다는 사실에 유의할 것. 따라서 이런 이름은 아트라하시스와 마찬가지로 별명이다.

16 W. G. Lambert and A. R. Millard, *Atra-hasis*, pp. 42~130 외에 *ANET*[3], pp. 104~106; pp. 512~514와 R. Labat, *Religions*, pp. 26~36을 보라.

17 A. D. Kilmer, "The Mesopotamian concept of overpopulation and its solution reflected in mythology," *Orientalia*, 41, 1972, pp. 160~177에서 발전된 이 개념은 J. Bottéro가 *Annuaire*, 1967~68, pp. 83~87에 거론되었다. 물론 지역 자원에 비한 인구 과잉이 문제가 될 것이다.

18 다른 여러 나라에서 발견되는 대홍수 이야기(cf. E. Sollberger, *op. cit.*, p. 9; G. Contenau, *Le Déluge babylonien*, Paris, 1952, 2nd ed., pp. 112~114)는 바빌로니아 신화나 기독교 포교의 영향을 받지 않았다면 비슷한 방법으로 설명할 수 있을 것이다.

19 H. P. Martin, "Settlement patterns at Shuruppak," *Iraq*, 45 (1983), pp. 24~31; *Fara, a Reconstruction of the Ancient Mesopotamian City of Shuruppak*, Birmingham, 1988. 이 저자에 따르면 슈루파크는 고대 왕조 시대에 최고 팽창기(약 100헥타아르)에 이르렀다.

20 H. de Genouillac, *Première Recherches archéologiques à Kish*, Paris, 1924~25, 2 vols.; S. Langdon and L. C. Watelin, *Excavations at Kish*, Paris, 1924~1934, 3 vols. *AM*, I, pp. 250~255에 요약이 있음. 발굴과 그 결과에 대한 종합적 연구: P. R. S. Moorey, *Kish Excavations*, 1922~1923, Oxford, 1978.

21 *ANET*[3], pp. 114~118; R. Labat, *Religions*, pp. 294~305. J. V. Kinnier-Wilson, *The Legend of Etana*, rev. ed., Warminster, 1985.

22 S. N. Kramer, *ANET*[3], pp. 44~47; *The Sumerians*, pp. 186~190; *HCS*[2], pp. 59~63; W. H. P. Römer, *Das Sumerische Kurzepos Gilgamesch und Akka*, Neukirchen-Vluyn, 1980.

23 S. N. Kramer, *Enmerkar and the Lord of Aratta: a Sumerian Epic Tale of Iraq and Iran*, Philadelphia, 1952; A. Berlin, *Enmerkar and Ensuhkeshdanna: a Sumerian Narrative Poem*, Philadelphia, 1979; C. Wilcke, *Das Lugalbanda Epos*, Wiesbaden, 1969. Cf. S. N. Kramer, *The Sumerians*, pp. 269~275; *HCS*[2], pp. 248~250.

24 다음과 같은 다양한 장소가 제안되었다. 우르미아 호수 근처(E. I. Gordon, *Bi.*

Or., 17, 1960, p. 132); 케르만 근처(Y. Madjizadeh, *JNES*, 35, 1967, p. 107); 동부 이란의 샤흐르-이 소크타 부근(J. F. Hansman, *JNES*, 37, 1978, pp. 331~336).

25 S. N. Kramer, *ANET*[3], pp. 44~51; *The Sumerians*, pp. 185~205; *HCS*[2], pp. 220~225; pp. 233~240. *Gilgamesh et sa légende*, pp. 7~23에 나오는 참고 자료 목록.

26 1960년에 길가메시 서사시는 열두 개의 언어로 번역되어 있었고(*Gilgamesh et sa légende*, pp. 24~27) 그 숫자는 그 후로 분명 늘어났을 것이다. 주요한 번역: G. Contenau, *L'Epopée de Gilgamesh*, Paris, 1939; A. Heidel, *The Gilgamesh Epic and Old Testament Parallels*, Chicago, 1949, 2nd ed.; R. Labat, *Religions*, pp. 145~226; A. Schott and E. von Soden, *Das Gilgamesch Epos*, Stuttgart, 1970, 2nd ed.; A. Speiser and A. K. Grayson, *ANET*[3], pp. 72~79; pp. 503~507; F. Malbran-Labat, *Gilgamesh*, Paris, 1982. 프랑스어로 된 책 중에 가장 최근의 것으로, 아카드어 원문에 가장 가까운 것은 Bottéro의 *L'Epopée de Gilgamesh, le grand homme qui ne voulait pas mourir*, Paris, 1992일 것이다.

27 길가메시 서사시 토판의 단편은 이라크의 다양한 유적지 (특별히 니네베) 외에 시리아(메스케네), 팔레스타인(메기도), 터키(술탄 테페, 보가즈쾨이)에서도 발견되었다. 터키에서는 히타이트어와 후리어 번역의 단편이 나왔다.

8장

1 1973년에 엘-히바에서 발견된 명문들 덕분에 이 유적지가 라가시에 해당함을 알게 되었다(V. E. Crawford, "Lagash," *Iraq*, 26, 1974, pp. 29~35). 그러나 텔로(기르수)는 도시국가 라가시에 속해 있었다. 1877년과 1910년 사이에 프랑스 발굴단은 열다섯 차례의 유적 조사를 실시했으며 1929년과 1933년 사이에도 네 차례 실시했다. 그 결과에 대한 개요가 A. Parrot, *Tello*, Paris, 1948에 나온다. 미국 발굴단이 1968년에 엘-히바에서 발굴을 시도했다. 1973년에 중단된 발굴은 1990년에 가서야 재개되었지만 한 해밖에 지속되지 못했다. 1968~1973년의 발굴에 대한 D. P. Hanson의 요약문이 *Sumer*, 34, 1978, pp. 72~85에 나온다.

2 D. O. Edzard, "Enmebaragesi von Kish," *ZA*, 53, 1959, pp. 9~26; *IRSA*, p. 39.

3 M. Allote de la Füye, *Documents présargoniques*, Paris, 1908~1920; A. Deimel, *Die Inschriften von Fara*, Leipzig, 1922~1924; R. Jestin, *Tablettes sumériennes de Shuruppak*, Paris, 1937~1957; R. D. Biggs, *Inscriptions from Abu Salabikh*, Chicago, 1974. 니푸르에서 북동쪽으로 20킬로미터 떨어진 곳에 있는 아부 살라비크는 미국인들이 1963년부터 1965년까지 발굴했다. 영국 발굴단이 재개한 발

굴은 여전히 진행 중이다. 예비적인 결과가 1976년부터 *Iraq*에 게재되어 있다. N. Postgate의 개요가 J. Curtis (Ed.), *Fifty Years of Mesopotamian Discovery*, London, 1982, pp. 48~61에 나온다. 이 도시의 고대 지명은 아마 케시(Kêsh)였을 것이다.

4 1964년에 시작된 텔 마르디크의 발굴은 계속되고 있다. 종합적인 견해와 참고문헌은 P. Matthiac, *Ebla, un Impero ritrovato*, Torino, 1977(영역: *Ebla, an Empire Rediscovered*, New York, 1980)에 나와 있다. 에블라 문서집의 내용 개관은 G. Pettinato, *Ebla, un Impero inciso nell'Argilla*, Milano, 1979(영역: *The Archives of Ebla. An Empire inscribed in Clay*, Garden City, N. Y., 1981)에 나와 있다. 에블라어에 대해서는 C. Cagni (Ed.), *La Lingua di Ebla Atti del Convegno Internazionale* (Napoli 21~23 aprile 1980), Napoli, 1981을 참조하라. 본문은 1979년부터 나온 *Materiali Epigrafici di Ebla*, Napoli와 1985년부터 나온 *Archivi Reali di Ebla*, Rome의 두 총서로 출판되고 있다. 수많은 논문이 *Studi Eblaiti*를 비롯한 여러 정기 간행물에 나온다.

5 루브르 박물관에서 주도한 21회의 마리 발굴(1933~1939년과 1951~1974년)에 대한 예비 보고서들이 *Syria*와 *AAAS*에 출간되었다. 네 권의 최종 출판물(*Mission archéologique de Mari*)은 1956년부터 나왔다. 사르곤 이전 시대의 신전, 조각, 명문은 제1권, *Le Temple d'Ishtar*, Paris, 1956과 제3권, *Les Temples d'Ishtarat et de Ninni-Zaza*, Paris, 1956에 나온다. 결과에 관한 개요로는 A. Parrot, *Mari, capitale fabuleuse*, Paris, 1974를 보라. 발굴은 계속되고 있으며 다수의 문서에 대한 연구도 계속된다. 그 결과는 수많은 정기간행물에 게재되고 있는데, 그중 가장 중요한 것은 *MARI* (*Mari: Annales de recherches interdisciplinaires*), Paris이다.

6 W. Andrae, *Die Archaischen Ischtar-Tempel in Assur*, Leipzig, 1922.

7 1967년부터 1973년까지 이어진 영국의 발굴. 예비 보고서는 *Iraq*, 30(1968)부터 35(1973)까지 게재되어 있다. J. E. Reade의 종합적 견해가 J. Curtis (Ed.), *Fifty Years of Mesopotamian Discovery*, London, 1982, pp. 72~78에 나온다.

8 1958년부터 1966년까지 이어진 독일의 발굴. A Moortgat, *Tell Chuera in Nord-Ost Syrien*, Köln and Opladen, 1959~1973, 8 vols.에 있는 보고서; cf. M. E. L. Mallowen, *Iraq*, 28, 1966, pp. 89~95, and *CAH*[3], I, 2, pp. 308~314.

9 시카고 동양 연구소가 디얄라 강 유역에서 주도한 발굴에 대한 여덟 권의 최종 보고서는 1940년과 1967년 사이에 "Oriental Institute Publication"(*OIP*) 총서로 출간되었다. 그중 여섯 권은 기원전 제3천년기에 관한 것이다. 결과에 대한 요약은 Seton Llyod, *The Archaeology of Mesopotamia, London*, 1978, pp. 93~134에 나온다.

10 H. E. W. Crawford, *The Architecture of Iraq in the Third Millennium B.C.*,

Copenhagen, 1977, pp. 22~26; 80~82.

11 P. Delougaz, *The Temple Oval at Khafaje* (*OIP*, LIII), Chicago, 1940; H. R. Hall and C. L. Woolley, *Al'Ubaid* (*UE*, I), London, 1927; 엘-히바에 관해서는, D. P. Hansen, *Artibus Asiae*, 32, 1970, pp. 243~250을 보라.

12 Cf. A. Parrot, *Sumer*, 2nd ed., fig. 13~15, 127~130, 133~134 (텔 아스마르), 131, 132 (카파제), 137~138 (텔 쿠에이라), 30, 148, 153, 154 (마리), 139~141 (니푸르), 135 (에리두), 136 (텔로), 144 (우바이드).

13 A. Parrot, *Sumer*, 2nd ed., p. 148.

14 J.-P. Grégoire, *La Province méridionale de l'Etat de Lagash*, Luxembourg, 1962.

15 이 주제에 관해서는 A. Deimel, "Sumerische Tempelwirtschaft Zur Zeit Urukaginas und seiner Vorgänger," *Analecta Orientalia*, 2, 1931; A. Falkenstein, "La cité-temple sumérienne," *Cahiers d'histoire mondiale*, 1, 1954, pp. 784~814; I. M. Diakonoff, *Society and State in Ancient Mesopotamia, Sumer*, Moscou, 1959; "Socio-economic classes in Babylonia and the Babylonian concept of social stratification," in D. O. Edzard (Ed.), *Gesellschaftsklassen im Alten Zweistromland*, München, 1972, pp. 41~52; S. N. Kramer, *The Sumerians*, Chicago, 1963, pp. 73~112; I. J. Gelb, "The ancient Mesopotamian ration system," *JNES*, 24, 1965, pp. 230~243; "From freedom to salvery," in D. O. Edzard, *op. cit.*, pp. 81~92; H. T. Wright, *The Administration of Rural Production in an Early Mesopotamian Town*, Ann Arbor, Mich., 1969; J. Renger, "Grossgrundbesitz," *RLA*, III, pp. 643~653; J.-P. Grégoire, *Das Sumerische Tempelpersonal in Sozialökonomischer Sicht*, Tübingen, 1974; T. B. Jones, "Sumerian administrative documents: an essay," in *Sumerological Studies in Honor of Th. Jacobsen*, Chicago, 1975, pp. 41~61; C. C. Lamberg-Karlovsky, "The economic world of Sumer," in D. Schmandt-Besserat (Ed.) *The Legacy of Sumer*, Malibu, Calif., 1976, pp. 59~68을 보라.

16 J.-P. Grégoire, "L'origine et le développement de la civilisation mésopotamienne du IIIe millénaire avant notre ère," in *Production, Pouvoir et Parenté dans le monde méditerranéen*, Paris, 1981, pp. 67~75.

17 M. Lambert, "La période présargonique: La vie économique à Shuruppak," *Sumer*, 10, 1954, pp. 150~190.

18 I. M. Diakonoff, "Sale of land in the most ancient Sumer and the problem of the sumerian rural community," *VDI*, 1955, pp. 10~40.

19 M. Lambert, "Les réformes d'Urukagina," *Orientalia*, 44, 1975, pp. 22~51; B. Hruska, "Die Reformtexte Urukaginas," in P. Garelli (Ed.), *Le Palais et la Royauté*, Paris, 1974, pp. 151~161. Uru-inim-gi-na의 읽기에 관해서는 W. G. Lambert,

Orientalia, 39, 1970, p. 419를 보라.

20 에블라어로 엔은 말리쿰(*malikum*; 아랍어로는 말릭[*mâlik*]) 즉 "왕"에 해당한다. 루갈은 고위 관리, 즉 "총독", "총감독", 혹은 "사령관"이라 할 수 있다. Cf. J.-P. Grégoire, "Remarques sur quelques noms de fonction et sur l'organisation administrative dans les archives d'Ebla," in *La Lingua di Ebla, Atti dell Convegno Internazionale*, Napoli, 1981, pp. 379~399.

21 이 주제에 관해서는, W. W. Hallo, *Early Mesopotamian Royal Titles*, New Haven, 1957; M. J. Seux, *Epithètes royales akkadiennes et sumériennes*, Paris, 1967; D. O. Edzard, "Problèmes de la royauté dans la période présargonique," in P. Garelli (Ed.), *Le Palais et la Royauté*, pp. 141~149를 보라.

22 키시: E. Mackay, *A Sumerian Palace and the "A" Cemetery at Kish*, Chicago, 1929; P. R. S. Moorey, *Kish Excavations*, Oxford, 1978, pp. 55~60. 마리: A. Parrot, *Syria*, 42 (1965) to 49 (1972). 에리두: F. Safar, *Sumer*, 6, 1950, pp. 31~33. 더 자세한 내용은, J. L. Huot, *Les Sumériens*, Paris, 1989, pp. 168~176; J.-Cl. Margueron, *Les Mésopotamiens*, Paris, 1991, vol. 2, pp. 77~80을 보라.

23 아주 중요한 유적지 우르(엘-무가이르, 나시리야에서 남동쪽으로 15킬로미터)는 영-미 발굴단이 1922년부터 1934년까지 발굴했다. 최종 출판물: *Ur Excavation (UE)*, London/Philadelphia, 10권까지 출판됨. 원문은 *Ur Excavation Texts (UET)*, London/Philadelphia, 9권까지 출판됨. 결과 정리는 *AM*, I, pp. 282~309에 있음. 왕실 공동묘지에 관해서는, C. L. Woolley, *Ur the Royal Cemetery (UE, II)*, London, 1934를 참조하라. 입문서: C. L. Woolley, *Digging up the Past*, Harmondsworth, 1937, pp. 81~103; *Ur of the Chaldees* (P. R. S. Moorey가 출간함), London, 1982, 3rd ed., pp. 51~103. 묘지의 연대: H. J. Nissen, *Zur Datierung des Königsfriedhofes von Ur*, Bonn, 1966.

24 C. J. Gadd, "The spirit of living sacrifices in tombs," *Iraq*, 22, 1960, pp. 51~58. 키시에 있는 "Y 공동묘지"에 있는 무덤은 우르의 무덤보다 약간 더 오래되었지만 짐수레와 수레를 끄는 동물밖에 들어 있지 않았다.

25 P. R. S. Moorey, "What do we know about the people buried in the Royal Cemetery?" *Expedition*, 20, 1977~1978, pp. 24~40; G. Roux, "La grande énigme des tombes d'Ur," *L'Histoire*, 75, 1985, pp. 56~66.

26 오늘날의 누파르(Nuffar)로, 디와니야(Diwaniyah)에서 동쪽으로 30킬로미터 떨어져 있다. 미국이 1889년부터 1900년까지, 그리고 그 후 1948년부터 간헐적으로 발굴을 진행했다. 예비 보고서는 여러 정기 간행물(*JNES*, *Sumer*, *ILN*, *AfO*, *OIC*)에 출간되었다. 최종 보고서는 1967년부터 *Nippur* (I, II, etc), Chicago/London으로 출간되고 있다. 이 유적지에서 아주 많은 문서가 나왔다.

27 비스마야(Bismaya)로, 파라(Fara)에서 북쪽으로 약 20킬로미터 떨어져 있다. 시카고 근동 연구소가 1903~1904년에 발굴했다. Cf. E. J. Banks, *Bismaya, or the Lost City of Adab*, New York, 1912; *AM*, I, pp. 207~210. 중국 발굴단이 주도한 아다브의 발굴 조사 내용이 1988년에 출간되었다. Yang Zhi, "The excavation of Adab," *Journal of Ancient Civilization*, (Changchun), 3, 1988, pp. 1~21.

28 움마는 텔 조카(Tell Jokha)로, 텔로에서 북서쪽으로 약 25킬로미터 떨어져 있다. 이 유적지는 과학적으로 발굴이 이루어지지 않았다. 그러나 불법적인 발굴로 수많은 토판(대부분은 우르 3왕조 시대의 것)이 출토되었다.

29 아마도 디즈풀(Dizful) 근처에 있었을(*RGTC*, II, p. 20) 아완은 엘람인들이 세운 첫 국가로, 이 나라 왕들의 목록은 지금도 남아 있다. Cf. W. Hinz in *CAH*[3], I, 2, pp. 644~654.

30 S. N. Kramer, *The Sumerians*, pp. 46~49; E. Sollberger, "The Tumal inscription," *JCS*, 16, 1962, pp. 40~47.

31 아크샤크는 아마도 텔 우마이르(Tell 'Umair) 맞은 편, 셀레우키아 지역에 있는 티그리스 강가에 있었을 것이다. *RGTC*, I, 1977, p. 10.

32 이 문서는 G. Pettinato가 *Akkadica*, 2, 1977, pp. 20~28, 그리고 *Oriens Antiquus* 19, 1980, pp. 231~245에서 에블라의 마리 원정 이야기인 것처럼 소개하였다. 이 해석은 문법적인 이유로 D. O. Edzard, *Studi Eblaiti*에서 완전히 수정되었고, 대부분의 아시리아학 학자들도 Edzard의 견해를 따른다. 우리가 여기서 채택한 설명도 이 견해이다.

33 A. Archi, "Les rapports politiques et économiques entre Ebla et Mari," *MARI*, 4, Paris, 1985, pp. 65~83.

34 F. Pinnock, "About the trade of early Syrian Ebla," *ibid.*, pp. 85~92.

35 에안나툼의 조카인 엔테메나가 원추형 진흙에 새긴 긴 명문(IRSA, pp. 71~75)에 이 분쟁의 기원과 발전에 관해 묘사되어 있다.

36 A. Parrot, *Sumer*, 2nd ed., p. 165, fig. 160~161; 원문은 *IRSA*, pp. 47~58에 있음.

37 G. Steiner, "Altorientalische 'Reichs' – Vorstellungen in 3. Jahrtausend v. Chr.," in M. T. Larsen (Ed.), *Power and Propaganda*, Copenhagen, 1979, p. 127.

9장

1 이 시대에 대해서는 C. J. Gadd, "The Dynasty of Agade and the Gutian invasion," in *CHA*[3], I, 2, pp. 417~463; W. W. Hallo and W. K. Simpson, *The Ancient Near East*, New York, 1971, pp. 54~68; A Westenholz, "The Old Akkadian empire in

contemporary opinion," in M. T. Larsen (Ed.) *Power and Propaganda*, Copenhagen, 1979, pp. 107~123을 참고하라.

2 A. L. Shlözer, *Von den Chaldäern*, 1781, p. 161.

3 P. Dhorme, *Langues et Ecritures sémitiques*, Paris, 1930; A. Meillet and M. Cohen, *Les Langues du monde*, Paris, 1952, pp. 81~181; W. F. Albright and T. O. Lambdin, *CAH*[3]; I, 1, pp. 132~138; J. H. Hospers (Ed.), *A Basic Bibliography for the Study of the Semitic Languages*, I, Leiden, 1973.

4 이 이론에 관해서는 S. Moscati, *The Semites in Ancient History*, Cardiff, 1959를 보라. J. M. Grinz, "On the original home of the Semites," *JNES*, 21, 1962, pp. 186~203은 "사막의 이론"을 비판하였다. 그러나 Grinz가 주장하는 것처럼 셈족의 발상지가 북부 메소포타미아와 아르메니아였을 가능성은 거의 없다.

5 K. W. Butzer, *CAH*[3], I, 1, pp. 35~69; D. A. E. Garrod and J. G. D. Clark, *ibid.*, pp. 70~121; W. C. Brice (Ed.), *The Environmental History of the Near and Middle East since the Last Ice Age*, London/New York, 1978, pp. 351~356.

6 낙타(그중에서도 단봉낙타)는 기원전 제3천년기부터 근동 지방에 나타나지만 낙타를 길들이는 일은 아주 늦게 이루어졌던 것 같다. Cf. B. Brentjes, "Das Kamel im Alten Orient," *Klio*, 38, (Berlin), 1960, 23~52. R. T. Wilson, *The Camel*, London, 1984.

7 고대 근동의 유목민에 관해서는 J. R. Kupper, *Les Nomades en Mésopotamie au temps des rois de Mari*, Paris, 1957; M. B. Rowton, "The physical environment and the problem of the nomads," in J. R. Kupper (Ed.), *La Civilisation de Mari*, Liège, 1967, pp. 109~121; "Autonomy and nomadism in Western Asia," *Orientalia*, 42, 1973, pp. 247~285; *JNES*, 32, 1973, pp. 201~215; "Enclosed nomadism," *JESHO*, 17, 1974, pp. 1~30; "Pastoralism and the periphery in evolutionary perspective," in *L'Archéologie de l'Iraq*, Paris, 1980을 보라.

8 S. N. Kramer, "Aspects du contact suméro-akkadien," *Genava*, 8, 1960, p. 277.

9 A. Guillaume, *Prophecy and Divination among the Hebrews and other Semites*, London, 1938.

10 R. D. Biggs, "Semitic names in the Fara period," *Orientalia*, 36, 1967, pp.55~66. 우르 1왕조 메스키아그눈나의 부인이 기록한 명문은 자기 남편인 왕의 "생명을 위해" 난나에게 행운을 빌고 있다(*IRSA*, 43). 이것은 지금까지 전해지는 가장 오래된 아카드어 문서다.

11 이 주제에 관해서는, *Geneva* 8, 1960에 있는 D. O. Edzard와 I. J. Gelb의 논문들과 F. R. Kraus, *Sumerer und Akkader*, Amsterdam/London, 1970을 보라.

12 King, *Chronicles*, II, pp. 87~96; *ANET*[3], pp. 119; R. Labat, *Religions*, pp. 307~308;

B. Lewis, *The Sargon Legend*, Cambridge, Mass., 1980.

13 사르곤의 명문들을 말하는 것이다. 그중 상당수는 기원전 제2천년기 초반에 니푸르에서 토판에 베껴 적은 사본이다. Cf. *IRSA*, pp. 97~99; *ANET*^{3}, pp. 267~268. 보충 자료로 H. E. Hirsch, "Die Inschriften der Könige von Agade," *AfO*, 20, 1963, pp. 1~82를 보라.

14 다른 읽기에 따르면 사르곤은 키시 왕국에서 우르-자바바의 술 따르는 사람의 지위에 오른 것이 아니라 관개(灌漑) 책임자의 지위에 오른 것일 수도 있다. 그 덕분에 그는 군대를 동원할 수 있었고 권력을 장악할 수 있었을 것이다. H. W. F. Saggs, *The Greatness that was Babylon*, 2nd ed., London, 1987, pp. 47~48을 보라.

15 아가데의 위치로 제안된 여러 지역에 관해서는 *RGTC*, I, 9; II, 6을 보라. 아가데가 키시에서 북서쪽으로 6킬로미터 떨어진 이샨 미지야드(Ishan Mizyiad)라는 가설이 H. Weiss, "Kish, Akkad and Agade," *JAOS*, 95, 1975, pp. 442~451에서 설득력 있게 제시되었으나 발굴에서 확인되지는 않았다.

16 "Hymnal prayer of Enheduanna: the adoration of Inanna in Ur," *ANET*^{3}, pp. 579~582 (trad. S. N. Kramer).

17 이 이름을 가진 도시는 세 곳이다(*RGTC*, I, p. 162; II, p. 33). 이 도시는 발리크강 유역에 있는(텔 엘-비야[Tell el-Biya']) 투툴은 아닌 것 같고, 티그리스와 유프라테스 사이에 있는 훌리바르의 투툴은 분명 아닌 듯하며, 아마도 유프라테스강 유역에 있는 투툴(히트[Hît])이었을 것 같다.

18 미확인 유적인데, 우리 생각에는 오론테스 강(H. Klengel, *Orientalia*, 32, 1963, p. 47)이나 레바논 해안(J. R. Kupper, *RA*, 43, 1949, pp. 85f)보다는 북부 시리아(에블라 문서에 나오는 이림[Irim]?)에서 찾아야 할 것 같다.

19 E. Weidner, "Der Zug Sargons von Akkad nach Kleinasien," *Bo. Stu.*, 6, 1922, 74 s; W. Albright, "The Epic of the King of the Battle," *JSOR*, 7, 1923, 1f. Cf. C. J. Gadd, *CAH*^{3}, I, 2, pp. 426~428.

20 어떤 징조 기록은 과거에 일어났던 실제 사건에 기반을 두고 있다고 주장한다. Cf. A. Goetze, "Historical allusions in the Old Babylonian omen texts," *JCS*, 1, 1947, pp. 255~258. 지리적 목록: A. K. Grayson, "The empire of Sargon of Akkad," *AfO*, 25, 1974, pp. 56~64.

21 J. Nougayrol, "Un chef-d'oeuvre inédit de la littérature babylonienne," *RA*, 45, 1951, pp. 169~183.

22 King, *Chronicles*, I, pp. 27~156; *ABC*, pp. 152~154; *ANET*^{3}, p. 266.

23 자발람은 텔 이브제(Tell Ibzeh)로서 움마에서 북쪽으로 10킬로미터 떨어져 있으며 아직 발굴되지 않았고, 카잘루는 아직 위치가 확인되지 않았으며 마라드

(Marad) 주변에 있었다(*RGTC*, II, p. 84). 라가시, 움마, 아다브에 관해서는 8장을 보라.

24 A. Goetze, *op. cit.*, p. 256, n° 13; D. J. Wiseman, "Murder in Mesopotamia," Iraq, 36, 1974, p. 254.

25 미국 발굴단이 페르세폴리스 가까운 곳에 있는 테페 말리안(Tepe Malyan)을 발굴하는 도중 발견된 명문은 이 유적지가 안샨임을 확인하게 해 주었다. E. Reiner, "The location of Anshan," *RA*, 67, 1973, pp. 57~62; F. Vallat, *Suse et l'Elam*, Paris, 1980.

26 *IRSA*, p. 104.

27 R. Labat, *Le Caractère religieux de la royauté assyro-babylonienne*, Paris, 1939, pp. 8~10; pp. 268~269; I Engnell, *Studies in Divine Kingship in the Ancient Near East*, Uppsala, 1943; H. Frankfort, *Kingship and the Gods*, Chicago, 1948, pp. 224~226; C. J. Gadd, *Ideas of Divine Rule in the Ancient Near East*, London, 1948; W. W. Hallo, *Early Mesopotamian Royal Titles*, New Haven, 1957, pp. 56~65. H. J. Nissen, *The Early History of the Ancient Near East*, Chicago, 1988, pp. 170~174.

28 P. Matthiae, *Ebla, un Impero Ritrovato*, Torinto, 1977, p. 47, 182.

29 H, Lewy, "The Chronology of the Mari texts," J. R. Kupper (Ed.), *La Civilisation de Mari*, Liège, 1967, p. 18. 우리는 이 시대에 마리의 왕 미기르-다간이 아카드에 대항하여 반란을 일으켰음을 알고 있다.

30 사실 강력하게 요새화된 거대한 행정 건물이다. 이 유적에서는 아카드 시대의 다른 건물들도 발견되었다. Cf. D. Oates in J. Curtis (Ed.), *Fifty years of Mesopotamian Discovery,* London, 1982, pp. 68~70.

31 A. Parrot, *Sumer*, 2nd ed., p. 203, fig. 192~193.

32 *ABC*, p. 154; *IRSA*, p. 138.

33 이 문서의 주장에 따르면 이 문서는 쿠타(Kutha, 텔 이브라힘)에 있는 어떤 비문의 사본이다. O. Gurney, "The Cuthaen legend of Naram-Sin," *Anatolian Studies*, 5, 1955, pp. 93~113; R. Labat, *Religions*, pp. 309~315. 어떤 문서에서는 나람-신이 자신의 패배를 인정한다. A. K. Grayson and E. Sollberger, "L'insurrection générale contre Naram-Suen," *RA*, 70, 1976, pp. 103~128.

34 *SKL*, col. VII, line 1~7.

35 "The curse of Agade," *ANET*[3], pp. 645~651 (trans. S. N. Kramer); J. S. Cooper, *The Curse of Agade*, Baltimore/London, 1983.

36 *IRSA*, p. 168 (사르-이 풀 기념비), p. 128 (아리센의 명문), p. 124 (푸주르-인슈시나크의 명문들).

37 S. Piggott, *Prehistoric India*, Harmondsworth, 1950; Sir Mortimer Wheeler, *The Indus Civilization*, Cambridge, 1962; *Civilizations of the Indus Valley and Beyond*, London, 1966; J.-M. Cazal, *La Civilisation de l'Indus et ses énigmes*, Paris, 1969.

38 A. Parrot, *Sumer*, 2nd ed., fig. 191. 또한 불행히도 깨지긴 했지만 무척 아름다운 마니슈투수의 조각상을 보라(*ibid.*, fig. 194).

39 단(段)이 69개인 명문이 적혀 있으며 "마니슈투수의 오벨리스크"라는 이름으로 알려진 피라미드 모양의 섬록암 덩어리에는 이 왕이 네 도시의 영토에서 사들인 땅의 목록이 나온다. 이 네 도시 중에는 키시와 마라드도 있다. V. Sheil, trans., *MDP*, II, 1900, pp. 1~52. Cf. H. Hirsch, *AfO*, 20, 1963, p. 14 s; C. J. Gadd, *CAH*^{3}, I, 2, pp. 448~450.

10장

1 W. W. Hallo, "Gutium," in *RLA*, III, pp. 708~720.

2 R. Kutscher, *The Brockmon Tablets at the University of Haifa: Royal Inscriptions*, Haifa, 1989, pp. 49~70.

3 *IRSA*, p. 132; S. N. Kramer, *The Sumerians*, pp. 325~326. W. H. P. Römer, "Zur Siegeinschrift des Königs Utu-hegal von Uruk," *Orientalia*, 54, 1985, pp. 274~288.

4 S. N. Kramer, "Ur-Nammu law-code: who was its author?" *Orientalia*, 52, 1983, pp. 453~456.

5 S. N. Kramer and A. Falkenstein, "Ur-Nammu law-code," *Orientalia*, 23, 1954, pp. 40~51; E. Szlechter, "Le code d'Ur-Nammu," *RA*, 49, 1955, pp. 169~177; J. J. Finkelstein, "The laws of Ur-Nammu," *JCS*, 22, 1968~1969, pp. 66~82; *ANET*^{3}, pp. 523~525.

6 실라(*silà*)는 0.85리터에 해당한다. 마누(*mana*)는 약 500그램 정도의 무게였고 시클루(*gin*)는 1/60 마누, 즉 8.3그램이었다.

7 지구라트에 관해서는 방대한 문헌이 있다. 주요 저서로는 H. J. Lenzen, *Die Entwicklung der Zikkurat von ihren Anfängen bis zur der III. Dynastie von Ur*, Leipzig, 1941; Th. A. Busink, *De Babylonische Tempeltoren*, Leiden, 1949; A. Parrot, *Ziggurats et Tour de Babel*, Paris, 1949(참고문헌 포함) 등이 있다.

8 C. L. Woolley, *The Ziggurat and its Surroundings* (*UE*, V), London, 1939; Sir Leonard Woolley and R. P. S. Moorey, *Ur of the Chaldees*, London, 1982, 3rd ed., pp. 138~147.

9 이 질문과 지구라트의 종교적 의미에 관련된 가설에 관해서는 A. Parrot, *op. cit.*,

pp. 200~217을 보라.

10 구데아의 문서 자료와 통치에 관한 문헌 목록은 W. H. Ph. Römer, "Zum heutigen Stande der Gudeaforschung," *Bi. Or.*, 26, 1969, pp. 159~171을 보라. 또한 A. Falkenstein, *Die Inschriften Gudeas von Lagas*, I. *Einleitung*, Rome, 1966과 *RLA*, III, pp. 676~679의 "Gudea" 항목을 보라.

11 실린더 A와 B: *IRSA*, pp. 205~255; M. Lambert and R. Tournay, *RB*, 55, 1948, pp. 403~407; 56, 1949, pp. 520~543; *ANET*[3], p. 268. 조각상 E: M. Lambert, *RA*, 46, 1952, p. 81.

12 이라크 북동부 지역(*RGTC*, II, p. 101). 아마도 이란으로 가는 길에 있는 중계 지점인 것 같다.

13 A. Parrot, *Tello*, pp. 147~207; *Sumer*, 2nd ed., pp. 220~232, fig. 212~219, 221, 222. 이 조각상 중 일부의 진위 여부에 대해 의문이 제기되었다. F. Johansen, *Statues of Gudea Ancient and Modern*, Copenhagen, 1978.

14 S. N. Kramer, "The Death of Ur-Nammu and his descent to the Netherworld," *JCS*, 21, 1967, pp. 104~122; C. Wilcke, "Ein Schicksalentschedung für den toten Urnammu," in A. Finet (Ed.), *Actes de la XVII*[e] *Rencontre assyriologique internationale* (=*RAI*), Ham-sur-Heure, 1970, pp. 81~92.

15 W. W. Hallo, "Simurrun and the Hurrian frontier," *RHA*, 36, 1978, pp. 654~662.

16 이 시대 엘람의 역사에 관해서는, W. Hinz, *CAH*[3], I, 2, p. 654~662를 보라.

17 A. Falkenstein and W. von Soden, *Sumerische und Akkadische Hymnen und Gebete*, Stuttgart, 1953, pp. 114~119; G. R. Castellino, *Two Sulgi Hymns*, Rome, 1972: H. Limet, "Les temples des rois sumériens divinisées," in *Le Temple et le Culte*, Leiden, 1975, pp. 80~94. J. Klein, *The Royal Hymns of Shulgi, King of Ur*, Philiadelphia, 1981.

18 A. Goetze, *JCS*, I, n° 29~31, 1947, p. 261. 어떤 사람들은 이 징조 기록의 역사적 가치를 전혀 인정하지 않는다. 예를 들어, J. Cooper, "Apodictic death and the historicity of 'historical' omens," in B. Alster (Ed.), *Death in Mesopotamia*, Copenhagen, 1980, pp. 99~105를 보라.

19 우르-남무는 자기 아들 한 명을 마리의 왕 아필-킨의 딸과 결혼시켰다(M. Civil, *RA*, 56, 1962, p. 213).

20 수메르인은 보통 독립된 군주들을 엔시라 불렀다. 샤카나쿰이라는 직함은 우르 3왕조 시대의 마리 군주들이 자기들을 지칭하던 용어로서 우르 왕이 아니라 그들의 신 "다간 왕"에 대한 그들의 복종을 표현하는 것이다. 그들은 우르 왕을 결코 언급하지 않는다(J. R. Kupper, "Rois et *shakkanakku*," *JCS*, 21, 1967, pp. 123~125). 에블라와 구블라에서 보낸 선물(E. Sollberger, "Byblos sous les rois

d'Ur," *AfO*, 19, 1959~1960, pp. 120~122)에 관해서는, 아래 미주 22를 보라.

21 W. W. Hallo, "A Sumerian amphictyony," *JCS*, 14, 1960, pp. 88~114.

22 P. Michalowski, "Foreign tribute to Sumer during the Ur III period," *ZA*, 68, 1978, pp. 34~49.

23 J.-P. Grégoire, *Production, Pouvoir et Parenté dans le monde méditerranéen*, Paris, 1981, p. 73.

24 H. Limet, *Le Travail du métal au pays de Sumer au temps de la Troisième Dynastie d'Ur*, Paris, 1960.

25 H. Waetzoldt, *Untersuchungen Zur Neusumerischen Textilindustrie*, Rome, 1972.

26 논란이 되고 있는 이 주제에 관해서는 M. A. Powell, "Sumerian merchants and the problem of profits," *Iraq*, 39, 1977, pp. 23~29; D. C. Snell, "The activities of some merchants of Umma," *ibid.*, pp. 45~50; H. Limet, "Les schémas du commerce néo-sumérien," *ibid*, pp. 51~58을 보라.

27 E. Solberger, "Les pouvoirs publics dans l'empire d'Ur," in *Les Pouvoirs locaux en Mésopotamie et dans les régions adjacentes*, Bruxelles, 1980에 몇몇 세부 사항이 논의되어 있다.

28 I. J. Gelb, "Prisoners of war in early Mesopotamia," *JNES*, 24, 1973, pp. 70~98.

29 I. J. Gelb, "The ancient Mesopotamian ration system," *JNES*, 24, 1965, pp. 230~243.

30 무엇보다 수메르의 격언에서 이런 종류의 정보가 발견된다. Cf. E. I. Gordon, *Sumerian Proverbs*, Philadelphia, 1959; B. Alster, *Studies in Sumerian Proverbs*, Copenhagen, 1975.

31 M. Civil, "Su-Sin's historical inscriptions: collection B," *JCS*, 21, 1967, pp. 24~38. Cf. W. W. Hallo in *RHA*, 36, 1978, p. 79.

32 아무루인에 관해서는 J. R. Kupper, *Les Nomades en Mésopotamie au temps des rois de Mari*, Paris, 1957, pp. 147~248; K. M. Kenyon, *Amorites and Canaanites*, London, 1963; G. Buccellati, *The Amorites of the UR III Period*, Napoli, 1963; A. Haldar, *Who were the Amorites?* Leiden, 1971; M. Liverani, "The Amorites," in D. J. Wiseman (Ed.), *Peoples of Old Testament Times*, Oxford, 1972, pp. 101~133을 보라.

33 E. Chiera, *Sumerian Epics and Myths*, Chicago, 1934, n° 58 and 112; M. Civil, *op. cit.*, p. 31.

34 이비-신의 통치와 우르의 몰락에 대해서는, T. Jacobsen, "The reign of Ibbi-Suen," *JCS*, 7, 1953, pp. 36~44; E. Sollberger, "Ibbi-Sin," in *RLA*, V, pp. 1~8; D. O. Edzard, *Die "Zweite Zwischenzeit" Babyloniens* (=*ZZB*), Wiesbaden, 1957, pp.

44~58; C. J. Gadd, *CAH*[3], I, 2, pp. 611~617; J. Van Dijk, “Isbi'Erra, Kindattu, l'homme d'Elam et la chute de la ville d'Ur,” *JCS*, 30, 1978, pp. 189~207을 보라.

35 A. Falkenstein and W. von Soden, *Sumerische und Akkadische Hymnen und Gebete*, Zurich, 1953, pp. 189~192에 이비-신에 대한 애가가 있다.

36 S. N. Kramer, “Lamentation over the destruction of Ur,” *ANET*[3], pp. 455~463. 수메르와 우르의 멸망에 대한 애가도 있으며(*ibid.*, pp. 611~619) 니푸르, 우루크, 에리두의 멸망에 대한 애가의 단편들도 있다. Cf. S. N. Kramer, “The weeping goddess: Sumerian prototype of the Mater dolorosa,” *Biblical Archaeologist*, 1983, pp. 69~80.

11장

1 D. O. Edzard, in *ZZB*, Wiesbaden, 1957.

2 고대 바빌론 시대 메소포타미아의 사회-경제적 조직에 관해서는, A. L. Oppenheim, *Ancient Mesopotamia*, Chicago, 1964, pp. 74~125; C. J. Gadd, *CAH*[3], II, 1, pp. 190~208; P. Garelli, *Le Proche-Orient asiatique* (=POA), Paris, 1969, I, pp. 264~272; pp. 283~287을 참조하라.

3 W. F. Leemans, *The Old Babylonian Merchant,* Leiden, 1950; *Foreign Trade in the Old Babylonian Period*, Leiden, 1960. 또한 P. Koschaker, *ZA* 47, 1942, pp. 135~180과 Bottéro, *JESHO*, 4, 1961, pp. 128~130을 보라.

4 F. R. Kraus, “The role of temples from the third dynasty of Ur to the first Babylonian dynasty,” *Cahiers d'histoire mondiale*, 1, 1954, p. 535.

5 J. Renger, “Interaction of temple, palace and ‘private enterprise’ in the Old Babylonian economy,” in E. Lipinski (Ed.), *State and Temple Economy in the Ancient Near East*, Louvain, 1979.

6 A. L. Oppenheim, *Ancient Mesopotamia*, p. 86; J. Klima in J. R. Kupper (Ed.), *La Civilisation de Mari*, Paris, 1967, p. 46.

7 함무라비의 아들 삼수-일루나 19년에 편찬된 “라가시 제왕 목록.” Cf. A. K. Grayson, *RLA*, VI, p. 89.

8 D. Arnaud, “Textes relatifs à l'histoire de Larsa,” *RA*, 71, 1977, pp. 3~4.

9 이신은 니푸르에서 남쪽으로 25킬로미터 떨어진 곳에 있는 현재의 이샨 바흐리야트(Ishan Bahriyat)이다. 독일의 대규모 발굴이 1973년에 착수되었다가 1989년에 중단되었다. 최초의 종합 보고서는 B. Hrouda, *Isin-Isan Bahriyat*, 3 vols., München, 1977~1987이다. 라르사는 나시리야(Nasriyah) 북쪽으로 48킬로미터 떨

어져 있으며 우루크에서 멀지 않은 센케레(Senkereh)이다. 1932년에 A. Parrot가 시작했다가 중단된 발굴을 루브르 박물관이 1968년에 재개했다. 초기 보고서는 처음에는 J.-Cl. Margueron이, 그리고 나중에는 J. L. Huot가 서명하여 여러 정기 간행물에 출간되었다. J. L. Huot, *Larsa et 'Oueili*, Paris, 1987도 참고하라. 이 발굴 이전에 알려져 있던 이신과 라르사의 제왕 명문에 관한 참고 문헌 목록은 W. W. Hallo가 *Bi. Or.*, 18, 1961, pp. 4~14에 수집해 놓았다.

10 데르는 텔 아카르(Tell 'Aqar)로서, 쿠트 엘-이마라(Kut el-Imara)에서 북쪽으로 60킬로미터 떨어진 이란-이라크 국경 도시 바드라(Badra) 근처에 있다. 발굴은 이루어지지 않았다.

11 W. H. Ph. Römer, *Sumerische "Königshymnen," der Isin-Zeit*, Leiden, 1965. 찬가의 목록은 W. W. Hallo, *Bi. Or.*, 23, 1966, pp. 239~247에 나온다.

12 예를 들어 이딘-다간의 딸은 안샨의 왕과 결혼했다. Cf. B. Kienast, *JCS*, 19, 1965, pp. 45~55; A. Goetze, *ibid.*, p. 56; D. I. Owen, *JCS*, 24, 1971, pp. 17~19.

13 D. Collon, *First Impressions*, Lodon, 1987, pp. 36~39. "봉헌 장면"은 실린더-인장의 소유자를 표현한다. 여기서 소유자는 자기 개인 신과 함께 등장하는데, 신에게 기도하거나 동물을 제물로 바치고 있다.

14 S. N. Kramer, "The Lipit-Ishtar Law-code," *ANET*[3], pp. 159~161; E. Szlechter, "Le code de Lipit-Ishtar," *RA*, 51, 1957, pp. 57~82; 177~196; *RA*, 52, 1958, pp. 74~89.

15 J. Bottéro, "Le substitut royal et son sort en Mésopotamie ancienne," *Akkadica*, 9, 1978, pp. 2~24.

16 "고대의 왕들"이라는 연대기, *ABC*, p. 155.

17 오늘날 텔 아부 두와리(Tell Abu Duwari)로서 쿠트 엘-이마라(Kut el-Imara)에서 남서쪽으로 거의 40킬로미터 지점에 있다.

18 M. Van de Mieroop, "The Reign of Rim-Sin," *RA* 89, 1993, pp. 47~69를 보라.

19 H. Frankfort, Seton Lloyd, and Th. Jacobsen, *The Gimilsin Temple and the Palace of the Rulers at Tell Asmar*, *OIP*, XLIII, Chicago, 1940. 이 책은 에슈눈나 왕국의 역사에 관한 중요한 장(pp. 116~200)을 포함하고 있다. 또한 *ZZB*, 71~74, pp. 118~121, 162~167을 보라.

20 E. Szlechter, *Les Lois d'Esnunna*, Paris, 1954; A. Goetze, *The Laws of Eshnunna*, New Haven, 1956; *ANET*[3], pp. 161~163. M. J. Seux, "Les lois d'Eshnounna," in *Les Lois de l'ancien Orient*, Paris, 1986, pp. 25~28.

21 Taha Baquir, Tell Harmal, Bagdad, 1959. 텔 하르말의 문서는 *Sumer*, 6 (1950)부터 14 (1958), 그리고 *JCS*, 13 (1959)부터 27 (1975)에 출간되었다.

22 아시리아 왕국의 초창기에 관해서는 D. Oates, *Studies in the Ancient History of*

Northern Iraq, London, 1968, pp. 19~41과 F. R. Kraus, *Könige, die in Zelten wohnten*, Amsterdam, 1965를 보라.

23 아수르(오늘날의 칼라아트 셰르카트[Qala'at Sherqat])는 1903년부터 1914년까지 독일이 발굴했다. *WVDOG*에 있는 예비 보고서는 1950년대 중반까지 나와 있다. 이 유적과 그 발굴에 관한 개관으로는 W. Andrae, *Das wiedererstandene Assur*, Leipzig, 1938 (2nd ed., rev. B. Hrouda, München, 1977)을 보라.

24 A. Poebel, "The Assyrian King list from Khorsabad," *JNES*, 1, 1942, pp. 247~306; 460~495. 이와 유사한 왕조 목록을 I. J. Gelb가 *JNES*, 13, 1954, pp. 209~230으로 출간했다. 이 목록들에 관해서, F. R. Kraus, *Könige, die in Zelten wohnten*, Amsterdam, 1965; H. Lewy, *CAH*^{3}, I, 2, pp. 743~752; A. Grayson, *RLA*, VI, pp. 101~116을 보라. 참고 문헌 목록은 *ABC*, p. 269에 있다.

25 이 문제에 관해서는 H. Lewy, *CAH*^{3}, I, 2, pp. 757~758; *ARI*, 7~8을 보라.

26 1950년부터 27권의 "마리 궁전문서 번역"(archives royales de Marie en traduction = *ARMT*)이 출간되었으며 아직 완간되지 않았다. 이 문서들과 관련 고고학적 주제에 관한 연구는 총서 *MARI*와 다른 정기 간행물(*Syria*, *Iraq*, *RA* 등)에 실려 있다. 심샤라 문서에 관해서는, J. Laessøe, *The Shemshara Tablets*, Copenhagen, 1959; J. Eidem, *The Shemshara Archives 2: the Administrative Texts*, Copenhagen, 1992를 보라. 텔 알-리마 문서는 S. Dalley, C. B. F. Walker, and J. D. Hawkins, *The Old Babylonian Tablets from Tell al-Rimah*, London, 1976에 출간되었다. 텔 레일란의 문서에 대한 출간은 준비 중이지만 R. M. Whiting, "The Tell Leilan tablets: a preliminary report," *AJA* 94, 1990; J. Eidem, "Les archives paléo-babyloniennes de Tell Leilan," *Les Dossiers d'Archéologie*, n° 155, 1990, pp. 50~53을 참고할 수 있다.

27 J.-M. Durand, "La situation historique des *shakkanakku*," *MARI* 4, 1985, pp. 147~172.

28 J. R. Kupper, *Les Nomades de Mésopotamie au temps des rois de Mari*, Paris, 1957. D. Charpin, J.-M. Durand, "Fils de Sim'al: les origines tribales des rois de Mari," *RA*, 80, 1986, pp. 142~176.

29 신자르 산맥 남쪽에 있는 텔 알-리마는 1964년부터 1971년까지 영미 합동 발굴단이, 그리고 그 후 영국 발굴단이 발굴했는데, 여기서 큰 궁전 하나와 중요한 문서들이 출토되었다. 처음에는 이 유적지의 고대 지명이 카라나(Karana)라고 생각했지만 그보다는 오히려 카타라(Qattara)와 관련된다는 사실이 드러났다. 영국의 발굴에 관해서는, D. Oates, *Iraq* 27 (1965)부터 35 (1972)를 보라. S. Dalley, *Mari et Katana: Two Old Babylonian Cities*, London, 1984는 이 유적지에 관한 개관, 특히 상부 메소포타미아에 관한 개관을 제시해 준다.

30 에칼라툼의 위치는 아직 확인되지 않았다. 가장 그럴듯한 곳은 텔 하이칼(Tell Haikal)로 아수르에서 북쪽으로 15킬로미터 떨어진 티그리스 강의 좌안(左岸)에 있다(D. Oates, *Studies in the Ancient History of Northern Iraq*, London, 1968, p. 38, n. 5).

31 G. Dossin, "L'inscription de fondation de Iahdun-Lim, roi de Mari," *Syria* 32, 1955, pp. 1~28.

32 G. Dossin, "Archives de Sûmu-Iaman, roi de Mari," *RA*, 64, 1970, pp. 17~44.

33 텔 레일란(Tell Leilan)은 1979년부터 미국 발굴단(예일 대학)이 조사했다. 아크로폴리스에서는 나선형 기둥과 모조 종려나무로 장식된 화려한 신전이 발견되었고 아래쪽 도시에서는 큰 궁전이 발견되었다. 개관으로는 D. Parayre and H. Weiss, *Les Dossier d'Archéologie*, 155, 1990, 36~41을 보라.

34 J. R. Kupper, "Samsi-Adad et l'Assyri," in *Miscellanea Babyloniaca*, Paris, 1985, pp. 147~151.

35 *ARMT*, I, n° 124.

36 *ARMT*, IV, n° 70.

37 *ARMT*, I, n° 61.

38 *ARMT*, I, n° 69.

39 이 사람들에 관해서는, Klengel, "Das Gebirgsvolk der Turukkû in den Keilschrifttexten altbabylonischer Zeit," *Klio*, 40, 1966, pp. 5~22; J. Laessøe, *People of Ancient Assyria*, London, 1963, pp. 70~73; J. Eidem, "From the Zagros to Aleppo – and back," *Akkadica* 81, 1993, pp. 23~28을 보라.

40 J. R. Kupper, *CAH*^{3}, II, 1, p. 5; Ph. Abrahami, "L'organisation militaire à Mari," *Les Dossiers d'Archéologie*, n° 160, 1991, pp. 36~41.

41 G. Dossin, "Iamhad et Qatanum," *RA*, 36, 1939, pp. 46~54. 카트나는 오늘날의 미슈리페(Mishrifeh)로서 홈스(Homs)에서 복동쪽으로 20킬로미터 떨어져 있으며 1924년부터 1929년까지 프랑스 발굴단이 발굴했다. R. du Mesnil du Buisson, *Le site archéologique de Mishrifé-Qatna*, Paris, 1935. 이 왕국의 역사에 관해서는, H. Klengel, *Syria, 3000 to 300 B.C.*, Berlin, 1992, pp. 65~70을 보라.

42 A. K. Grayson, *RIMA*, vol. 1, p. 50.

43 *ARMT*, V, n° 5, 6, 13. 카르케미시와 그 왕 아블라한다에 관해서는 H. Klengel, *op. cit.*, pp. 70~74를 보라.

44 이 전쟁과 샴시-아다드 말년의 연대에 관해서는, D. Charpin, J.-M. Durand, "La prise du pouvoir par Zimri-Lim," *MARI*, 4, 1985, pp. 310~324; M. Anbar, "La fin du règne de Shamshi-Adad," *Akkadica*, Supplement, 1989, pp. 7~13; J. Eiden, "News from the eastern front: the evidence from Tell Shemshara," *Iraq*, 47, 1985,

pp. 83~107을 보라.

45 A. K. Grayson, *RIMA*, vol. 1, pp. 63~64.

46 Bahija Khalil Ismail, "Eine Siegestele des Königs Dadusa von Esnunna," in W. Meid and H. Trendkwalder (Ed.), *Bannkreis des Alten Orients*, Innsbruch, 1986, pp. 105~108.

47 *ARMT*, I, n° 93, IV, n°s 5, 14.

48 *ARMT*, V, n° 56.

12장

1 예를 들어 루브르 박물관에 있는 아름다운 함무라비(?) 두상, 베를린 박물관에 있는 마리의 샤카나쿠 푸주르-이슈타르의 두상, 그리고 함무라비 "법전"이 있는 비석 윗부분을 보라(A. Parrot, *Sumer*, 1981, 2nd ed., fig. 282, 249, 280).

2 이 작품들에 해당하는 삽화는 A. Parrot, *op. cit.*, pp. 257~298; *AAO*, pl. 59A, 66에 나온다.

3 L. King, *The Letters and Inscriptions of Hammurabi*, London, 1900~1902. Cf. *IRSA*, pp. 212~219.

4 W. G. Lambert, *Babylonian Wisdom Literature*, Oxford, 1960, p. 10.

5 *ANET*[3], pp. 111~113, pp. 514~517; R. Labat, *Religion*, pp. 80~92.

6 T. Jacobsen, *The Treasures of Darkness*, New Haven, 1976, p. 147.

7 H. Schmökel, *Hammurabi von Babylon*, Darmstadt, 1971; H. Klengel, *Hammurabi von Babylon und seine Zeit*, Berlin, 1976. 또한 C. J. Gadd, *CAH*[3], II, 1, pp. 176~200; P. Garelli, *POA*, I, pp. 128~134를 보라.

8 시파르는 유프라테스 강변에 있는 아부 하바(Abu Habba)로서 바빌론에서 북쪽으로 60킬로미터 떨어진 곳에 있다. 이 큰 도시는 기원전 제3천년기부터 태양신 샤마시를 수호신으로 삼고 있었으며 1881년부터 짧은 발굴이 간헐적으로 이루어져 왔다. 이라크에서 주도한 최근의 발굴 조사로 고대 바빌론 시대의 도서관이 손상되지 않은 채로 발견되는 등 여러 유물이 발굴되었다. Cf. W. al Jadir, "Sippar, ville du dieu-soleil," in *Dossiers d'Histoire et d'Archéologie*, n° 103, 1988, pp. 52~54; "Une bibliothèque et ses tablettes," in *Archeologia*, n° 224, 1987, pp. 18~27. 이 도시를 텔 엣-데르(Tell ed-Dêr)의 시파르와 혼동하지 말 것. 텔 엣-데르는 같은 지역에 있으며 기원전 제2천년기에 암나누(*Amnanu*)라는 아무루 부족이 건설하였다. 이 유적은 1970년부터 벨기에 발굴단이 발굴했는데, 흥미로운 문서들이 출토되었다. 세 편의 발굴 보고서가 출간되었다. 요약으로 L. de Meyer,

H. Gasche, and M. Tanret, "Tell ed-Dêr, la vie en Babylonie il y a 4000 an," *Archeologia*, n° 195, 1984, pp. 8~25를 보라. 마라드는 완나 엣-사아둔(Wanna es-Sa'adun)으로 디와니야(Diwaniya)에서 북쪽으로 21킬로미터 지점에 있으며 시굴(試掘)이 몇 차례 이루어졌다.

9 W. Hinz, *CAH*[3], II, 1, pp. 260~265.

10 A. Ungnad, *RLA*, II, 172~178; *ANET*[3], pp. 269~271.

11 C. J. Gadd, *CAH*[3], II, 1, p. 177.

12 D. Charpin, J.-M. Durand, "La prise de pouvoir par Zimri-Lim," *MARI*, 4, 1985, pp. 326~338.

13 이 유적지는 이탈리아 발굴단이 발굴한다. 흥미롭게도 이곳은 기원전 제3천년기부터 중세까지 거의 단절 없이 계속 거주가 이루어졌다. Cf. P. E. Pecorella, "Tell Barri," *Dossiers d'Archéologie*, n° 155, 1990, pp. 32~35.

14 B. Lafont, "Les filles du roi de Mari," in J.-M. Durand (Ed.), *La Femme dans le Proche-Orient antique*, Paris, 1987. 또한 J.-M. Durand, "Trois études sur Mari; III, Les femmes de Haya-Sumu," *MARI*, 3, 1984, pp. 162~172.

15 D. Charpin, "Le traité entre Ibal-pî-El d'Esnunna et Zimri-Lim de Mari," in D. Charpin and F. Joannes (Ed.), *Marchands, Diplomates et Empereurs*, Paris, 1991, pp. 139~166.

16 J. R. Kupper, "Zimri-Lim et ses vassaux," *ibid.*, pp. 179~184.

17 이 일들은 G. Dossin, "Les nom d'années et d'éponymes dans les archives de Mari," *Studia Mariana*, Leiden, 1950, pp. 51~61에 열거되어 있다.

18 J. R. Kupper, "Les marchands à Mari," in M. Lebeau, Ph. Talon (Ed.), *Reflets des Deux Fleuves*, Akkadica, 1989, pp. 89~93.

19 B. Lafont, "Messagers et ambassadeurs dans les textes de Mari," in D. Charpin, F. Joannès (Ed.), *La Circulation des biens, des personnes et des idées dans le Proche-Orient ancien*, Paris, 1992, pp. 167~183.

20 G. Dossin, "Les archives épistolaire du palais de Mari," *Syria*, 19, 1938, p. 117.

21 P. Villard, "Le déplacement des trésors royaux, d'après les archives royales de Mari," in D. Charpin, F. Joannès (Ed.), *La Circulation des biens, des personnes et des idées dans le Proche-Orient ancien*, Paris, 1992, pp. 175~205.

22 이 도시에 관해서는 14장 미주 30을 보라.

23 함무라비 30년 연명.

24 M. van de Mieroop, "The reign of Rim-Sîn," *RA*, 87, 1993, pp. 58~61.

25 D. Charpin, *Syrie: Mémoire et Civilisation* (전시회 소책자), Paris, 1994, p. 149.

26 큰 물의 흐름을 막아 놓았다가 갑자기 흘려 보내는 전략. 함무라비는 림-신에게

대항하면서 이 방법을 사용했던 것 같다. J. Renger, "Hammurabi," *Encyclopaedia Brittanica*, 15th ed., 1974, p. 199.

27 니네베는 함무라비 "법전"의 서문에 이 왕이 호의를 베푼 스물 세 도시 중에 언급된다. 함무라비가 세운 비석 하나가 티그리스 강 상류에 있는 디아르바크르(Diarbakr)에서 발견된 것 같지만(A. T. Clay, *The Empire of the Amorites*, New Haven, 1919, p. 97) 그 정확한 기원은 확실하지 않다(J. R. Kupper, *Nomades*, 176, n. 2).

28 테르카에서 발견된 문서에 기반을 둔 하나(Hana) 왕들의 왕조에 관해서는, O. Roualt, "Cultures locales et influences extérieures: le cas de Terqa," in *Studi Miceni ed Egeo-Anatolici*, XXX, Rome, 1992를 보라.

29 L. King, *op. cit.*, n. 3. F. Thureau-Dangin, "La correspondance de Hammurabi avec Samas-hâsir," *RA*, 21, 1924, pp. 1~58. Cf. J. C. Gadd, *CAH*^{3}, II, 1, pp. 184~187.

30 P. Garelli, *POA*, I, pp. 265~269; D. O. Edzard, *The Near East*, pp. 213~214; Ch. F. Jean, *Larsa d'après les textes cunéiformes*, Paris, 1930, p. 40, pp. 102~110; R. Harris, *Ancient Sippar*, Leiden, 1975, pp. 39~142.

31 N. Yoffee, *The Economic Role of the Crown in the Old Babylonian Period*, Malibu, Calif., 1977, p. 148.

32 R. Harris, "On the process of secularization under Hammurabi," *JCS*, 15, 1961, pp. 117~120; "Some aspects of the centralization of the realm under Hammurapi and his successors," *JAOS*, 88, 1968, pp. 727~732.

33 O. Rouault, "Quelques remarques sur le système administratif de Mari à l'époque de Zimri-Lim," in P. Garelli (Ed.), *Le Palais et la Royauté*, Paris, 1974, pp. 263~272.

34 J. R. Kupper, *L'Iconographie du dieu Amurru dans la glyptique de la première dynastie de Babylone*, Bruxelles, 1961.

35 H. Schmökel, "Hammurabi and Marduk," *RA*, 53, 1959, pp. 183~204.

36 함무라비 "법전"은 여러 언어로 번역되었고 아주 많은 법학적 연구가 이루어졌다. 최근의 프랑스어 번역은 A. Finet, *Le Code de Hammurapi*, Paris, 1973이다. 주요 영어 번역으로는, *ANET*^{3}, pp. 163~180 (Th. J. Meek); G. R. Driver and J. C. Miles, *The Babylonian Laws*, 2 vols., Oxford, 1952~1955 등이 있다. 독일어 번역으로는 W. Eilers, *Die Gesetzesstele Chammurabis*, Leipzig, 1933이 있다.

37 F. R. Kraus, "Ein zentrales Problem des altmesopotamischen Rechtes: was ist der Codex Hammurabi?" *Genava*, 8, 1960, pp. 283~296; D. J. Wiseman, "The laws of Hammurabi again," *JSS*, 7, 1962, pp. 161~172.

38 A. Parrot, Sumer, 2nd ed., fig. 280.

[39] 비석의 일부를 엘람인들이 파괴해 약 35개 조항이 사라졌다. 사라진 본문 중 일부는 토판에 새겨진 "법전"의 단편들 덕분에 재구성될 수 있었다.

[40] E. A. Speiser, "Mushkênum," *Orientalia*, 27, 1958, pp. 19~28. 이 주제에 관한 가장 완성된 연구는 F. R. Kraus, *Vom mesopotamischen Meschen der altbabylonischen Zeit und seiner Welt*, Amsterdam, 1973, pp. 95~117이다.

[41] J. Vanden Drissche, "A propos de la sanction de l'homicide et des dommages corporels dans le Code d'Hammurabi," *Akkadica*, 13, 1979, pp. 16~27; J. Renger, "Wrongdoing and its sanctions," *JESHO*, 20, 1977, pp. 65~77.

[42] 바빌론의 가정은 "일부일처제 결혼에 기반을 두고 있으며 약간의 첩 제도를 곁들인다"(J. Cardascia를 P. Garelli, *POA*, I, p. 131에서 인용). 결혼은 근본적으로 계약이다. 결혼할 남자의 아버지가 여자를 선택하고 그 가족에게 일정 금액을 테르하툼(*terhatum*)으로 준다. 이것은 일종의 "가사 노동력 상실"에 대한 대가이다. 여기에다 선물(*biblum*)을 더 줄 수도 있다. 약혼녀는 지참금(*sheriqtum*)을 가져온다. Cf. G. R. Driver and J. C. Miles, *op. cit.*, I, pp. 249~265.

[43] 함무라비 "법전", 후기, XXIV, 30~59 (A. Finet 번역).

13장

[1] G. Contenau, *La Vie quotidienne à Babylone et en Assyrie*, Paris, 1954와 H. W. F. Saggs, *Everyday Life in Babylonia and Assyria*, London, 1965는 흥미롭긴 하지만, 이들의 제목에서 느껴지는 기대감을 모두 충족시키지는 못하는 것 같다.

[2] 바빌론에서 이루어진 독일인들의 발굴에 관해서는 24장을 보라. 메르케스(Merkes)의 주택가에서 이루어진 시굴에서는 바빌론 1왕조 시대의 벽면 일부와 몇몇 토판들밖에 나오지 않았다. Cf. R. Koldewey, *Das wieder erstehende Babylon*, Leipzig, 1925, p. 234.

[3] Taha Baqir, "Tell Harmal, a preliminary report," *Sumer*, 2, 1946, pp. 22~30; *Tell Harmal*, Baghdad, 1959.

[4] 이 시기의 주요 신전은 고대의 네리브툼(Neribtum)인 이스칼리(Ischâli)의 신전(H. Frankfort, *OIC*, 20, 1936, pp. 74~98), 아수르의 신전(W. Andrae, *Das wiederstandene Assur*, Leipzig, 1938, pp. 83~88), 텔 알-리마(Tell el-Rimah)의 신전(D. Oates, *Iraq*, 29, 1967, pp. 71~90), 그리고 우르에 있는 닌갈 여신의 신전(*UE*, VII; P. N. Weadock, *Iraq* 37, 1975, pp. 101~128)이다. 일반적인 메소포타미아 신전과 그 발전에 관해서는, E. Heinrich, *Die Tempel und Heiligtümer im alten Mesopotamien*, 2 vols., Berlin, 1982를 보라.

5 이 장식은 텔 알-리마(*Iraq*, 39, 1967, pl. 32)와 라르사(*Syria*, 47, 1970, pl. 16, 2 and fig. 9)에서 발견되며, 특이하게 텔 레일란(*Dossier d'Histoire et d'Archéologie*, n° 155, 1990, pp. 36~39)에서도 발견된다.

6 D. Oates, "Early vaulting in Mesopotamia," in D. E. Strong (Ed.), *Archaeological Theory and Practice*, London, 1973, pp. 183~191.

7 A. Spycket, *Les statues du culte dans les textes mésopotamiens des origines à la I*[re] *dynastie de Babylone*, Paris, 1968; J. Renger, "Kultbild," *RLA*, VI, pp. 307~314.

8 B. Hrouda, "Le mobilier du temple," in *Le Temple et le Culte*, Leiden, 1975, pp. 151~155.

9 R. S. Ellis, *Foundation Deposits in Ancient Mesopotamia*, New Haven, 1968. 우르 3왕조 시대의 매장품 중에는 끝이 뾰족한 작은 청동상이 흔히 있었다.

10 메소포타미아 제의에 관해서는 B. Meissner, *Babylonien und Assyrien*, II, Heidelberg, 1925, pp. 52~101과 E. Dhorme, *Les Religions de Babylonie et d'Assyrie*, Paris, 1945가 여전히 아주 좋은 책이다.

11 F. Thureau-Dangin, *Rituels accadiens*, Paris, 1921, pp. 1~59; *ANET*[3], pp. 334~338. 이 문서는 후대의 것이지만 그 의식은 아마 상당히 오래된 듯하다.

12 B. Landsberger, *Der kultische Kalender der Babylonier und Assyrer*, Leipzig, 1915는 여전히 이 주제에 관해 유일한 종합적 연구이다. 우르 3왕조 시대의 축제에 관한 H. Sauren과 H. Limet의 연구(*Actes de la XVII*[e] *RAI*, Ham-sur-Heure, 1970, pp. 11~29; 59~74)는 대부분 고대 바빌론 시대에도 적용될 수 있을 것 같다.

13 1960년대부터, 수금과 리라의 현의 변화에 관련된 문서를 중심으로 메소포타미아의 음악을 재구성하려는 노력이 있었다. M. Duchesne-Guillemin, "Déchiffrement de la musique babylonienne," *Accademia dei Lincei*, Rome, 374, 1977, p. 1~25는 이에 관한 참고문헌을 제시하면서 잘 요약하고 있다. D. Wulstan(*Music and Letters*, 52, 1971, pp. 365~382)과 A. Kilmer(*RA*, 68, 1974, pp. 69~82)는 우가리트에서 나온, "악보"가 포함된 후리인의 찬가에 관해 연구했으며, Duchesne-Guillemin은 이 후리인의 찬가를 바탕으로 일관성 있고 재생 가능한 체계를 제안하기에 이르렀다. 이 음악은 다섯 개의 온음과 두 개의 반음을 가진 7음계로 이루어져 있으며 음계의 각 부분에 있는 연속된 음이 선율의 기초를 이룬다(선법을 가진 7음 음계).

14 이 주제에 관해 가장 중요한 두 연구는 J. Renger, "Untersuchungen zum Priestertum der altbabylonischen Zeit," *ZA*, 24, 1967, pp. 110~188; 25, 1969, pp. 104~230과 D. Charpin, *Le Clergé d'Ur au siècle d'Hammurabi (XIX*[e] *et XVIII*[e] *siècle av. J.-C.)*, Genève/Paris, 1986이다.

15 R. Harris, "Hierodulen," *RLA*, IV, pp. 151~155; J. Bottéro, "Homosexualität," *RLA*,

IV, pp. 459~468, and "L'amour libre à Babylone," in L. Poliakov (Ed.), *Le Couple interdit*, Paris, 1980, pp.27~42를 보라.

16 R. Harris, "The *nadîtu* woman," in *Studies presented to A. L. Oppenheim*, Chicago, 1964, pp. 106~135; *Ancient Sippar*, pp. 305~312; E. C. Stone, "The social role of the *nadîtu* women in Old Babylonian Sippar," *JESHO*, 25, 1982, pp. 50~70.

17 마리 궁전 외에 이 시대의 궁전으로 알려진 것은 우루크에 있는 신-카시드(Sîn-kâshid)의 궁전, 텔 아스마르(Tell Asmar)에 있는 에슈눈나 왕의 궁전, 그리고 텔 알-리마(Tell el-Rimah)의 궁전이 있다. 이 중 어느 건물도 완전히 발굴되지 않았다. 이 모든 궁전에 관한 연구는 J.-Cl. Margueron, *Recherches sur les palais mésopotamiens de l'âge du bronze*, Paris, 1982에 있다.

18 A. Parrot, *Mission archéologique à Mari*, III, *Le Palais*, 3 vols., Paris, 1958~1959. Cf. J.-Cl. Margueron, *op. cit.*, pp. 209~380. 종합적인 연구로는 A. Parrot, *Mari, capitale fabuleuse*, Paris, 1974, pp. 112~143; J.-Cl. Margueron, *Les Mésopotamiens*, vol. 2, Paris, 1991, pp. 87~103; "Le célèbre palais de Zimri-Lim," *Dossiers d'Histoire et Archéologie*, n° 80, 1984, pp. 38~45.

19 H. Vincent, *RB*, 49, 1938, p. 156.

20 G. Dossin, *Syria*, 18, 1937, pp. 74~75.

21 이 수많은 뛰어난 그림은 먼저 A. Parrot, *Mission archéologique de Mari*, II, vol. 2; *Sumer*, 2nd ed., fig. 254~259에 출간되었으며 그 후 수많은 연구의 대상이 되었다. 가장 자세한 연구는 B. Pierre-Muller, *MARI*, 3, 1984, pp. 223~254; *MARI*, 5, 1987, pp. 551~576; *MARI*, 6, 1990, pp. 463~558이다. 또한 D. Parayre, "Les merveilleuse peintures murales du palais," *Dossiers d'Histoire et d'Archéologie*, n° 80, 1984, pp. 58~63.

22 A. Parrot, *Sumer*, 2nd ed., fig. 253. 궁전 안의 다른 곳에서 발견된 머리 부분은 원래 이 신상의 것이다.

23 J.-Cl. Margueron, "Le célèbre palais de Zimri-Lim," *Dossiers d'Histoire et d'Archéologie*, n° 80, 1984, pp. 38~45.

24 A. Parrot, *Mari, une ville perdue*, Paris, 1938, p. 161.

25 J. Bottéro, "Küche," *RLA*, VI, pp. 277~298; "La plus vieille cuisine du monde," *L'Histoire*, 49, 1982, pp. 72~82.

26 J. Bottéro, "Getränke," *RLA*, III, Berlin, 1966, pp. 302~306. A. Finet, "Le vin à Mari," *AfO*, 25, 1974, pp. 122~131; "Le vin il y a 5000 ans," *Initiation à Orient ancien*, Paris, 1992, pp. 122~127.

27 *ARMT*, I, n° 64; IV, n° 79; III, n° 62에서 발췌한 예.

28 G. Dossin, "Une révélation du dieu Dagan à Terqa," *RA*, 42, 1948, pp. 125~134.

29 *ARMT*, II, n° 106; VI, n° 43; I, n° 89; II, n° 112 에서 발췌한 예.

30 B. Lafont, "Les filles du roi de Mari," in J.-M. Durand (Ed.), *La Femme dans le Proche-Orient antique*, Paris, 1987, pp. 113~123; "Les femmes du palais de Mari," *Initiation à l'Orient ancien*, Paris, 1992, pp. 170~183.

31 발신자와 수신자는 대개 읽을 줄도 쓸 줄도 몰랐기 때문에 편지를 쓰는 서기관은 그 편지를 읽을 서기관을 상대로 말하는 것이다.

32 우리가 알기에 우르 외에 고대 바빌론 시대의 개인 집이 소규모로 발굴된 곳은 텔 엣-데르(L. de Meyer *et al.*, *Tell ed-Dêr*, II, Louvain, 1978, pp. 57~131), 이신(B. Hrouda, *Isin*, II, München, 1981, pp. 39~40, 49), 니푸르(McG. Gibson *et al.*, *OIC*, 23, 1978, pp. 53~65; E. C. Stone, *Nippur Neighborhoods*, Chicago, 1987)가 전부이다.

33 Sir Leonard Woolley, *Excavations at Ur*, London, 1954, pp. 175~194; *Ur of the Chaldees*, London, 1982, pp. 191~213; *UE*, VII, pp. 12~39; 95~165.

34 울리(Woolley)가 "가게"와 "음식점"으로 재구성한 것에 대해 오늘날 일부 학자들은 의문을 제기한다. 그러나 우리가 알기로는 그 누구도 반대 증거를 제시하지 못했다. 당시 상황을 생생하게 묘사하려는 우리의 시도는 물론 상상이지만, 우리는 단지 중동 지방 거리의 모습을 우르에 옮겨 놓으려 했을 뿐이다. 이런 모습은 아마 이 시대에 충분히 있었을 법한 모습이다.

35 C. J. Gadd, "Two sketches from the life at Ur," *Iraq*, 25, 1963, pp. 177~188.

36 J. Bottéro, *L'Histoire*, 49, 1982, p. 73; *RLA*, VI, pp. 282~283.

37 R. Harris, *Ancient Sippar*, pp. 18~19.

38 A. Salonen, *Die Hausgeräte des alten Mesopotamien*, Helsinki, 1965~1966, 2 vols.

39 A. Salonen, *Die Möbel des alten Mesopotamien*, Helsinki, 1963.

40 S. N. Kramer, *HCS*[2], pp. 40~46. 학교와 교사 및 학생에 관해서는, C. J. Gadd, *Teachers and Students in the oldest Schools*, London, 1956; A. W. Sjöberg, "Der Vater und sein missratener Sohn," *JCS*, 25, 1973, pp. 105~119; "The Old Babylonian Eduba," in *Sumerological Studies in Honor of Thorkild Jacobsen*, Chicago, 1976, pp. 159~179를 보라.

41 A. L. Oppenheim, "The seafaring merchants of Ur," *JAOS*, 74, 1954, pp. 6~17; W. F. Leemans, *Foreign Trade in the Old Babylonian Period*, Leiden, 1960, pp. 121~123; pp. 136~139. D. T. Potts, *The Arabian Gulf in Antiquity*, I, Oxford, 1990, p. 224.

‖ 연표 ‖

1. 선사시대

연대	시대	메소포타미아	
		북부	남부
c. 70000	중기구석기	바르다 발카 샤니다르 D (c. 60000~35000) 하자르 메르드	
35000	후기구석기	샤니다르 C (c. 34000~25000)	
25000		(공백기)	
12000		샤니다르 B2 자르지, 팔레가우라	
9000 8000	중석기	샤니다르 B1 자위 케미 샤니다르 카림 셰히르 믈레파트 무레이베트	부스 모르데
7000	신석기	자르모 심샤라	알리 코시
6000 5500 5000	동석기	움 다바기야 **하수나** 야림 테페 1 마타라 ↓ **사마라** 텔 사완 ↓ **할라프** 야림 테페 2 아르파키야 ↓ 초가 마미	**에리두** (우바이드 1) **하지 무함마드** (우바이드 2)
4500 4000		**우바이드 3 북부** 테페 가우라 및 여러 유적지	**우바이드 3 남부** 엘-우바이드, 우르 및 여러 유적지
3750		**우루크 시대** 테페 가우라 칼린즈 아가, 그라이 레시, 하부바 카비라 및 여러 유적지 텔 브라크	**우루크 시대** 우루크, 텔 우카이르 및 여러 유적지
3000	고대 청동기	**니네베 V**	젬데트 나스르
			ED I (고대 왕조 시대 I)
2700	역사시대		ED II (고대 왕조 시대 II)
2500			ED III (고대 왕조 시대 III)

메소포타미아에서 기술과 문화의 발전	연대
수렵과 채집. 동굴과 바위 아래 은신처에 사는 네안데르탈인.	c. 70000
호모 사피엔스 사피엔스. 석기의 개량과 다양화. 음식물의 범위 확대.	35000 25000 12000
세석기 도구와 무기. 흑요석 수입. 뼈로 만든 작품. 첫 소상. 최초의 집단 거주지. 동물 사육 시작 (키우는 가축 떼).	9000 8000
점진적인 동물 사육과 식용 식물 재배. 마을. 도기 발명. 최초의 말린 벽돌.	7000
구리 사용. 최초의 벽화. 관개 농업. 최초의 봉인-인장. 최초의 신전. 점토 세공으로 새기거나 장식한 화려한 채색 도자기. 설화석고로 만든 장식된 소상. 벽돌의 대규모 활용.	6000 5500 5000
점점 복잡해지는 신전. 낫과 구운흙으로 만든 절구공이. 남부의 갈대 사용.	4500 4000
도시화. 녹로, 바퀴, 쟁기, 돛. 금속(청동, 금, 은) 세공. 웅장한 신전. 최초의 실린더-인장. 문자의 출현(c. 3300). 조각의 발전. 교역의 확장.	3750
수메르 문명 "도시국가." 요새화된 도시. 문자의 발전. 파라와 아부 살라비크의 행정 문서.	3000 2700 2500

2. 고대 왕조 시대 (기원전 c. 2750~2300)

연대	시대	키시	우루크	우르	라가시
	ED I	**키시 I** *21왕(에타나 포함),* *"대홍수"부터*	**우루크 I**		
2750	ED II	↓	*"전설적" 4왕* 메스키안가셰르 엔메르카르 루갈반다		
2700		엔메바라게시 (c. 2700)까지 아가	두무지 길가메시*까지* *거의 한 세기*		
2650			*길가메시의 후계자* *6명, c. 2660~2560*	*왕실 묘지* 메스칼람두그	
2600	ED IIIA	우후브 (c. 2570)		아칼람두그 (c. 2600) **우르 I**	
2550		메실림 (c. 2550)		메산네파다 (c. 2560~2525)	엔-헤갈 (c. 2570)
2500	ED IIIB	**키시 II** 6왕 (+아크샤크의 주주?), c. 2520부터 ↓		아-안네파다 (c. 2525~2485) 메스키아그눈나 (c. 2485~2450)	루갈-샤그-엔구르 (c. 2500) 우르-난셰 (c. 2490) 아쿠르갈 (c. 2465) 에안나툼
2450		엔비-이슈타르 (c. 2430)까지	**우루크 II** 엔-샤쿠시-안나 (c. 2430~2400)	엘릴리 (c. 2445) 발릴리	(c. 2455~2425) 에난나툼 I (c. 2425)
2400		**키시 III** 쿠-바바(술집 여주인) **키시 IV** 푸주르-신	루갈-키니셰-두두 (c. 2400) 루갈키살시 **우루크 III**	**우르 II** *4왕(미상)*	엔테메나 (c. 2400) 에난나툼 II 엔-엔타르지 루갈란다
2350		우르-자바바(c. 2340)	루갈자게시 (c. 2340~2316)		우루-이님기나 (c. 2350)
2300	아카드				

이 시기의 연대는 불확실하며 학자에 따라 다르다. 모든 연대는 어림수이다.

마리	에블라	다른 왕조들		연대
				2750
				2700
				2650
				2600
마리 왕조				
수메르 제왕 목록의		**아완**	**아다브**	
6왕: 136년 ?			닌-키살시	2550
		3왕		
			메-두르바	
		펠리		2500
일슈 (c. 2500)		c. 2250년까지 13왕	루갈-달루	
람기-마리			↓	
		하마지	c. 2450	
이쿤-샤마시	이그리시-할람	하타니시	**아크샤크**	
이쿤-샤마간	이르카브-다무			2450
이블룰-일		지지 = ?	주주	
	아르-엔눔		운지	
				2400
	에브리움		푸주르-니라흐	
			이슈-일	
			↓	
			슈-신	
				2350
		아카드 왕조		
	이비-시피시			
		샤룸-킨 (사르곤)		
		(c. 2334~2279)		
		↓		2300

3. 아카드, 구티, 우르 3왕조 시대 (기원전 c. 2334~2004)

연대	아카드/우르	우루크/이신	구티/라르사
	아카드 왕조	루갈자게시	
2300	샤룸-킨 (사르곤) (2334~2279)		
	리무시 (2278~2270)		
	마니슈투수 (2269~2255)		
	나람-신 (2254~2218)		
2250			
	샤르-칼리-샤리 (2217~2193)		**구티 왕조** 구티의 21왕 2120년까지
2200			
	무질서		
	슈-투룰 (2168~2154)		*구티인의 아카드와 수메르 공격*
		우루크 IV 우르-니기나 (2153~2147)	
2150		우르-기기라 (2146~2141) +3왕	
	우르 III 우르-남무 (2112~2095)	**우루크 V** 우투-헤갈 (2123~2113)	티리칸 (x~2120)
2100	슐기 (2094~2047)		
2050			
	아마르-신 (2046~2038) 슈-신 (2037~2029) 이비-신 (2028~2004)	**이신 왕조** 이슈비-에라 (2017~1985)	**라르사 왕조** 나플라눔 (2025~2005)
2000	*우르의 몰락 (2004)*		에미숨 (2004~1977)

■ J. M. Durand, MARI, 4, 1985, pp. 147~172에 따른 연대.

라가시	마리	연대
	사르곤의 마리와 에블라 점령	2300
	샤카나쿠의 시대 ■	
	이디시	
		2250
	나람-신의 마리 점령과 에블라 파괴	
루갈-우슘갈 (2230~2200)		
	슈-다간	
	이슈마흐-다간	2200
	누르-메르	
라가시의 엔시		
우르-바바 (2155~2142)	이슈투브-엘	
		2150
구데아 (2141~2122)		
우르-닌기르수 (2121~2118)		
피리그-메 (2117~2115)	이슈굼-아두	
우르-가르 (2114)		
남-마하지 (2113~2111)	아필-킨	
		2100
우르의 속국 라가시의 총독		
우르-닌수나	이딘-엘	
우르-닌키마라	일리-이샤르	
루-키릴라자	투람-다간	
	푸주르-에슈타르	2050
이르-난나	히틀랄-에라	
	하눈-다간	
독립국 라가시 (2023)		
		2000

4. 이신-라르사, 고대 바빌론, 고대 아시리아 시대 (기원전 c. 2000~1600)

연대	이신	라르사	바빌론	마리
		라르사 왕조		
2025	**이신 왕조** 이슈비-에라 (2017~1985)	나플라눔 (2025~2005)		
		에미숨 (2004~1977)		
2000				
	슈-일리슈 (1984~1975)			
	이딘-다간 (1974~1954)	사미움 (1976~1942)		
1950	이슈메-다간 (1953~1935)			
		자바야 (1941~1933)		
	리피트-이슈타르 (1934~1924)	군구눔 (1932~1906)		
	우르-니누르타 (1923~1896)			
		아비-사레 (1905~1895)	**바빌론 I**	
1900				
	부르-신 (1895~1874)	수무-엘 (1894~1866)	수무-아붐 (1894~1881)	
	리피트-엔릴 (1873~1869)		수무-라-엘 (1880~1845)	
	에라-이미티 (1868~1861)	누르-아다드 (1865~1850)		
	엔릴-바니 (1860~1837)			
1850		신-이디남 (1849~1843)	사비움 (1844~1831)	**아무루 왕조**
	잠비아. 이테르피샤. 우르두쿠가 (1836~1828)	신-에리밤. 신-이키샤. 일리-아다드 (1842~1835)		야기드-림
	신-마기르 (1827~1817)	와라드-신 (1834~1823)	아필-신 (1830~1813)	
	다미크-일리슈 (1816~1794)	림-신 (1822~1763)		
1800			신-무발리트 (1812~1793)	야흐둔-림 (c. 1815~1798)
	림-신의 이신 점령		함무라비 (1792~1750)	야스마흐-아다드 (c. 1790~1775)
				짐리-림 (c. 1775~1761)
		함무라비의 라르사 점령		*함무라비의 마리 파괴*

아시리아	에슈눈나	아나톨리아	연대
	독립국 에슈눈나		
우슈피아	일루슈-일리아 (c. 2028)		2025
키키아			
	누르-아훔	*카파도키아 문화*	
아키아			
	키리키리		2000
푸주르-아슈르 왕조			
	빌랄라마		
푸주르-아슈르 I			
	이샤르-라마슈		
샬림-아헤			
	우수르-아와수		
			1950
일루슈마	아주줌		
	우르-닌마르		
	우르-닌기지다	*카파도키아에 있는 아시리아 상인들의 식민지* (*카룸* 카네시 I)	
에리슘 I (c. 1906~1867)	이비크-아다드 I		1900
	샤리아		
	벨라쿰		
	와라사		
이쿠눔	이발-피-엘 I		1850
샤루-킨 (사르곤 I)			
푸주르-아슈르 II	이비크-아다드 II		
		카룸 카네시*가 버려짐*	
나람-신			
에리슘 II			1800
		피트하나	
샴시-아다드 I (c. 1796~1775)	다두샤		
		카룸 카네시 II	
이슈메-다간 (1780~1741)	이발-피-엘 II		
		아니타	

연대	이신	라르사	바빌론	마리
1750			삼수-일루나 (1749~1712)	
	해국 왕조			**카슈 왕조**
	일루마-일룸 (일리만) (c. 1732)	림-신 II (1741~1736)		간다시 (c. 1730)
				아굼 I
			아비에슈흐 (1711~1684)	
1700	이티-일라-니비			*하나의 왕* 카슈틸리아시 I
	다미크-일리슈		암미-디타나 (1683~1647)	
				우시
	이슈키발			아비라타시
1650				
	슈시		암미-사두카 (1646~1626)	
				카슈틸리아시 II
	굴키샤르		삼수-디타나 (1625~1595)	
				우르지구루마시
				하르바시후
1600				티프타크지
			1595: 히타이트의 바빌론 점령	
				아굼 II
	에아-가밀(c. 1460)*까지 5왕*			
			아굼 II ←	

아시리아	에슈눈나	아나톨리아	연대
함무라비의 아수르 점령?	*함무라비의 에슈눈나 점령*		1750
무트-아슈쿠르	이키시-티슈파크		
리무시	안니		
아시눔	*삼수-일루나의 에슈눈나 파괴*		
무질서: 푸주르-신의 찬탈자 8명 이후 아다시			
벨루-바니 (1700~1691)			1700
리바이아 (1690~1674)		**고대 히타이트 제국**	
샤르마-아다드 I (1673~1662)		라바르나스 I (c. 1680~1650?)	
이프타르-신 (1661~1650)			
			1650
바자이아 (1649~1622)		하투실리스 I (1650~1590)	
룰라이아 (1621~1618)		무르실리스 I (1620~1590)	
키딘-니누아 (1615~1602)			
샤르마-아다드 II (1601)			1600
에리슘 III (1598~1586)			
샴시-아다드 II (1585~1580)		한틸리스 I (1590~1560)	

5. 카슈 시대 (기원전 c. 1600~1200)

연대	바빌로니아	아시리아	후리-미탄니	아나톨리아
				고대 히타이트 제국 (c. 1680부터)
1600				
	1595: 히타이트의 바빌론 점령	에리슘 III		
				한틸리스 I (1590~1560)
	카슈 왕조	샴시-아다드 II		
	아굼 2세 카크리메 (c. 1570)	이슈메-다간 II	키르타	
		샴시-아다드 III	슈타르나 I (c. 1560)	지단타스 I
1550				
		아슈르-니라리 I (1547~1522)	*미탄니 왕조 설립*	암무나스
	부르나부리아시 I		파라타르나 (c. 1530)	후지아스 I
		푸주르-아슈르 III (1521~1498)		텔레피누스 (1525~1500)
1500	카슈틸리아시 III	엔릴-나시르	사우스타타르 (c. 1500)	
				알루와나시
		누르-일리		한틸리스 II
	울람부리아시		*아시리아가 미탄니의 속국이 됨*	
				지단타스 II
		아슈르-라비 I		
	아굼 III			후지아스 II
1450				
		아슈르-나딘-아헤 I	*누지 문서*	**신히타이트 제국**
	카다슈만-하르베 I			투드할리야스 I (1450~1420)
		엔릴-나시르 II		
	카라인다시	아슈르-니라리 II	아르타타마 I (c. 1430)	
		아슈르-벨-니셰슈		아르누완다스 I (1420~1400)
	쿠리갈주 I	아슈르-렘-니셰슈		
1400		아슈르-나딘-아헤 II	슈타르나 II (c. 1400)	투드할리야스 II
	카다슈만-엔릴 I			하투실리스 II
		에리바-아다드 I (1392~1366)		투드할리야스 III (1395~1380)
			아르타타마 II / 투슈라타	
	부르나부리아시 II (1375~1347)			수필루리우마스 I (c. 1380~1336)
		아슈르-우발리트 I (1365~1330)		
1350				
				마티와자
	카라하르다시			
	쿠리갈주 II (1345~1324)		슈타르나 III	아르누완다스 II
				무르실리스 II (1335~1310)
		엔릴-니라리		
		아리크-덴-일리 (1319~1308)		무와탈리스 (1309~1287)
	나지마루타시 (1323~1298)		슈타타라 = ? / 샤투아라 I	
		아다드-니라리 I (1307~1275)		

시리아-팔레스타인	이집트	엘람	연대
	힉소스 시대	**에파르티 왕조**	
		(c. 1850년부터)	
			1600
		타타	
		(1600~1580)	
	신왕국	아타-메라-할키	
	18왕조	(1580~1570)	
	아흐모세 (1576~1546)	팔라-이샨	
힉소스가 이집트에서		(1570~1545)	
쫓겨남			1550
	아멘호테프 I	쿠르-키르웨시	
알랄라흐의 왕 이드리미	(1546~1526)	(1545~1520)	
	투트모세 I		
	(1526~1512)	쿠크-나훈테	
이집트의 시리아 원정	투트모세 II	(1520~1505)	
	(1512~1504)		
	투트모세 III	쿠티르-나훈테 II	
	(1504~1450)	(1505- ?)	1500
이집트의 시리아 정복			
	아멘호테프 II		1450
	(1450~1425)		
아멘호테프의			
시리아-팔레스타인 원정	투트모세 IV		
	(1425~1417)		
	아멘호테프 III		
	(1417~1379)		
아마르나 시대			
(c. 1400~1350)			1400
	아멘호테프 IV (아케나텐)		
	(1379~1362)		
	투탕카멘	**이게할키 왕조**	
	(1361~1352)	이게-할키	1350
히타이트의 북부 시리아	아이 (1352~1348)	(1350~1330)	
정복	호렘헤브	후르파틸라	
	(1348~1320)		
우가리트 문서	**19왕조**	파히르-이샨 I	
알파벳 쐐기문자	람세스 I (1319~1317)	(1330~1310)	
	세티 I (1317~1304)	아타르-키타	
		(1310~1300)	

연대	바빌로니아	아시리아	후리-미탄니	아나톨리아
1300	카다슈만-투르구			
	(1297~1280)		와사사타	
			샤투아라 II	하투실리스 III
	카다슈만-엔릴 II			(1286~1265)
	(1279~1265)	살만아사르 I		
		(1274~1245)		투드할리야스 IV
	쿠두르-엔릴			(1265~1235)
1250	샤가라크티-슈리아시			
	(1255~1243)			
	카슈틸리아시 IV	투쿨티-니누르타 I		
	아시리아 총독들	(1244~1208)		
	(1235~1227)			아르누완다스 III
	엔릴-나딘-슈미			(1235~1215)
	아다드-슈마-이디나	아슈르-나딘-아플리		
	아다드-슈마-우수르	아슈르-니라리 III		수필루리우마스 II
1200	(1218~1189)	엔릴-쿠두리-우수르		(1215~?)
	멜리시파크 (1188~1174)	니누르타-아팔-에쿠르		*프리기아인과 가스가인이*
	마르두크-아팔-이디나	(1192~1180)		*히타이트 제국을 파괴함*
	(1173~1161)	아슈르-단 I		*(c. 1200)*
	자바바-슈마-이디나	(1179~1134)		
	엔릴-나딘-아헤			
	(1159~1157)			
	카슈 왕조의 멸망			
1150	*(1157)*			

* 부르나부리아시 2세까지 카슈 왕조 초기 왕들의 숫자, 순서, 연대는 아주 불확실하다. 고대 히타이트 왕조 마지막 왕들의 경우도 마찬가지다.

시리아-팔레스타인	이집트	엘람	연대
카데시 전투 *(1300)*	람세스 II (1304~1237)	홈반-누메나 (1300~1275)	1300
이집트-히타이트 조약 *(1286)*			
		운타시-나피리샤 (1275~1240)	
			1250
모세와 이집트 탈출			
	메르네프타 (1237~1209)	운파타르-나피리샤 키텐-후트란 (1235~1210?)	
해양민족들의 침공	**20왕조** 람세스 III (1198~1166)	*슈트루크 왕조* 할루투시-인슈시나크 (1205~1185)	1200
필리스티아인 *이스라엘인의 가나안* *정복 시작*		슈트루크-나훈테 (1185~1155)	
	람세스 IV부터 람세스 XI (1166~1085)	쿠티르-나훈테 III 실하크-인슈시나크 (1150~1120)	1150

6. 중기 바빌로니아와 중기 아시리아 시대 (기원전 c. 1150~750)

연대	바빌론		아시리아	페니키아–시리아	
1150	바빌론 IV (이신 II)	마르두크-카비트-아헤슈 (1156~1139) 이티-마르두크-발라투 니누르타-나딘-슈미 네부카드네자르 I (1124~1103)	아슈르-단 I (1179~1134) 아슈르-레시-이시 I (1133~1116) 티글라트-필레세르 I (1115~1077)		
1100		엔릴-나딘-아플리 마르두크-나딘-아헤 마르두크-샤피크-제리 아다드-아플라-이디나 (1067~1046)	아샤리드-아팔-에쿠르 아슈르-벨-칼라 (1074~1057) 샴시-아다드 IV	*북부 시리아의 신히타이트 왕국들*	
1050		마르두크-제르-x 나부-슘-리부르 (1032~1025)	아슈르나시르팔 I (1050~1032) 샬만에세르 II (1031~1020)	*아람인이 시리아에 정착하고 메소포타미아로 진출함*	
	바빌론 V	심바르-시파크 (1024~1007) 2왕 (1007~1004)	아슈르-니라리 IV 아슈르-라비 II (1013~973)		
1000	바빌론 VI	엘루마 샤킨-슈미 (1003~987) 2왕 (986~984)		**비블로스** 아히람 (c. 1000) 이토바알 (c. 980)	**다마스쿠스** 하다드에제르
	바빌론 VII	마르-비티-아플라-우수르			
950	바빌론 VIII	나부-무킨-아플리 (977~942) 나누르타-쿠두리 우수르 마르-니티-아헤-이디나 (941?)	아슈르-레시-이시 II 티글라트-필레세르 II (967~935) 아슈르-단 II (934~912)	아히바알 (c. 940) 예히밀크 (c. 920)	**티레** 히람 (c. 969~931)
900		샤마시-무담미크 (? ~ c. 900) 나부-슈마-우킨 (899~888?) 나부-아플라-이디나 (887~855?)	아다드-니라리 II (911~891) 투쿨티-니누르타 II 아슈르나시르팔 II (883~859)	엘리바알 시피트바알	**다마스쿠스** 벤-하다드 I (880~841)
850		마르두크-자키르-슈미 I (854~819)	샬만에세르 III (858~824)	*카르카르 전투 (853)*	하자엘 (841~806)
800		마르두크-발라수-이크비 바바-아하-이디나 알려지지 않은 5왕 니누르타-아플라-x 마르두크-벨-제리 마르두크-아플라-우수르 에리바-마르두크 (769~761) 나부-슈마-이슈쿤 (760~748)	샴시-아다드 V (823~811) 아다드-니라리 III (810~783) 샬만에세르 IV 아슈르-단 III (772~755) 아슈르-니라리 V (754~745)		벤-하다드 II (806~?)

팔레스타인		아나톨리아	이집트		연대
			20왕조		
					1150
사사들의 시대					
		리디아 왕조(헤라클레스 왕조)의 성립 (c. 1205~700)	*람세스 왕조의 마지막 왕들*		
옷니엘					
에훗					
바라크, 드보라			**제3중간기**		
기드온		*아시리아의 무슈키 원정*	**21왕조**		1100
			스멘데스 (c. 1085)		
입다					
삼손		*이오니아, 에올리아, 도리아가 처음으로 에게 해 연안을 식민지화함 (c. 1100~950)*			
사무엘			프수센네스 I (c. 1050)		1050
왕정					
사울 (1030~1010)					
다윗 (1010~970)					
			아메네모페 (c. 1000)		1000
			시아문 (c. 975)		
솔로몬 (970~931)					
			22왕조		
유다	**이스라엘**		세숑크 I (945~924)		950
르호보암 (931~913)	여로보암 I (931~910)				
			오소르콘 I (924~889)		
아비야	나답, 바아사 (909~886)				
아사 (911~870)					900
	엘라 (886~885)		타켈로트 I (889~874)		
	시므리, 오므리 (885~874)				
여호사밧 (870~848)					
			오소르콘 II (874~850)		
	아합 (874~853)				
		우라르투 왕국			850
요람 (848~841)	아하시야 요람	아라메 (c. 850)	타켈로트 II (850~825)		
아하시야 아달랴	예후 (841~814)				
요아스 (835~796)		사르두르 I (832~825)	세숑크 III (825~773)		
	여호아하스 (814~798)	이슈푸이니 (824~806)		**23왕조** (리비아 왕조) (c. 817~730)	800
아마샤 (796~781)	요아스 (798~783)	메누아 (805~788)		5왕	
아사랴 (웃시야) (781~740)	여로보암 II (783~743)	아르기슈티 I (787~766)			
			파미 세숑크 V (767~730)		
↓	↓	사르두르 II (765~733)		↓	

7. 신아시리아■와 신바빌로니아 시대 (기원전 744~539)

연대	바빌로니아	아시리아	페니키아-시리아	팔레스타인	
	바빌론 IX (977년부터)			**유다**	**이스라엘**
750			**다마스쿠스**		므나헴 (743~738)
	나부-나시르 (나보나사르) (747~734)	티글라트-필레세르 III (744~727)	르신 (740~732)	요담 (740~736)	
	2왕 (734~732)		*다마스쿠스 점령 (732)*	아하스 (736~716)	
	나부-무킨-제리	살만에세르 V (726~722)			베가
	메로다크-발라단 II (721~710)	사르곤 II (721~705)	*신히타이트와 아람 왕국들이 아시리아 제국에 합병됨*		호세아 (732~724)
				히스기야	*사마리아 점령 (722)*
700	3왕 (703~700)	센나케리브	(747~704)	(716~687)	
	아슈르-나단-슈미 (699~694)	(704~681)	**시돈** 룰리		
	2왕 (693~689)				
		에사르하돈 (680~669)	**시돈** 아브디-밀쿠티	므낫세 (687~642)	
	샤마시-슈마-우킨 (668~648)	아슈르바니팔 (668~627)			
650			*아시리아의 페니키아 원정*		
				아몬	
	바빌론 X **칼데아 왕조**	아슈르-에틸-일라니/신-슈무-리시르		요시야 (640~609)	
	나부-아플라-우수르(나보폴라사르, 625~605)	신-샤르-이슈쿤/아슈르-우발리트 II	*카르케미시 전투*		
600	네부카드네자르 II (604~562)	*612~609: 메디아와 바빌로니아의 아시리아 정복*	(605)	여호아하스 여호야김 여호야긴 시드기야 (598~587)	
	에빌-메로다크 네리글리사르		*네부카드네자르의 티레 점령* (573)	*네부카드네자르의 예루살렘 정복 (587)*	
550	나부-나이드 (나보니두스)				
	539: 키루스의 바빌론 점령				

■ 전통적으로 신아시리아 시대는 아슈르나시르팔 2세(883~859)의 통치와 더불어 시작된다.

아나톨리아		이란		엘람	이집트		연대
우라르투	**프리기아**	**메디아**	**페르시아**	**마지막 왕조들**		**25왕조**	
사르두르 II (765~733)				훔바시-타흐라 (?760~742)		(에티오피아 왕조)	750
	미다스 (c. 740~700)					피앙키 (751~716)	
루사 I (730~714)		데이오케스 (c. 728~675)		훔바시-니카시 I (742~717)	**24왕조** 테프나크트		
				슈트루크-나훈테 II (717~699)	보크코리스	샤바카 (716~701)	
아르기슈티 II (714~?)			아케메네스				700
	리디아 메름나드 왕조			할루투시-인슈시나크 (699~693) 훔반-니메나 (692~687)		세비트쿠 (701~689) 타하르카 (689~664)	
루사 II	기게스 (685~644)	프라오르테스 (675~653)	테이스페스 (675~640)	훔반-할타시 I (687~680)	*아시리아의 이집트 원정* *사이스 문예부흥*		
		키악사레스 (653~585)	키루스 I (640~600)	우르타키 (674~663) 템프트-훔반-인슈시나크 (테움만, 668?~653)	**26왕조** 프삼티크 I (664~609)		650
사르두르 III	아르디스 (644~615)			탐마리투 I (653) 훔반-할타시 III (648~644?) *아슈르바니팔의 수사 점령과 엘람 약탈*	*아시리아 추방 (653)*		
루사 III	사디아테스 (615~610) 알리아테스 (610~561)		캄비세스 I (600~559)	*바빌로니아와 메디아의 엘람 분할 점령 (610)*	네코 II (609~594)		600
메디아의 우라르투 정복		아스티아게스 (585~550)			프삼티크 II (594~588) 아프리에스 (588~568) 아흐모세 II (568~526)		
	크로이소스 (561~547)		키루스 II (559~529)				
		메디아 왕 키루스	↓				550
키루스의 리디아 정복과 그에 이은 아나톨리아 정복							

8. 아케메네스와 셀레우코스 시대 (기원전 539~126)

연대	그리스	이란	메소포타미아
	솔론 집정관 (c. 620부터)	**아케네메스 왕조** (c. 700부터)	
550			*키루스의 바빌론 정복 (539)*
	페이시스트라토스 참주 (539~528)		
		캄비세스 II (530~523)	
			아케메네스 왕조 시대
		다리우스 I (522~486)	*반란: 네부카드네자르 III와 네부카드네자르 IV (522~521)*
500			
	메디아 전쟁 (490~478)		
		크세르크세스 I (485~465)	
			반란: 벨-시만니와 샤마시-에리바 (482) *크세르크세스의 바빌론 약탈*
		아르타크세르크세스 I (464~424)	
450			*c. 460: 바빌론의 헤로도토스?* *니푸르의 무라슈 가문 금융업자들 (455~403)*
	페리클레스 장군 (443~430)		
			천문학자 나부-리만니와 키딘누
	펠로폰네소스 전쟁 (431~404)		
		다리우스 II (423~405)	
400		아르타크세르크세스 II (404~359)	*401: 바빌로니아의 크세노폰*
	마케도니아의 필리포스 (359~337)	아르타크세르크세스 III (358~338)	
350			
	알렉산드로스 대왕 (336~323)	다리우스 III (335~331)	*가우가멜라 전투 (331),* *알렉산드로스가 바빌론에 들어옴. 그는 323년에 죽는다.*
	디아도코이		**셀레우코스 왕조 시대**
	셀레우코스 I (305~281)		*셀레우코스 왕조 시대의 시작 (311)*

연대	시리아	이란	메소포타미아
	셀레우코스 왕조		
300			*티그리스 강변의 셀레우키아 건설 (c. 300)*
	안티오코스 I (286~260)		
			마지막 아카드어 제왕 명문들 (안티오코스 I)
	안티오코스 II (260~246)	**파르티아 아르사케스 왕조**	*베로수스의 『바빌로니아카』 저술*
250			
		아르사케스 (250~248) 티리다테스 I (248~211)	
	셀레우코스 II (245~226)		
	안티오코스 III (222~187)		*우루크에 신전들을 건설함*
		아르타바누스 I (211~191)	
200			
	안티오코스 IV (175~164)		
			바빌론의 그리스식 극장
		미트리다테스 I (171~138)	
	데메트리오스 I (162~150)		
150			
	데메트리오스 II (145~126)		*미트리다테스의 크테시폰 건설 (144)* *데메트리오스의 바빌로니아 탈환*
		아르타바누스 II (128~124)	
	안티오코스 VIII (126~96)		*아르타바누스 II가 셀레우코스 왕조에게서 바빌로니아를 빼앗음 (126)*
		미트리다테스 II (123~88)	
			파르티아 시대
100			*중요한 건축 공사*
			아시리아의 부흥
		오로데스 I (80~76) 프라테스 III (70~57)	**아디아베네**(*아시리아*) *왕국*
	안티오코스 XIII (69~65) *64: 폼페이우스의 안티오키아 점령*		**오스로에네**(*에데사=우르파*) *왕국* **카라케네**(*고대 "해국"*) *왕국*
		오로데스 II (57~37)	*크라수스의 카르하이(하란) 패전 (53)*
50			

9. 파르티아와 사산 왕조 시대 (기원전 126년부터 기원후 637년까지)

연대	로마	이란	메소포타미아
50	카이사르와 안토니우스		
		프라테스 IV (기원전 37년~기원후 2년)	*파르티아를 상대로 한 라비에누스의 전쟁 (38)*
	로마 제국		
	옥타비아누스 아우구스투스 (기원전 27년부터 기원후 14년까지)		
서기			
	티베리우스 (14~37)	아르타바누스 III (11~38)	
	칼리굴라 (37~41)		
	클라우디우스 (41~54)		
50		볼로가세스 I (51~78)	
	네로 (54~68)		
	베스피아누스 (70~79)		*하트라 건설 (c. 70?)*
		파코루스 II (78~115)	*현존하는 최후의 쐐기문자 문서 (74/75)*
	도미티아누스 (81~96) 트라이아누스 (98~117)		
100		오스로에스 (109~128)	*우루크에 있는 가레우스 신전 (c. 110)*
	하드리아누스 (117~138)		
			트라이아누스의 메소포타미아 원정 (114~117). 크테시폰을 점령하고 아랍-페르시아 만에 이름.
	안토니누스 (138~161)	미트리다테스 IV (128~147)	
150		볼로가세스 III (148~192)	
	마르쿠스-아우렐리우스 (161~180)		**하트라** 왕국 *(c. 160~240)* *시리아의 총독 카시우스의 니시빈과 크테시폰 점령 (164)*
	콤모두스 (180~192)		
200	셉티미우스 세베루스 (193~211)	볼로가세스 IV (192~207)	*셉티미우스 세베루스의 크테시폰 점령 (197)*
	카라칼라 (211~217)	아르타바누스 V (208~226)	*카라칼라가 카르하이에서 암살당함*
	알렉산데르 세베루스 (222~235)	**사산 왕조** 아르다시르 I (224~241) 샤푸르 I (241~272)	**사산 왕조 시대** *아르다시르의 메소포타미아 점령 (226)* *알렉산데르 세베루스의 원정 실패 (232)* *아르다시르의 하트라 파괴 (240)*
250	발레리아누스 (253~260)		*샤푸르의 아수르 파괴 (256)* *발레리아누스가 샤푸르 I의 포로가 됨 (260)* *로마와 동맹을 맺은 오데나투스(팔미라)가 크테시폰으로 진군함 (262)*
	아우렐리아누스 (270~275)	바흐람 II (276~293)	

연대	로마	이란	메소포타미아
300	디오클레티아누스 (285~305)	나르세스 (293~302)	*나르세스를 상대로 한 전쟁 (296) 후 메소포타미아 속주들에 로마의 평화가 확립됨*
	콘스탄티누스 (312~337)	샤푸르 II (309~379)	
350	콘스탄티우스 II (337~361) 배교자 율리아누스 (361~363)		콘스탄티우스와 샤푸르 II 사이에 *전쟁이 있은 후 화친이 이루어짐 (338~350)*
	요비아누스 (363~395) 테오도시우스 (379~395)	바흐람 IV (388~399)	*로마 군대의 메소포타미아 침공 후 기근으로 퇴각* *요비아누스가 북부 메소포타미아 요새들에서 철수함*
400	**비잔티움 제국** (395~1453) ↓	야즈데게르드 I (399~420) ↓ 651	*시리아 기독교 문서 (에데사 학파)* *비잔티움 제국과 사산 왕조 사이의 간헐적인 전쟁* *메소포타미아의 점진적 빈곤화* *아랍 이슬람교인들의 메소포타미아 정복 (637), 라쿰 왕조의 후원으로 아랍 기독교인들이 이슬람교로 개종함*

▎지도 ▎

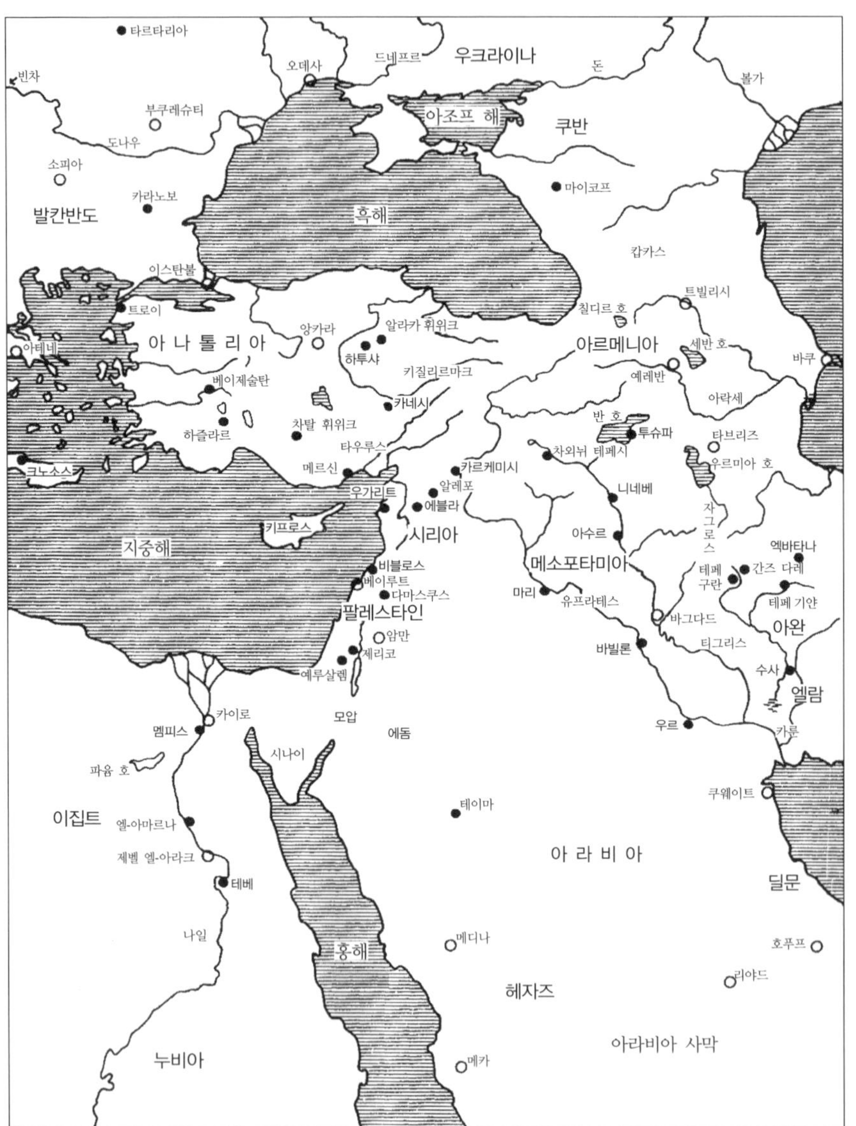

타르타리아
빈차
오데사
드네프르
우크라이나
돈
볼가
부쿠레슈티
아조프 해
쿠반
도나우
소피아
마이코프
카라노보
발칸반도
흑해
캅카스
이스탄불
트빌리시
트로이
칠디르 호
앙카라
알라카 휘위크
아르메니아
아테네
아 나 톨 리 아
하투샤
세반 호
바쿠
키질리르마크
예레반
베이제술탄
카네시
아락세
반 호
차탈 휘위크
하즐라르
투슈파
타브리즈
타우루스
차외뉘 테페시
크노소스
메르신
카르케미시
우르미아 호
알레포
니네베
우가리트
에블라
자그로스
키프로스
아수르
시리아
지중해
엑바타나
비블로스
메소포타미아
테페 구란
간즈 다레
베이루트
다마스쿠스
마리
유프라테스
테페 기얀
팔레스타인
바그다드
아완
암만
티그리스
제리코
바빌론
예루살렘
수사
엘람
카이로
모압
멤피스
에돔
우르
카룬
시나이
파윰 호
쿠웨이트
테이마
이집트
엘-아마르나
아 라 비 아
제벨 엘-아라크
테베
딜문
나일
메디나
호푸프
홍해
리야드
헤자즈
아라비아 사막
누비아
메카

고대 근동 (초기)
현대 도시
○ 바그다드
고대 도시
혹은 고고학적 유적
● 니네베
● 테페 히사르
0
200
400
600 km
아랄 해
Oxus
부하라
사마르칸트
투르크메니스탄
옥수스
(아무 다리야)
카라코룸(사막)
다슐리지 테페
파미르
카스피 해
아나우
나마즈가 테페
발크
투렝 테페
구르간
메셰드
힌 두 쿠 시
엘부르즈
테헤란
테페 히사르
페샤와르
카불
이란 고원
헤라트
이 란
아 프 가 니 스 탄
테페 시알크
카비르(사막)
파 키 스 탄
이스파한
야즈드
칸다하르
하라파
안 샨
케르만
멜루하
자헤단
케타
안샨
(테페 말리안)
페르세폴리스
시라즈
인더스
부시르
발루치스탄
모헨조다로
파 르 스 산 맥
테페 야야
날
셰리훔
쿨리
암리
찬후다로
바레인
아랍-페르시아 만
카라치
카타르
제벨 아크다르
마간
무스카트
로탈
인도양
오만

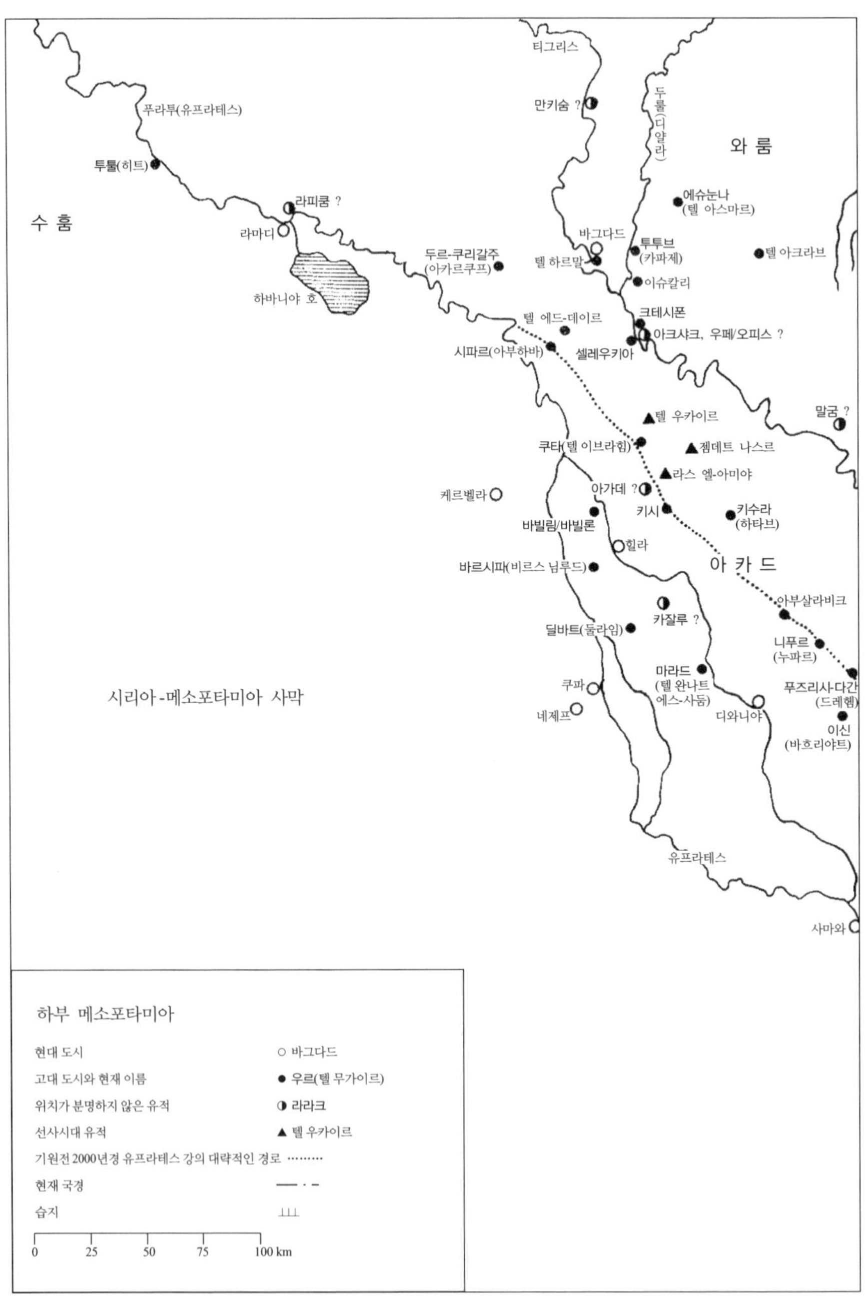
티그리스
만키숨 ?
두를(디얄라)
와 룸
푸라투(유프라테스)
투툴(히트)
에슈눈나
(텔 아스마르)
라피쿰 ?
수 훔
라마디
바그다드
투투브
(카파제)
두르-쿠리갈주
(아카르쿠프)
텔 하르말
텔 아크라브
이슈칼리
하바니야 호
크테시폰
텔 에드-데이르
아크샤크, 우페/오피스 ?
시파르(아부하바)
셀레우키아
텔 우카이르
말굼 ?
쿠타(텔 이브라힘)
젬데트 나스르
라스 엘-아미야
케르벨라
아가데 ?
키시
키수라
(하타브)
바빌림/바빌론
힐라
바르시파(비르스 님루드)
아 카 드
아부살라비크
카잘루 ?
딜바트(둘라임)
니푸르
(누파르)
마라드
(텔 완나트
에스-사둠)
푸즈리사-다간
(드레헴)
쿠파
시리아-메소포타미아 사막
네제프
디와니야
이신
(바흐리야트)
유프라테스
사마와
하부 메소포타미아
현대 도시
○ 바그다드
고대 도시와 현재 이름
● 우르(텔 무가이르)
위치가 분명하지 않은 유적
◑ 라라크
선사시대 유적
▲ 텔 우카이르
기원전 2000년경 유프라테스 강의 대략적인 경로
현재 국경
습지
0
25
50
75
100 km

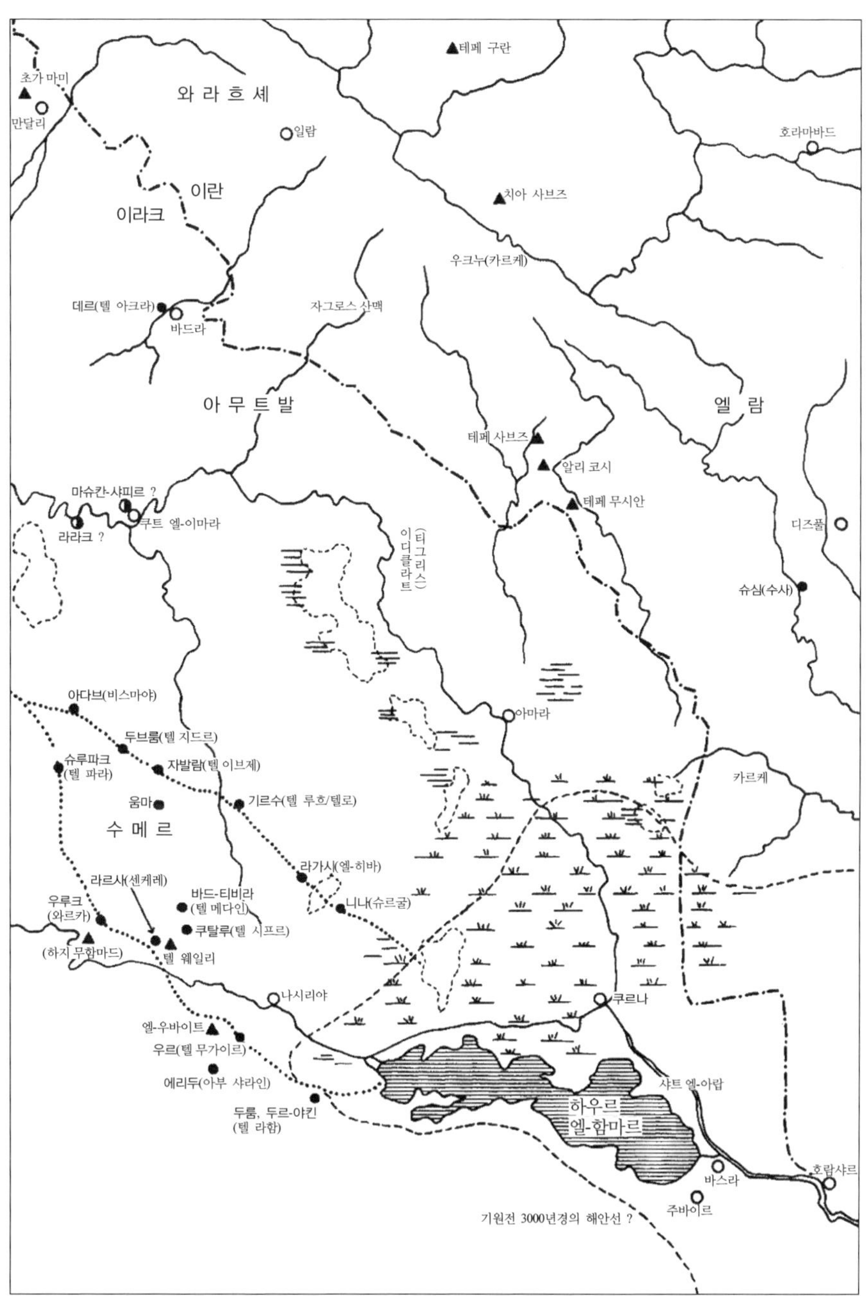
초가 마미
만달리
와 라 흐 셰
일람
테페 구란
호라마바드
치아 사브즈
이란
이라크
우크누(카르케)
데르(텔 아크라)
바드라
자그로스 산맥
아 무 트 발
엘 람
테페 사브즈
알리 코시
테페 무시안
마슈칸-샤피르 ?
쿠트 엘-이마라
라라크 ?
이디클라트(티그리스)
디즈풀
슈심(수사)
아다브(비스마야)
아마라
두브룸(텔 지드르)
슈루파크
(텔 파라)
자발람(텔 이브제)
카르케
움마
기르수(텔 루흐/텔로)
수 메 르
라가시(엘-히바)
라르사(센케레)
바드-티비라
(텔 메다인)
우루크
(와르카)
니나(슈르굴)
쿠탈루(텔 시프르)
(하지 무함마드)
텔 웨일리
나시리야
쿠르나
엘-우바이트
우르(텔 무가이르)
에리두(아부 샤라인)
샤트 엘-아랍
두룸, 두르-야킨
(텔 라함)
하우르
엘-함마르
호람샤르
바스라
주바이르
기원전 3000년경의 해안선 ?

타우루스 산맥
킬리키아
쿰무후
(콤마게네)
마르카시
(마라스)
유프라테스
아메디(디아르바크르)
피르 후사인
투슈한
(쿠르크)
세이한
카라테페
사모사테
(삼사트)
쿰마니
사크체괴쥐
타르수스
(타르수스)
제이한
아다나
삼알(진지를리)
가지안테프
비레지크
에데사(우르파)
카라수
아프리(아프린)
카르케미시
(제라블루스)
하다투
(아르슬란 타시)
하라누(하란)
이스켄데룬
아마누스
아무크
하자누(아자즈)
틸 바르시프
(텔 아흐마르)
터키
구자나(텔 할라프)
시리아
텔 쿠에이라
아르파드(텔 리파이트)
멤비즈
텔 아스와르
텔 타이나트
텔 주데이데
안티오크
제벨 아크라
지중해
알랄라흐
(아트차나)
얌하드, 할라브
(알레포)
하부바 카비라
무레이베트
발리크(발리)
자지라
제벨 아브드 엘-아지즈
라카
투툴(텔 비야)
에마르(메스케네)
카르카르 ?
에블라(텔 마르디크)
푸라투
(유프라테스)
네바르르티-아슈르 ?
(잘라비야)
우가리트
(라스 샤므라)
라타키아
시야누
아란투(오론테스)
아무루
카르-아슈르나시르팔 ?
(할라비야)
사가라툼 ?
(텔 수와르)
슈크시
(텔 수카스)
바사르 산(제벨 비슈리)
데이르 에즈-조르
제벨 안사리야
하마(하마)
엘-코움
우슈누 ?
부크라스
아라드(루아드)
시리아-메소포타미아 사막
카트나(미슈리페)
수무르(텔 카젤)
테르카(텔 아샤라)
에미사(홈스)
두라-에우로포스
(살히예)
카데시(텔 네비 멘드)
타드모르(팔미라)
트리폴리
라브나니
(레바논)
리블라
구블라, 비블로스
(제바일)
레바논
시리아
나흐르 엘 켈브
야브루드
베카
안티
레바논
베이루트
시두누, 시돈
(사이다)
디마슈키(다마스쿠스)
라마드
수루, 티레
(수르)
사니르 산
(헤르몬)
고대의 상부 메소포타미아와 시리아
현대 도시 ○ 모술
고대 도시와 현재 이름 ● 마리(텔 하리리)
위치가 분명하지 않은 도시 ◑ 에칼라툼 ?
선사시대 유적 ▲ 샤니다르
동굴 암벽 조각과 명문 ∴ 바비안

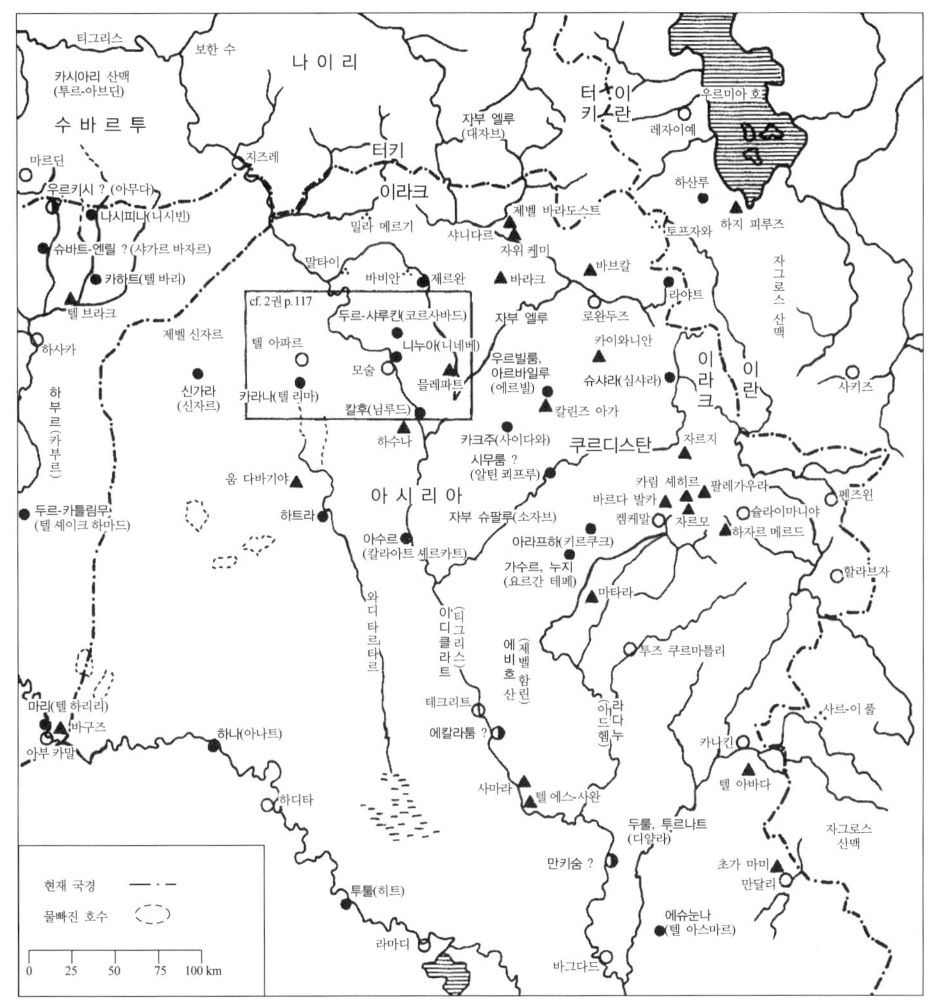

티그리스
보한 수
나 이 리
카시아리 산맥
(투르-아브딘)
수 바 르 투
터 이
키 란
우르미아 호
레자이예
자부 엘루
(대자브)
터키
이라크
마르딘
지즈레
우르키시 ? (아무다)
나시피나(니시빈)
슈바트-엔릴 ? (샤가르 바자르)
카하트(텔 바리)
텔 브라크
하사카
하산루
하지 피루즈
제벨 바라도스트
샤니다르
자위 케미
토프자와
밀라 메르기
말타이
바비안
제르완
바라크
바브칼
라야트
자그로스 산맥
cf. 2권 p.117
두르-샤루킨(코르사바드)
니누아(니네베)
모술
플레파트
텔 아파르
카라나(텔 리마)
칼후(님루드)
하수나
제벨 신자르
신가라
(신자르)
자부 엘루
로완두즈
카이와니안
우르빌룸,
아르바일루
(에르빌)
칼린즈 아가
슈샤라(심샤라)
이
라
크
이
란
사키즈
하부르(카부르)
카크주(사이다와)
쿠르디스탄
자르지
시무룸 ?
(알틴 쾨프루)
움 다바기야
아 시 리 아
카림 셰히르
팔레가우라
바르다 발카
펜즈윈
두르-카틀림무
(텔 셰이크 하마드)
하트라
자부 슈팔루(소자브)
켐케말
자르모
슐라이마니야
하자르 메르드
아수르
(칼라아트 셰르카트)
아라프하(키르쿠크)
가수르, 누지
(요르간 테페)
할라브자
마타라
와디 타르타르
이디클라트(티그리스)
에비흐 산(제벨 함린)
투즈 쿠르마틀리
테크리트
라다누(아드헴)
사르-이 풀
마리(텔 하리리)
바구즈
아부 카말
하나(아나트)
에칼라툼 ?
카나킨
사마라
텔 에스-사완
텔 아바다
하디타
두룰, 투르나트
(디얄라)
자그로스
산맥
만키숨 ?
초가 마미
만달리
현재 국경
물빠진 호수
투툴(히트)
에슈눈나
(텔 아스마르)
라마디
바그다드
0
25
50
75
100 km

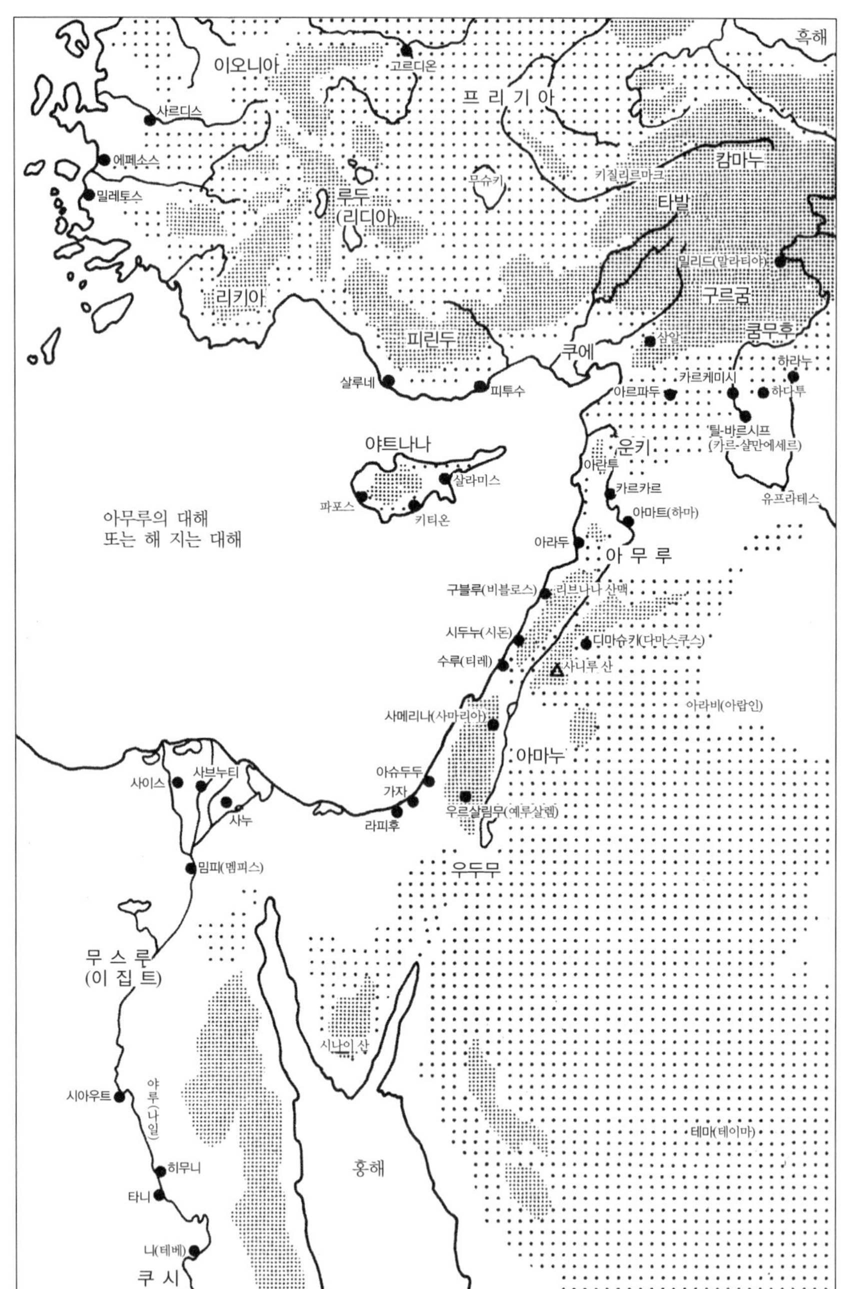
흑해
이오니아
고르디온
프 리 기 아
사르디스
에페소스
밀레토스
캄마누
키질리르마크
무슈키
루두
(리디아)
타발
밀리드(말라티아)
구르굼
리키아
피린두
삼알
쿰무후
쿠에
하라누
살루네
피투수
카르케미시
아르파두
하다투
틸-바르시프
(카르-샬만에세르)
야트나나
운키
아랍투
살라미스
카르카르
파포스
키티온
유프라테스
아마트(하마)
아무루의 대해
또는 해 지는 대해
아라두
아 무 루
구블루(비블로스)
리브나나 산맥
시두누(시돈)
디마슈키(다마스쿠스)
수루(티레)
사니루 산
아라비(아랍인)
사메리나(사마리아)
아마누
사이스
사브누티
아슈두두
가자
사누
라피후
우르살림무(예루살렘)
밈파(멤피스)
우두무
무 스 루
(이 집 트)
시나이 산
시아우트
야루(나일)
테마(테이마)
홍해
히무니
타니
니(테베)
쿠 시

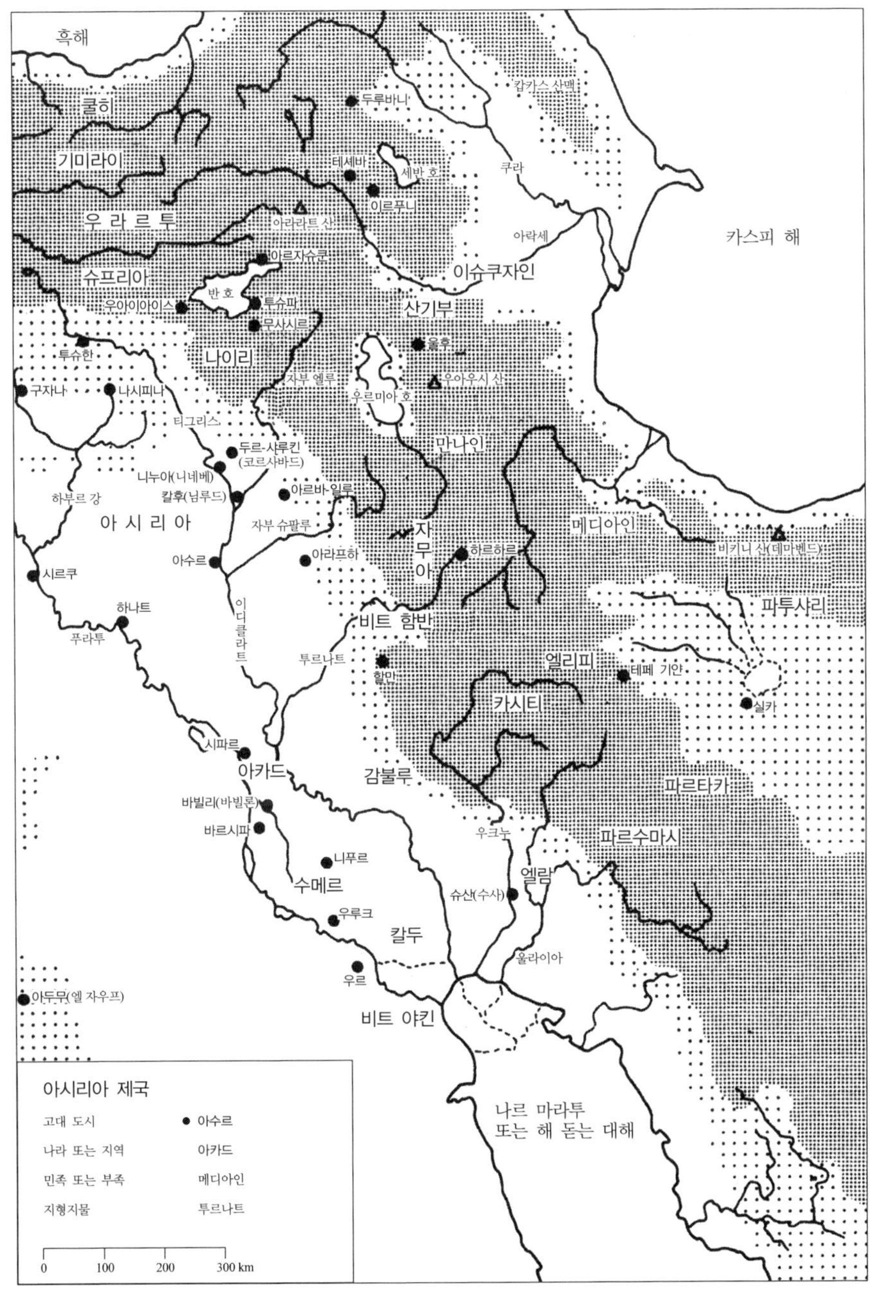
흑해
쿨히
기미라이
우 라 르 투
슈프리아
두루바니
테세바
세반 호
이르푸니
아라라트 산
캅카스 산맥
쿠라
아락세
카스피 해
이슈쿠자인
아르지슈쿤
반 호
우아이아이스
투슈파
무사시르
산기부
울후
우아우시 산
우르미아 호
투슈한
나이리
자부 엘루
구자나
나시피나
티그리스
두르-샤루킨
(코르사바드)
니누아(니네베)
칼후(님루드)
아르바-일루
만나인
하부르 강
아 시 리 아
자부 슈팔루
자
무
아
하르하르
메디아인
비키니 산(데마벤드)
아수르
아라프하
시르쿠
하나트
이
디
클
라
트
비트 함반
파투샤리
푸라투
투르나트
할만
엘리피
테페 기얀
카시티
실카
시파르
아카드
감불루
파르타카
바빌리(바빌론)
바르시파
우크누
파르수마시
니푸르
엘람
수메르
슈샨(수사)
우루크
칼두
울라이아
우르
아두무(엘 자우프)
비트 야킨
아시리아 제국
고대 도시
아수르
나라 또는 지역
아카드
민족 또는 부족
메디아인
지형지물
투르나트
나르 마라투
또는 해 돋는 대해
0
100
200
300 km

도판 출처

29쪽 마노로 만든 실린더-인장
기원전 2600년 경 아카드 왕조 시대.
앙드레 파로(André Parrot)의 프랑스 발굴단이 1935~1936년 발굴한 마리의 이슈타르 신전에서 출토됨.
파리 루브르 박물관 소장. © Marie-Lan Nguyen / Wikimedia Commons

75쪽 할라프 도자기(대접)
기원전 5500~5000년경. 이라크 아르파키야에서 발굴됨.
런던 대영박물관 소장. © Yuber / Wikimedia Commons

80쪽 후기 우바이드 시대 도자기
기원전 4500~4000년경. 높이 27cm, 지름 28cm.
크림색 몸체에 짙은 갈색 지그재그 무늬가 있는, 몸체가 불룩한 병.
텔 엘-우바이드에서 발굴됨.
보스턴 순수미술 박물관 소장. © Dmharvey / Wikimedia Commons

158쪽 라가시의 왕 우르-난셰의 명문
ED III(기원전 2550~2500년)
1888년 텔로(고대의 기르수) 발굴 도중 발견.
석회암. 가로 46.5cm, 세로 39cm.
파리 루브르 박물관 소장. © Marie-Lan Nguyen / Wikimedia Commons

163쪽 기원전 2400년경 에비흐-일의 상
석고, 자개, 청금석. 높이 52.5cm, 너비 20.6cm, 두께 30cm.
앙드레 파로(André Parrot)의 프랑스 발굴단이 1934~1935년에 발굴한 마리의 이슈타르 신전에서 출토됨.
파리 루브르 박물관 소장. © Marie-Lan Nguyen / Wikimedia Commons

166쪽 숭배자 상
고대 왕조 시대 ED I-II, 기원전 2900~2600년경.
에슈눈나(현대의 텔 아스마르)에서 출토됨.
설화석고, 자개, 검은색 석회석, 역청.
높이 29.5cm, 너비 12.9cm, 두께 10cm.
뉴욕 메트로폴리탄 박물관 소장. © Rosemaniakos on Flickr

176쪽 광주리를 머리에 인 아슈르바니팔
런던 대영박물관 소장.

사진은 1926~1933년 프로이센 주립도서관의 Fritz Milkau 슬라이드 컬렉션에서 가져옴. (Fritz-Milkau-Dia-Sammlung, in der Photographischen Werkstatt der Preußischen Staatsbibliothek von 1926~1933)

186쪽 독수리 비석의 일부분
기원전 2450년경.
석회암. 전체 비석은 높이 180cm, 너비 130cm, 두께 11cm로 추정됨.
1881년 기르수(현재의 텔로)에서 출토
파리 루브르 박물관 소장. © Eric Gaba / Wikimedia Commons

204쪽 나람-신의 승전 기념비 중 일부분
석회암. 높이 2m, 너비 1.5m.
파리 루브르 박물관 소장. © Rama / Wikimedia Commons

209쪽 니네베에서 발견된 청동 두상
바그다드 이라크 박물관 소장.
사진은 *La Mésopotamie* (Paris: Éditions du Seuil, 1995) 표지에서 가져옴.

215쪽 우르의 지구라트
© Hardnfast / Wikimedia Commons

219쪽 점토로 만든 큰 원기둥 둘에 새겨진 구데아의 명문
파리 루브르 박물관 소장. © Ramessos / Wikimedia Commons

221쪽 구데아 좌상
기원전 2120년경. 섬록암. 높이 46cm, 너비 33cm, 두께 22.5cm.
Ernest de Sarzec와 Gaston Cros의 발굴단이 1903년 이라크 텔로(기르수)에서 발굴.
파리 루브르 박물관 소장. © Marie-Lan Nguyen / Wikimedia Commons

279쪽 함무라비 법전의 비석 윗부분
파리 루브르 박물관 소장.
사진은 1926~1933년 프로이센 주립도서관의 Fritz Milkau 슬라이드 컬렉션에서 가져옴. (Fritz-Milkau-Dia-Sammlung, in der Photographischen Werkstatt der Preußischen Staatsbibliothek von 1926~1933)

292쪽 '짐리-림의 집' 프레스코화
기원전 18세기. (짐리-림: c. 1775~1761)
앙드레 파로(André Parrot)의 프랑스 발굴단이 1935~1936년 발굴. 너비 2.5m
파리 루브르 박물관 소장. © Marie-Lan Nguyen / Wikimedia Commons

찾아보기

1. 표제어는 '신/신화', '인명', '고대 지명', '현대 지명', '기타 용어'로 분류했다.
2. 근동에서 멀리 떨어져 있지만 이 책에서 두 차례 이상 언급된 지명은 대륙(아프리카, 아메리카, 아시아, 유럽)에 따라 묶여 있다.
3. *La Mésopotamie* 원서에 따라 알파벳 철자는 프랑스어 철자에 따른다.

• 신/신화 •

• 인명 •

• 고대 지명 •

• 현대 지명 •

피르 오마르 구드룬 (산) Pir Omar Gudrun (Mt) 324
피르 후사인 Pir Hussain 205
하라파 Harappa 208
하란 Harran 18, 262, 297
하르말 (텔) Harmal (Tell) 249, 285, 311, 338
하리리 (텔) Hariri (Tell) 162, 252
하마단 Hamadan 19, 208
하부바 카비라 Habuba Kabira 41, 92, 319
하수나 Hassuna 41, 59, 66, 67, 68, 69, 75
하이칼 (텔) Haikal (Tell) 340
하자르 메르드 Hazar Merd 44, 48
하지 무함마드 Hajji Mohammed 71, 77, 78, 79, 106
하지야 Hajiya 51
하칠라르 Hacilar 60
하트라 Hatra 41, 43
할라브자 Halabja 19
할라프 (텔) Halaf (Tell) 40, 71, 72, 74, 76, 77, 82, 269
함린 (제벨) Hamrin (Jebel) 42, 67, 72, 75
헤자즈 Hejaz 192
호푸프 Hofuf 78
홈스 Homs 18, 340
홍해 (바다) Rouge (Mer) 1, 46, 192
히바 (엘-) Hiba (el-) 169, 326, 328
히사르 (테페) Hissar (Tepe) 99
히트 Hît 7, 16, 310, 332

• 기타 용어 •

가나안인 Cananéens 192, 194
구티인 Guti 15, 164, 202, 206, 207, 211, 212, 213, 214, 218, 224, 248, 251, 259
그리스인 Grecs 4, 30, 33, 103, 128
두블라마 Dublamah 216
로마인 Romains 30
룰루비인 Lullubi 15, 164, 202, 205, 206, 208, 211, 223, 251, 259
마르투 MAR.TU 113, 206, 232, 233, 234, 235, 237, 243
메디아인 Mèdes 207
바빌로니아인 Babyloniens 13, 108, 109, 119, 134, 136, 141, 274, 289
베네-시마알 Bene-Sima‘al 254
베네-야미나 Bene-Iamina 253
셀레우코스 왕조 Séleucides 30, 272
셈족 Sémites 89, 102, 103, 107, 108, 114, 116, 136, 145, 146, 147, 157, 162, 165, 175, 180, 188, 189, 190, 191, 192, 194, 195,

지은이 조르주 루(Georges Roux)

1914년 프랑스 육군 장교의 아들로 태어났다. 아홉 살 때 가족과 함께 중동으로 건너가 12년 동안 시리아와 레바논에서 살았다. 프랑스로 돌아와 파리 대학교에서 의학을 공부하고 1941년에 졸업한 후 프랑스 고등 연구원에서 동양학을 공부했다. 1950년 이라크 석유회사(Iraq Petroleum Company) 담당 의사의 자격으로 다시 중동 지방에 간 루는 이 회사에서 발간하는 이라크 역사학 관련 학술지에 메소포타미아 관련 글을 기고했다. 1958년 이라크 혁명 후 유럽으로 돌아와서 글락소 웰컴 사의 국제 의학 본부장으로 일했다. 1964년에는 자신이 썼던 메소포타미아 관련 글을 기초로 『고대 이라크』(*Ancient Iraq*)란 영문 저서를 출간한다. 이 저서를 개정하여 프랑스어로 출간한 것이 바로 『메소포타미아의 역사』(*La Mésopotamie*)다. 의사이며 아시리아학 학자였던 조르주 루는 1999년 세상을 떠났다.

옮긴이 김유기

서울대학교 불어불문학과를 졸업한 후 장로회 신학 대학원에서 공부했다. 그 후 미국 존스 홉킨스 대학교 근동학과에서 구약성서와 셈어를 공부하면서 고대 서남아시아의 언어, 문학, 역사에 관심을 가졌다. 현재 서울여자대학교 기독교학과 학생들과 함께 구약성서의 문학, 언어, 역사를 공부하고 있다. 번역한 책으로 『고대 이스라엘: 아브라함부터 로마인의 성전 파괴까지』(한국 신학 연구소, 2005)가 있고 저술한 책으로 박사학위 논문을 개정하여 출간한 *The Function of the Tautological Infinitive in Classical Biblical Hebrew* (Harvard Semitic Studies 60; Eisenbrauns, 2009)가 있다.